आर० गुप्ता® कृत

National Testing Agency (NTA)

UGC-NET

जूनियर रिसर्च फैलोशिप तथा सहायक प्राध्यापक परीक्षा

PAPER-I

पिछले प्रश्न-पत्र

(हल एवं व्याख्यात्मक उत्तर सहित)

2021 EDITION

रमेश पब्लिशिंग हाउस, नई दिल्ली

प्रकाशक

ओ॰पी॰ गुप्ता, **रमेश पब्लिशिंग हाउस**

प्रशासनिक कार्यालय

12-H, न्यू दरियागंज रोड, आफिसर्स मेस के सामने,
नई दिल्ली-110002 ✆ 23261567, 23275224, 23275124

E-mail: info@rameshpublishinghouse.com
Website: www.rameshpublishinghouse.com

विक्रय केन्द्र

- बालाजी मार्किट, नई सड़क, दिल्ली-6 ✆ 23253720, 23282525
- 4457, नई सड़क, दिल्ली-6, ✆ 23918938

Book Code: R-1961

ISBN: 978-93-87604-68-1

HSN Code: 49011010

REVISED SCHEME

As per the revised Scheme, the test will consist of two papers as below:

Paper	Marks	Number of Question	Duration
I	100	50 questions. All are compulsory	3 Hours
II	200	100 questions. All are compulsory	

- **Paper-I** shall consist of 50 objective type compulsory questions each carrying 2 marks. The questions which will be of general nature, intended to assess the teaching/research aptitude of the candidate. It will primarily be designed to test reasoning ability, comprehension, divergent thinking and general awareness of the candidate.
- **Paper-II** shall consist of 100 objective type compulsory questions each carrying 2 marks which will be based on the **subject selected by the candidate.**
- The Test will be conducted in Computer Based Test (CBT) Mode only.

विषय-सूची

पिछले प्रश्न-पत्र (हल सहित)

पिछले प्रश्न-पत्र (हल सहित)

National Testing Agency (NTA)

UGC-NET (JRF) ऑनलाइन परीक्षा, दिसम्बर-2019*

प्रश्न-पत्र-I

निर्देश (प्रश्न संख्या 1 से 5 तक): *नीचे दी गई तालिका में तीन अलग-अलग कॉलेजों (A, B और C) में 2014 से 2019 तक अलग-अलग वर्षों में प्रवेश लेने वाले छात्रों की संख्या सम्बन्धी आँकड़े हैं। तालिका में दिए गए आँकड़ों के आधार पर प्रश्नों के उत्तर दीजिए।*

विभिन्न कॉलेजों में प्रवेश लेने वाले छात्रों की वर्षवार संख्या

वर्ष	कॉलेज		
	A	**B**	**C**
2014	8000	14000	11000
2015	15000	17000	13000
2016	17000	23000	19000
2017	13000	27000	23000
2018	22000	26000	24000
2019	27000	18000	16000

1. किस कॉलेज में वर्ष 2016 में प्रवेश लेने वाले छात्रों की संख्या नीचे से दूसरे स्थान पर एवं वर्ष 2018 में प्रवेश लेने वाले छात्रों की संख्या न्यूनतम है?
A. कॉलेज C और कॉलेज B
B. कॉलेज B और कॉलेज A
C. कॉलेज C और कॉलेज A
D. कॉलेज A और कॉलेज B

2. सभी वर्षों में कॉलेज A में प्रवेश लेने वाले कुल छात्रों और 2018 से 2019 में कॉलेज C में प्रवेश लेने वाले कुल छात्रों के बीच अंतर कितना है?
A. 6400 B. 62000
C. 64000 D. 61000

3. इन सभी वर्षों में कॉलेज C में प्रवेश लेने वाले कुल छात्रों की संख्या वर्ष 2017 में तीनों कॉलेजों में प्रवेश लेने वाले कुल छात्रों की संख्या का लगभग कितने प्रतिशत था?
A. 168% B. 162%
C. 158% D. 175%

4. कॉलेज A में 2016 में प्रवेश लेने वाले छात्रों की संख्या में पिछले वर्ष की तुलना में लगभग कितने प्रतिशत की वृद्धि हुई?
A. 23% B. 123%
C. 113% D. 13%

5. वर्ष 2015 में कॉलेज A में प्रवेश लेने वाले, 2016 में कॉलेज B में प्रवेश लेने वाले और 2019 में कॉलेज C में प्रवेश लेने वाले कुल छात्रों का औसत कितना है?
A. 18000 B. 24000
C. 17000 D. 28000

6. भारत सरकार के 'डिजिटल इंडिया' पहल के परिप्रेक्ष्य में निम्नलिखित में से कौन-सा कथन सही है/हैं?
(*a*) भारतीय राष्ट्रीय डिजिटल पुस्तकालय (एन.डी.एल. इंडिया) अकादमिक संस्थानों में संग्रहित विधिवत डिजिटीकृत समस्त अकादमिक पुस्तकारों का एक 24 × 7 ऑनलाइन भंडार कोष है।
(*b*) राष्ट्रीय अकादमिक निक्षेपागार (एन.डी.ए.) एक पूर्ण रूप से डिजिटल पुस्तकालय है जिसमें नागरिकों के लिए प्रासंगिक विभिन्न प्रकार की डिजिटल विषय-वस्तु से संबंधित सूचना (मेटा डाटा) का भंडारण होता है।
सही विकल्प चुनिए :
A. केवल (*a*)
B. केवल (*b*)

** परीक्षा 5 दिसम्बर, 2019 को संपन्न हुई।*

C. (*a*) और (*b*) दोनों

D. न तो (*a*) और न ही (*b*)

7. किसी समूह में निम्नलिखित में से किसके कारण समूह के सदस्यों की सृजन-क्षमता अवरुद्ध होती है?

(*a*) किसी भी कीमत पर आम सहमति बनाए रखने का प्रतिमान

(*b*) हास्य का पात्र बनने के भय से मुक्त चिंतन

(*c*) एक-दूसरे के विचार के प्रति आदर

(*d*) किसी व्यक्ति का विचार असत्य होने की दशा में आलोचना

सही विकल्प चुनिए :

A. केवल (*a*) और (*c*) B. केवल (*b*) और (*d*)

C. केवल (*c*) और (*b*) D. केवल (*d*) और (*a*)

8. विद्यार्थियों का अकादमिक निष्पादन किससे निर्धारित होता है?

(*a*) प्रज्ञा

(*b*) अभिप्रेरण

(*c*) शारीरिक गठन

(*d*) लिंग

A. केवल (*a*) और (*b*)

B. केवल (*a*) और (*d*)

C. केवल (*b*) और (*c*)

D. केवल (*c*) और (*d*)

9. नृजातीय शोध में शोधकर्ता द्वारा निम्नलिखित में से कौन-से कार्यकलाप किए जाते हैं?

(*a*) शोधकर्ता समुदाय के सदस्यों के साथ संरचनाबद्ध साक्षात्कार करता है।

(*b*) शोधकर्ता काफी लंबी समयावधि तक सामाजिक व्यवस्था को अंगीकार कर लेता है।

(*c*) शोधकर्ता वार्तालाप का श्रवण करता है और वार्तालाप करता है।

(*d*) शोधकर्ता लोगों को कुछ कुप्रथाओं के बारे में जानकारी देता है।

सही विकल्प चुनिए :

A. केवल (*a*) और (*b*)

B. केवल (*a*) और (*c*)

C. केवल (*b*) और (*d*)

D. केवल (*b*) और (*c*)

10. यदि TEACHER शब्द को TCJACCV में कूटबद्ध किया जाता है और SURGEON को किसी भाषा के कूट में PMGETSU कहा जाता है तो निम्नलिखित में से कौन उस भाषा के CONCORD का प्रतिनिधित्व करेगा?

A. FTQEPQE B. EQPEQTF

C. FPQAPME D. EMPAQPF

11. निम्नलिखित में से क्या निगमनात्मक अनुमान का भाग नहीं है?

A. परिवर्तन B. प्रतिवर्तन

C. न्यायवाक्य D. प्रतिपरिवर्तन

12. किसी धनराशि पर 10 प्रतिशत वार्षिक चक्रवृद्धि ब्याज की दर से तीन वर्ष का ब्याज ₹ 993.00 है। उसी धनराशि के लिए 8 प्रतिशत वार्षिक साधारण ब्याज की दर से 4 वर्ष का ब्याज क्या होगा?

A. ₹ 900 B. ₹ 930

C. ₹ 960 D. ₹ 990

13. गणितीय अवधारणाओं के अधिगम में निम्नलिखित में से किस कारक का योगदान नहीं होता है?

A. जीवन की वास्तविक घटनाएँ

B. पाठ्यक्रम के निर्धारण के पूर्व अधिगम कर्ताओं में विद्यमान गणितीय ज्ञान का मूल्यांकन

C. गणित और इतिहास एक साथ पढ़ाना

D. अवधारणा के प्रतिपादक गणितज्ञ के जीवन अनुभवों का वर्णन

14. निम्नलिखित में से कौन-सी संख्या/इस क्रम में अगली संख्या होगी?

2, 6, 30, 60, 130, 210, ______ ?

A. 330 B. 350

C. 370 D. 378

15. निम्नलिखित शिक्षा आयोगों के समूहों में से कौन-सा समूह इनके गठन के कालक्रम के अनुसार है?

A. कोठारी आयोग, मुदालियर आयोग, राधाकृष्णन आयोग

B. राधाकृष्णन आयोग, मुदालियर आयोग, कोठारी आयोग

C. मुदालियर आयोग, कोठारी आयोग, राधाकृष्णन आयोग

D. राधाकृष्णन आयोग, कोठारी आयोग, मुदालियर आयोग

16. इनमें से इलेक्ट्रॉनिक वैज्ञानिकों के किस समूह को सही कालक्रम में रखा गया है?

A. जी. मारकोनी, लुमियर ब्रदर्स, ली फॉरेस्ट, जॉन फ्लेमिंग, जॉन लोगी बेयर्ड

B. जॉन लोगी बेयर्ड, लुमियर ब्रदर्स, जी. मारकोनी, ली फॉरेस्ट और जॉन फ्लेमिंग

C. ली फॉरेस्ट, जॉन फ्लेमिंग, लुमियर ब्रदर्स, जी. मारकोनी, जॉन लोगी बेयर्ड

D. लुमियर ब्रदर्स, जी. मारकोनी, ली फॉरेस्ट, जॉन फ्लेमिंग और जॉन लोगी बेयर्ड

17. निम्नलिखित प्रकार के संचार को उनके विशेष उदाहरण के अनुसार सुमेलित कीजिए :

(संप्रेषण के प्रकार)	**(विशिष्ट उदाहरण)**
(*a*) औपचारिक संचार	(*i*) सरकारी एजेंसियाँ
(*b*) अनौपचारिक संचार	(*ii*) परिपत्र
(*c*) बाह्य संचार	(*iii*) ज्ञापन
(*d*) आंतरिक संचार	(*iv*) समूह शृंखला

निम्नलिखित में से सही विकल्प का चयन करें :

	(*a*)	(*b*)	(*c*)	(*d*)
A.	(*iii*)	(*iv*)	(*i*)	(*ii*)
B.	(*ii*)	(*iii*)	(*iv*)	(*i*)
C.	(*i*)	(*ii*)	(*iii*)	(*iv*)
D.	(*iv*)	(*i*)	(*ii*)	(*iii*)

18. आधारिक सिद्धांत में शोधकर्ता सैद्धांतिक संतृप्ति होने तक सैद्धांतिक प्रतिचयन के प्रयोग द्वारा डाटा संग्रहण करते हैं। इस प्रक्रिया को निम्नलिखित क्रम में दर्शाया जा सकता है :

A. सैद्धांतिक प्रतिदर्श → डाटा संग्रह → डाटा विश्लेषण → सैद्धांतिक संतृप्ति

B. सामान्य शोध प्रश्न → डाटा संग्रह → सैद्धांतिक प्रतिदर्श → डाटा विश्लेषण → सैद्धांतिक संतृप्ति

C. सैद्धांतिक प्रतिदर्श → सामान्य शोध प्रश्न → डाटा संग्रह → सैद्धांतिक संतृप्ति

D. सामान्य शोध प्रश्न → सैद्धांतिक प्रतिदर्श → डाटा संग्रह → डाटा विश्लेषण → सैद्धांतिक संतृप्ति

19. शोध में नैतिक सिद्धांत के उल्लंघन के लिए उत्तरदायी दो तत्व कौन-से हैं?

(*a*) प्रतिभागियों को क्षति

(*b*) संसूचित सहमति का अभाव

(*c*) प्रयोग पूरा होने के उपरांत प्रतिभागियों का स्वागत नहीं करना

(*d*) दूरूह प्रश्न पूछना

सही विकल्प चुनिए :

A. केवल (*a*) और (*c*) B. केवल (*b*) और (*c*)

C. केवल (*a*) और (*d*) D. केवल (*a*) और (*b*)

20. निम्नलिखित में से उस विकल्प को चुनें जिसमें सिर्फ ऑप्टिकल स्टोरेज मीडिया शामिल है?

A. यू.एस.बी. मेमोरी स्टिक, ब्लू-रे डिस्क, सी.डी.-रॉम, डी.वी.डी.

B. डी.वी.डी., सी.डी.-रॉम, यू.एस.बी. मेमोरी स्टिक, सी.डी.-आर. डब्ल्यू.

C. हार्ड डिस्क, यू.एस.बी. मेमोरी स्टिक, सी.डी.-रॉम, डी.वी.डी.

D. डी.वी.डी., सी.डी.आर., ब्लू-रे डिस्क, सी.डी.-आर. डब्ल्यू.

21. एक महाविद्यालय का शिक्षक अभिप्रेरक प्रतिभाग की गति को बढ़ावा देने के लिए प्रश्न-पहेली सत्र को अपनाता है। यह मूल्यांकन के किस प्रकार के रूप में लिया जाएगा?

A. संकलनात्मक मूल्यांकन

B. निकष-आधारित मूल्यांकन

C. निर्माणात्मक मूल्यांकन

D. निदानात्मक मूल्यांकन

22. कॉलम-I को कॉलम-II के साथ सुमेलित कीजिए :

कॉलम-I	**कॉलम-II**
(*a*) वाचन वैकल्य	(*i*) गणित के कार्य में कठिनाई
(*b*) लेखन वैकल्य	(*ii*) पठन में कठिनाई
(*c*) परिकलन वैकल्य	(*iii*) लेखन में कठिनाई
(*d*) ए.डी.एच.डी.	(*iv*) ध्यान केन्द्रित करने में कठिनाई

सही विकल्प का चयन करें :

	(*a*)	(*b*)	(*c*)	(*d*)
A.	(*i*)	(*iii*)	(*iv*)	(*ii*)
B.	(*ii*)	(*iii*)	(*i*)	(*iv*)
C.	(*iv*)	(*i*)	(*iii*)	(*ii*)
D.	(*i*)	(*iv*)	(*ii*)	(*iii*)

23. जंगलों की आग किससे प्रभावित होती है?

(*a*) ढलान

(*b*) भूमि की नमी

(*c*) वायु

निम्नलिखित में से सही विकल्प चुनिए :

A. केवल (*a*) और (*b*) B. केवल (*b*) और (*c*)

C. केवल (*a*) और (*c*) D. (*a*), (*b*) और (*c*)

24. निम्नलिखित संचार चैनलों को इनकी विशेषता के आधार पर सुमेलित कीजिए :

(*a*) ब्लॉगिंग — (*i*) इलेक्ट्रॉनिक मीडिया

(*b*) टेलीविजन — (*ii*) प्रिंट मीडिया

(*c*) पत्रिकाएँ — (*iii*) सोशल मीडिया

(*d*) कलेक्शन साइट्स — (*iv*) वर्ल्ड वाइड वेब

नीचे दिए गए विकल्पों में से किसी एक का चयन करें :

	(*a*)	(*b*)	(*c*)	(*d*)
A.	(*iv*)	(*ii*)	(*i*)	(*iii*)
B.	(*ii*)	(*iv*)	(*iii*)	(*i*)
C.	(*i*)	(*iii*)	(*iv*)	(*ii*)
D.	(*iii*)	(*i*)	(*ii*)	(*iv*)

25. एक ठोस पदार्थ अर्धगोलार्द्धीय छोर वाले बेलन के आकार में है। बेलन का व्यास अपनी ऊँचाई (अर्द्धगोलार्द्धीय छोरों को छोड़कर) का 1/3 है। अर्धगोलार्द्धीय छोरों सहित ठोस की कुल लंबाई 56 सेमी. है। ठोस पदार्थ का पृष्ठीय क्षेत्र कितना है?

A. 3080 वर्ग सेमी. B. 2464 वर्ग सेमी.

C. 2772 वर्ग सेमी. D. 2156 वर्ग सेमी.

26. निम्नलिखित में से कौन कथन सही है/हैं?

(*a*) www नेटवर्कों का एक नेटवर्क है जो प्रथमतः चार कम्प्यूटर नोडों के साथ शुरू हुआ था।

(*b*) www इंटरनेट पर चलने वाली एक सेवा है।

सही विकल्प चुनिए :

A. केवल (*a*)

B. केवल (*b*)

C. (*a*) और (*b*) दोनों

D. न तो (*a*) और न ही (*b*)

27. स्वतंत्रता पूर्व काल में निम्नलिखित में से किसने विश्वविद्यालय शिक्षा आयोग गठित करने हेतु सबसे पहले पहल की थी?

A. लॉर्ड कर्जन B. लॉर्ड रिपन

C. लॉर्ड वेलेजली D. लॉर्ड विलियम बेन्टिक

28. नीचे दो कथन दिए गए हैं, पहला कथन अभिकथन (A) और दूसरा तर्क (R) है :

अभिकथन (A) : गर्मी के मौसम में चिलचिलाती धूप वाली दोपहर के बाद के समय में दिल्ली जैसे शहर में क्षोभ मंडलीय ओजोन स्तर सुबह और शाम की तुलना में कम होने की संभावना होती है।

तर्क (R) : दोपहर बाद की अवधि में वायु मंडल अस्थिर रहता है तथा सुबह और शाम की तुलना में इसकी विलयन क्षमता अधिक होती है।

उपर्युक्त दो कथनों को ध्यान में रखकर सही विकल्प का चयन करें :

A. (A) और (R) दोनों सही हैं और (R), (A) की सही व्याख्या है।

B. (A) और (R) दोनों सही हैं किंतु (R), (A) की सही व्याख्या नहीं है।

C. (A) सही है, किंतु (R) गलत है।

D. (A) गलत है, किंतु (R) सही है।

29. रसायनों की निम्नलिखित श्रेणियों को उनके वर्णन के अनुसार सुमेलित कीजिए :

(रसायन श्रेणी)	**(विवरण)**
(*a*) एलरजेन	(*i*) कोशिकाओं में आनुवंशिक तत्वों (डीएनए) में बदलाव या क्षति पहुँचाने वाले रसायन
(*b*) म्युटाजेन	(*ii*) प्रतिरोध प्रणाली को सक्रिय करने वाले पदार्थ
(*c*) कार्सिनोजेन्स	(*iii*) भ्रूण की वृद्धि और विकास के दौरान विशेष रूप से असामान्यता पैदा करने वाले रसायन
(*d*) टेराटोजेन	(*iv*) ऐसे पदार्थ जिनसे कोशिका में आक्रामक अनियंत्रित वृद्धि होती है जिस कारण विषालु ट्यूमर हो जाता है।

निम्नलिखित में से सही विकल्प का चयन करें :

	(a)	(b)	(c)	(d)
A.	(iii)	(iv)	(i)	(ii)
B.	(iv)	(iii)	(ii)	(i)
C.	(ii)	(i)	(iv)	(iii)
D.	(iii)	(i)	(ii)	(iv)

30. निम्नलिखित में से कौन-सा सिद्धांत प्रत्यक्षवाद से संबंधित नहीं है?

A. परिघटनात्मकता B. निगमनात्मकता
C. आगमनात्मकता D. व्याख्यात्मकता

31. निम्नलिखित में से कौन पारंपरिक मूल्यांकन का एक विकल्प नहीं है?

A. बहुविकल्पीय प्रश्न
B. कार्यनिष्पादन परीक्षण
C. पोर्टफोलियो
D. प्रदर्शनियाँ

32. निम्नलिखित में से क्या भारतीय तर्कशास्त्र की शास्त्रीय विचारधारा के अनुसार अनुमान (निष्कर्ष) की प्रक्रिया में 'हेतु' पद को व्यक्त करता है?

A. प्रस्तुत उदाहरण
B. कारण का कथन
C. सिद्ध करने हेतु प्रस्थापना
D. सिद्ध निष्कर्ष

33. नीचे दो कथन दिए गए हैं, एक को अभिकथन (A) और दूसरे को तर्क (R) कहा जाता है :

अभिकथन (A) : राज्यपाल को राज्य के प्रशासन के बारे में मुख्यमंत्री से किसी भी प्रकार की सूचना माँगने की शक्ति है।

तर्क (R) : राज्यपाल राज्य प्रशासन का वास्तविक प्रमुख है।

उपर्युक्त दो कथनों के संबंध में सही विकल्प का चयन करें :

A. (A) और (R) दोनों सही हैं और (A) की सही व्याख्या (R) है।
B. (A) और (R) दोनों सही हैं किंतु (R), (A) की सही व्याख्या नहीं है।
C. (A) सही है, किंतु (R) गलत है।
D. (A) गलत है, किंतु (R) सही है।

34. नीचे दो कथन दिए गए हैं, एक को अभिकथन (A) और दूसरे को तर्क (R) कहा जाता है :

अभिकथन (A) : सूचना प्रौद्योगिकी भारत में तेजी से एक अत्यंत महत्वपूर्ण क्षेत्र बनती जा रही है।

तर्क (R) : सॉफ्टवेयर भारत के प्रमुख निर्यातों में से एक है और इसके अलावा भारत का हार्डवेयर में काफी मजबूत आधार है।

उपर्युक्त दोनों कथनों के आलोक में सही विकल्प चुनें :

A. (A) और (R) दोनों सही हैं और (R), (A) की सही व्याख्या है।
B. (A) और (R) दोनों सही हैं किंतु (R), (A) की सही व्याख्या नहीं है।
C. (A) सही है, किंतु (R) गलत है।
D. (A) गलत है, किंतु (R) सही है।

35. एक व्यक्ति की तरफ इशारा करते हुए एक महिला ने कहा–"इनकी पत्नी के पिता मेरी माँ के बहन की इकलौती पुत्री के पति हैं।" महिला का व्यक्ति से क्या सम्बन्ध है?

A. पुत्री
B. ननद/भाभी/साली
C. बहन
D. सास

36. प्रत्यक्ष रूप से असंगत दो प्रत्यक्षीकृत तथ्यों के समायोजन हेतु अप्रत्यक्षीकृत तथ्यों की अन्तर्निहित मान्यता को भारतीय तर्कशास्त्र में क्या संज्ञा दी जाती है?

A. अनुमान B. उपमान
C. अर्थापत्ति D. अनुपलब्धि

37. स्तंभ-II में दिए गए योगदान/संकल्पना को स्तंभ-I में उल्लिखित चिंतकों के साथ सुमेलित कीजिए :

स्तंभ-I	स्तंभ-II
(a) कार्ल पॉपर	(i) आगमनात्मक प्रविधि
(b) टी.एस. कुन	(ii) विधि के प्रविरुद्ध
(c) पॉल फेयराबेंड	(iii) रूपावली
(d) फ्रांसिस बेकन	(iv) मिथ्याकरण

उचित विकल्प चुनें :

	(a)	(b)	(c)	(d)
A.	(ii)	(iii)	(i)	(iv)
B.	(iii)	(i)	(iv)	(ii)
C.	(iv)	(iii)	(ii)	(i)
D.	(iv)	(iii)	(i)	(ii)

38. निरुपाधिक प्रतिज्ञप्ति के संदर्भ में निम्नलिखित कथनों पर विचार कीजिए :

(a) "कुछ पक्षी स्तनपायी हैं" एक विशिष्ट अस्तिवाचक प्रस्थापना है और यह केवल उद्देश्य पद को ही वितरित करता है।

(b) "कुछ पक्षी स्तनपायी हैं" एक विशिष्ट अस्तिवाचक प्रस्थापना है और यह केवल विधेय को ही वितरित करता है।

(c) "कुछ पक्षी स्तनपायी हैं" एक विशिष्ट अस्तिवाचक प्रस्थापना है और यह उद्देश्य तथा विधेय दोनों पदों को वितरित करता है।

(d) "कुछ पक्षी स्तनपायी हैं" एक विशिष्ट अस्तिवाचक प्रस्थापना है और यह न तो उद्देश्य और न ही विधेय दोनों पदों को वितरित करता है।

निम्नलिखित में से सही कूट का चयन कीजिए :

A. केवल (a) और (d) सही हैं

B. केवल (c) और (d) सही हैं

C. केवल (b) सही है

D. केवल (d) सही है

39. ऐसे संस्थानों का चयन कीजिए जिन्हें यूजीसी अधिनियम 1956 के अनुसार डिग्री प्रदान करने के लिए प्राधिकृत नहीं किया गया है?

(a) भाषायी अल्पसंख्यक के अधीन स्थापित संस्थान

(b) मानित विश्वविद्यालय

(c) संघटक कॉलेज

(d) संबद्ध कॉलेज

सही विकल्प का चयन करें :

A. (a), (b) और (d) केवल

B. (a), (b) और (c) केवल

C. (b), (c) और (d) केवल

D. (a), (c) और (d) केवल

40. सूची-I को सूची-II से सुमेलित कीजिए :

सूची-I	**सूची-II**
(a) दशमलव में 50	(i) द्विभाजी में 0110010
(b) दशमलव में 102	(ii) द्विभाजी में 1100110
(c) लाइव वीडियो कॉन्फ्रेंसिंग	(iii) समकालिक संचार
(d) एस.एम.एस. संदेश	(iv) विषमकालिक संचार

सही विकल्प चुनें :

	(a)	(b)	(c)	(d)
A.	(ii)	(i)	(iii)	(iv)
B.	(ii)	(i)	(iv)	(iii)
C.	(i)	(ii)	(iii)	(iv)
D.	(i)	(ii)	(iv)	(iii)

41. इनमें से उस संवाद की पहचान कीजिए जो दस्तावेजी साक्ष्य के रूप में वैध है?

A. लिखित संवाद

B. वाचिक संवाद

C. हाव-भाव वाला संवाद

D. अवाचिक संवाद

42. विरोध-चतुरस्र के शास्त्रीय चिंतन में निम्नलिखित में से किन प्रस्थापनाओं के संयोजन को विरोधाभासी माना जाता है?

A. सार्वभौमिक अस्तिवाचक और सार्वभौमिक निषेधक

B. सार्वभौमिक अस्तिवाचक और विशेष अस्तिवाचक

C. विशेष अस्तिवाचक और सार्वभौमिक निषेधक

D. विशेष अस्तिवाचक और विशेष निषेधक

43. 'ओपेन हाउस' के आयोजन के माध्यम से जनता से संवाद के लिए किसी सार्वजनिक क्षेत्र के संगठन द्वारा निम्नलिखित में से किन तरीकों का प्रयोग किया जाता है?

(a) प्रचार

(b) लाबिंग

(c) जनसंपर्क

(d) छवि निर्माण

सही विकल्प का चयन करें :

A. (a), (c) और (d) B. (b), (c) और (d)

C. (a), (b) और (d) D. (a), (b) और (c)

44. नीचे एक प्रश्न दिया गया है और उसके बाद तीन कथन दिए गए हैं। उन कथनों (*a, b, c*) की पहचान करें जो प्रश्न का उत्तर देने के लिए आवश्यक हैं।

प्रश्न : एक कक्षा में अध्ययन करने वाले 30 छात्रों की औसत उम्र क्या है?

(*a*) कक्षा में लड़के और लड़कियाँ 7 : 8 अनुपात में हैं।

(*b*) लड़के और लड़कियों की औसत आयु क्रमशः 12.2 वर्ष और 11.4 वर्ष है।

(*c*) कक्षा में लड़कों की संख्या कक्षा में लड़कियों की संख्या की तुलना में दो कम है।

सही विकल्प का चयन करें :

A. केवल (*a*) और (*b*) B. केवल (*b*) और (*c*)
C. केवल (*a*) और (*c*) D. (*b*) और (*a*) या (*c*)

45. यातायात के एक स्थल पर प्रति सेकेंड के अंतराल पर एक घंटे का ध्वनि स्तर का नमूना एकत्र किया जाता है और ध्वनि के सूचकांक L_1, L_{10}, L_{50}, L_{90} की गणना आँकड़ों से की जाती है। सूचकांकों के मान को न्यूनतम से अधिकतम के बढ़ते क्रम में रखा गया है। इनमें से कौन-सा विकल्प सही क्रम को दर्शाता है?

A. $L_1, L_{10}, L_{50}, L_{90}$ B. $L_{10}, L_{50}, L_{90}, L_1$
C. $L_{50}, L_{90}, L_{10}, L_1$ D. $L_{90}, L_{50}, L_{10}, L_1$

निर्देश (प्रश्न संख्या 46 से 50 तक): *निम्नलिखित परिच्छेद को पढ़ें और संबंधित प्रश्नों के उत्तर दें :*

मैं यह नहीं कहना चाहता कि शिक्षण में मानवतावादी तत्व उपयोगितावादी तत्वों से कम महत्वपूर्ण हैं। कल्पनाशक्ति के संपूर्ण विकास के लिए थोड़ा-बहुत महान् साहित्य, थोड़ा-बहुत वैश्विक इतिहास और थोड़ा-बहुत संगीत, चित्रकला और वास्तुकला का ज्ञान अनिवार्य है। और सिर्फ कल्पना-शक्ति के माध्यम से ही मनुष्यों को संसार की विविध संभावनाओं के बारे में पता चला; इसके बगैर 'प्रगति' यांत्रिक और खोखली बन जाएगी। लेकिन विज्ञान भी कल्पना को प्रेरित कर सकता है।

मनोविज्ञान, बहुत हाल के वर्षों तक, महज अकादमिक अध्ययन का एक विषय हुआ करता था और व्यावहारिक कार्यों में इसकी उपयोगिता पर्याप्त कम थी। अब यह सब बदल चुका है। उदाहरणस्वरूप अब हमारे पास औद्योगिक मनोविज्ञान है, नैदानिक मनोविज्ञान है, शैक्षणिक मनोविज्ञान है; और इन सबका पर्याप्त व्यावहारिक महत्व है। हम यह आशा और अपेक्षा कर सकते हैं कि निकट भविष्य में हमारे संस्थानों में मनोविज्ञान का प्रभाव तेजी से बढ़ेगा। शिक्षा के क्षेत्र में तो इसका पहले ही से हितकारी और अच्छा प्रभाव रहा है।

46. परिच्छेद के अनुसार यदि कल्पना शक्ति का संपूर्ण विकास करना है तो निम्नलिखित में से किसका थोड़ा-बहुत ज्ञान होना चाहिए?

(*a*) साहित्य
(*b*) विश्व इतिहास
(*c*) संगीत
(*d*) राजनीति

निम्नलिखित में से सही विकल्प चुनें :

A. केवल (*a*) और (*b*) सही हैं
B. केवल (*a*) और (*c*) सही हैं
C. केवल (*a*), (*b*) और (*d*) सही हैं
D. केवल (*a*), (*b*) और (*c*) सही हैं

47. परिच्छेद में लेखक किस बात को लेकर आशान्वित हैं?

A. शिक्षण में उपयोगितावादी तत्व
B. शिक्षण में कल्पनाशक्ति की भूमिका में ह्रास
C. प्रयोगशालाओं में मनोविज्ञान की भूमिका
D. संस्थानों में मनोविज्ञान के प्रभाव में अभिवृद्धि

48. परिच्छेद के अनुसार कल्पना-शक्ति के अभाव में 'प्रगति' क्या हो जाएगी?

A. मानवतावादी B. यांत्रिक
C. सर्जनात्मक D. यथार्थपरक

49. परिच्छेद के अनुसार बहुत हाल के वर्षों तक मनोविज्ञान का/की बहुत ही कम ______

A. अकादमिक उन्मुखीकरण था।
B. अकादमिक अनुप्रयोग था।
C. व्यावहारिक उपयोगिता थी।
D. कल्पना शक्ति के लिए उपयोगिता थी।

50. परिच्छेद के अनुसार लोगों को 'संसार की संभावनाओं' के बारे में सिर्फ किसके माध्यम से जानकारी मिल सकती है?

A. साहित्य B. इतिहास
C. कल्पना-शक्ति D. संगीत

उत्तरमाला

1	2	3	4	5	6	7	8	9	10
C	B	A	D	A	D	D	A	D	C
11	**12**	**13**	**14**	**15**	**16**	**17**	**18**	**19**	**20**
C	C	C	B	B	D	A	D	D	D
21	**22**	**23**	**24**	**25**	**26**	**27**	**28**	**29**	**30**
C	B	D	D	B	B	A	D	C	D
31	**32**	**33**	**34**	**35**	**36**	**37**	**38**	**39**	**40**
A	B	C	C	D	C	C	D	D	C
41	**42**	**43**	**44**	**45**	**46**	**47**	**48**	**49**	**50**
A	A	A	D	D	D	D	B	C	C

व्याख्यात्मक उत्तर

1. कॉलेज C में वर्ष 2016 में प्रवेश लेने वाले छात्रों की संख्या 19000 है, जो नीचे से दूसरे स्थान पर है। वर्ष 2018 में कॉलेज A में प्रवेश लेने वाले छात्रों की संख्या 22000 है, जो न्यूनतम है।

2. सभी वर्षों में कॉलेज A में प्रवेश लेने वाले कुल छात्रों की संख्या

$= 8000 + 15000 + 17000 + 13000 + 22000 + 27000$

$= 102000$

वर्ष 2018 से 2019 में कॉलेज C में प्रवेश लेने वाले कुल छात्रों की संख्या

$= 24000 + 16000 = 40000$

$\therefore$ अंतर $= 102000 - 40000 = 62000.$

3. कॉलेज C में सभी वर्षों में प्रवेश लेने वाले छात्रों की कुल संख्या

$= 11000 + 13000 + 19000 + 23000 + 24000 + 16000 = 106000$

वर्ष 2017 में तीनों कॉलेजों में प्रवेश लेने वाले छात्रों की संख्या

$= 13000 + 27000 + 23000 = 63000$

प्रश्नानुसार, 63000 का $x\% = 106000$

$$\Rightarrow \quad 63000 \times \frac{x}{100} = 106000$$

$$\therefore \quad x = \frac{106000}{630}$$

$$\simeq 168.25\%.$$

4. कॉलेज A में वर्ष 2015 एवं 2016 में प्रवेश लेने वाले छात्रों की संख्या क्रमशः 15000 एवं 17000 है। अर्थात् 2016 में प्रवेश में 2000 की वृद्धि होती है।

$$\therefore \% \text{ वृद्धि } = \frac{2000}{15000} \times 100 = \frac{200}{15} = 13.33\%$$

5. कुल छात्रों का औसत

$$= \frac{15000 + 23000 + 16000}{3}$$

$$= \frac{54000}{3} = 18000.$$

6. डिजिटल इंडिया भारत सरकार की एक पहल है जिसके तहत सरकारी विभागों को देश की जनता से जोड़ना है। इसका उद्देश्य यह सुनिश्चित करना है कि बिना कागज के इस्तेमाल के सरकारी सेवाएँ इलेक्ट्रॉनिक रूप से जनता तक पहुँच सकें। इस योजना का एक उद्देश्य ग्रामीण इलाकों को हाई स्पीड इंटरनेट के माध्यम से जोड़ना भी है। डिजिटल इंडिया के तीन मुख्य घटक हैं–

1. डिजिटल आधारभूत ढाँचे का निर्माण करना,
2. इलेक्ट्रॉनिक रूप से सेवाओं को जनता तक पहुँचाना,
3. डिजिटल साक्षरता।

योजना को 2019 तक कार्यान्वित करने का लक्ष्य है। एक टू-वे प्लेटफॉर्म का निर्माण किया जाएगा जहाँ दोनों (सेवा प्रदाता और उपभोक्ता) को लाभ होगा। यह एक अंतर-मंत्रालयी पहल होगी जहाँ सभी मंत्रालय तथा विभाग अपनी सेवाएँ जनता तक पहुँचाएंगे जैसे कि स्वास्थ्य, शिक्षा और न्यायिक सेवा आदि। चयनित रूप से पब्लिक प्राइवेट पार्टनरशिप (पीपीपी) मॉडल को अपनाया जाएगा। इसके अतिरिक्त राष्ट्रीय सूचना केंद्र के पुनर्निर्माण की भी योजना है। यह योजना मोदी प्रशासन की टॉप प्राथमिकता वाली परियोजनाओं में से एक है। यह एक सराहनीय और सभी साझेदारों की पूर्ण समर्थन वाली परियोजना है।

8. विद्यार्थियों का अकादमिक निष्पादन प्रज्ञा और अभिप्रेरण से निर्धारित होता है। अकादमिक शिक्षा का प्रमुख उद्देश्य विद्यार्थी का सर्वांगीण विकास करना है। अतः विद्यार्थी का शारीरिक, मानसिक व भावात्मक विकास करने हेतु अनेक विशिष्ट शक्तियों का विकास करना अनिवार्य है, जैसे विद्यार्थी के मानसिक पक्ष का विकास करने हेतु उसमें प्रज्ञा, बोध, प्रयोग, विश्लेषण, संश्लेषण, मूल्यांकन आदि विभिन्न योग्यताओं का विकास करना अत्यंत आवश्यक होता है। विद्यार्थी में कुछ जन्मजात व जैविक गुण निहित होते हैं, जिनके आधार पर उसका समस्त व्यवहार संचालित व निर्देशित होता है।

11. न्यायवाक्य निगमनात्मक अनुमान का भाग नहीं अपितु आधार होता है। न्यायवाक्य (Syllogism) एक विशेष प्रकार का तर्क करने का तरीका है जिसमें दो अन्य कथनों के आधार पर तीसरा कथन (अनुमान या निष्कर्ष) निकाला जाता है।

अरस्तू ने न्यायवाक्य को इस प्रकार परिभाषित किया है–''वह शास्त्रार्थ जिसमें कुछ चीजें (सत्य) मान लेने के बाद इनसे कुछ नया और भिन्न चीजें व्युत्पन्न होती हैं, क्योंकि चीजें ही ऐसी हैं।''

12. मान लिया धनराशि P और चक्रवृद्धि ब्याज दर R है।

प्रश्नानुसार, $P\left(1+\frac{R}{100}\right)^n - P = 993$

$\Rightarrow \quad P\left(1+\frac{10}{100}\right)^3 - P = 993$

$\Rightarrow \quad P\left(\frac{11}{10}\right)^3 - P = 993$

$\Rightarrow \quad P\left(\frac{1331}{1000}-1\right) = 993$

$\Rightarrow \quad \frac{331P}{1000} = 993$

$\therefore \quad P = \frac{993\times1000}{331}$

$= 3000$

अब ₹ 3000 के लिए 8% वार्षिक साधारण ब्याज की दर से 4 वर्ष का ब्याज

$= \frac{3000\times4\times8}{100} = 30\times4\times8 =$ ₹ 960.

13. गणितीय अवधारणाओं के अधिगम में जीवन की वास्तविक घटनाओं, पाठ्यक्रम के निर्धारण के पूर्व अधिगम कर्ताओं में विद्यमान गणितीय ज्ञान का मूल्यांकन तथा अवधारणा के प्रतिपादक गणितज्ञ के जीवन अनुभवों का वर्णन आदि कारकों का योगदान होता है। शिक्षा मनोवैज्ञानिकों ने कुछ ऐसे कारकों का वर्णन किया है जिनसे कक्षा में होनेवाले शिक्षण/अधिगम (learning) सीधे प्रभावित होता है। ऐसे तो इन कारकों की संख्या बहुत अधिक है, परंतु उनमें कुछ ऐसे हैं जो अधिक महत्वपूर्ण हैं तथा जिन पर मनोवैज्ञानिकों का ध्यान विशेष रूप से गया है। ऐसे कारक निम्नलिखित हैं–बुद्धि, स्वास्थ्य, उम्र एवं यौन, अवधान, अभिरुचि एवं अभिक्षमता, परिपक्वन, सीखे जाने वाले विषय का स्वरूप, शिक्षक की संचार क्षमता आदि।

14.

$1\times1\times1+1=2$

$2\times2\times2-2=6$

$3\times3\times3+3=30$

$4\times4\times4-4=60$

$5\times5\times5+5=130$

$6\times6\times6-6=210$

अतः उपरोक्त क्रम का अनुसरण करने पर अभीष्ट संख्या $= 7\times7\times7+7 = 343+7 = 350.$

15. भारत में स्वतंत्रता के बाद बनी शिक्षा समितियाँ और आयोग

1. डॉ. एस. राधाकृष्णन् आयोग (वर्ष 1948-49)– विश्वविद्यालय अनुदान आयोग (यूजीसी) की स्थापना।

2. मुदालियर शिक्षा आयोग (वर्ष 1952-53)—इसे माध्यमिक शिक्षा आयोग भी कहा जाता है।
3. डॉ. डी.एस. कोठारी आयोग (वर्ष 1964)—इसमें सामाजिक उत्तरदायित्व व नैतिक शिक्षा पर ध्यान दिया गया।
4. राष्ट्रीय शिक्षा नीति पर पुनर्विचार (वर्ष 1992)—एक सजग व मानवतावादी समाज के लिए शिक्षा का उपयोग। इसे आचार्य राममूर्ति समिति भी कहा जाता है।
5. एम.बी. बुच समिति (वर्ष 1989)—दूरस्थ शिक्षा माध्यम पर बनी पहली शिक्षा समिति।
6. जी.राम रेड्डी समिति (वर्ष 1992)—दूरस्थ शिक्षा पर केन्द्रीय परामर्श समिति।
7. प्रोफेसर यशपाल समिति (वर्ष 1992)—बोझमुक्त शिक्षा की संकल्पना।

17. औपचारिक संचार का विशिष्ट उदाहरण ज्ञापन है, अनौपचारिक संचार का समूह शृंखला, बाह्य संचार का सरकारी एजेंसियाँ तथा आंतरिक संचार का विशिष्ट उदाहरण परिपत्र है। जबसे सूचना और संचार प्रौद्योगिकी को एक शिक्षण माध्यम के रूप में उपयोग किया गया है, इसने एक त्रुटिहीन प्रेरक साधन के रूप में कार्य किया है। इसमें वीडियो, टेलीविजन, मल्टीमीडिया, कम्प्यूटर सॉफ्टवेयर का उपयोग शामिल है, जिसमें ध्वनि व रंग निहित हैं। इससे छात्र सीखने की प्रक्रिया में गहराई से जुड़ते हैं।

सूचना मानव जीवन का अभिन्न अंग है। संप्रेषण के द्वारा ही मनुष्य सूचनाओं का आदान-प्रदान एवं उसे संग्रहित करता है। सामाजिक, आर्थिक, धार्मिक अथवा राजनीतिक कारणों से विभिन्न मानवीय समूहों का आपस में सम्पर्क बन जाता है।

19. शोध में नैतिक सिद्धांत के उल्लंघन के लिए उत्तरदायी तत्व हैं—प्रतिभागियों (शोधार्थियों) की क्षति तथा संसूचित सहमति का अभाव। अनुसंधान ईमानदारी से की गई एक प्रक्रिया है। इसमें गहनता से अध्ययन किया जाता है और विवेक एवं समझदारी से काम लिया जाता है। चूँकि यह एक लंबी प्रक्रिया है, अतः इसमें धैर्य की परम आवश्यकता होती है।

शोध का आधार वैज्ञानिक पद्धति प्रविधियों द्वारा संकलित तथ्य है। तथ्यों का ढेर स्वयं कुछ नहीं कर सकता जब तक कि उनका वर्गीकरण व सारणीयन न किया जाए। केवल वर्गीकरण व सारणीयन भी निरर्थक है जब तक कि इनके आधार पर तथ्यों का विश्लेषण व व्याख्या करके कुछ वैज्ञानिक निष्कर्षों को ईमानदारीपूर्वक न निकाला जाए।

21. एक महाविद्यालय का शिक्षक अभिप्रेरक प्रतिभाग की गति को बढ़ावा देने के लिए प्रश्न-पहेली सत्र को अपनाता है, जिसे निर्माणात्मक मूल्यांकन के रूप में जाना जाता है।

मूल्यांकन के प्रकार–

1. **निर्माणात्मक/रचनात्मक मूल्यांकन**–बच्चों की लगातार प्रतिपुष्टि के लिए निर्माणात्मक मूल्यांकन सहायक है। निर्माणात्मक मूल्यांकन में अध्यापक पढ़ाते समय यह जांच करते हैं कि बच्चे ने अनुभूतियाँ-अभिव्यक्तियाँ और ज्ञान को कितना ग्रहण किया है। निर्माणात्मक मूल्यांकन पाठ के बीच-बीच में किया जाता है।
2. **योगात्मक/संकलनात्मक/अंतिम मूल्यांकन**–योगात्मक मूल्यांकन सत्र के अंत में होता है। अध्यापक द्वारा पढ़ाने के बाद यह देखना कि बच्चों ने ज्ञान को किस हद तक ग्रहण किया है। उदाहरण—किसी पाठ को पढ़ाने के बाद जब अध्यापक बच्चों से प्रश्न करता है तो वह योगात्मक मूल्यांकन कहलाता है।
3. **निदानात्मक मूल्यांकन**–वह जो बच्चे असफल हो रहे हैं उन बच्चों की असफलता का कारण ढूँढ़ना निदानात्मक मूल्यांकन कहलाता है।

23. दावानल या जंगल की आग उस दुर्घटना को कहते हैं जब किसी वन के एक भाग में या पूरे वन में ही आग लग जाती है और उस वन के सभी पेड़-पौधे, जीव-जन्तु इत्यादि जलने लगते हैं। दावानल के लिए स्थिति तब उत्पन्न होती है जब वनस्पतियाँ और मिट्टी सूख जाते हैं और आर्द्रता भी बहुत कम होती है। जंगलों की आग को प्रभावित करने वाले कारक हैं—भूमि की ढलान, भूमि की नमी एवं वायु। आग प्राकृतिक कारणों जैसे आकाशीय बिजली गिरने से या प्राकृतिक रूप से वन में उत्पन्न घर्षण से लग सकती है।

प्राकृतिक रूप से वनों में आग की घटनाएँ ऑस्ट्रेलिया, अमेजन-वनों, संयुक्त राज्य अमेरिका, इंडोनेशिया इत्यादि में प्रायः होती रहती है। दावानल से पारिस्थितिकी तंत्रों को भारी हानि होती है और प्रतिकूल प्रभाव पड़ता है।

26. www डॉक्यूमेंट्स का समूह होता है जो आपस में एक-दूसरे से hypertext से जुड़े हुए होते हैं। hypertext document में टेक्स्ट, इमेज, ध्वनि आदि का समावेश होता है। www internet की एक सेवा है। www का प्रयोग सबसे पहले Tim Berners Lee ने 1989 में CERN प्रयोगशाला में किया। वर्ल्ड वाइड वेब में सूचनाओं को वेबसाइट के रूप में रखा जाता है। ये वेबसाइटें वेब सर्वर पर हाइपरटैक्स्ट फाइलों के रूप में संग्रहित होती हैं। वर्ल्ड वाइड वेब एक प्रणाली है, जिसके द्वारा प्रत्येक वेबसाइट को एक विशेष नाम दिया जाता है। उसी नाम से उसे वेब पर पहचाना जाता है। www का पूरा नाम वर्ल्ड वाइड वेब (World Wide Web) है। इंटरनेट और वर्ल्ड वाइड वेब का आपस में गहरा संबंध है जो दोनों एक-दूसरे पर निर्भर हैं। वर्ल्ड वाइड वेब जानकारियों का भंडार होता है जो लिंक्स के रूप में होता है। दरअसल यह एक ऐसी तकनीक है जिसके कारण संसारभर के कम्प्यूटर एक-दूसरे से जुड़े हुए हैं। वर्ल्ड वाइड वेब HTML, HTTP, वेब सर्वर और वेब ब्राउजर पर काम करता है।

किसी वेबसाइट के नाम को उसका URL (Uniform Resource Locator) भी कहा जाता है। जब हम किसी वेबसाइट को खोलना चाहते हैं, ब्राउजर प्रोग्राम के पते वाले बॉक्स या एड्रेस बार में उसका नाम या URL भर देता है। इस नाम की सहायता से ब्राउजर प्रोग्राम उस सर्वर तक पहुँचता है जहाँ वह फाइल या वेबसाइट स्टोर की गई है और उससे एक वेबपेज प्राप्त करने के बाद हमारे कम्प्यूटर पर ला देता है। उस सूचना को ब्राउजर प्रोग्राम मॉनीटर की स्क्रीन पर प्रदर्शित कर देता है। उस वेबसाइट पर कई हाइपरलिंक भी हो सकते हैं। प्रत्येक हाइपरलिंक किसी अन्य वेबपेज या वेबसाइट का URL बताता है। उस लिंक को क्लिक करने पर ब्राउजर उसी वेबपेज या वेबसाइट तक पहुँचकर उसे उपयोगकर्ता को उपलब्ध करा देता है। इस प्रकार उपयोगकर्ता किसी वेबसाइट को देख सकता है, जिसका URL या Name उसे पता हो।

27. लॉर्ड एल्गिन द्वितीय के बाद वर्ष 1899 में लॉर्ड कर्जन भारत का वायसराय बना। कर्जन ने भारत में शिक्षा और आर्थिक सुधारों के लिए मुख्य रूप से कार्य किया। शैक्षिक सुधारों के अंतर्गत कर्जन ने 1902 ई. में 'सर टॉमस रैले' की अध्यक्षता में 'विश्वविद्यालय आयोग' का गठन किया। आयोग द्वारा दिए गए सुझावों के आधार पर विश्वविद्यालय अधिनियम, 1904 पारित किया गया। इस अधिनियम के आधार पर विश्वविद्यालयों पर सरकारी नियंत्रण बढ़ गया। विश्वविद्यालय की सीनेट में मनोनीत सदस्यों की संख्या बढ़ा दी गई। गैर-सरकारी कॉलेजों का विश्वविद्यालयों से सम्बन्धित होना अत्यधिक कठिन बना दिया गया।

28. दोपहर बाद की अवधि में वायुमंडल अस्थिर रहता है तथा सुबह और शाम की तुलना में इसकी विलयन क्षमता अधिक होती है। इस स्थिति का कारण वायुमंडलीय दाब है। वायुमंडलीय दाब का अर्थ है किसी दिए गए स्थान तथा समय पर वहाँ की हवा के स्तंभ का भार। इसे 'बैरोमीटर' में प्रति इकाई क्षेत्रफल पर पड़ने वाले बल के रूप में मापते हैं।

30. व्याख्यात्मक सिद्धांत प्रत्यक्षवाद (Positivism) से सम्बन्धित नहीं है। प्रत्यक्षवाद का शोध पद्धति की उसी प्रणाली में विश्वास है जिसे प्राकृतिक विज्ञानों में अपनाया जाता है। प्रत्यक्षवाद की वैज्ञानिक व्याख्या सर्वप्रथम ऑगस्ट कॉम्टे ने की थी। कॉम्टे ने अपनी रचनाओं 'Course of Positive Philosophy–1842' तथा 'The System of Positive Polity–1851' में इस अवधारणा की व्याख्या की है। इसी कारण कॉम्टे को प्रत्यक्षवाद का प्रवर्तक माना जाता है।

प्रत्यक्षवाद वह सिद्धांत है जो केवल वैज्ञानिक पद्धति से प्राप्त ज्ञान को ही उपयुक्त, विश्वसनीय व प्रामाणिक मानता है। प्रत्यक्षवादियों का मानना है कि प्रत्यक्षवाद विज्ञान की मदद से उद्योग, उत्पादन एवं आर्थिक प्रगति के लिए आशा की किरण है। कॉम्टे का कहना है कि "कोई भी वस्तु सकारात्मक तभी हो सकती है जब उसे इन्द्रिय ज्ञान के द्वारा सिद्ध किया जा सके।"

31. बहुविकल्पीय प्रश्न पारंपरिक मूल्यांकन का एक विकल्प नहीं है। मूल्यांकन का उद्देश्य बच्चों की अभिव्यक्ति, क्षमता, अनुभूति, आदि का मापन करना है। यह एक

व्यापक प्रक्रिया है। मूल्यांकन का प्रयोग बच्चे के सम्पूर्ण व्यक्तित्व तथा किसी की समूची स्थितियों की जाँच के लिए किया जाता है। इसके अंतर्गत शिक्षा कार्यों पर बल दिया जाता है और व्यापक व्यक्तित्व से संबंधित परिवर्तनों पर भी विशेष रूप से ध्यान दिया जाता है। यह एक सतत प्रक्रिया है और शिक्षण प्रक्रिया का एक अभिन्न अंग है।

33. राज्यपाल को राज्य के प्रशासन के बारे में मुख्यमंत्री से किसी भी प्रकार की सूचना माँगने की शक्ति है। राज्यपाल सम्बन्धित राज्य का संवैधानिक प्रमुख होता है तथा वास्तविक प्रमुख मंत्रिपरिषद् सहित मुख्यमंत्री होता है। राज्यपाल को व्यापक शक्तियाँ और कार्यक्षेत्र प्रदान किए गए हैं। संविधान के अनुच्छेद-167 के अनुसार, प्रत्येक राज्य के मुख्यमंत्री का यह कर्तव्य होगा कि वह—

(*i*) राज्य के कार्यों के प्रशासन सम्बन्धी और विधान विषय प्रस्थापनाओं सम्बन्धी मंत्रिपरिषद् के सभी विनिश्चय राज्यपाल को संसूचित करे;

(*ii*) राज्य के कार्यों के प्रशासन सम्बन्धी और विधान विषयक प्रस्थापनाओं सम्बन्धी जो राज्यपाल माँगे, वह दे; और

(*iii*) किसी विषय को जिस पर किसी मंत्री ने विनिश्चय कर दिया है किन्तु मंत्रिपरिषद् ने विचार नहीं किया है, राज्यपाल द्वारा अपेक्षा किए जाने पर परिषद् के समक्ष विचार के लिए रखे।

34. सूचना प्रौद्योगिकी (Information Technology) भारत में तेजी से एक महत्वपूर्ण क्षेत्र बनती जा रही है, यह कथन सत्य है। परंतु सॉफ्टवेयर भारत के प्रमुख निर्यातों में से एक है और इसके अलावा भारत का हार्डवेयर में काफी मजबूत आधार है, गलत है। सूचना प्रौद्योगिकी का क्षेत्र कुछ वर्षों में (80 के दशक से) भारत में बहुत तेजी से विकसित हुआ है। सुबह से लेकर रात तक हम सूचना प्रौद्योगिकी पर आधारित बहुत से उत्पादों, उपकरणों और सुविधाओं का उपयोग करते हैं। आज यह प्रौद्योगिकी सभी क्षेत्रों के अंदर उपयोग की जा रही है और बहुत से लोग सूचना प्रौद्योगिकी का कोर्स कर रहे हैं। शिक्षा के क्षेत्र में सूचना प्रौद्योगिकी के आगमन से नए और आसान तरीकों से किसी विषय को समझा जा रहा है। बहुत से स्कूलों, कॉलेजों में इंटरनेट की मदद से पढ़ाई की जा रही है। शोध कार्यों में इसका व्यापक प्रयोग किया जा रहा है। विद्यार्थी किसी भी जगह से इंटरनेट के द्वारा पढ़ाई कर सकते हैं। इससे हर जगह शिक्षा का प्रसार हो रहा है।

36. प्रत्यक्ष रूप से असंगत दो प्रत्यक्षीकृत तथ्यों के समायोजन हेतु अप्रत्यक्षीकृत तथ्यों की अंतर्निहित मान्यता को भारतीय तर्कशास्त्र में अर्थापत्ति की संज्ञा दी जाती है। दृष्ट या श्रुत विषय की उपपत्ति जिस अर्थ के बिना न हो, उस अर्थ के ज्ञान को 'अर्थापत्ति' कहते हैं। जैसे, 'देवदत्त दिन में कुछ भी नहीं खाता, फिर भी बहुत मोटा है।' इस वाक्य में 'न खाना तथापि मोटा होना' इन दोनों कथनों में समन्वय की उपपत्ति नहीं होती। अतः उपपत्ति के लिए 'रात्रि में भोजन करता है' यह कल्पना की जाती है। इस कथन से यह स्पष्ट हो गया कि 'यद्यपि दिन में वह नहीं खाता, परन्तु रात्रि में खाता है'। अतएव देवदत्त मोटा है। यहाँ प्रथम वाक्य में उपपत्ति लाने के लिए, 'रात्रि में खाता है' यह कल्पना स्वयं की जाती है। इसी को 'अर्थापत्ति' कहते हैं।

38. निरूपाधिक प्रतिज्ञप्ति के संदर्भ में ''कुछ पक्षी स्तनपायी हैं'' एक विशिष्ट अस्तिवाचक प्रस्थापना है और यह न तो उद्देश्य और न ही विधेय है बल्कि दोनों पद को वितरित करता है। दर्शनशास्त्र व तर्कशास्त्र में प्रतिज्ञप्ति (Proposition) ऐसा वाक्य या कथन होता है जो या तो सत्य हो या फिर असत्य। यह आवश्यक नहीं है कि हमें यह ज्ञात हो कि प्रतिज्ञप्ति सत्य है या असत्य। उदाहरण के लिए ''पृथ्वी के अलावा अन्य ग्रहों पर भी जीवन है,'' यह प्रतिज्ञप्ति या तो पूर्ण रूप से सत्य है या फिर असत्य, हालांकि हम नहीं जानते कि सत्य-असत्य के इन दो विकल्पों में वास्तविक कौन-सी है।

41. लिखित संवाद दस्तावेजी साक्ष्य के रूप में वैध होते हैं। संवाद में हस्तक्षेप और विकृति का एक बड़ा स्रोत वह मार्ग है, जिससे संदेश वक्ता से श्रोता तक पहुँचता है। परन्तु लिखित संवाद का इस्तेमाल करने से यह मुश्किल काफी कम हो जाती है। लिखी बातों का गलत मतलब निकालना अधिक मुश्किल होता है और इसी कारण इसे दस्तावेजी साक्ष्य के रूप में वैध माना जाता है।

पिछले प्रश्न-पत्र (हल सहित)

National Testing Agency (NTA)

UGC-NET (JRF) ऑनलाइन परीक्षा, जून-2019*

प्रश्न-पत्र-I

1. नीचे शिक्षण विधियां और उपागम दिए गए हैं। उनमें से कौन-कौन सा व्यष्टिसापेक्ष उपागम है?

(*a*) प्रदर्शन विधि

(*b*) माड्यूलर उपागम

(*c*) अभिक्रमित/अधिगम

(*d*) व्यष्टिसापेक्ष शिक्षण

(*e*) सहयोगात्मक विधि

नीचे दिए गए विकल्पों में से सही उत्तर दीजिए :

A. (*a*), (*b*) और (*c*) B. (*b*), (*c*) और (*d*)

C. (*c*), (*d*) और (*e*) D. (*a*), (*d*) और (*e*)

2. शिक्षण की प्रभावशीलता का निर्णय करने में निम्नलिखित में से किन बिन्दुओं पर विचार किया जाता है?

(*a*) सभी विषयों में विद्यार्थियों का प्राप्तांक

(*b*) शिक्षण उद्देश्यों की प्राप्ति का स्तर

(*c*) सीखने में विद्यार्थियों द्वारा लिया जानेवाला समय

(*d*) शिक्षण में अध्यापक द्वारा प्रयोग में लाया जाने वाला संसाधन

(*e*) कक्षा में विद्यार्थियों की उपस्थिति की नियमितता

नीचे दिए गए विकल्पों में से सही उत्तर दीजिए :

A. (*a*), (*b*) और (*c*) B. (*a*), (*b*) और (*d*)

C. (*c*), (*d*) और (*e*) D. (*b*), (*c*) और (*d*)

3. मात्रात्मक शोध को ______ भी कहा जाता है।

A. नृजातीय उपागम B. असंरचित उपागम

C. वर्णनात्मक उपागम D. संरचित उपागम

4. सर्वाधिक आसान अभिवृत्तिक स्केल जो एक समाकलित कोटि निर्धारण स्केल होता है, कहलाता है :

A. गटमैन स्केल B. लिकर्ट स्केल

C. थर्स्टोन स्केल D. एम.एल.ए. स्केल

5. जिस शोध विधि में सामान्यीकरण किया जाता है जो उसी प्रकार की अन्य परिस्थितियों पर लागू होता है, उसे क्या कहा जाता है?

A. कोहोर्ट स्टडी B. केस स्टडी

C. पैनल स्टडी D. ब्लाइंड स्टडी

6. वह शोध जिसमें पुरुष और महिला के बीच सामाजिक असमानता पर जोर दिया जाता है, कहलाता है :

A. तुलनात्मक शोध

B. अनुदैर्ध्य शोध

C. क्रियात्मक शोध

D. नारीवादी शोध

7. निम्नलिखित में से कौन-सा कथन टीम शिक्षण की अवधारणा को सर्वोत्तम रूप से व्याख्यायित करता है?

A. दो से अधिक अध्यापक शिक्षण कार्य करते हैं

B. दो से अधिक अध्यापक एक ही कक्षा को एक साथ मिलकर पढ़ाने की योजना बनाते हैं और पढ़ाते हैं

C. दो से अधिक अध्यापक अपनी विशेषता के अनुसार एक ही कक्षा को पढ़ाने की योजना बनाते और पढ़ाते हैं

D. अध्यापकों की एक टीम जो विद्यार्थियों को पढ़ाने हेतु तैयार और उपलब्ध रहती है

8. जीन पियाजे के संज्ञानात्मक विकास सिद्धांत के अनुसार, किशोर विद्यार्थी विकास के किस चरण में होते हैं?

A. संवेदी प्रेरक चरण

B. मूर्त्त संक्रियात्मक चरण

C. संक्रियात्मक चरण

D. औपचारिक संक्रियात्मक चरण

* *परीक्षा 25 जून, 2019 को संपन्न हुई।*

9. ऐसे अध्ययन को, जिसमें शोधकर्ता को प्रायोगिक और प्लेसिबो समूहों की पहचान की जानकारी नहीं होती, कहा जाता है :

A. ब्लाइंड B. डबल ब्लाइंड
C. पैनल D. कोहोर्ट

10. एक अध्यापक के रूप में आपके द्वारा तैयार किए गए परीक्षण के मामले में निम्नलिखित में से कौन-सा कथन सही है?

A. यदि परीक्षण विश्वसनीय है तो वह वस्तुनिष्ठ होगा
B. यदि परीक्षण वैधता रखता है तो वह विश्वसनीय भी होगा
C. यदि परीक्षण विश्वसनीय है तो वह वैधता भी रखेगा
D. यदि परीक्षण वैधता रखता है और विश्वसनीय है तो यह उपयोज्य होगा

निर्देश (प्रश्न संख्या 11 से 15 तक): *निम्नलिखित अनुच्छेद को पढ़िए तथा प्रश्नों के उत्तर दीजिए।*

अधिकांश लोग बुद्धि को शैक्षणिक उपलब्धि से सम्बन्धित करते हैं। मनोवैज्ञानिकों द्वारा दिए गए बुद्धि के विभिन्न सिद्धांतों में माना गया है कि अकादमिक बुद्धि के दो प्रकार होते हैं–शाब्दिक और गणितीय अथवा तार्किक। अधिकांश विशेषज्ञों के अनुसार बुद्धि वंशानुगत विशेष गुण होती है जो व्यक्तिगत व्यवहार और कार्य निष्पादन को प्रभावित करती है। परन्तु अनेक शोध अध्ययनों से यह पता चला है कि वातावरण बुद्धि के विकास को अत्यधिक रूप से प्रभावित करता है। चूंकि बुद्धि की एक विशेषता विश्लेषणात्मक और तर्कपरक कौशल है, उच्च बुद्धि-लब्धि (आई क्यू) वाले लोग अल्प बुद्धि-लब्धि वाले लोगों की तुलना में समस्या को बेहतर ढंग से समझेंगे।

बहुत से संगठन कर्मचारियों की भर्ती करते समय बुद्धि को एक महत्वपूर्ण मानदंड मानते हैं। उदाहरणार्थ, अनेक मैनेजमेंट स्कूलों में विद्यार्थियों के प्रवेश और शिक्षकों की भर्ती में बुद्धि लब्धि (आई क्यू) पर काफी बल दिया जाता है। बुद्धिमान व्यक्तियों की विशेषता अति ऊर्जा आवेग, उपलब्धि और प्रतिस्पर्धात्मकता होती है। काफी बुद्धिमान कर्मचारी कार्य में संबंधित कौशल और अन्य संगठनात्मक पद्धतियों को शीघ्रता से सीखते हैं तथा संगठन को उन्हें प्रशिक्षित करने में अपेक्षाकृत कम समय लगता है। उच्च बुद्धिमत्ता वाले लोगों में अच्छी विश्लेषणात्मक और तार्किक कौशल होने के कारण उनमें निर्णय लेने की अच्छी क्षमता होती है। उच्च उपलब्धि की ललक के साथ, ये लोग अधिकांशतः काफी सृजक होते हैं। जैसा कि कहावत है कि किसी मूर्ख मित्र की तुलना में बुद्धिमान शत्रु बेहतर है।

ऐसी उच्च बुद्धि-लब्धि (आई क्यू) के बावजूद बहुत बुद्धिमान लोग हमेशा अति प्रसन्न नहीं हो सकते हैं। उच्च बुद्धि-लब्धि उन्हें निष्क्रिया बना देती है जिसकी परिणति उनकी चिन्ता और नैराश्य के रूप में होती है। आम तौर पर कहा जाता है कि उच्च बुद्धि-लब्धि वाले लोग प्रायः असंतुष्ट लोग होते हैं।

11. 'भारांक' के लिए दूसरा शब्द है :

A. क्रेडिट B. द्रव्यमान
C. भार D. स्वतंत्रता

12. निम्नलिखित में से किसके दौरान उच्च ऊर्जा, अन्तर्न्देद, उपलब्धि और प्रतिस्पर्धात्मकता को महत्व दिया जाता है?

A. प्रवेश B. भर्ती
C. पदोन्नति D. प्रवेश और भर्ती

13. जब विद्यार्थी कक्षा में प्रथम आता है तो इसका श्रेय किसे दिया जाता है?

A. संपर्क में रहने वाले व्यक्ति को
B. बुद्धि को
C. कठिन परिश्रम को
D. शारीरिक सौष्ठव को

14. जो लोग कम समय में समस्या को समझ जाते हैं वे ______ वाले होते हैं।

A. उच्च बुद्धि-लब्धि
B. निम्न बुद्धि-लब्धि
C. औसत बुद्धि-लब्धि
D. उत्तम बुद्धि-लब्धि

15. असंतोष प्रायः ______ वाले लोगों में देखा जाता है।

A. सृजनात्मक कौशल
B. उच्च उम्मीद
C. उत्तम निर्णय क्षमता
D. उच्च शैक्षणिक योग्यता

16. संवर्ग A के 40 कर्मचारियों के एक समूह की औसत आयु 31 वर्ष है। संवर्ग B के 60 कर्मचारियों के एक अलग समूह की औसत आयु 28 वर्ष है। इन दोनों समूहों के कर्मचारियों की एक साथ मिलाकर औसत आयु कितनी है?

A. 29.8 वर्ष B. 29.5 वर्ष

C. 29.2 वर्ष D. 29 वर्ष

17. आम सम्प्रेषण और कक्षा में होने वाले सम्प्रेषण में सूचना एवं विषय वस्तु के प्रक्रमण प्रक्रिया को _____ कहा जाता है।

A. औचित्य स्थापन B. गेटकीपिंग

C. विषयसामग्री सुधार D. वन-वे फ्लो

18. संप्रेषण के संज्ञानात्मक क्षेत्र में निम्नलिखित में से किससे संबंधित मामले शामिल हैं?

A. संवेग B. ज्ञान

C. भ्रांति D. पलायनवाद

19. यदि किसी कूट में BAT = 23 और CAT = 24 है, तो आप BALL के लिए निम्नलिखित में से कौन-सा कूट लिखेंगे?

A. 27 B. 28

C. 32 D. 39

20. एक खुदरा विक्रेता अपनी सभी वस्तुओं पर लागत मूल्य से 40% अधिक मूल्य अंकित करता है और इस प्रकार 20% लाभ की उम्मीद रखता है। इसके पश्चात् वह अंकित मूल्य पर 20% की छूट देता है। बिक्री पर उसे वास्तविक कितना प्रतिशत लाभ होगा?

A. 20% B. 18%

C. 16% D. 12%

21. किसी कक्षा में विद्यार्थी को एक प्रभावी श्रोता होना चाहिए, उसे ______ ध्यान रखना चाहिए?

(*a*) अध्यापक के शक्ल का

(*b*) साथियों का

(*c*) अकादमिक पाठ का

(*d*) संप्रेषण विकर्षणों का

नीचे दिए गए विकल्पों का प्रयोग करते हुए सही उत्तर का चयन कीजिए :

A. (*a*), (*b*) और (*c*) B. (*b*), (*c*) और (*d*)

C. (*a*), (*d*) और (*c*) D. केवल (*c*) और (*d*)

22. निम्नलिखित तर्क पर विचार कीजिए।

'ध्वनि अस्थायी है क्योंकि यह श्रव्य है।'

नीचे दिए गए विकल्प से भारतीय तर्कशास्त्र के आधार पर उपर्युक्त तर्क में हेत्वाभास की पहचान कीजिए :

A. तुच्छ तर्क का हेत्वाभास

B. असंगत तर्क का हेत्वाभास

C. गलत अभिकथन का हेत्वाभास

D. विरोधाभासी तर्क का हेत्वाभास

23. एक विमान एक वर्गाकार मैदान के चारों किनारों पर 400, 600, 800 और 200 कि.मी./घं. की गति से उड़ता है। मैदान के चारों तरफ विमान की औसत गति बताइए।

A. 324 कि.मी./घं. B. 360 कि.मी./घं.

C. 384 कि.मी./घं. D. 396 कि.मी./घं.

24. बंगलौर झांसी से बड़ा शहर है, सतपुड़ा चित्तौड़ से बड़ा शहर है। राजगढ़ झांसी के समान बड़ा नहीं है, लेकिन वह सतपुड़ा से बढ़ा है। सबसे छोटा कौन है?

A. बंगलौर B. झांसी

C. सतपुड़ा D. चित्तौढ़

25. दो अंकों a और b का गुणनफल इन संख्याओं के योग का दोगुना है, तो a और b के व्युत्क्रम का योग कितना होगा?

A. 1/8 B. 1/2

C. 2 D. 4

26. सभी भद्र व्यक्ति विनम्र हैं।

कोई अपराधी विनम्र नहीं है।

कोई अपराधी भद्र व्यक्ति नहीं है।

उपर्युक्त न्याय वाक्य में प्रमुख पद की पहचान कीजिए :

A. आधारवाक्यों में विधेय

B. आधारवाक्यों में कर्ता

C. प्रथम आधारवाक्य का कर्ता और निष्कर्ष का विधेय

D. दूसरे आधारवाक्य का कर्ता और निष्कर्ष का कर्ता

27. वह प्रत्यक्ष जिसके द्वारा हमें किसी वस्तु का ज्ञान किसी विधेय की विशेषता द्वारा नहीं होता बल्कि कतिपय असंबंधित अवयवों के बोध से होता है, कहलाती है :

A. नियत प्रत्यक्ष B. अनियत प्रत्यक्ष

C. वाचिक प्रत्यक्ष D. निहितार्थ

28. अभिकथन (A) : प्रतिरोध के साथ कोई संस्कृतीकरण घटित नहीं होता है।

तर्क (R) : लोगों के अपने मूल्य और स्व-हित होते हैं जो संप्रेषित संवाद को परिशोषित करते हैं।

नीचे दिए गए विकल्पों में से सही उत्तर का चयन कीजिए :

A. (A) और (R) दोनों सही हैं, तथा (R), (A) की सही व्याख्या है

B. (A) और (R) दोनों सही हैं, परन्तु (R), (A) की सही व्याख्या नहीं है

C. (A) सही है, परन्तु (R) गलत है

D. (A) गलत है, परन्तु (R) सही है

29. उस तर्क की पहचान कीजिए जिसके अन्तर्गत सार्वभौमिक तर्कवाक्य से दृष्टांतपरक आधारवाक्य का अनुमान लगाया जा सकता है :

A. निगमनात्मक तर्क B. आगमनात्मक तर्क

C. लघुकारक तर्क D. सादृश्यमूलक तर्क

30. चूंकि अन्य लोगों के साथ सर्वाधिक अन्योन्यक्रिया अति सतही स्तर पर होती है, अच्छे/अच्छी _____ करना काफी कठिन हो जाता है।

A. मार्ग-सुधार B. पूर्वानुमान

C. कार्य D. घोषणाएं

निर्देश (प्रश्न संख्या 31 से 35 तक): *निम्नलिखित सारणी पर विचार कीजिए। इसमें पांच विभिन्न विभागों में विद्यार्थियों की कुल संख्या तथा उनमें छात्रों एवं छात्राओं का प्रतिशत दर्शाया गया है। सारणी में दिए गए आंकड़ों के आधार पर प्रश्नों के उत्तर दीजिए।*

विभाग	छात्राओं का प्रतिशत	छात्रों का प्रतिशत	विद्यार्थियों की कुल संख्या
भौतिक विज्ञान	45	55	450
रसायन शास्त्र	35	65	550
अंग्रेजी	55	45	300
हिन्दी	60	40	250
गणित	40	60	500

31. रसायन शास्त्र विभाग में विद्यार्थियों की कुल संख्या गणित विभाग में विद्यार्थियों की कुल संख्या का लगभग कितना प्रतिशत है?

A. 90% B. 95%

C. 105% D. 110%

32. अंग्रेजी विभाग में छात्रों की संख्या तथा गणित विभाग में छात्रों की संख्या का अनुपात क्या है?

A. 9 : 12 B. 9 : 20

C. 3 : 5 D. 45 : 60

33. किस विभाग में छात्रों की न्यूनतम संख्या है?

A. भौतिक विज्ञान B. अंग्रेजी

C. हिन्दी D. गणित

34. अंग्रेजी तथा हिन्दी विभागों में कुल मिलाकर छात्राओं की कुल संख्या क्या है?

A. 315 B. 325

C. 335 D. 345

35. किस विभाग में छात्राओं की अधिकतम संख्या है?

A. भौतिक विज्ञान B. रसायन शास्त्र

C. अंग्रेजी D. गणित

36. राष्ट्रीय पाठ्यचर्चा फ्रेमवर्क का निर्माण किसने किया था?

A. यू.जी.सी. B. एन.सी.ई.आर.टी.

C. एन.सी.टी.ई. D. सी.बी.एस.ई.

37. निम्नलिखित में से कौन सर्च इंजन है?

A. फ्लैश B. फायर फॉक्स

C. इन्टरनेट एक्सप्लोरर D. गूगल

38. सूचना प्रौद्योगिकी (आई. टी.) का वह उपयोग जिसे समाज की आवश्यकताएं पूरी करने हेतु सरकार की क्षमता में सुधार करने के लिए किया जाता है, कहलाता है :

A. ई-आधार B. ई-प्रशासन

C. ई-शासन D. ई-विपणन

39. अतीत काल में भारत में उच्चतर शिक्षा के अन्तर्गत अधिगम की विधि में शामिल रहा है :

A. याद करना, विचारावेशी प्रक्रिया (ब्रेन स्टॉर्मिंग) तथा सेमिनार

B. याद करना, समीक्षात्मक विश्लेषण तथा कथा वाचन
C. समीक्षात्मक विश्लेषण, समनुदेश लेखन तथा मौखिक रिपोर्ट
D. कथावाचन, विचारावेशी प्रक्रिया (ब्रेन स्टॉर्मिंग) तथा सेमिनार

40. वेब पेज के निर्माण हेतु निम्नलिखित में से किसे उपयोग किया जाता है?
A. एच.टी.टी.पी. B. यू.आर.एल.
C. एफ.टी.पी. D. एच.टी.एम.एल.

41. निम्नलिखित में से किस प्रदूषक को भारत में वायु गुणवत्ता सूचकांक में शामिल किया गया है?
A. कार्बन डाइऑक्साइड
B. क्लोरोफ्लोरो कार्बन
C. सल्फर डाइऑक्साइड
D. मीथेन

42. जलवायु परिवर्तन के संबंध में राष्ट्रीय कार्य योजना के अन्तर्गत निम्नलिखित में से कौन मिशन है/हैं?
(*a*) हिमालयी पारिस्थितिकी तंत्र को सम्बोधन करना
(*b*) सतत वन प्रबंधन
(*c*) जलवायु परिवर्तन हेतु रणनीतिक जानकारी

सही उत्तर चुनिए :
A. केवल (*a*) और (*b*)
B. केवल (*b*)
C. केवल (*b*) और (*c*)
D. केवल (*a*) और (*c*)

43. वह कौन-सी योजना है जिसका उद्देश्य अभियांत्रिकी विज्ञान में शोध को बढ़ावा देकर संस्थानों में शोध का वातावरण तैयार करना है?
A. ई-शोध सिन्धू
B. उद्यमिता विकास प्रकोश
C. शोध संवर्धन योजनाएँ (आर.पी.एस.)
D. संस्थान विकास योजना

44. सी.पी.यू. के दो मुख्य अवयव हैं :
A. कन्ट्रोल यूनिट और ए.एल.एयू.
B. ए.एल.यू. और बस
C. कन्ट्रोल यूनिट और रजिस्टर
D. रजिस्टर और मेन मेमोरी

45. निम्नलिखित में से कौन नगरपालिकावाले ठोस कचरे की जैववैज्ञानिक विधि है?
A. भू-भरन
B. चूर्णन (पलवैराइजेशन)
C. कम्पोस्ट तैयार करना
D. श्रेडिंग

46. ज्वाइंट फोटोग्राफिक एक्सपर्ट्स ग्रुप (जे.पी.ई.जी.) का उपयोग किसे कम्प्रेस करने के लिए किया जाता है?
A. म्यूजिक
B. वीडियो
C. इमेज
D. फ्रेम

47. पानी में किसकी अधिकता से ब्ल्यू बेबी सिन्ड्रॉम होती है?
A. कैल्सियम
B. मैग्नेशियम
C. नाइट्रेट
D. कृमिनाशक (पेस्टिसाइड)

48. अन्तर्राष्ट्रीय सौर्य सन्धि (इंटरनेशनल सोलर एलायन्स) की स्थापना हेतु संयुक्त रूप से किसने प्रयास किया था?
A. यू.एस.ए. और भारत
B. फ्रांस और भारत
C. स्वीडन और भारत
D. चीन और भारत

49. वैदिक शिक्षा पद्धति में शिक्षा का माध्यम था :
A. संस्कृत B. पाली
C. हिन्दी D. उर्दू

50. 'इन्सपायर स्कॉलरशिप का किस एजेंसी से वित्तपोषण होता है?
A. भारतीय समाज विज्ञान और अनुसंधान परिषद (आई.सी.एस.एस.आर.)
B. विश्वविद्यालय अनुदान आयोग (यू.जी.सी.)
C. विज्ञान और प्रौद्योगिकी विभाग (डी.एस.टी.)
D. राष्ट्रीय शैक्षणिक अनुसंधान और प्रशिक्षण परिषद् (एन.सी.ई.आर.टी.)

उत्तरमाला

1	2	3	4	5	6	7	8	9	10
B	D	D	B	B	D	C	D	B	B
11	**12**	**13**	**14**	**15**	**16**	**17**	**18**	**19**	**20**
A	D	B	A	C	C	B	B	A	D
21	**22**	**23**	**24**	**25**	**26**	**27**	**28**	**29**	**30**
D	A	C	D	B	C	B	D	A	B
31	**32**	**33**	**34**	**35**	**36**	**37**	**38**	**39**	**40**
D	B	C	A	A	B	D	C	B	D
41	**42**	**43**	**44**	**45**	**46**	**47**	**48**	**49**	**50**
C	D	C	A	C	C	C	B	A	C

व्याख्यात्मक उत्तर

3. **मात्रात्मक या परिणात्मक अनुसंधान (Quantitative Research):** स्वभाव से यह निगमन का ही रूप है। इसमें पहले उपकल्पना का निर्धारण होता है, इसमें सिद्धांत भी पहले से ही निर्धारित रहते हैं। यह शोध आंकड़ों पर आधारित होता है और इसका निष्कर्ष भी आँकड़ों द्वारा ही निर्धारित होता है। मात्रात्मक शोध आदेशात्मक है तथा निगमन पद्धति पर आधारित होती है। मात्रात्मक शोध किसी प्रकार के पथ या भाव से रहित रहता है। यह अपेक्षाकृत घटना और परिणाम या प्रभाव के बीच संबंधों पर केंद्रित होता है। मात्रात्मक शोध में सूचना सांख्यकीय रूप में होती है। यह सर्वेक्षण, संरक्षित साक्षात्कार (structured interview), अवलोकन (observation), अभिलेख (record) और रिपोर्ट की समीक्षा का डेटा संग्रहण होता है।

4. **लिकर्ट मापनी (Likurt Scale):** सर्वाधिक आसान अभिवृत्तिक स्केल जो एक समाकलित कोटि निर्धारण स्केल होता है, लिकर्ट स्केल या मापनी कहलाता है। इसे 'समेकित निर्धारण मापनी' के नाम से भी पुकारा जाता है। इसके जरिए अभिवृत्ति या अन्य विशेषताओं का मापन करने के लिए एक पाँच बिन्दुओं वाले स्केल को उपकल्पित किया जाता है। ये पाँच बिन्दु इस प्रकार हैं: सर्वाधिक सहमति, सहमति, अनिश्चय, असहमति एवं सर्वाधिक असहमति। इस मापनी के तहत किसी मुद्दे या विषय के सन्दर्भ में सकारात्मक (विधेयात्मक) एवं नकारात्मक (निषेधात्मक) मूल्य रखने वाले दोनों प्रकार के कथन शामिल किए जाते हैं। उत्तरदाता को इन कथनों को पढ़कर उनसे सहमति या असहमति की मात्रा प्रदर्शित करने हेतु पाँच बिन्दुओं में से किसी एक को चिह्नित या अंकित करने के लिए कहा जाता है। सकारात्मक एवं नकारात्मक दोनों तरह के कथनों की अंकन विधि भिन्न होती है।

5. **केस अध्ययन (Case Study)** में अन्वेषणकर्ता किसी एक परिस्थिति, घटना, समूह, समुदाय या व्यक्ति का गहराई (depth-in) से विश्लेषण करता है। केस अध्ययन में अन्वेषणकर्त्ता प्रेक्षण, साक्षात्कार, प्रश्नावली, मनोवृत्ति परीक्षण एवं अन्य मनोवैज्ञानिक परीक्षणों से आँकड़ा इकट्ठा करता है। इस प्रकार की शोध विधि में सामान्यीकरण किया जाता है जो उसी प्रकार की अन्य परिस्थितियों पर भी लागू होता है। इसके अतिरिक्त इसमें अभिलेखित आँकड़े जो अखबार, कोर्ट, सरकार तथा अन्य स्रोत से प्राप्त होते हैं, का भी विश्लेषण किया जाता है।

   केस अध्ययन विधि के कुछ लाभ (advantages) तथा अलाभ (disadvantages) है। इसके प्रमुख लाभ (advantages) निम्नांकित हैं–

   - केस अध्ययन किसी व्यक्ति, घटना या समूह का गहराई से अध्ययन प्रस्तुत करता है न कि केवल उसका वर्णन मात्र करता है।

- केस अध्ययन द्वारा उन सभी संगत तथ्यों एवं आँकड़ों को सावधानीपूर्वक परख करने का अवसर मिलता है जिनके आधार पर अन्वेषणकर्ता किसी वर्तमान सिद्धान्त, मॉडल आदि की पर्याप्त समीक्षा कर सकता है।

इन लाभों के बावजूद इसके कुछ अलाभ (disadvantages) हैं जो निम्नांकित हैं—

- केस अध्ययन में शोधकर्ता या अन्वेषणकर्ता का पूर्वाग्रह (bias) के कारण वस्तुनिष्ठ आँकड़ा संग्रहण (objective data collection) में बाधा पहुँचता है।
- केस अध्ययन में चूँकि एक ही व्यक्ति, घटना या समूह का अध्ययन किया जाता है, अतः इससे प्राप्त तथ्यों का सामान्यीकरण (generalization) नहीं किया जा सकता है।
- समय एवं धन के ख्याल से केस अध्ययन एक अनुपयुक्त विधि हैं इस तरह के अध्ययन में प्रत्येक केस का विश्लेषण चूँकि स्वतंत्र रूप से होता है, अतः इससे न केवल समय बल्कि धन का भी व्यय पर्याप्त होता है।

केस अध्ययन में कुछ अलाभ होते हुए भी इसकी लोकप्रियता काफी है। इसका उपयोग नैदानिक मनोविज्ञान (clinical psychology), शिक्षण मनोविज्ञान (educational psychology), परामर्श मनोविज्ञान (counselling psychology) के क्षेत्र में अधिक होता है।

6. नारीवादी शोध को एक नारीवादी सिद्धांत दर्शन आधार के रूप में समझा जा सकता है, जो कि सभी प्रकार की जाँचों और नारीवादी हितों को आधार प्रदान करता है और एक मार्गदर्शक ढाँचे के रूप में कार्य करता है। नारीवादी शोध की प्रमुख विशेषताएँ निम्नलिखित हैं :

(*i*) इसका मुख्य केंद्रबिंदु नारियों के अनुभव तथा उनके दृष्टिकोण से संबंधित है, यह उन शोध प्रक्रियाओं का उपयोग करता है, जिनका उद्देश्य इन विषयों का अन्वेषण करना है।

(*ii*) यह सक्रिय रूप से शोधार्थी तथा प्रतिक्रिया देने वाले व्यक्तियों के बीच में शक्ति के असंतुलन को कम करने या उसे पूर्ण रूप से हटाने का प्रयास करता है।

(*iii*) नारीवादी शोध का उद्देश्य पुरुष तथा महिलाओं के बीच में सामाजिक असमानता की स्थिति में परिवर्तन लाना है। वस्तुतः नारीवादी शोध को लैंगिक समानता के क्षेत्र में एक क्रिया शोध की तरह वर्गीकृत किया जा सकता है, जो कि महिलाओं से संबंधित मुद्दों और उनके हितों के संदर्भ में जागरूकता के सृजन हेतु शोध तकनीकों का उपयोग करती है, और इसके अतिरिक्त यह उन क्रियाओं को बढ़ावा देती हैं, जो कि लिंगों के बीच में समानता को प्रोत्साहन देते हैं।

7. शिक्षा के क्षेत्र में समूह शिक्षण उपागम काफी लोकप्रिय होता जा रहा है। इस विधि में विषय के विभिन्न उपविभागों के विशेषज्ञ शिक्षण प्रदान करते हैं। एक कक्षा में एक ही समय में दो या दो से अधिक शिक्षक समूह के रूप में पहुँच जाते हैं और अपने-अपने विषयों का ज्ञान प्रदान करते हैं। एक शिक्षक प्रकरण के विषय में व्याख्यान देता है और सैद्धान्तिक बातें बताता है। दूसरा शिक्षक प्रयोगशाला में प्रयोग करने की व्यवस्था करता है, तीसरा शिक्षक श्रव्य-दृश्य सामग्री का उपयोग उस प्रकरण को स्पष्ट करने में करता है और इस प्रकार से सभी शिक्षक शिक्षण कार्य में समन्वय स्थापित करने के लिए योजनाएँ बनाते हैं। इस प्रकार से छात्रों को इस उपागम के माध्यम से अधिक प्रभावशाली ढंग से पढ़ाया जा सकता है। इसके प्रमुख रूप हैं—

(*i*) दूसरे शिक्षकों के साथ (Shared teaching)

(*ii*) सिम्पोजियम की भाँति (Symposium type)

(*iii*) पैनल वार्तालाप (Panel discussion type)

8. औपचारिक संक्रिया की अवस्था (Stage of Formal Operations): यह अवस्था 11 साल से प्रारंभ होकर वयस्कावस्था (adulthood) तक चलती है। इस अवस्था में किशोरों (adolescents) का चिंतन अधिक लचीला (flexible) तथा प्रभावी (effective) हो जाता है। उसके चिंतन में पूर्ण क्रमबद्धता (systematisation) आ जाती है। अब वे किसी समस्या का समाधान काल्पनिक रूप से (hypothetically) सोचकर एवं चिंतन करके करने में सक्षम हो जाते हैं। इस अवस्था में समस्या के समाधान के लिए समस्या के एकांशों (items) को ठोस रूप से (in a concrete form)

उसके सामने उपस्थित होना अनिवार्य नहीं है। इस तरह किशोरों के चिंतन में वस्तुनिष्ठता (objectivity) तथा वास्तविकता (reality) की भूमिका अधिक बढ़ जाती है। दूसरे शब्दों में बालकों में विकेंद्रण (decentering) पूर्णतः विकसित हो जाता है।

पियाजे (Piaget) का मत है कि औपचारिक संक्रिया की अवस्था (stage of formal operation) अन्य अवस्थाओं की तुलना में अधिक परिवर्त्य (variable) होती है तथा यह किशोरों के शिक्षा के स्तर (level of education) से सीधे प्रभावित होती है। जिन बालकों का शिक्षा-स्तर काफी नीचा होता है, उनमें औपचारिक संक्रियात्मक चिंतन (formal operational thought) भी काफी कम होता है। परंतु, जिस बालक का शिक्षा-स्तर काफी ऊँचा होता है, उनमें औपचारिक संक्रियात्मक चिंतन अधिक मात्रा में होता है।

16. दोनों समूहों के कर्मचारियों की औसत आयु

$$= \frac{40 \times 31 + 60 \times 28}{40 + 60}$$

$$= \frac{1240 + 1680}{100}$$

$$= \frac{2920}{100} = 29.2 \text{ वर्ष}$$

18. संज्ञानात्मक शब्द की उत्पत्ति ज्ञान शब्द से हुई है जिसका अभिप्राय जानना है और जानना ज्ञानार्जन करने का अनिवार्य घटक है। अतः शैक्षिक प्रक्रियाओं में अधिगम का मुख्य बिन्दु संज्ञानात्मक होता है। संज्ञानात्मक क्षेत्र की अधिगम प्रक्रियाएँ उन मानसिक संक्रियाओं से संबंधित होती है जिनके प्रयोग से वातावरण में ज्ञान का संचालन होता है। इस तरह संज्ञानात्मक क्षेत्र में अध्येता के मन में सूचनाओं के प्रति उद्‌भाषण ज्ञान के संगठन या संसाधन तक की बहुत सारी क्रियाएँ सम्मिलित होती हैं। ये सूचनाएँ चाक्षुष भी हो सकती हैं अर्थात् जिन्हें देखा जा सके और शाब्दिक अर्थात् जिन्हें सुना जा सके।

विभिन्न मनोवैज्ञानिकों तथा शिक्षाशास्त्रियों ने सीखने के संज्ञानात्मक क्षेत्र के विश्लेषण के बारे में प्रयास किया। जिनमें से मुख्य ब्लूम, मेगर इत्यादि है। संज्ञानात्मक क्षेत्र के 6 अधिगम स्तर निम्नलिखित हैं–

(i) **ज्ञान** : ज्ञान या सूचनाओं को ग्रहण करना उच्च चिंतन प्रक्रिया को विकसित करने का आधार हैं किसी विषय क्षेत्र में विशिष्ट तत्वों का प्रत्यास्मरण या प्रत्याभिज्ञान सम्मिलित होता है, जैसे विशिष्ट तत्व होते हैं जैसे इस स्तर पर स्मृति स्तर की प्रक्रिया सम्मिलित होती है।

(ii) **अवबोध** : सीखने का दूसरा स्तर अवबोध है। सूचना ग्रहण करना तब तक व्यर्थ है जब तक इसे समझा न जाए। इस स्तर पर वे मानसिक प्रक्रियाएँ सम्मिलित होती हैं जो तथ्यों को, अवधारणाओं को, सिद्धान्तों को या सामान्यीकरणों को समझने में सहायता करती है।

(iii) **अनुप्रयोग** : कोई सूचना जब किसी एक नई परिस्थिति में प्रयोग की जाती है, तो वह सार्थक बन जाती है। इस स्तर पर मानसिक प्रक्रियाओं का वास्तविक या स्थूल अवस्थितियों में अवधारणाओं, नियमों या सिद्धान्तों का प्रयोग सम्मिलित होता है। आजकल विद्यार्थियों में अनुप्रयोगात्मक योग्यताओं के विकास पर अधिक बल दिया जाता है।

(iv) **विश्लेषणात्मक** चिंतन से सृजनात्मक चिंतन तथा समस्या समाधान की प्रवृत्ति विकसित होती है। किसी चीज को मानसिक रूप से समझने की बजाय यह मालूम करना या समझना अधिक उचित होगा कि किसी वसतु की समग्रता का उस वस्तु के विभिन्न भागों से क्या संबंध है?

(v) **संश्लेषण** : इसके अन्तर्गत किसी भी अवधारणा, सिद्धान्त या सामान्यीकरण को इनके विभिन्न भागों या अवयवों को एक साथ रखा जाता है।

(vi) **मूल्यांकन** : इस स्तर की मानसिक प्रक्रियाओं में निर्णय लेने की क्षमता का विकास सम्मिलित होता है, जो कि या तो संगत या तर्क के मापदण्ड पर आधारित हो या उनकी कुछ मानकों के साथ तुलना की गई हो। निर्णय लेना अधिगम का जटिलतम स्तर है।

19. जिस प्रकार, BAT = 2 + 1 + 20 = 23
अंग्रेजी वर्णमाला में दिए गए अक्षरों की स्थान संख्या का योग है, CAT = 3 + 1 + 20 = 24
उसी प्रकार, BALL = 2 + 1 + 12 + 12 = 27.

20. माना वस्तु का लागत मूल्य = ₹ 100
तब अंकित मूल्य = 100 × 140% = ₹ 140
वस्तु का विक्रय मूल्य = 140 × 80%

$$= 140 \times \frac{80}{100} = ₹\ 112$$

वास्तविक लाभ

$$= \frac{\text{विक्रय मूल्य} - \text{लागत मूल्य}}{\text{लागत मूल्य}} \times 100$$

$$= \frac{112 - 100}{100} \times 100$$

$$= \frac{12}{100} \times 100 = 12\%.$$

25. दिया है, $ab = 2(a + b)$ ...(*i*)

तब, $$\frac{1}{a} + \frac{1}{b} = \frac{a+b}{ab} = \frac{a+b}{2(a+b)}$$

[समीकरण (*i*) से $ab = 2(a + b)$ रखने पर]

$$= \frac{1}{2}.$$

29. निगमनात्मक तर्क (Deductive Reasoning): निगमनात्मक तर्क ऐसे तर्क होते हैं जिसमें व्यक्ति पहले से ज्ञात नियमों एवं तथ्यों के आधार पर एक निश्चित निष्कर्ष पर पहुँचने की कोशिश करता है। या निगमनात्मक तर्क के अंतर्गत सार्वभौमिक तर्कवाक्य से दृष्टांतपरक आधारवाक्य का अनुमान लगाया जा सकता है। इस प्रकार के तर्क मानव एवं पशुओं दोनों में पाए जाते हैं—निगमनात्मक तर्क निम्न प्रकार के न्यायवाक्यों (Syllogism) के आधार पर निकाले गए परिणाम में स्पष्ट रूप से शामिल होते हैं।

जैसे—वह सभी लोग जिन्हें चॉकलेट पसन्द है, दयालु होते हैं। अमित चॉकलेट पसन्द करता है।

निष्कर्ष—अमित बहुत दयालु है।

31. रसायन शास्त्र विभाग में विद्यार्थियों की कुल संख्या
= 550
गणित विभाग में विद्यार्थियों की कुल संख्या
= 500

$$\therefore \quad \text{अभीष्ट प्रतिशत} = \frac{550}{500} \times 100 = \frac{550}{5}$$

= 110%.

32. अंग्रेजी विभाग में छात्रों की संख्या
= 300 × 45% = 135
गणित विभाग में छात्रों की संख्या
= 500 × 60%
= 300
अभीष्ट अनुपात = 135 : 300
= 9 : 20.

33. भौतिक विज्ञान विभाग में छात्रों की संख्या
= 450 × 55%
= 247.50 ≃ 248
रसायन शास्त्र विभाग में छात्रों की संख्या
= 550 × 65%
= 357.50 ≃ 358
अंग्रेजी विभाग में छात्रों की संख्या
= 300 × 45% = 135
हिन्दी विभाग में छात्रों की संख्या
= 250 × 40% = 100
गणित विभाग में छात्रों की संख्या
= 500 × 60% = 300
अतः हिन्दी विभाग में छात्रों की संख्या न्यूनतम है।

34. अंग्रेजी और हिन्दी विभागों में छात्राओं की अभीष्ट संख्या
= 300 × 55% + 250 × 60%
= 165 + 150 = 315.

35. भौतिक विभाग में छात्राओं की संख्या
= 450 × 45%
= 202.50 ≃ 203

रसायन शास्त्र विभाग में छात्राओं की संख्या

= 550 × 35%

= 192.50

≃ 193

अंग्रेजी विभाग में छात्राओं की संख्या

= 300 × 55%

= 165

हिन्दी विभाग में छात्राओं की संख्या

= 250 × 60%

= 150

गणित विभाग में छात्राओं की संख्या

= 500 × 40%

= 200

अतः भौतिक विभाग में छात्राओं की संख्या अधिकतम है।

36. राष्ट्रीय पाठ्यचर्या रूपरेखा-2005 (NCF-2005) एक दस्तावेज है जिसका निर्माण राष्ट्रीय शिक्षण अनुसंधान एवं प्रशिक्षण संस्थान (NCERT) के द्वारा किया गया है। जो भारत में विद्यालयों की शिक्षा व्यवस्था को एक दिशा-निर्देश देता है तथा आवश्यक संस्तुतियाँ भी करता है।

37. सर्च इंजन एक ऐसा प्रोग्राम है, जो इंटरनेट पर उपलब्ध सूचनाओं में से किसी विशेष सूचना को ढूँढकर कम्प्यूटर स्क्रीन पर प्रदर्शित करता है। हमें किसी संस्थान, वस्तु, व्यक्ति, विशेष आदि किसी के बारे में कुछ भी सूचना प्राप्त करनी है, तो हम इस सर्च टूल का प्रयोग करते हैं। गूगल, याहू, अल्टाविस्टा, लाइकोस, हॉटबोट आदि अनेक उदाहरण हैं।

मेटासर्च इंजन या जिसको एग्रीगेटर (aggregator) एक ऐसा सर्च उपकरण है जो अपने स्वयं के परिणाम दर्शाने के लिए दूसरे सर्च इंजन के डेटा का उपयोग करता है। मेटाक्रॉलेर, हॉटबोट, डॉगपाइल आदि मेटा सर्च इंजन के उदाहरण हैं।

38. ई-शासन में 'ई' का तात्पर्य इलेक्ट्रॉनिक से लगाया जाता है। सामान्य रूप से ई-शासन का अर्थ है सरकारी क्रियाकलापों एवं परियोजनाओं आदि में सूचना संचार तकनीकी (ICT) का प्रयोग करते हुए लोक-कल्याणकारी राज्य के लक्ष्यों को प्राप्त करना है अर्थात् सरकारी/प्रशासनिक कार्यों से संबंधित कानूनों, नियमों आदि में ICT के उपयोग को बढ़ावा एवं मान्यता देना ही ई-शासन कहलाता है। ई-शासन में सरकार की भूमिका के आधार पर ई-शासन की कई श्रेणियाँ विभाजित की गई है। मसलन सरकारों के बीच (G2G), सरकार और नागरिकों के बीच (G2C), सरकार और व्यापारिक क्रियाकलाप (G2B) एवं सरकार और कर्मचारियों के बीच (G2E)।

ई-शासन के क्षेत्र में भारत सरकार की पहल–

- ई-कार्यालय
- वीजा एवं रजिस्ट्रेशन एवं ट्रैकिंग (VFRT)
- यूआईडी (UID), पेंशन
- बैंकिंग, पोस्ट ऑफिस आदि का कम्प्यूटरीकरण
- अपराध एवं अपराधियों से सम्बन्धित नेटवर्क की मॉनीटरिंग
- सार्वजनिक वितरण प्रणाली में ICT का प्रयोग
- प्रत्यक्ष लाभ स्थानांतरण योजना (DBT) का प्रयोग
- 'डिजिटल इंडिया' नामक कार्यक्रम से लोगों में ई-साक्षरता को बढ़ावा देना।

40. एचटीएमएल (HyperText Markup language–HTML) वेब पन्नों और वेब आधारित एप बनाने में इस्तेमाल होने वाली एक मार्कअप भाषा है। वेब ब्राउजर द्वारा किसी वेबसाइट के पन्ने को खोलने पर उसके वेब सर्वर से एचटीएमएल के रूप में दस्तावेज प्राप्त होता है, जिसे वेब ब्राउजर मल्टीमीडिया वेब पेज में बदल देता है।

41. वायु गुणवत्ता सूचकांक वायु में प्रदूषण की स्थिति को प्रदर्शित करने वाला एक सूचक है। इसके तहत वायु की गुणवत्ता को सरलता से प्रदर्शित करने हेतु 'एक नंबर - एक रंग - एक विवरण' का प्रयोग किया जाता है। सूचकांक के अंतर्गत वायु गुणवत्ता को छह श्रेणियों अच्छा (0-50), संतोषजनक (51-100), सामान्य रूप से प्रदूषित (101-200), खराब (201-300), बहुत खराब (301-400) और गंभीर (401-500) में विभाजित किया गया है। प्रदूषण को समझने हेतु

प्रत्येक प्रदूषण स्तर को एक विशेष रंग (जैसे अच्छा (0-50) श्रेणी को हरा व गंभीर (401-500) श्रेणी को गहरा लाल) से सूचित किया जाता है। इस सूचकांक में कुल आठ प्रदूषणकारी तत्वों (PM_{10}, $PM_{2.5}$, NO_2, O_3, CO, SO_2, NH_3 तथा Pb) को शामिल किया गया है।

42. जलवायु परिवर्तन पर राष्ट्रीय कार्य योजना (NAPCC) को औपचारिक रूप से 30 जून, 2008 को लागू किया गया। यह उन साधनों की पहचान करता है जो विकास के लक्ष्य को प्रोत्साहित करते हैं, साथ ही, जलवायु परिवर्तन पर विमर्श के लाभों को प्रभावशाली रूप से प्रस्तुत करता है। राष्ट्रीय कार्य योजना के कोर के रूप में आठ राष्ट्रीय मिशन हैं। वे जलवायु परिवर्तन, अनुकूलन तथा न्यूनीकरण, ऊर्जा दक्षता एवं प्राकृतिक संसाधन संरक्षण को बढ़ावा देने पर केंद्रित हैं।

आठ मिशन निम्नलिखित हैं—

1. राष्ट्रीय सौर मिशन
2. विकसित ऊर्जा दक्षता के लिए राष्ट्रीय मिशन
3. सुस्थिर निवास पर राष्ट्रीय मिशन
4. राष्ट्रीय जल मिशन
5. हिमालयी पारिस्थितिक तंत्र को सम्पोषण करना
6. हरित भारत हेतु राष्ट्रीय मिशन
7. सुस्थिर कृषि हेतु राष्ट्रीय मिशन
8. जलवायु परिवर्तन हेतु रणनीतिक ज्ञान पर राष्ट्रीय मिशन।

43. **अनुसंधान (शोध) संवर्धन योजना (आरपीएस):** यह योजना तकनीकी शिक्षा में पहचाने गए महत्वपूर्ण क्षेत्रों में अनुसंधान को प्रोत्साहित करती है। आरपीएस का उद्देश्य इंजीनियरी विज्ञान में अनुसंधान को प्रोत्साहित करके तथा स्थापित और नई प्रौद्योगिकियों में अभिनवता को बढ़ावा देकर संस्थानों में अनुसंधान के परिवेश का सृजन करना तथा संकाय और अनुसंधान की गुणवत्ता का संवर्धन करते हुए निष्णात और डॉक्टोरल डिग्री छात्रों को तैयार करना है। वित्त-पोषण की सीमा 3 वर्ष की परियोजना अवधि के लिए 25 लाख रुपये है।

44. प्रोसेसर कम्प्यूटर सिस्टम (CPU) की वह यूनिट है जो निर्देशों के इंटरप्रिन्ट करके उन्हें एक्जीक्यूट करता है। एक पीसी की कार्यक्षमता प्रोसेसर की गति (speed) पर निर्भर करता है। इसकी गति को MIPS में मापा जाता है। यह सिलिकॉन चिप का बना होता है। CPU के दो मुख्य अवयव—कंट्रोल यूनिट (CU) एवं अरिथमैटिक और लॉजिक यूनिट (ALU) हैं।

45. नगरपालिका द्वारा कचरे की कम्पोस्ट तैयार करना एक जैववैज्ञानिक विधि का उदाहरण है। कम्पोस्ट (compost) एक प्रकार की खाद है जो जैविक पदार्थों के अपघटन एवं पुनःचक्रण से प्राप्त की जाती है। यह जैव कृषि का मुख्य घटक है। कम्पोस्ट बनाने का सबसे सरल तरीका है—नम जैव पदार्थों का ढेर बनाकर कुछ काल तक प्रतीक्षा करना ताकि इसका विघटन हो जाए। विघटन में कुछ सप्ताह या महीने लगते हैं। उसके बाद वह ह्यूमस में बदल जाता है। कम्पोस्ट बनाने की आधुनिक विधि कई चरणों में पूर्ण होती है और प्रत्येक चरण में जल, वायु एवं कार्बन तथा नाइट्रोजन से समृद्ध पदार्थों को बड़े नपे-तुले ढंग से डाला जाता है।

46. कम्प्यूटिंग की भाषा में जॉइंट फोटोग्राफिक एक्सपर्ट्स ग्रुप (JPEG) डिजिटल चित्रों के संपीडन के लिए आमतौर पर इस्तेमाल किया जाने वाला एक फाइल फॉर्मेट है। इस फॉर्मेट का उपयोग विशेष रूप से डिजिटल फोटोग्राफी द्वारा उत्पादित छवियों के लिए किया जाता है, जिनका एक्सटेंशन अक्सर .jpg होता है। संपीडन की मात्रा बदली जा सकती है, जिससे कि फाइल आकार एवं गुणवत्ता के बीच अनुकूल संतुलन बनाया जा सकता है। आमतौर पर इस फॉर्मेट की मदद से छवि की गुणवत्ता में बिना अधिक नुकसान के 10 : 1 संपीडन अनुपात प्राप्त किया जा सकता है।

47. **ब्लू बेबी** शब्द का हिन्दी में अर्थ है : हृदय रोग से ग्रस्त शिशु, इस रोग में नवजात शिशु को पैरों, मुँह व सिर पर नीलिमा दिखाई देती है, इस कारण शिशु ब्लू बेबी कहलाते हैं। यह रोग मुख्यतः दो कारणों से होता है—

1. शिशुओं को जन्मजात हृदय दोष के कारण अपर्याप्त ऑक्सीजन मिलती है।

2. नवजात शिशुओं को ऐसा प्रदूषित जल पीने दिया जाता है, जिसमें नाइट्रेट की मात्रा 45 PPM or 45 mg/litre से अधिक होती है।

नाइट्रेट जब हमारे आंतों तक पहुँचते हैं तो आंत्र की Microbial flora के मध्यम से नाइट्राइट में परिवर्तित हो जाते हैं। ये नाइट्राइट रक्त में हीमोग्लोबिन से क्रिया करके मेटहीमोग्लोबिन (Methaemoglobin or MHb) बनता है। यह हीमोग्लोबिन की तरह रक्त में पर्याप्त ऑक्सीजन ले जाने में असमर्थ होता है, जिसके फलस्वरूप ऊतकों, कोशिकाओं तथा अंगों में ऑक्सीजन की कमी होने लगती है तथा वे नीले पड़ने लगते हैं। इस कारण इस रोग को ब्लू बेबी या मेटहीमोग्लोबिनेमया कहते हैं।

48. अंतर्राष्ट्रीय सौर गठबंधन 121 सौर संसाधन संपन्न देशों का एक संधि आधारित अंतर्राष्ट्रीय अंतर-सरकारी गठबंधन है। ये देश कर्क एवं मकर रेखा के मध्य उष्णकटिबंधीय क्षेत्र में स्थित हैं। भौगोलिक विशेषताओं के कारण इन देशों में वर्ष में लगभग 300 दिन बड़ी मात्रा में धूप उपलब्ध रहती है। सौर संसाधन संपन्न इन देशों की विशिष्ट सौर प्रौद्योगिकी परिनियोजन आवश्यकताओं को पूरा करने के लिए कोई विशिष्ट निकाय नहीं था। इसी परिप्रेक्ष्य में पेरिस में आयोजित 21वें जलवायु परिवर्तन सम्मेलन के दौरान 'पेरिस घोषणा-पत्र' के तहत भारत एवं फ्रांस ने संयुक्त रूप से 30 नवंबर, 2015 को 'अंतर्राष्ट्रीय सौर गठबंधन' का शुभारंभ किया।

अंतर्राष्ट्रीय सौर गठबंधन का लक्ष्य सौर संसाधन संपन्न देशों के मध्य एक मंच उपलब्ध कराना है। इस मंच का उपयोग द्विपक्षीय एवं बहुपक्षीय संगठन, निगम, उद्योग तथा अन्य हितधारकों समेत वैश्विक समुदाय द्वारा किया जा सकता है। साथ ही यह मंच सुरक्षित, सुविधाजनक, सस्ते एवं टिकाऊ तरीके से गठबंधन के सदस्य देशों की ऊर्जा आवश्यकताओं को पूरा करने के लिए सौर ऊर्जा के उपयोग को बढ़ावा देने में मदद करेगा।

49. वैदिक काल में वेदों के अध्ययन को प्रमुखता दी जाती थी। इसी कारण पाठ्य विषयों की संख्या अधिक नहीं हो सकी थी। कालान्तर में व्याकरण, गणित, रेखागणित, ज्योतिष, अर्थशास्त्र, इतिहास, राजनीतिशास्त्र, कृषि, युद्ध शिक्षा, न्याय दर्शन, प्राकृतिक चिकित्सा आदि अनेक विषय पढ़ाये जाते थे। शिक्षा का माध्यम संस्कृत भाषा था। इस युग में अधिकांश शैक्षिक क्रियाएँ मौलिक होती थीं और लेखन क्रिया को कम से कम अवसर दिया जाता था। यह क्रिया प्रायः संस्कृत ग्रन्थों के लिखने तक ही सीमित रखी जाती थी। इस काल में शंका समाधान, शुद्ध उच्चारण पर बल, प्रश्नोत्तर, वाद-विवाद, कंठस्थ विधि आदि शिक्षण विधियों द्वारा शिक्षा दी जाती थी। व्याकरण, ज्योतिष, न्याय तथा आयुर्वेद में प्रयोगात्मक कार्य पर बल दिया जाता था।

50. इंस्पायर (इनोवेशन इन साइंस परसूट फॉर इंस्पायर्ड रिसर्च) भारत के विज्ञान एवं प्रौद्योगिकी मंत्रालय (डीएसटी) द्वारा शुरू किया गया। इंस्पायर कार्यक्रम एक अनोखा कार्यक्रम है, जिसके तहत विज्ञान में बेहतरीन प्रतिभावान छात्रों को आकर्षित करने का प्रयास किया जाएगा। इसके साथ ही विज्ञान संबंधी रोजगार चुनने के लिए आवश्यक अवसरों के साथ उन्हें विज्ञान संबंधी रोजगारपरक शोध कार्यों के लिए वित्तीय सहायता भी प्रदान की जाएगी।

भारत सरकार ने 11वीं पंचवर्षीय योजना के तहत 2 हजार करोड़ की लागत से नवम्बर, 2008 में इंस्पायर योजना को अनुमति प्रदान की और प्रधानमंत्री ने 13 दिसम्बर, 2008 को इस योजना की शुरूआत की।

पिछले प्रश्न-पत्र (हल सहित)

National Testing Agency (NTA)

UGC-NET (JRF) ऑनलाइन परीक्षा, दिसम्बर-2018*

प्रश्न-पत्र-I

1. निम्नलिखित में से कौन शोध द्वारा प्राप्त साक्ष्य के आधार पर प्रभावी अध्यापन में मुख्य व्यवहार का संकेतक है?

A. अध्यापक-शिक्षार्थी संबंध विकसित करने में शिक्षक की भावात्मकता

B. विद्यार्थी द्वारा अधिगम में संलिप्तता

C. विद्यार्थी के विचारों तथा उसके योगदान का उपयोग करना

D. अध्यापन के दौरान प्रक्रियात्मक तथा विषयवस्तु आधारित प्रश्नों का उपयोग

2. निम्नलिखित में से कौन-से कथन 'मानक संदर्भित परीक्षण' के बारे में हैं? नीचे दिए गए कूट का चयन कीजिए तथा उत्तर दीजिए।

(*a*) केवल स्वल्प अधिगम कार्यों, जिनमें थोड़े से प्रश्न ही विशिष्ट कार्यों के मापन हेतु शामिल हों, के आधार पर बड़े अनुक्षेत्र को आच्छादित कर लेना।

(*b*) अधिगम के सापेक्ष स्तर के आधार पर व्यक्तियों के मध्य विभेद कर सकने पर जोर।

(*c*) किसी विशिष्ट अनुक्षेत्र के अधिगम कार्यों, जिनमें अधिसंख्य प्रश्न विशिष्ट कार्यों का मापन करते हैं, पर बल देना।

(*d*) निर्वचन के लिए सुपरिभाषित समूह की आवश्यकता होती है।

(*e*) निर्वचन के लिए सुपरिभाषित निष्पत्ति अनुक्षेत्र की आवश्यकता होती है।

(*f*) उन अधिगम कार्यों के विवरण पर बल देना जिन्हें व्यक्ति कर सकते हैं अथवा नहीं कर सकते हैं।

A. (*a*), (*b*) और (*d*) B. (*b*), (*c*) और (*f*)

C. (*a*), (*b*) और (*c*) D. (*d*), (*e*) और (*f*)

3. नीचे दो समुच्चय दिए गए हैं। समुच्चय-I में शिक्षण तथा अधिगम के विभिन्न स्तर दिए गए हैं तथा समुच्चय-II में उनके उदाहरण तथा महत्व दिए गए हैं। दोनों समुच्चयों को सुमेलित कीजिए तथा सही कूट चुनकर उत्तर दीजिए।

समुच्चय-I (शिक्षण तथा अधिगम का स्तर)	**समुच्चय-II (उदाहरण तथा महत्व)**
(*a*) स्मृति स्तर	(*i*) आलोचनात्मक चिंतन आधारित संज्ञानात्मक अंतर्विनिमय को बढ़ावा देना।
(*b*) अवबोध स्तर	(*ii*) व्यक्तिगत हित तथा अभिवृत्तिक महत्व का अनुरक्षण करता है।
(*c*) विमर्शी स्तर	(*iii*) तथ्यों को स्मरण करने एवं उन्हें पहचानने की प्रक्रिया को सुकर बनाता है।
	(*iv*) संबंध तथा अर्थ देखने की संभावना को बढ़ाता है।

कूट :

	(*a*)	(*b*)	(*c*)
A.	(*i*)	(*ii*)	(*iii*)
B.	(*iii*)	(*ii*)	(*iv*)
C.	(*iii*)	(*iv*)	(*i*)
D.	(*iv*)	(*iii*)	(*ii*)

4. निम्नलिखित सूची से शिक्षक एवं विद्यार्थी के प्रतिबद्धता क्षेत्र की पहचान कीजिए। सही कूट का चयन कीजिए एवं उत्तर दीजिए।

(*a*) 'ठीक से करो' उपागम

(*b*) समुदाय के साथ संपर्क बढ़ाना

* *परीक्षा 19 दिसम्बर, 2018 को संपन्न हुई।*

(*c*) कक्षागत निष्पादन, जिसमें शिक्षण-अधिगम की प्रक्रिया शामिल है, को अभिवृद्ध करना
(*d*) सर्वांगीण विकास के प्रति विशेष रुचि तथा सहायता हेतु तत्परता
(*e*) शैक्षणिक एवं विषयवस्तु से संबंधित प्रवीणताओं का अर्जन
(*f*) निष्पक्षता, वस्तुनिष्ठता तथा बौद्धिक ईमानदारी का सम्मान

A. (*a*), (*b*) और (*c*) B. (*b*), (*c*) और (*d*)
C. (*a*), (*d*) और (*f*) D. (*d*), (*e*) और (*f*)

5. निम्नलिखित में से किस शोध पद्धति में स्वतंत्र चर का चयन किया जाना चाहिए, न कि नियंत्रित चर का चयन?

A. वर्णनात्मक सर्वेक्षण पद्धति
B. प्रयोगात्मक पद्धति
C. कार्योत्तर पद्धति
D. व्याख्यात्मक शोध

6. निम्नलिखित सूची में से कौन-सा कथन शोध की उपयुक्त परिभाषा देता है? उत्तर देने के लिए सही कूट का चयन कीजिए।

(*a*) शोध का अभिप्राय बार-बार खोजना है।
(*b*) शोध मूलतः किसी प्रश्न का उत्तर है।
(*c*) शोध किसी समस्या का प्रामाणिक समाधान प्रदान करता है।
(*d*) शोध किसी व्यक्ति की परिकल्पना को सिद्ध करने का प्रयास है।
(*e*) शोध अर्थ-निरूपण करने वाली एक प्रक्रिया है।
(*f*) शोध का अर्थ किसी निश्चित समग्र से प्रतिदर्श का चयन करना है।

A. (*a*), (*b*) और (*c*) B. (*b*), (*c*) और (*f*)
C. (*a*), (*d*) और (*f*) D. (*b*), (*c*) और (*e*)

7. किसी स्थिति को सृजनात्मक ढंग से देखने तथा समझने की क्षमता शोध के किस चरण पर सर्वाधिक प्रासंगिक है?

A. किसी शोध समस्या की पहचान करने तथा इसे परिभाषित करने का चरण।
B. शोध अभिकल्प के निर्धारण तथा इसके कार्यान्वयन में।
C. शोध परिकल्पना एवं उसके परीक्षण की पद्धतियों के प्रतिपादन में।
D. प्रतिदर्श चयन के बारे में निर्णय लेने तथा तत्संबंधी प्रक्रियाओं की प्रतिनिधिक विशेषताओं को सुनिश्चित करने में।

8. निम्नलिखित में से किन क्षेत्रों में 'शोध नीति' का बड़ा महत्व है? नीचे दिए गए कूट से अपना उत्तर दीजिए।

(*a*) प्रदत्त संकलन में
(*b*) किसी संगोष्ठी (सेमिनार) पत्रक की तैयारी में
(*c*) आधार सामग्री विश्लेषण में
(*d*) किसी सम्मेलन में भाग लेने में
(*e*) शोध प्रबंध/शोध लघु प्रबंध के लेखन में
(*f*) किसी शोध समस्या के चयन में

A. (*a*), (*b*) और (*c*)
B. (*a*), (*c*) और (*e*)
C. (*d*), (*e*) और (*f*)
D. (*a*), (*b*) और (*f*)

9. शोध परिणाम प्रस्तुत करने एवं इसे अन्य के साथ साझा किए जाते समय शोध के निम्नलिखित में से किस प्रकार की शोध प्रकारता में प्रस्तुति की शैली वस्तुनिष्ठ होनी चाहिए?

A. नृजाति वृत्तिक अध्ययन में
B. क्रियात्मक अनुसंधान आधारित अध्ययन में
C. कारणान्वेषी तुलना आधारित कार्योत्तर अध्ययन में
D. विवरणात्मक अध्ययन में

10. निम्नलिखित में से कौन-सी शिक्षण पद्धति अप्रत्यक्ष अधिगम को बढ़ावा देगी?

A. उदाहरण के साथ व्याख्यान देना
B. टीम शिक्षण
C. किसी विषय का निदर्शन
D. प्रतिभाग आधारित परियोजनाएँ

निर्देश (प्रश्न संख्या 11 से 15 तक): *गद्यांश को ध्यान से पढ़ें और प्रश्नों का उत्तर दें।*

मानव जीवन की प्रकृति को रेखांकित करने में हमें केवल उन्हीं चीजों पर ध्यान नहीं देना चाहिए जिन्हें हम सफलतापूर्वक कर लेते हैं, बल्कि हमें उन स्वतंत्रताओं पर भी विचार करना

चाहिए जो विभिन्न जीवन शैलियों को चुनने में वस्तुतः प्राप्त हैं। जीवन शैली के चयन में प्राप्त आजादी हमारे हित में महत्वपूर्ण अवदान कर सकती है किंतु हित के परिप्रेक्ष्य से परे जाने पर स्वतंत्रता अपने आप में महत्वपूर्ण बन जाती है। चयन करना तथा तर्क कर सकने की गुंजाइश मानव जीवन का महत्वपूर्ण पक्ष है। वस्तुतः हमें अपने हितों पर ही ध्यान रखने की बाध्यता नहीं है। हमें क्या अनुसरण करना चाहिए, यह हमारे स्वविवेक पर निर्भर है, इस बात पर बल देना महत्वपूर्ण है। यह दिखाने के लिए कि हमारे लक्ष्य एकनिष्ठ रूप से केवल अपने हित साधन से भिन्न है, हमें कोई महान नेता बनने की आवश्यकता नहीं है। हमारी स्वतंत्रता तथा क्षमता भी हमारे लिए मूल्यवान हैं। अंततः यह हमें ही तय करना है कि अपनी स्वतंत्रता का हम किस प्रकार उपयोग करें। यहाँ ध्यातव्य विषय यह होगा कि लोगों को अपनी क्षमताओं के अनुरूप न कि उनकी उपयोगिता या सुख देने की क्षमता पर सामाजिक उपलब्धियाँ मिली हुई हैं। प्रथमतया इस परिप्रेक्ष्य में मानव जीवन को एक व्यापकता प्राप्त हो जाती है जिसमें लोगों को पूरी आजादी उपलब्ध है। सापेक्ष उस स्थिति के जिसमें उपयोगिता के अतिरिक्त अन्य पक्षों की उपेक्षा होती है। आजादी का एक दूसरा महत्वपूर्ण आयाम भी है और वह यह कि जो हम करते हैं, उसके लिए हम स्वयं जवाबदेह हैं। चयन की आजादी द्वारा हमें यह निर्णय करने का अवसर मिलता है कि हमें क्या करना चाहिए, परंतु इस अवसर की सुलभता के साथ-साथ यह जवाबदेही भी बनती है कि हमें किस सीमा तक चयन के विकल्प को ढूँढने की आजादी है। अतः सामर्थ्य, कुछ करने की शक्ति है, अस्तु इस सामर्थ्य से प्रसूत जवाबदेही की शक्ति उस सामर्थ्य के परिप्रेक्ष्य का अंग है, और यह कर्तव्य की उस मांग का मार्ग प्रशस्त करती है जिसे सामान्य रूप से इसे परिणाम निरपेक्ष मांग कहा जा सकता है। यहाँ अभिकर्ता-केन्द्रित सरोकार तथा सामर्थ्य आधारित उपागम के निहितार्थ के मध्य व्याप्ति है। सामाजिक उपलब्धि का यह परिप्रेक्ष्य हमें उन मुद्दों की ओर ले जाएगा जो विश्व में न्यायिक औचित्य के मुख्य मुद्दे हैं।

11. स्वतंत्रता को महत्वपूर्ण क्यों माना जाता है?
A. इससे हम सफलतापूर्वक कार्य कर पाते हैं।
B. विभिन्न जीवन शैली अपनाने के लिए।
C. अपने हित के परिप्रेक्ष्य को समझने के लिए।
D. अपने हित के परिप्रेक्ष्य से परे जाने के लिए।

12. हमें हमारे अपने हित पर ध्यान देने के परे क्यों सोचना चाहिए?
A. महान नेताओं के पदचिह्नों पर चलने के लिए।
B. अन्य की स्वतंत्रता के बारे में विचार करने के लिए।
C. इस बात का महत्व समझना कि हमारे लक्ष्य स्व-हित से भिन्न हो सकते हैं।
D. अपनी स्वतंत्रता का उपयोग करने में समर्थ होने के लिए।

13. सामाजिक उपलब्धि का मूल्यांकन करने के लिए निम्न में से किसका महत्व नहीं है?
A. लोगों की क्षमता
B. उपयोगिता
C. प्रदत्त स्वतंत्रता का उपयोग करने में असमर्थता
D. स्वतंत्रता के मूल्यों की उपेक्षा करना

14. स्वतंत्रता का अन्तर्निहित पहलू क्या है?
A. स्वतंत्र होने का सुख
B. कार्य का न होना
C. जवाबदेही
D. स्वयं का हित

15. गद्यांश का केन्द्रीय भाव है :
A. व्यक्तिगत मुद्दों की विविधता पर जोर
B. स्वतंत्रता की शक्ति का उपयोग
C. वैयक्तिक सुख की जवाबदेही
D. सभी को न्याय दिलाने की आवश्यकता

16. यदि विद्यार्थी स्वयं को किसी सम्प्रेषण स्रोत के निकट रखें तो इसके परिणामस्वरूप क्या होगा?
A. स्रोत प्रभुत्व
B. चयनात्मक अभिमुखीकरण
C. नकारात्मक चयन
D. निर्वैयक्तिक व्यवहार

17. **अभिकथन (A)** : कक्षागत संप्रेषण को विद्यार्थी द्वारा संदेशों का स्पष्ट विसंकेतन कहा जाता है।

तर्क (R) : अतिशयता में वृद्धि कर हम संप्रेक्षण की विश्वसनीयता बढ़ा सकते हैं।

A. (A) और (R) दोनों सही हैं।
B. (A) और (R) दोनों सही हैं, लेकिन (R), (A) की सही व्याख्या नहीं है।
C. (A) सही है, लेकिन (R) गलत है।
D. (A) गलत है, लेकिन (R) सही है।

18. कक्षा में शिक्षकों की मुखाकृति द्वारा की गई अभिव्यक्ति में होने वाले क्षणिक परिवर्तन कहलाते हैं :
A. सार्थक - क्षणिक संचलन
B. सूचनात्मक - क्षणिक संचलन
C. वृहत् - क्षणिक संचलन
D. सूक्ष्म - क्षणिक संचलन

19. कक्षागत संप्रेषण की प्रक्रिया के सही विसंकेतन अनुक्रम की पहचान कीजिए।
A. मूल्यांकन, निर्वचन, इन्द्रिय-सन्निकर्ष, प्रतिपुष्टि
B. प्रतिपुष्टि, इन्द्रिय-सन्निकर्ष, निर्वचन, मूल्यांकन
C. इन्द्रिय-सन्निकर्ष, निर्वचन, मूल्यांकन, प्रतिपुष्टि
D. निर्वचन, मूल्यांकन, प्रतिपुष्टि, इन्द्रिय-सन्निकर्ष

20. नीचे दो समुच्चय दिए गए हैं। **समुच्चय-I** में सम्प्रेषण के प्रकार दिए गए हैं, जबकि **समुच्चय-II** में उनके दृष्टान्तीकरण प्रस्तुत किए गए हैं। नीचे दिए गए कूट का चयन कर अपना उत्तर दीजिए :

समुच्चय-I (संप्रेषण के प्रकार)	**समुच्चय-II (दृष्टांतीकरण)**
(*a*) रेखीय संप्रेषण	(*i*) सदस्यों को दिए गए विषयों पर चर्चा करने के लिए कहा जाता है।
(*b*) अन्तरक्रियात्मक संप्रेषण	(*ii*) कक्षा में शिक्षक एक संरचित विषय प्रस्तुत करता है।
(*c*) क्रियान्वितिकारी संप्रेषण	(*iii*) एक महाविद्यालय प्राचार्य अपने अभिकर्मियों की समस्या समझने हेतु उनकी बैठक बुलाता है।
	(*iv*) महाविद्यालय में शिक्षक एवं विद्यार्थी ऊधम मचाते हैं।

कूट :

	(*a*)	(*b*)	(*c*)
A.	(*iii*)	(*i*)	(*ii*)
B.	(*iv*)	(*ii*)	(*iii*)
C.	(*ii*)	(*iii*)	(*i*)
D.	(*i*)	(*iv*)	(*iii*)

21. संख्या अनुक्रम 5, 19, 49, 101, 181, 295, x, ..., में पद x है :
A. 401 B. 351
C. 449 D. 501

22. यदि NTA14 तथा NTA15, 5-अंकों वाली ऐसी संख्याएँ हैं जिनका योग 157229 हो, तो N + T + A का मान होगा :
A. 15 B. 21
C. 25 D. 72

23. A की माता B की बहन और C की बेटी है। D यहाँ B की बेटी तथा E की बहन है। C का E से क्या रिश्ता है?
A. भाभी B. चाची
C. नानी D. माता

24. आपने हाल ही में किसी नये कार्यालय में पदभार ग्रहण किया है। जब आप अपने घर से 5 किमी/घंटा की चाल से चलते हैं तो आप 15 मिनट पहले कार्यालय पहुँच जाते हैं और यदि आप 3 किमी/घंटा की चाल से चलते हैं तो आप 9 मिनट देर से कार्यालय पहुँचते हैं। आपके घर से कार्यालय की दूरी है :
A. 5 किमी B. 8 किमी
C. 3 किमी D. 2 किमी

25. प्रश्नचिह्न (?) के स्थान पर सही विकल्प को चुनिए।

$42 \rightarrow 26$
$71 \rightarrow 78$
$33 \rightarrow 16$
$62 \rightarrow ?$

A. 68 B. 54
C. 38 D. 39

26. वह प्रतिज्ञप्ति गुच्छ जिसकी संरचना कुछ अनुमान दर्शाती है, उसे कहा जाता है :
A. निहितार्थ B. तर्क वाक्य
C. व्याख्या D. विवरण

27. नीचे दो आधार वाक्य दिए गए हैं। इन आधार वाक्यों से चार निष्कर्ष निकाले गए हैं। उस कूट का चयन करें जो प्रामाणिक रूप से निकाले गए (आधार वाक्यों को अकेले अथवा संयुक्त रूप से लेते हुए) निष्कर्ष/निष्कर्षों को दर्शाता है।

आधार वाक्य : (*i*) कुछ फूल लाल होते हैं।
(*ii*) सभी गुलाब फूल होते हैं।

निष्कर्ष : (*a*) कुछ गुलाब लाल होते हैं।
(*b*) कुछ लाल वस्तुएँ फूल होती हैं।
(*c*) कुछ फूल गुलाब होते हैं।
(*d*) सभी गुलाब लाल होते हैं।

A. केवल (*a*), (*b*) और (*c*)
B. केवल (*a*) और (*b*)
C. केवल (*b*) और (*c*)
D. केवल (*c*) और (*d*)

28. निम्न चार कथनों (*a*), (*b*), (*c*) और (*d*) पर विचार कीजिए। निम्नलिखित में से किस कूट में केवल सही कथन समाविष्ट है?

(*a*) वेन आरेख संकेतन की स्पष्ट पद्धति है।
(*b*) किसी निरूपाधिक आधारवाक्य के मानक रूप में आरेखन हेतु तीन अतिव्यापन वृत्त खींचे जाते हैं।
(*c*) किसी निरपेक्ष न्यायवाक्य के परीक्षण हेतु दो अतिव्यापन वृत्त खींचे जाते हैं।
(*d*) वेन आरेख किसी निरपेक्ष न्यायवाक्य की प्रामाणिकता के परीक्षण की एक पद्धति है।

कूट :

A. केवल (*a*) और (*b*)
B. केवल (*a*), (*b*) और (*c*)
C. (*a*), (*b*), (*c*) और (*d*)
D. केवल (*a*) और (*d*)

29. यदि यह प्रतिज्ञप्ति कि *'कोई कुत्ता चौपाया नहीं है'* गलत हो तो निम्न में से किस प्रतिज्ञप्ति के निश्चित रूप से सही होने का दावा किया जा सकता है?

A. सभी कुत्ते चौपाया हैं।
B. कुछ कुत्ते चौपाया हैं।
C. कुछ कुत्ते गैर चौपाया हैं।
D. सभी कुत्ते द्विपाद हैं।

30. निगमनात्मक तर्क अप्रामाणिक है यदि :

A. इसके आधार वाक्य एवं निष्कर्ष सभी सही हों।
B. इसके आधार वाक्य एवं निष्कर्ष सभी गलत हों।
C. इसके सभी आधार वाक्य सही हों परन्तु इसका निष्कर्ष गलत हो।
D. इसके सभी आधार वाक्य गलत हों परन्तु इसका निष्कर्ष सही हो।

निर्देश (प्रश्न संख्या 31 से 35 तक): *निम्नलिखित तालिका में पाँच विद्यार्थियों A–E के छह विषयों S1-S6 में प्राप्तांक के प्रतिशत को दर्शाया गया है। सभी विषयों S1-S6 में अधिकतम अंक क्रमशः 80, 75, 100, 120, 125 तथा 150 है। नीचे दी गई तालिका के अनुसार नीचे दिए गए प्रश्नों का उत्तर दीजिए।*

पाँच विद्यार्थियों द्वारा छह विषयों में प्राप्त अंकों का प्रतिशत (%)

विषय → / विद्यार्थी ↓	S1 (कुल 80 अंक में से)	S2 (कुल 75 अंक में से)	S3 (कुल 100 अंक में से)	S4 (कुल 120 अंक में से)	S5 (कुल 125 अंक में से)	S6 (कुल 150 अंक में से)
A	80	72	76	80	50	65
B	60	70	88	90	65	72
C	45	65	44	72	72	82
D	50	75	72	84	64	70
E	65	45	68	60	80	66

31. विद्यार्थी A द्वारा प्राप्त अंकों का औसत प्रतिशत है लगभग :

A. 65% B. 74%
C. 75% D. 70%

32. विद्यार्थी A का विषय S3 तथा S4 में कुल प्राप्तांक और विद्यार्थी E का विषय S3 तथा S4 में कुल प्राप्तांक का अंतर है :

A. 30 B. 36
C. 28 D. 32

33. विषय S6 में सभी पाँच विद्यार्थियों द्वारा प्राप्त किए गए अंकों का औसत प्रतिशत है :

A. 71% B. 69%
C. 64% D. 75%

34. विषय S1 में सभी पाँचों विद्यार्थियों द्वारा प्राप्त किए गए अंकों का औसत है :

A. 48 B. 50
C. 49 D. 51

35. विषय S3 तथा S1 में सभी पाँचों विद्यार्थियों द्वारा प्राप्त किए गए अंकों का अन्तर है :

A. 48 B. 98
C. 108 D. 110

36. निम्नलिखित में से कौन-सा युग्म कम्प्यूटर के संबंध में अल्पतम रूप में मेल खाता है?

A. 1 गीगाबाइट : (1024) × (1024) × (1024) बाइट्स
B. एल.सी.डी. : लाइट क्रिस्टल डिस्प्ले
C. यू.एस.बी. : यूनिवर्सल सीरियल बस
D. जी.यू.आई. : ग्राफिकल यूजर इंटरफेस

37. अमित ने एक डी.वी.डी.-आर.डब्ल्यू. या डी.वी.डी.- आर. में से किसी एक के उपयोग का निर्णय किया है। उन कथनों को चुनिए, जो भंडारण उपस्करों के मामले में सही हैं।

P : डी.वी.डी.- आर. और डी.वी.डी.- आर.डब्ल्यू. दोनों को केवल पढ़ा जाता है।
Q : डी.वी.डी.- आर. पर केवल एक बार लिखा जा सकता है।
R : डी.वी.डी.- आर.डब्ल्यू. पर अनेक बार लिखा जा सकता है।
S : डी.वी.डी.- आर और डी.वी.डी.- आर.डब्ल्यू. दोनों पर केवल एक बार लिखा जा सकता है।

A. केवल P B. केवल S
C. केवल P और R D. केवल Q और R

38. निम्नलिखित सूची में कम्प्यूटर नेटवर्क्स के विभिन्न प्रकारों को दर्शाया गया है। इन्हें अंतर्निहित जिओग्राफिकल स्पेस के आधार पर आरोही क्रम में व्यवस्थित कीजिए।

A. एल.ए.एन., डब्ल्यू.ए.एन., एम.ए.एन.
B. डब्ल्यू.ए.एन., एल.ए.एन., एम.ए.एन.
C. एम.ए.एन., एल.ए.एन., डब्ल्यू.ए.एन.
D. एल.ए.एन., एम.ए.एन., डब्ल्यू.ए.एन.

39. कम्प्यूटर पेरीफरल्स कम्प्यूटर से जुड़े बाह्य उपस्कर होते हैं। किस सूची में केवल इनपुट पेरीफरल्स दिए गए हैं?

A. स्पीकर्स, स्कैनर्स, माउस, मॉडम
B. कीबोर्ड, प्रोजेक्टर, माउस, फ्लैश ड्राइव
C. माइक्रोफोन्स, ट्रैक-बॉल माउस, स्कैनर, टच स्क्रीन
D. लैजर प्रिन्टर, ग्राफिक टैबलेट, बार कोड रीडर, हार्ड डिस्क

40. निम्नलिखित स्प्रेडशीट (एम.एस.- एक्सेल) को पढ़िए :

एक्सेल स्प्रेडशीट

	A	B	C
1	10	16	
2	20		
3	8		
4	12		
5	0		

सेल B2 में समीकरण है = A2 + B1
इसके बाद समीकरण को कॉपी किया जाता है और B3, B4 और B5 में पेस्ट कर दिया जाता है। B5 का मान क्या होना चाहिए?

A. 36 B. 24
C. 44 D. 56

41. दिसम्बर, 2004 में दक्षिण तथा दक्षिण-पूर्व एशिया में आए सुनामी का कारण था :

A. भूकंप B. ज्वालामुखी का निकलना
C. प्रभंजन (हरिकेन) D. उष्णकटिबंधीय तूफान

42. ऊपरी वायुमंडल में निम्नलिखित में से कौन-सी गैस उस शृंखलित प्रतिक्रिया को आरंभ करती है जिससे ओजोन टूटता है?

A. नाइट्रोजन डाइऑक्साइड
B. कार्बन डाइऑक्साइड
C. हाइड्रोजन सल्फाइड
D. क्लोरीन

43. अंत:श्वसन अथवा भोजन के माध्यम से भारी मात्रा में सीसा (Pb) के प्रभाव में रहने से क्या होता है?
(*a*) मानसिक मंदन
(*b*) उच्च रक्त चाप
(*c*) केंद्रीय स्नायु तंत्र में विकार
निम्नलिखित में से सही कूट का चयन कर उत्तर दीजिए :
A. केवल (*a*) तथा (*b*) B. केवल (*b*) तथा (*c*)
C. केवल (*c*) तथा (*a*) D. (*a*), (*b*) तथा (*c*)

44. मानव जनसंख्या जिसमें जनांकिकीय परिवर्तन हो रहा है, सामान्यतः निम्नलिखित में से किसमें सबसे पहले ह्रास होता है?
A. जीवन प्रत्याशा B. शिक्षा का स्तर
C. मृत्यु दर D. जन्म दर

45. अभिकथन (A): किसी नदी के इर्द-गिर्द की पारिस्थितिकी तंत्र जहाँ बाँध बनने से क्षतिग्रस्त होता है।

कारण (R): विशाल जलराशि में वह क्षेत्र डूब जाता है।
A. (A) और (R) दोनों सही हैं और (R), (A) की सही व्याख्या है।
B. (A) और (R) दोनों सही हैं, किंतु (R), (A) की सही व्याख्या नहीं है।
C. (A) सही है और (R) गलत है।
D. (A) गलत है और (R) सही है।

46. व्यवहारगत क्रियाजन्य अनुभव के लिए सबसे अधिक गुंजाइश किसमें है?
A. संगोष्ठी B. सम्मेलन
C. कार्यशाला D. परिसंवाद

47. ज्ञान प्रसार के प्रति निम्नलिखित में से किसमें कम झुकाव है?
A. संगोष्ठी B. कक्षागत परिवेश
C. क्षेत्र कार्य D. पत्रिका (जर्नल)

48. भारत में विश्वविद्यालय पद्धति में शिक्षकों की नियुक्ति तथा अनुमोदन के लिए निम्नलिखित में से किस निकाय को अधिकार प्रदान किया गया है?
A. प्रबंध मंडल (बोर्ड ऑफ मैनेजमेंट)/कार्यकारी परिषद्/सिंडिकेट
B. विद्या परिषद्
C. पाठ्य समिति
D. विश्वविद्यालय कोर्ट/सीनेट

49. भारत में उच्च शिक्षा के समन्वय तथा गुणवत्ता की जिम्मेदारी किसे सौंपी गई है?
A. भारतीय विधि परिषद्
B. भारतीय विश्वविद्यालय संघ
C. विश्वविद्यालय अनुदान आयोग
D. नीति आयोग

50. भारतीय विश्वविद्यालय प्रणाली के प्रशासनिक तथा शैक्षणिक अध्यक्ष कौन होता है?
A. विश्वविद्यालय का कुलाधिपति
B. विश्वविद्यालय का कुलपति
C. विश्वविद्यालय का कुलसचिव
D. विश्वविद्यालय के संकाय अध्यक्ष

उत्तरमाला

1	2	3	4	5	6	7	8	9	10
B	A	C	C	C	D	C	B	C	D
11	**12**	**13**	**14**	**15**	**16**	**17**	**18**	**19**	**20**
D	C	B	C	D	B	A	D	C	C
21	**22**	**23**	**24**	**25**	**26**	**27**	**28**	**29**	**30**
C	B	C	C	C	B	C	D	B	C
31	**32**	**33**	**34**	**35**	**36**	**37**	**38**	**39**	**40**
D	D	A	A	C	B	D	D	C	D
41	**42**	**43**	**44**	**45**	**46**	**47**	**48**	**49**	**50**
A	D	D	C	B	C	C	A	C	B

व्याख्यात्मक उत्तर

2. **मानक संदर्भित परीक्षण (Norm-Referenced Test):** शिक्षा और मनोविज्ञान के क्षेत्र में प्रयुक्त परीक्षणों द्वारा प्राप्त सूचनाओं का मूल्यांकन प्रायः मानक संदर्भित मापन द्वारा ही किया जाता है। कोई भी परीक्षण बिना मानक विकसित किए हुए, एक अच्छा परीक्षण नहीं माना जाता। परीक्षणों पर प्राप्त अंकों के आधार पर व्यक्ति के संबंध में यह जानकारी प्राप्त होती है कि वह उस समूह विशेष में मापित योग्यता के संदर्भ में सामान्य स्तर से उच्च है, निम्न हैं या सामान्य स्तर का है।

   मानक संदर्भित परीक्षण की निम्नलिखित विशेषताएं हैं–

   - इसके द्वारा उन प्रश्नों की संख्या ज्ञात होती है जो छात्र ने सही हल किये हैं।
   - इसमें किसी समूह के संदर्भ में छात्र विशेष ने अन्य छात्रों की तुलना में कितना अर्जित किया है, यह ज्ञात किया जाता है।
   - इसमें छात्रों के अधिगम सफलता का मूल्यांकन सापेक्षिक रूप में किया जाता है।
   - इसमें ये सामान्य रूप से विस्तृत क्षेत्र पर विस्तृत होते हैं।
   - यह अधिगम के सापेक्ष स्तर के आधार पर व्यक्तियों के मध्य विभेद कर सकने पर जोर देता है।

3. **शिक्षण के स्तर (Level of Teaching):** शिक्षण को निम्नलिखित तीन स्तरों में वर्गीकृत किया जा सकता है–

   - **स्मृति स्तर (Memory Level):** स्मृति स्तर में ऐसी परिस्थितियाँ उत्पन्न की जाती हैं, जिससे छात्र पढ़ाई की विषय वस्तु (Content) को आत्मसात कर सकें। इस स्तर पर प्रत्यास्मरण क्रिया पर जोर दिया जाता है, स्मृति शिक्षण में संकेत अधिगम (Signal Learning), शृंखला अधिगम (Chain Learning) पर महत्व दिया जाता है। स्मृति स्तर का महत्व तथ्यों को स्मरण करने एवं उन्हें पहचानने की प्रक्रिया को सुकर बनाना है।
   - **बोध स्तर पर शिक्षण (Understanding Level of Teaching):** बोध स्तर के शिक्षण छात्रों के समक्ष पाठ्यवस्तु को इस प्रकार प्रस्तुत करता है कि छात्रों को बोध के लिए अधिक-से-अधिक अवसर मिले और छात्रों में आवश्यक सूझबूझ उत्पन्न हो। इस प्रकार के शिक्षण में छात्रों की सहभागिता बनी रहती है। यह शिक्षण उद्देश्य केन्द्रीय तथा सूझबूझ से युक्त होता है। अतः यह संबंध तथा अर्थ देखने की संभावना को बढ़ाता है।
   - **विमर्शी स्तर पर शिक्षण (Reflective Level of Teaching):** चिंतन स्तर में शिक्षण अपने छात्रों में चिंतन तर्क तथा कल्पना शक्ति को बढ़ाता है ताकि छात्र दोनों के माध्यम से अपनी, समस्याओं का समाधान कर सके। चिंतन स्तर पर शिक्षण समस्या केंद्रित होता है। इस स्तर में अध्यापक बच्चों के सामने समस्या उत्पन्न करता है और बच्चों को उस पर अपने स्वतंत्र चिंतन करने का समय देता है। इस स्तर में आलोचनात्मक चिंतन आधारित संज्ञानात्मक अंतर्विनिमय को बढ़ावा देना है।

5. कार्योत्तर विधि में अनाश्रित चरों एवं आश्रित चरों का मापन करके उनके मध्य पाये जाने वाले मात्रात्मक संबंध के आधार पर प्रकार्यात्मक संबंध का अनुमान लगाया जा सकता है। इस प्रकार यह कहा जा सकता है कि कार्योत्तर विधि में तथ्यों का प्रेक्षण एवं अन्तरों का निर्धारण करने के उपरान्त उनकी पूर्ववर्ती परिस्थिति का पश्चावलोकन किया जाता है। इस विधि का सर्वप्रथम प्रयोग चैपिन एवं ग्रीनवुड ने किया था।

   फ्रेड एन. कार्लिजर के अनुसार–"कार्योत्तर अनुसंधान एक व्यवस्थित इन्द्रियानुभविक अध्ययन है जिसके अन्तर्गत शोधकर्ता निराश्रित चरों पर प्रत्यक्ष रूप से नियंत्रण नहीं रखता क्योंकि ये चर पहले से ही घटित होते हैं अथवा ये स्वभाव से ही होते हैं जिनमें किसी प्रकार का परिवर्तन किया जाना संभव नहीं होता है।"

   अतः इस शोध विधि में चरों के मध्य संबंधों का अनुमान निराश्रित चरों में प्रत्यक्ष ढंग से किये गये हस्तक्षेप के फलस्वरूप होने वाले आश्रित चरों में तात्क्षणिक परिवर्तन द्वारा नहीं किया जाता।

इस प्रकार स्पष्ट होता है कि कार्योत्तर अनुसंधान

- सामाजिक विज्ञान और व्यावसायिक संगठनों में प्रयोग किया जाता है।
- यह अनुसंधान किसी घटना के संदर्भ में आयोजित किया जाता है।
- यह मूल रूप से घटना के स्वतंत्र चर (non-manipulatable) से संबंधित है।

21. 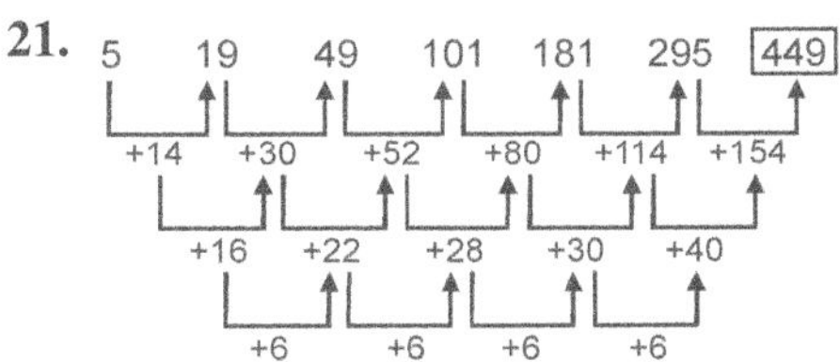

22.

$$\begin{array}{r} NTA14 \\ +NTA15 \\ \hline 157229 \\ \hline \end{array}$$

$\because A + A = 2,$

$\therefore$ A का मान 1 अथवा 6 होगा

A = 6 लेने पर

A + A = 6 + 6 = 12
↑
हासिल

अब, T + T = 7, अर्थात् T + T = 6
($\because$ 1, जो हासिल बचा था)

इसलिए, T का मान 3 अथवा 8 होगा।

T = 8 लेने पर

T + T = 16 + 1 = 17
↑
हासिल

अब, N + N = 15, अर्थात् N + N = 14
($\because$ 1, जो हासिल बचा था)

इसलिए, N का मान 7 होगा।

$\therefore$ A = 6, T = 8, N = 7

अतः A + T + N = 6 + 8 + 7 = 21.

23. 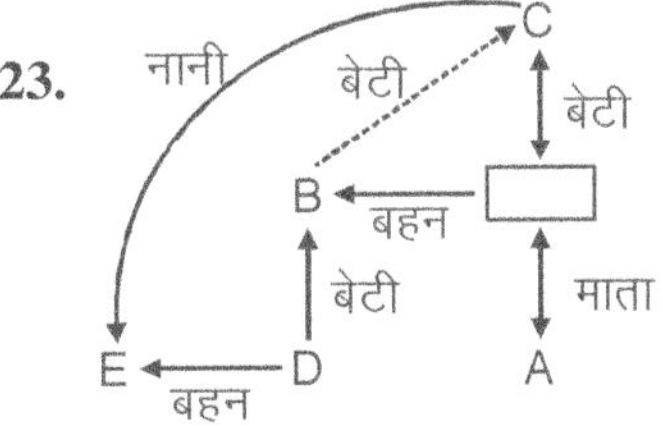

24. दिया है,

$S_1 = 5$ किमी/घं. $\rightarrow t_1 = -15$ मिनट

$S_2 = 3$ किमी/घं. $\rightarrow t_2 = +9$ मिनट

$$\text{दूरी} = \frac{S_1 S_2}{S_1 - S_2}(t_1 \sim t_2)$$

$$= \frac{5 \times 3}{5 - 3}\left(\frac{24}{60}\right)$$

$$= \frac{15}{2} \times \frac{24}{60}$$

= 3 किमी.

25. 42 → (4 ÷ 2) . (4 + 2) = 26

71 → (7 ÷ 1) . (7 + 1) = 78

33 → (3 ÷ 3) . (3 + 3) = 16

62 → (6 ÷ 2) . (6 + 2) = 38.

27. 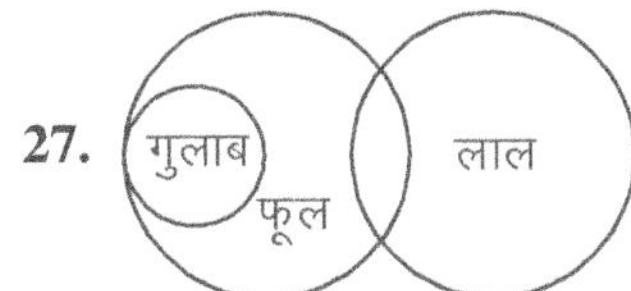

31. विद्यार्थी A द्वारा प्राप्त अंक

विषय S_1 में 80 × 80% = 64

विषय S_2 में 75 × 72% = 54

विषय S_3 में 100 × 76% = 76

विषय S_4 में 120 × 80% = 96

विषय S_5 में 125 × 50% = 62.5

विषय S_6 में 150 × 65% = 97.5

प्राप्त अंकों का कुल प्रतिशत

$$= \frac{64 + 54 + 76 + 96 + 62.5 + 97.5}{80 + 75 + 100 + 120 + 125 + 150} \times 100$$

$= \frac{450}{650} \times 100$

$= 69.23\% \sim 70\%.$

32. विद्यार्थी A द्वारा, विषय S_3 तथा S_4 में प्राप्त कुल प्राप्तांक

$= 100 \times 76\% + 120 \times 80\% = 76 + 96 = 172$

विद्यार्थी E द्वारा, विषय S_3 तथा S_4 में प्राप्त कुल प्राप्तांक

$= 100 \times 68\% + 120 \times 60\% = 68 + 72 = 140$

$\therefore$ अभीष्ट अंतर $= 172 - 140 = 32.$

33. विषय S_6 में सभी विद्यार्थियों द्वारा प्राप्त अंकों का औसत प्रतिशत

$= \frac{65+72+82+70+66}{5} = \frac{355}{5} = 71\%.$

34. विषय S_1 में A द्वारा प्राप्त अंक $= 80 \times 80\% = 64$

विषय S_1 में B द्वारा प्राप्त अंक $= 80 \times 60\% = 48$

विषय S_1 में C द्वारा प्राप्त अंक $= 80 \times 45\% = 36$

विषय S_1 में D द्वारा प्राप्त अंक $= 80 \times 50\% = 40$

विषय S_1 में E द्वारा प्राप्त अंक $= 80 \times 65\% = 52$

अभीष्ट औसत $= \frac{64+48+36+40+52}{5}$

$= \frac{240}{5}$

$= 48.$

35. विषय S_3 में सभी पांच विद्यार्थियों द्वारा प्राप्त अंकों का योग

$= 100 \times 76\% + 100 \times 88\% + 100 \times 44\% + 100 \times 72\% + 100 \times 68\%$

$= 76 + 88 + 44 + 72 + 68$

$= 348$

विषय S_1 में सभी पांच विद्यार्थियों द्वारा प्राप्त अंकों का योग

$= 80 \times 80\% + 80 \times 60\% + 80 \times 45\% + 80 \times 50\% + 80 \times 65\%$

$= 64 + 48 + 36 + 40 + 52$

$= 240$

अभीष्ट अंतर $= 348 - 240 = 108.$

36. • 1 गिगाबाइट = 1024 बाइट × 1024 बाइट × 1024 बाइट = 1024 मैगाबाइट करीब 1000,000,000 बाइट इसे GB भी लिखते हैं।

- द्रव क्रिस्टल प्रादर्शी (लिक्विड क्रिस्टल डिस्प्ले—LCD) एक प्रकार का डिस्प्ले है जो टेक्स्ट, छवि, विडियो आदि को इलेक्ट्रॉनिक विधि से प्रदर्शित करने के काम आता है। यह स्वयं कोई प्रकाश उत्पन्न नहीं करता बल्कि किसी दूसरे स्रोत से उसके ऊपर पड़ने वाले प्रकाश को मॉडुलेट करता है।
- यूएसबी (यूनिवर्सल सीरियल बस) विभिन्न उपकरणों को कम्प्यूटर से जोड़ने की व्यवस्था है। यूएसबी को इंटेल एवं अन्य टेक्नोलॉजी कंपनियों ने मिलकर बनाया था।
- जीयूआई (ग्राफिकल यूजर इंटरफेस) जैसा कि इसके नाम से ही प्रदर्शित होता है कि यह ऑपरेटिंग सिस्टम ग्राफिक्स पर आधारित होता है यानी आप माउस और की-बोर्ड के माध्यम से कंप्यूटर को इनपुट दे सकते हैं और वहां पर जो आपको इंटरफेस दिया जाता है, वह ग्राफिकल होता है या यहां पर सभी प्रकार के बटन होते हैं मेन्यू होते हैं जो पूरी तरीके से यह बहुत आसान इंटरफेस होता है जिसको कोई भी यूजर ऑपरेट कर सकता है।

38. अंतर्निहित जिओग्राफिकल स्पेस के आधर पर कम्प्यूटर नेटवर्क का आरोही क्रम निम्नलिखित है—

- **लोकल एरिया नेटवर्क (LAN):** एक छोटे और निश्चित भौगोलिक क्षेत्र, जैसे की विश्वविद्यालय, फैक्ट्री (कुछे एक किलोमीटर) में परस्पर जुड़े हुए कम्प्यूटरों के जाल को लोकल एरिया नेटवर्क कहा जाता है। इसमें डेटा स्थानांतरण की गति तीव्र तथा त्रुटियों की संभावना कम होती है। इसमें नेटवर्क के लिए बस टोपोलॉजी का प्रयोग किया जाता है। ईथरनेट इसका अच्छा उदाहरण है।
- **मेट्रोपोलिटन एरिया नेटवर्क (MAN):** ये किसी विस्तृत भौगोलिक क्षेत्र, जैसे कि किसी शहर में स्थिति विभिन्न भवनों, आदि के लिए होता है।
- **वाइड एरिया नेटवर्क (WAN):** यह किसी देश या महाद्वीप या विश्व भर में फैले कम्प्यूटरों का जाल है। इसें कम्प्यूटरों को संचार उपग्रह ऑप्टिकल फाइबर या टेलीफोन के माध्यम से जोड़ा जाता है। इसमें

गति कम एवं त्रुटियाँ अधिक रहने की संभावना होती है। इसको Long Haul Network भी कहा जाता है। इंटरनेट WAN इसका उदारहण है।

39. इनपुट उपकरण (Input Peripheral): इनपुट उपकरण उपयोगकर्ता से डाटा और निर्देशों को स्वीकार करते हैं। इनपुट उपकरण निम्नलिखित हैं–

- **की-बोर्ड:** की-बोर्ड सबसे सामान्य इनपुट उपकरण है। की-बोर्ड के कई प्रकार उपलब्ध हैं, इनमें कुछ भिन्नताएँ हैं, अन्यथा वे समरूप हैं।
- **माउस:** माउस एक विद्युत-यांत्रिक हाथ से प्रयोग किए जाने वाला उपकरण है। इसका उपयोग प्वाइंटर की तरह किया जाता है। इसके द्वारा विभिन्न कार्य किए जा सकते हैं जैसे विंडोज के आकार में परिवर्तन लाना, प्रोग्राम प्रारंभ करना इत्यादि।
- **लाइट पेन:** यह एक इनपुट उपकरण है जो डिस्प्ले स्क्रीन पर ऑब्जेक्ट को चुनने के लिए प्रकाश संवेदी संसूचक का प्रयोग करता है। लाइट पेन माउस के समान होता है।
- **ऑप्टिकल स्कैनर:** इस उपकरण का उपयोग स्वचालित रूप से डाटा-संग्रहण करने के लिए किया जाता है। इस श्रेणी के उपकरण मैन्युअल रूप से इनपुट किए जाने वाले डाटा को पूर्णतः समाप्त कर देते हैं।
- **टच स्क्रीन:** टच पैनल डिस्प्लेज और पैड्स वर्तमान में की-बोर्ड के विकल्प के रूप में प्रदान किए जाते हैं। इनके द्वारा इनपुट्स कम्प्यूटर की स्क्रीन द्वारा दिए जा सकते हैं, जो मॉनीटर से इनपुट को स्वीकार करता है।
- **माइक्रोफोन:** माइक्रोफोन एक इनपुट उपकरण है, जो ध्वनि को इनपुट के रूप में लेता है। की-बोर्ड से एंटर की गई जानकारी की तुलना में ध्वनि-संचार में त्रुटि की संभावना अधिक होती है।
- **ट्रैक बॉल:** यह एक प्वाइंटिंग उपकरण है जो उल्टा रखे माउस जैसा होता है। प्वाइंटर को चलाने के लिए अंगूठे, उंगलियों या हाथ की हथेलियों का प्रयोग किया जाता है। आमतौर पर बॉल के निकट तीन बटन होते हैं, जिनका उपयोग आप माउस के बटन की तरह करते हैं।

41. सुनामी : भूकंप और ज्वालामुखी से महासागरीय धरातल में अचानक हलचल पैदा होती है और महासागरीय जल का अचानक विस्थापन होता है। परिणामस्वरूप उर्ध्वाधर ऊँची तरंगें पैदा होती हैं जिन्हें सुनामी या भूकंपीय समुद्री लहरें कहा जाता है। सामान्यतः शुरू में सिर्फ एक उर्ध्वाधर तरंग ही पैदा होती है, परंतु कालांतर में जल तरंगों की एक शृंखला बन जाती है क्योंकि प्रारंभिक तरंग की ऊँची शिखर और नीची गर्त के बीच जल अपना स्तर बनाए रखने की कोशिश करता है। महासागर में जल तरंग की गति जल की गहराई पर निर्भर करती है। इसकी गति उथले समुद्र से ज्यादा और गहरे समुद्र में कम होती है। परिणामस्वरूप महासागरों के अंदरूनी भाग इससे कम प्रभावित होते हैं। तटीय क्षेत्रों में ये तरंगें ज्यादा प्रभावी होती हैं और व्यापक नुकसान पहुँचाती हैं। दिसम्बर, 2004 में दक्षिण-पूर्व एशिया में आये सुनामी का कारण भूकंप था।

42. ओजोन क्षरण : वायुमंडल के स्ट्रेटोस्फीयर में 20 किमी. की मोटाई में ओजोन गैस पायी जाती है। ओजोन (O_3) अत्यंत क्रियाशील गैस मानी जाती है। सूर्य के प्रकाश की पराबैंगनी किरणें अंतरिक्ष से पृथ्वी की ओर आती हैं तो पृथ्वी के वायुमंडल की समताप मंडल परत पर उपस्थित ऑक्सीजन के अणुओं को परमाणुओं में तोड़ देती हैं। ऑक्सीजन के ये एकांकी परमाणु उसके अणु से मिलकर ($O_2 + O = O_3$) ओजोन का निर्माण करते हैं। ओजोन अपनी सक्रियता के कारण नाइट्रस ऑक्साइड के साथ क्रिया करके विघटित होती है। इस प्रकार विनाश और निर्माण की प्राकृतिक प्रक्रिया से गतिक संतुलन बना रहता है। इस संतुलन में उस समय बाधा आती है जब वायुमंडल में सीएफसी तथा क्लोरीन युक्त अन्य यौगिक (हेलोन्स, कार्बन टेट्राक्लोराइड) अधिक मात्रा में आने लगते हैं। अब ये क्लोरीन के परमाणु ओजोन के साथ क्रिया करके क्लोरीन मोनो ऑक्साइड (सीएलओ) बनाते हैं तथा ओजोन को ऑक्सीजन में तोड़ देते हैं। इसे ओजान क्षरण कहा जाता है। क्लोरीन पुनः उत्प्रेरक का कार्य करता है और अभिक्रिया क्रियाशील रहती है।

ओजोन छिद्र का पता सर्वप्रथम 1973 में अमेरिका वैज्ञानिकों ने अंटार्कटिका के ऊपर लगाया।

44. जनांकिकीय संक्रमण : इस सिद्धांत का उपयोग किसी क्षेत्र की जनसंख्या के वर्णन तथा भविष्य की जनसंख्या के पूर्वानुमान के लिए किया जा सकता है। यह सिद्धांत हमें बताता है कि जैसे ही समाज ग्रामीण, खेतिहर और अशिक्षित अवस्था से उन्नति करके नगरीय औद्योगिक और साक्षर बनता है तो किसी प्रदेश की जनसंख्या उच्च जन्म और उच्च मृत्यु से निम्न जन्म व निम्न मृत्यु में परिवर्तित होती है। ये परिवर्तन अवस्थाओं में होते हैं जिन्हें सामूहिक रूप से जनांकिकीय चक्र के रूप में जाना जाता है।

जनांकिकीय संक्रमण सिद्धांत के निम्नलिखित तीन अवस्था होते हैं–

- इस अवस्था में उच्च प्रजननशीलता व उच्च मर्त्यता होती है क्योंकि लोग महामारियों और भोजन की अनिश्चित आपूर्ति से होते वाली मृत्युओं की क्षतिपूर्ति अधिक पुनरूत्पादन से करते हैं।
- इस अवस्था के प्रारंभ में प्रजननशीलता ऊँची बनी रहती है किंतु यह समय के साथ घटती जाती है। यह अवस्था घटी हुई मृत्यु दर के साथ आती है।
- इस अवस्था में प्रजननशीलता और मर्त्यता दोनों अधिक घट जाती हैं। जनसंख्या या तो स्थिर हो जाती है या मंद गति से बढ़ती है। जनसंख्या नगरीय और शिक्षित हो जाती है तथा उसके पास तकनीकी ज्ञान होता है।

46. व्यवहारगत क्रियाजन्य अनुभव के लिए सबसे अधिक गुंजाइश कार्यशाला (Workshop) है। यह सेमिनार से छोटी एवं ज्यादा केंद्रित होती है। इससे छात्रों को नए कौशल सीखने का अवसर मिलता है। यह ज्यादातर यांत्रिक प्रशिक्षण के लिए उपयुक्त विधि मानी जाती है और पाठ्यक्रम का घटक भी हो सकते हैं।

47. ज्ञान प्रसार के प्रति क्षेत्र कार्य (Field Trip) का कम झुकाव होता है। क्षेत्र कार्य पुस्तक के बाहर की दुनिया का व्यावहारिक ज्ञान प्रदान करती है, जहाँ छात्र वस्तुओं को प्रत्यक्ष देख समझकर उसका ज्ञान अर्जन करते हैं, उसके संबंध में स्वतंत्र विचार प्रस्तुत करने की स्थिति में होते हैं, जैसे पाठ्य-पुस्तक में निर्धारित पर्यावरण, डाकघर, बैंक, मेला जैसे पाठों के अध्ययन के लिए वह सामग्री बेहद आवश्यक है।

49. विश्वविद्यालय अनुदान आयोग (University Grants Commision—UGC): वर्ष 1952 में सरकार ने निर्णय लिया कि केन्द्रीय और अन्य उच्च शिक्षा संस्थानों को दिए जाने वाले वित्तीय सहयोग के मामलों को विश्वविद्यालय अनुदान आयोग के अधीन लाया जाएगा। इस तरह 28 दिसम्बर, 1953 को तत्कालीन शिक्षा मंत्री मौलाना अबुल कलाम आजाद ने औपचारिक तौर पर विश्वविद्यालय अनुदान आयोग की नींव रखी थी। इसके बाद 1956 में यूजीसी को संसद में पारित कर एक विशेष विधेयक के बाद सरकार के अधीन लाया गया और तभी औपचारिक तौर पर इसे स्थापित माना गया।

यूजीसी को उच्च शिक्षा में अनन्य स्थान प्राप्त है, यूजीसी अधिनियम के अनुच्छेद 12 के अंतर्गत यूजीसी अधिदेश में दो उत्तरदायित्व समावेशित हैं।

- उच्च शिक्षण संस्थानों का वित्तपोषण और
- उनमें मानकों का समन्वय और निर्धारण करना और तत्पश्चात उनका अनुरक्षण करना।

50. विश्वविद्यालय वह संस्था है, जिसमें सभी प्रकार की विधाओं को उच्च कोटि की शिक्षा दी जाती हो, परीक्षा ली जाती हो तथा मानक उपाधियाँ प्रदान की जाती हों। भारत में विश्वविद्यालय का अर्थ है, एक ऐसी संस्था जो केन्द्रीय अधिनियम या प्रांतीय अधिनियम के अंतर्गत स्थापित किया गया हो तथा जो विश्वविद्यालय अनुदान आयोग के अधिनियम के अंतर्गत आती हो। विश्वविद्यालयों के प्रशासन के लिए कुलपति, उपकुलपति, प्रबंध समिति (सीनेट), कोर्ट (सभा), शिक्षा समिति (Academic Council), रजिस्ट्रार और उसके सहायक, आदि होते हैं। प्रदेशीय विश्वविद्यालयों के कुलपति प्रायः प्रदेश के राज्यपाल होते हैं, जो प्रशासनिक तथा शैक्षणिक अध्यक्ष होते हैं।

पिछले प्रश्न-पत्र (हल सहित)

UGC-NET (JRF) परीक्षा–जुलाई, 2018*

प्रश्न-पत्र–I

नोट : • इस प्रश्न-पत्र में **पचास (50)** बहु-विकल्पीय प्रश्न हैं। प्रत्येक प्रश्न के **दो (2)** अंक हैं। **सभी** प्रश्न **अनिवार्य** हैं। ***(50 प्रश्न × 2 अंक = 100 अंक)***

1. निम्नलिखित में से कौन-सा कथन समुच्चय शिक्षण की प्रकृति और उद्देश्य का उत्तम ढंग से विवरण प्रस्तुत करता है।

(*a*) शिक्षण और अधिगम अविच्छिन्न रूप से संबंधित हैं।

(*b*) शिक्षण और प्रशिक्षण के बीच कोई अंतर नहीं है।

(*c*) समस्त शिक्षण का सरोकार छात्रों में कुछ प्रकार के रूपांतरण को सुनिश्चित करने से होता है।

(*d*) समस्त अच्छा शिक्षण प्रकृति में औपचारिक होता है।

(*e*) शिक्षण एक वरिष्ठ व्यक्ति होता है।

(*f*) शिक्षण एक सामाजिक कृत्य है, जबकि अधिगम एक व्यक्तिगत कृत्य है।

कूट :

A. (*a*), (*b*) और (*d*) B. (*b*), (*c*) और (*e*)

C. (*a*), (*c*) और (*f*) D. (*d*), (*e*) और (*f*)

2. अधिगमकर्ता की निम्नलिखित में से कौन-सी विशेषता शिक्षण की प्रभावोत्पादकता से अत्यंत रूप से संबंधित है?

A. अधिगमकर्ता का पूर्व-अनुभव

B. अधिगमकर्ता के अभिभावकों का शैक्षिक प्रस्तर

C. अधिगमकर्ता के साथी समूह

D. परिवार का आकार, जिसका अधिगमकर्ता एक अंग है

3. नीचे दिए गए दो समुच्चों में समुच्चय-I में शिक्षण विधियाँ इंगित की गई हैं, जबकि समुच्चय-II में सफलता/प्रभावोत्पादकता की मूल अपेक्षाएँ दी गई हैं। इन दोनों समुच्चयों को सुमेलित कीजिए और नीचे दिए गए कूट में से अपने उत्तर को चुनिएः

समुच्चय-I (शिक्षण विधि)	समुच्चय-II (सफलता/प्रभावोत्पादकता की मूल आवश्यकताएँ)
(*a*) व्याख्यान देना	(*i*) प्रतिपुष्टि सहित लघु पदों में प्रस्तुति
(*b*) समूहों में चर्चा	(*ii*) बड़ी संख्या में विचारों को प्रस्तुत करना
(*c*) विचारावेश प्रक्रिया	(*iii*) स्पष्ट भाषा में विषयवस्तु का सम्प्रेषण
(*d*) अभिक्रमित अनुदेशन की पद्धति	(*iv*) शिक्षण-उपकरणों का उपयोग
	(*v*) प्रतिभागियों में प्रकरण-आधारित भागीदारी

कूट:

	(*a*)	(*b*)	(*c*)	(*d*)
A.	(*i*)	(*ii*)	(*iii*)	(*iv*)
B.	(*ii*)	(*iii*)	(*iv*)	(*v*)
C.	(*iii*)	(*v*)	(*ii*)	(*i*)
D.	(*iv*)	(*ii*)	(*i*)	(*iii*)

4. नीचे दी गई मूल्यांकन प्रक्रियाओं में से उसकी पहचान कीजिए, जिसको 'निर्माणात्मक मूल्यांकन' कहा जाता है। नीचे दिए गए कूट का प्रयोग करते हुए अपने उत्तर को चुनिएः

(*a*) शिक्षक पाठयक्रम का कार्य पूरा करने के बाद छात्रों को ग्रेड देता है।

(*b*) शिक्षक कक्षा में छात्रों के साथ अंतःक्रिया के दौरान सुधारात्मक प्रतिपुष्टि प्रदान करता है।

---

* *परीक्षा 8 जुलाई, 2018 को संपन्न हुई।*

(*c*) शिक्षक इकाई परीक्षण में छात्रों को अंक देता है।
(*d*) शिक्षक कक्षा में ही छात्रों के संदेहों को स्पष्ट करता है।
(*e*) छात्रों के समग्र निष्पादन के बारे में प्रत्येक तीन माह के अंतराल पर अभिभावकों को रिपोर्ट किया जाता है।
(*f*) शिक्षक प्रश्न-उत्तर सत्र के माध्यम से अधिगमकर्ता की अभिप्रेरणा में वृद्धि करता है।

कूटः

A. (*a*), (*b*) और (*c*) B. (*b*), (*c*) और (*d*)
C. (*a*), (*c*) और (*e*) D. (*b*), (*d*) और (*f*)

5. **अभिकथन (A):** समस्त शिक्षण का उद्देश्य अधिगम को सुनिश्चित करना होना चाहिए।

तर्क (R): समस्त अधिगम शिक्षण का परिणाम होता है।

नीचे दिए गए कूट में से **सही** उत्तर को चुनिएः

A. (A) एवं (R) दोनों सही हैं, और (R), (A) की सही व्याख्या है।
B. (A) एवं (R) दोनों सही हैं, लेकिन (R), (A) की सही व्याख्या नहीं है।
C. (A) सही है, लेकिन (R) गलत है।
D. (A) गलत है, लेकिन (R) सही है।

6. नीचे दो समुच्चय दिए गए हैं। समुच्चय-I में शोध के प्रकार दिए गए हैं, जबकि समुच्चय-II में उनकी विशेषताएँ इंगित की गई हैं। इन दोनों को सुमेलित कीजिए और उपयुक्त कूट का चयन कर अपने उत्तर को दीजिएः

समुच्चय-I (शोध के प्रकार)	**समुच्चय-II (विशेषताएँ)**
(*a*) मौलिक शोध	(*i*) हस्तक्षेप के अनुभूत प्रभाव का पता लगाना
(*b*) व्यवहृत शोध	(*ii*) सिद्धांत निर्माण के माध्यम से प्रभावोत्पादक व्याख्या का विकास करना
(*c*) क्रियात्मक शोध	(*iii*) हस्तक्षेप के उपयोग के माध्यम से प्रचलित स्थिति में सुधार लाना
(*d*) मूल्यांकन-परक शोध	(*iv*) विभिन्न स्थितियों में उपयोग के लिए सिद्धांत की प्रयोज्यता की खोजबीन करना
	(*v*) प्राविधिक संसाधनों को समृद्ध करना

कूटः

	(*a*)	(*b*)	(*c*)	(*d*)
A.	(*ii*)	(*iv*)	(*iii*)	(*i*)
B.	(*v*)	(*iv*)	(*iii*)	(*ii*)
C.	(*i*)	(*ii*)	(*iii*)	(*iv*)
D.	(*ii*)	(*iii*)	(*iv*)	(*v*)

7. क्रियाकलापों के निम्नलिखित समुच्चयों में कौन-सा समुच्चय क्रियात्मक शोध रणनीति की चक्रीय प्रकृति को इंगित करता है?

A. गहन चिंतन करना, प्रेक्षण करना, नियोजन, क्रियान्विति
B. प्रेक्षण करना, क्रियान्विति, गहन चिंतन करना, नियोजन
C. क्रियान्विति, नियोजन, प्रेक्षण करना, गहन चिंतन करना
D. नियोजन, क्रियान्विति, प्रेक्षण करना, गहन चिंतन करना

8. शोध पदों का निम्नलिखित में से कौन-सा क्रम वैज्ञानिक विधि के निकटस्थ है?

A. समस्या का प्रस्तावित समाधान, समाधान के परिणामों को निगमित करना, समस्या की स्थिति को अनुभूत करना, कठिनाई की पहचान और समाधान का परीक्षण।
B. समस्या की स्थिति को अनुभूत करना, वास्तविक समस्या की पहचान और उसकी परिभाषा, परिकल्पना करना, प्रस्तावित समाधान के परिणामों को निगमित करना और परिकल्पना का कार्य रूप में परीक्षण।
C. समस्या को परिभाषित करना, समस्या के कारणों की पहचान करना, समग्र को परिभाषित करना, प्रतिदर्श का चयन, आंकड़ों का संग्रहण और परिणामों का विश्लेषण करना।
D. कारण-मूलक कारकों की पहचान करना, समस्या को परिभाषित करना, परिकल्पना बनाना, प्रतिदर्श का चयन, आंकड़ों का संग्रहण और सामान्यीकरण तथा निष्कर्षों पर पहुँचना।

9. 'शोध नैतिकता' की समस्या शोध क्रियाकलापों के किस पहलू से संबंधित है?

A. शोध प्रबंध के निर्धारित प्रारूप के अनुसरण से
B. गुणात्मक या मात्रात्मक तकनीकों के माध्यम से आंकड़ों के विश्लेषण से
C. शोध के समग्र को परिभाषित करने से
D. साक्ष्य-आधारित शोध रिपोर्टिंग से

10. निम्नलिखित में से किस क्रियाकलाप में सृजनशील और समीक्षात्मक चिंतन के संपोषण की अधिक क्षमता है?

A. शोध सारांश को तैयार करना
B. संगोष्ठी में शोध लेख को प्रस्तुत करना

C. शोध सम्मेलन में भागीदारी

D. कार्यशाला में भागीदारी

निर्देश (प्र.सं. 11 से 15 तक): *निम्नलिखित गद्यांश को ध्यान से पढ़ें और प्रश्नों के उत्तर दीजिए:*

यदि भारत को अपनी आंतरिक शक्तियाँ विकसित करनी है, तो उसको तीन गतिशील आयामों - जनता, सर्वांगीण अर्थव्यवस्था और सामरिक हितों को ध्यान में रखते हुए प्रौद्योगिकीय अवश्यकरणीयताओं पर ध्यान केन्द्रित करना होगा। ये प्रौद्योगिकी अवश्यकरणीयताएँ एक ''चौथे आयाम'', समय, पर भी ध्यान रखती है जो व्यवसाय, व्यापार एवं प्रौद्योगिकी की आधुनिक गतिशीलता से निःसृत है, और जो निरंतर बदलते लक्ष्यों की ओर अग्रसर करता है। हमारा यह मानना है कि इस चौथे आयाम के संदर्भ में जनता की आकांक्षाओं में निरंतर हो रहे परिवर्तन, वैश्विक संदर्भ में अर्थव्यवस्था तथा सामरिक महत्व वाले हित के परिप्रेक्ष्य में प्रौद्योगिकीय शक्तियाँ विशेष रूप से महत्वपूर्ण हैं। मानव इतिहास के मूल में प्रौद्योगिक विकास समाया रहता है और इसका उपयोग बढ़ती प्रतिस्पर्धा वाले बाजार में प्रौद्योगिकी शक्तियाँ अधिक उत्पाद रोजगार पैदा करने तथा मानव-कौशलों को अद्यतन बनाए रखने की दृष्टि से महत्वपूर्ण हैं। प्रौद्योगिकियों के व्यापक अनुप्रयोग के बिना हम आने वाले समय में अपने लोगों का सर्वांगीण विकास नहीं कर सकते। देश की सामरिक शक्तियों के साथ प्रत्यक्ष संलग्नताएँ विशेष रूप से 1990 के दशक के बाद से अधिकाधिक स्पष्ट होती जा रही है। कई मूल अनुक्षेत्रों में स्वयं भारत की शक्ति उसको भू-राजनीतिक संदर्भ में यथोचित शक्ति-सम्पन्न होना और स्वयं की सृजनात्मक शक्तियों के माध्यम से उन्हें निरंतर अद्यतन करते रहने की सामर्थ्य भी आवश्यक है। जन-अभिमुखी कार्यों के लिये भी चाहे विशाल स्तर पर उत्पादनशील रोजगार का सृजन हो या जनता की पोषण एवं स्वास्थ्य संबंधी सुरक्षा सुनिश्चित करनी हो या फिर जीवन यापन की बेहतर स्थितियाँ हों– दोनों दृष्टियों से प्रौद्योगिकी एक महत्वपूर्ण आगत है। प्रौद्योगिकी पर अपेक्षाकृत अधिक बल की अनुपस्थिति से निम्न स्तरीय उत्पादकता और मूल्यवान प्राकृतिक संसाधनों की बर्बादी का मार्ग प्रशस्त हो सकता है। निम्न स्तरीय उत्पादकता या निम्न स्तरीय मूल्य-संवर्धन से जुड़े क्रियाकलाप अंततः अत्यंत गरीब लोगों को सबसे अधिक हानि पहुँचाते हैं। हमारी जनता को एक नए जीवन तक पहुँचाना और वह जीवन प्रदान करना, जिसके लिए वह हकदार है, इस बारे में प्रौद्योगिकीय अवश्यकरणीयता महत्वपूर्ण है। व्यापार और जी.डी.पी. में वृद्धि की दृष्टि से एक बड़ी आर्थिक शक्ति होने का आकांक्षी भारत विदेश में डिजाइन की गयी और निर्मित 'टर्नकी' परियोजनाओं की शक्ति या केवल संयंत्र मशीनरी, उपकरण और तकनीकी ज्ञान के बल पर सफल नहीं हो सकता। अल्पकालिक यथार्थों पर ध्यान देते हुए हमारे उद्योगों में मध्यम एवं दीर्घकालिक रणनीतियों द्वारा प्रौद्योगिकीय शक्तियों को विकसित करना भारत की कल्पना को साकार करने के लिये महत्वर्णू है।

11. उपरोक्त गद्यांश के अनुसार निम्नलिखित में से कौन चौथे आयाम को इंगित करता है?

(*a*) जन-आकांक्षाएँ

(*b*) आधुनिक गतिशीलता

(*c*) वैश्विक परिप्रेक्ष्य में अर्थव्यवस्था

(*d*) सामरिक हित

कूटः

A. केवल (*a*), (*b*) और (*c*)

B. केवल (*b*), (*c*) और (*d*)

C. केवल (*a*), (*c*) और (*d*)

D. केवल (*a*), (*b*) और (*d*)

12. अधिक उत्पादक रोजगार पैदा करने के लिए आवश्यक हैः

A. प्रौद्योगिकी का व्यापक अनुप्रयोग

B. प्रतिस्पर्धात्मक बाजार का दायरा सीमित करना

C. भू-राजनीतिक सोच-विचार

D. विशाल उद्योग

13. प्रौद्योगिकी की अनुपस्थिति से किसका मार्ग प्रशस्त होगा?

(*a*) कम प्रदूषण

(*b*) मूल्यवान प्राकृतिक संसाधनों की बर्बादी

(*c*) निम्न स्तरीय मूल्य-संवर्धन

(*d*) अत्यंत गरीब लोगों को सबसे अधिक नुकसान

कूटः

A. केवल (*a*), (*b*) और (*c*)

B. केवल (*b*), (*c*) और (*d*)

C. केवल (*a*), (*b*) और (*d*)

D. केवल (*a*), (*c*) और (*d*)

14. प्रौद्योगिकीय आगतों के लाभ का परिणाम होगाः

A. अनियंत्रित प्रौद्योगिकीय संवृद्धि

B. संयंत्र मशीनरी का आयात

C. पर्यावरण संबंधी मुद्दों को गौण मानना

D. हमारे लोगों को गरिमामयी जीवन तक पहुँचाना

15. विकसित भारत की कल्पना को साकार करने के लिए आवश्यक है:
   A. प्रमुख आर्थिक शक्ति बनने की आकांक्षा
   B. विदेश में तैयार की गई परियोजना पर निर्भरता
   C. लघुकालिक परियोजनाओं पर ध्यान केन्द्रित करना
   D. संकेन्द्रिक प्रौद्योगिकीय शक्ति का विकास

16. कक्षागत सम्प्रेषण में कुछ उद्दीपकों की स्वीकार्यता और अस्वीकार्यता के बीच विभेदन किसका आधार है?
   A. निष्पादन की चयनात्मक अपेक्षा
   B. साथी समूहों के साथ चयनात्मक सम्बद्धता
   C. चयनात्मक ध्यान
   D. चयनात्मक नैतिकता

17. **अभिकथन (A):** शिक्षक द्वारा कक्षा में छात्रों को दिए गए आरम्भिक संदेशों का बाद में अंतःक्रिया स्थापित करने के लिए महत्वपूर्ण होना आवश्यक नहीं है।

   तर्क (R): सम्प्रेषण प्रक्रिया पर अपेक्षाकृत अधिक नियंत्रण का निहितार्थ छात्रों द्वारा अधिगम पर अपेक्षाकृत अधिक नियंत्रण है।

   कूट:
   A. (A) एवं (R) दोनों सही हैं, और (R), (A) की सही व्याख्या है।
   B. (A) एवं (R) दोनों सही हैं, लेकिन (R), (A) की सही व्याख्या नहीं है।
   C. (A) सही है, लेकिन (R) गलत है।
   D. (A) गलत है, लेकिन (R) सही है।

18. **अभिकथन (A):** कक्षा में कुशल ढंग से सम्प्रेषण करना एक स्वाभाविक क्षमता है।

   तर्क (R): कक्षा में प्रभावी शिक्षण के लिए सम्प्रेषण प्रक्रिया का ज्ञान आवश्यक है।

   कूट:
   A. (A) एवं (R) दोनों सही हैं, और (R), (A) की सही व्याया है।
   B. (A) एवं (R) दोनों सही हैं, लेकिन (R), (A) की सही व्याख्या नहीं है।
   C. (A) सही है, लेकिन (R) गलत है।
   D. (A) गलत है, लेकिन (R) सही है।

19. **अभिकथन (A):** कक्षागत सम्प्रेषण एक क्रियान्वितिकारी प्रक्रिया है।

   तर्क (R): कोई भी शिक्षक इस मान्यता के अंतर्गत कार्य नहीं करता कि छात्रों की अनुक्रियाएं सोद्देश्य होती हैं।

   अपने उत्तर के लिए **सही** कूट चुनिए:

   कूट:
   A. (A) एवं (R) दोनों सही हैं, और (R), (A) की सही व्याया है।
   B. (A) एवं (R) दोनों सही हैं, लेकिन (R), (A) की सही व्याख्या नहीं है।
   C. (A) सही है, लेकिन (R) गलत है।
   D. (A) गलत है, लेकिन (R) सही है।

20. मानव सम्प्रेषण प्रक्रिया के विवरण के लिये निम्नलिखित में से कौन-सा कथन समुच्चय **सही** है?
   (*a*) अशाब्दिक सम्प्रेषण विचारों को उद्दीप्त कर सकते हैं।
   (*b*) सम्प्रेषण एक अर्जित क्षमता है।
   (*c*) सम्प्रेक्षण एक सार्वभौम समाधान नहीं है।
   (*d*) सम्प्रेषण खंडित नहीं हो सकता।
   (*e*) अधिक सम्प्रेषण का अर्थ छात्रों द्वारा अधिक प्रभावी अधिगम है।
   (*f*) कक्षागत सम्प्रेषण के माध्यम से सीखे हुए का मूल्य छात्रों के लिए महत्वपूर्ण नहीं है।

   कूट:
   A. (*a*), (*c*), (*e*) और (*f*) B. (*b*), (*d*), (*e*) और (*f*)
   C. (*a*), (*b*), (*c*) और (*d*) D. (*a*), (*d*), (*e*) और (*f*)

21. शृंखला
   –1, 5, 15, 29, __?__, ...
   की अगली संख्या है:
   A. 36 B. 47
   C. 59 D. 63

22. शृंखला
   ABD, DGK, HMS, MTB, SBL, __?__, ...
   की अगली संख्या है:
   A. ZKU B. ZCA
   C. ZKW D. KZU

23. यदि VARANASI का कूट WCUESGZQ है, तो KOLKATA का कूट होगा:
   A. LOQOZEH B. HLZEOOQ
   C. ZELHOQO D. LQOOFZH

24. एक महिला ने अपने पति से राकेश का परिचय कराते हुए कहा, "इसके भाई के पिता मेरे दादा के इकलौते पुत्र हैं।" यह महिला राकेश की क्या लगती हैं?
   A. चाची B. माता
   C. बहन D. पुत्री

25. दो संख्याओं का अनुपात 2 : 5 है। यदि दोनों संख्याओं में 16 जोड़ा जाए तो उनका अनुपात 1 : 2 हो जाता है। ये संख्याएँ हैं:

A. 16, 40 B. 20, 50
C. 28, 70 D. 32, 80

26. प्रज्ञा की श्रेष्ठता किसी एक विषय के बारे में उसकी एकाग्रता शक्ति पर उसी प्रकार निर्भर करती है जिस प्रकार कॉनकेव दर्पण उस पर पड़ने वाली सभी किरणों को एक बिन्दु पर संग्रहित करता है।

उपरोक्त कथन में किस प्रकार का तर्क निहित है?

A. गणितीय B. मनोवैज्ञानिक
C. सादृश्यात्मक D. निगमनात्मक

27. नीचे दो आधार वाक्य (A और B) दिए गए हैं। इनसे चार निष्कर्ष निकाले गए हैं। उस कूट का चयन कीजिए, जो वैध रूप में निगमित निष्कर्ष को दर्शाता है (आधार वाक्यों को व्यक्तिगत और संयुक्त रूप से लेकर)।

आधार वाक्यः

(*a*) अधिकांश नर्तक शारीरिक रूप से फिट हैं।
(*b*) अधिकांश गायक नर्तक हैं।

निष्कर्षः

(*a*) अधिकांश गायक शारीरिक रूप से फिट हैं।
(*b*) अधिकांश नर्तक गायक हैं।
(*c*) अधिकांश शारीरिक रूप से फिट व्यक्ति नर्तक हैं।
(*d*) अधिकांश शारीरिक रूप से फिट व्यक्ति गायक हैं।

कूटः

A. (*a*) और (*b*) B. (*b*) और (*c*)
C. (*c*) और (*d*) D. (*d*) और (*a*)

28. निम्नलिखित में से कौन-सा आगमनात्मक तर्क में पूर्व-कल्पित है?

A. सर्वसमिका का नियम B. प्रकृति में अपरिवर्तनीयता
C. प्रकृति में सामंजस्य D. प्रकृति की समरूपता

29. 'पालतू पशु कम खूंखार होते हैं', यदि इस प्रतिज्ञप्ति को असत्य मान लिया जाता है, तो निम्नलिखित में से किस आधार वाक्य/आधार वाक्यों को निश्चित रूप से सत्य मानने का दावा किया जा सकता है? **सही** कूट का चयन कीजिएः

आधार वाक्यः

(*a*) सभी पालतू पशु खूंखार होते हैं।
(*b*) अधिकांश पालतू पशु खूंखार होते हैं।
(*c*) कोई भी पालतू पशु खूंखार नहीं होता है।
(*d*) कुछ पालतू पशु खूंखार नहीं होते हैं।

कूटः

A. (*a*) और (*b*) B. केवल (*a*)
C. (*c*) और (*d*) D. केवल (*b*)

30. निम्नलिखित में से कौन-सा कथन वेन चित्र विधि के संदर्भ में सही **नहीं** है?

A. यह तर्कों की वैधता के परीक्षण की एक विधि है।
B. यह एक चित्र में न्याय वाक्य के दोनों आधार वाक्यों को प्रदर्शित करती है।
C. इसमें निरपेक्ष न्याय वाक्य के मानक रूप के दो आधार वाक्यों के लिये परस्पर व्याप्त दो वृत्तों की आवश्यकता होती है।
D. इन वर्गों के अलावा आधार वाक्यों को प्रदर्शित करने के लिए उपयोग किया जा सकता है।

निर्देश (प्र.सं. 31-35): *निम्नांकित तालिका में किसी देश P के लिए पांच वर्षों 2012 से 2016 तक चावल के उत्पादन, निर्यात और प्रति व्यक्ति उपभोग के बारे में आँकड़े सारांकित हैं। इस तालिका में दिए गए आँकड़ों के आधार पर प्रश्नों के उत्तर दीजिए।*

चावल का वर्ष-वार उत्पादन, निर्यात और प्रति व्यक्ति उपभोग			
वर्ष	उत्पादन (मिलियन किलोग्राम में)	निर्यात (मिलियन किलोग्राम में)	प्रति व्यक्ति उपभोग (किलोग्राम में)
2012	186.5	114	36.25
2013	202	114	35.2
2014	238	130	38.7
2015	221	116	40.5
2016	215	88	42

जहाँ, प्रति व्यक्ति उपभोग = (उपभोग मिलियन किलोग्राम में) ÷ (जनसंख्या मिलियन में) और उपभोग (मिलियन किलोग्राम में) = उत्पादन – निर्यात, है:

31. किस वर्ष में पिछले वर्ष की तुलना में चावल के उपभोग में सर्वाधिक प्रतिशत की वृद्धि हुई?

A. 2013 B. 2014
C. 2015 D. 2016

32. वर्ष 2014 में देश की जनसंख्या (मिलियन में) कितनी थी?

A. 2.64 B. 2.72
C. 2.79 D. 2.85

33. किस वर्ष की अवधि में निर्यात और उपभोग का अनुपात सर्वाधिक था?

A. 2012 B. 2013
C. 2014 D. 2015

34. देश की जनसंख्या किस वर्ष में सर्वाधिक थी?

A. 2013 B. 2014
C. 2015 D. 2016

35. वर्ष 2012-2016 की अवधि में चावल का औसत उपभोग (मिलियन कि.ग्राम) कितना है?

A. 104 B. 102.1
C. 108 D. 100.1

36. आई.सी.टी. शब्द पद के बारे में निम्नलिखित में से कौन-सा/कौन-से कथन **सही** है/हैं?

P : आई.सी.टी. प्रथमाक्षरी नाम है, जिसका पूरा नाम इंडियन क्लासीकल टेक्नोलॉजी है।

Q : आई.सी.टी. के अंतर्गत वे परिणामी प्रावधिकी सम्मिलित हैं जिनके अंतर्गत श्रव्य-दृश्य, दूरभाष और कम्प्यूटर (संगणक) नेटवर्क एक साथ समान केबलिंग प्रणाली द्वारा संयोजित किए जाते हैं।

A. केवल P B. केवल Q
C. P और Q D. न तो P और न ही Q

37. एक नए लैपटॉप का निर्माण किया गया है, जिसका भार कम है और अधिक लघु है तथा अपने पूर्ववर्ती मॉडल्स की तुलना में कम बिजली का उपयोग होता है।

इसको बनाने में निम्नलिखित में से किस प्रौद्योगिकी का उपयोग किया गया है?

A. यूनिवर्सल सीरियल बस माउस
B. फास्टर रैन्डम एक्सेस मेमोरी
C. ब्ल्यू रे ड्राइव
D. सोलिड स्टेट हार्ड ड्राइव

38. निम्नलिखित इमेल फील्ड्स में से 'स्वामी' को संदेश मिलने पर वह कौन से ईमेल पतों को जान सकेगा?

To…	राम@टेस्ट.कॉम
Cc…	राज@टेस्ट.कॉम; रवि@टेस्ट.कॉम
Bcc…	स्वामी@टेस्ट.कॉम; रामा@टेस्ट.कॉम

A. राम@टेस्ट.कॉम
B. राम@टेस्ट.कॉम; राज@टेस्ट.कॉम; रवि@टेस्ट.कॉम
C. राम@टेस्ट.कॉम; रामा@टेस्ट.कॉम
D. राम@टेस्ट.कॉम; रामा@टेस्ट.कॉम; राज@टेस्ट.कॉम; रवि@टेस्ट.कॉम

39. भंडारण की निम्नलिखित इकाइयों को सही क्रम में रखिए, जिसमें पहले लघुतम इकाई से प्रारम्भ करते हुए दीर्घतम इकाई की ओर चलते जाएं:

(*a*) किलोबाइट (*b*) बाइट
(*c*) मेगाबाइट (*d*) टेराबाइट
(*e*) गीगाबाइट (*f*) बिट

निम्नलिखित कूट से अपना उत्तर दीजिए:

A. (*f*), (*b*), (*a*), (*c*), (*d*), (*e*)
B. (*f*), (*b*), (*a*), (*d*), (*e*), (*c*)
C. (*f*), (*b*), (*a*), (*c*), (*e*), (*d*)
D. (*f*), (*b*), (*a*), (*d*), (*c*), (*e*)

40. कम्प्यूटर मेमोरी के बारे में निम्नलिखित में से कौन-सा/कौन-से कथन **सही** है/हैं?

P : रीड ओनली मेमोरी (ROM) 'वॉलेटाइल' मेमोरी है।
Q : रैन्डम एक्सेस मेमोरी (RAM) 'वॉलेटाइल' मेमोरी है।
R : सेकन्डरी मेमोरी 'वॉलेटाइल' मेमोरी है।

A. केवल P B. केवल Q
C. केवल P और Q D. केवल P और R

41. ताप विद्युत संयंत्रों में उत्पादित 'फ्लाई ऐश' एक पर्यावरण-हितैषी संसाधन है, जिसका किसमें उपयोग किया जाता है?

(*a*) सूक्ष्म पोषक के रूप में कृषि में
(*b*) बंजर भूमि के विकास में
(*c*) बांध और जल धारण संरचनाओं में
(*d*) ईंट उद्योग में

नीचे दिए गए कूट में से **सही** उत्तर चुनिए:

A. केवल (*a*), (*b*) और (*d*)
B. केवल (*b*), (*c*) और (*d*)
C. केवल (*a*), (*c*) और (*d*)
D. (*a*), (*b*), (*c*) और (*d*)

42. प्राकृतिक विपदाओं के निम्नलिखित प्रकारों में से किसका निश्चित प्रारम्भ और अंत नहीं होता है?

A. भूकम्प B. भूस्खलन
C. प्रभंजन (हरीकेन) D. सूखा

43. **अभिकथन (A):** अंतः वायु प्रदूषण स्वास्थ्य के लिए एक गंभीर खतरा है।

तर्क (R): अंतः पर्यावरण में वायु प्रदूषकों का विसर्जन अपेक्षाकृत सीमित होता है।

नीचे दिए गए कूट में से **सही** उत्तर को चुनिएः

A. (A) एवं (R) दोनों सही हैं और (R), (A) की सही व्याख्या है।
B. (A) एवं (R) दोनों सही हैं, लेकिन (R), (A) की सही व्याख्या नहीं है।
C. (A) सही है और (R) गलत है।
D. (A) और (R) दोनों गलत हैं।

44. भारत में कुल विद्युत उत्पादन में इनके योगदान के परिप्रेक्ष्य में ऊर्जा स्रोतों के सही क्रम की पहचान कीजिएः ताप विद्युत संयंत्र (TPP), विशाल जल विद्युत परियोजनाएँ (LHP), परमाणु ऊर्जा (NE) और नवीकरणीय (RE), जिसमें सौर ऊर्जा, वायु ऊर्जा, जैव मात्रा और लघु जल विद्युत परियोजनाएँ सम्मिलित हैं।

A. TPP > RE > LHP > NE
B. TPP > LHP > RE > NE
C. LHP > TPP > RE > NE
D. LHP > TPP > NE > RE

45. भारत की नदियों में निम्नलिखित में से किसको प्रदूषण का प्रमुख स्रोत माना जाता है?

A. अविनियमित लघु स्तरीय उद्योग
B. अशोधित वाहितमल
C. कृषि वाह
D. ताप विद्युत संयंत्र

46. विश्व में भारत की विशालतम उच्च शिक्षा प्रणाली किन देशों के बाद आती है?

(*a*) संयुक्त अमेरिका
(*b*) ऑस्ट्रेलिया
(*c*) चीन
(*d*) यूनाइटेट किंग्डम (यू.के.)

नीचे दिए गए कूट में से **सही** उत्तर को चुनिएः

A. (*a*), (*b*), (*c*) और (*d*) B. केवल (*a*), (*b*) और (*c*)
C. केवल (*a*), (*c*) और (*d*) D. केवल (*a*) और (*c*)

47. प्रधान मंत्री शोध फेलोशिप निम्नलिखित में से किसमें पी.एच.डी. कार्यक्रम करने वाले छात्रों के लिये हैं?

A. राज्य और केन्द्रीय विश्वविद्यालय
B. केन्द्रीय विश्वविद्यालय, आई.आई.एस.सी., आई.आई.टी., एन.आई.टी., आई.आई.एस.ई.आर. और आई.आई.आई.टी.
C. आई.आई.एस.सी., आई.आई.टी., एन.आई.टी., आई.आई.एस.ई.आर., आई.आई.आई.टी., राज्य और केन्द्रीय विश्वविद्यालय
D. आई.आई.टी. और आई.आई.एस.सी.

48. विपक्ष का नेता उन समितियों का एक सदस्य होता है, जो चयन करती हैः

(*a*) केन्द्रीय सूचना आयुक्त का
(*b*) केन्द्रीय सतर्कता आयुक्त का
(*c*) राष्ट्रीय मानव अधिकार आयोग के अध्यक्ष का
(*d*) राष्ट्रीय महिला आयोग के अध्यक्ष का

नीचे दिए गए कूट में से **सही** उत्तर को चुनिएः

A. (*a*), (*b*), (*c*) और (*d*) B. केवल (*a*), (*b*) और (*c*)
C. केवल (*a*), (*c*) और (*d*) D. केवल (*a*), (*b*) और (*d*)

49. जेन्डर बजटिंग के बारे में निम्नलिखित में से कौन-सा कथन **सही** है?

(*a*) यह एक अलग बजट है, जिसमें महिलाओं की विशिष्ट आवश्यकताओं पर ध्यान दिया जाता है।
(*b*) इसमें महिलाओं पर सरकार के बजट के प्रभाव का मूल्यांकन किया जाता है।
(*c*) यह एक लेखाविधि कार्य है।
(*d*) यह एक और बजटिंग-नवोन्मेष है।

नीचे दिए गए कूट में से **सही** उत्तर को चुनिएः

A. केवल (*b*) और (*d*) B. केवल (*a*) और (*d*)
C. केवल (*a*), (*c*) और (*d*) D. केवल (*b*), (*c*) और (*d*)

50. भारत में नागरिक-केन्द्रित प्रशासन में निम्नलिखित में से कौन-सी बाधाएँ हैं?

(*a*) सरकारी नौकरशाहों की सख्त और अनम्य अभिवृत्ति
(*b*) कानूनों और नियमों का अप्रभावी कार्यान्वयन
(*c*) नागरिकों के अधिकारों और कर्तव्यों के बारे में जागरूकता
(*d*) युवाओं के लिए नौकरी के अवसरों का अभाव

नीचे दिए गए कूट में से **सही** उत्तर को चुनिएः

A. (*a*), (*b*), (*c*) और (*d*) B. केवल (*a*), (*b*) और (*c*)
C. केवल (*a*), (*b*) और (*d*) D. केवल (*a*) और (*b*)

उत्तरमाला

1	2	3	4	5	6	7	8	9	10
C	A	C	D	C	A	D	B	D	C
11	**12**	**13**	**14**	**15**	**16**	**17**	**18**	**19**	**20**
C	A	B	D	D	C	D	D	C	C
21	**22**	**23**	**24**	**25**	**26**	**27**	**28**	**29**	**30**
B	C	D	C	D	C	B	D	A	C
31	**32**	**33**	**34**	**35**	**36**	**37**	**38**	**39**	**40**
B	C	A	D	D	B	D	B	C	B
41	**42**	**43**	**44**	**45**	**46**	**47**	**48**	**49**	**50**
D	D	A	A	B	D	D	B	A	D

व्याख्यात्मक उत्तर

1. **शिक्षण की प्रकृतिः** शिक्षण एवं अध्ययन एक ऐसी प्रक्रिया है जिसमें बहुत से कारक शामिल होते हैं। शिक्षण वह प्रक्रिया है जो शिक्षार्थी के व्यवहार में परिवर्तन लाने के लिये नियोजित तथा संचालित की जाती है।

   शिक्षण का मुख्य कार्य अधिगम की समुचित परिस्थितियों को उत्पन्न करना होता है जिससे छात्र अनुभव द्वारा क्रियाएँ करते हैं और अधिगम करते हुए नवीन ज्ञान की प्राप्ति करते हैं।

   शिक्षण के उद्देश्यः शिक्षण प्रक्रिया का मुख्य उद्देश्य अभिगम प्रक्रिया का संचालन करना है। शिक्षार्थियों को अपनी प्रतिभाओं को निखारने में सक्षम बनाना है। छात्रों की त्रुटि का पता लगाना तथा उनके प्रगति के लिए ज्ञान प्राप्ति कराना शिक्षण के उद्देश्य हैं।

   शिक्षण और अधिगम अविच्छिन्न रूप से संबंधित हैं। शिक्षण एक सामाजिक कृत्य है, जबकि अधिगम एक व्यक्तिगत कृत्य है।

2. अधिगम की प्रक्रिया में प्रायः ज्ञान का प्रभावी समावेश होता है तथा ज्ञान का निर्माण, हस्तान्तरण एवं प्रतिग्रह अधिगम प्रक्रिया के ही अंग हैं।

   अधिगमकर्त्ता का पूर्व-अनुभव शिक्षण की प्रभावोत्पादकता से अत्यंत रूप से संबंधित है। अनुभवात्मक अधिगम का आशय उस प्रक्रिया से है जिसमें अनेक अनुभवों एवं अनुसंधानों के द्वारा किसी नियम या सिद्धांत की सत्यता का मापन किया जाता है। अनुभवात्मक कार्य बालक अपने प्रारम्भिक जीवन से ही प्रारंभ कर देता है। जब बालक यह कथन सुनता है कि सजीव वस्तुओं में वृद्धि होती है, निर्जीव वस्तुों में नहीं तो वह व्यावहारिक जगत में पेड़-पौधों का परीक्षण करके उनकी वृद्धि को ज्ञात करता है तथा निर्जीव वस्तु जैसे-मेज, कुर्सी आदि में वृद्धि नहीं देखता है, इस प्रकार उसका अधिगम स्थायी हो जाता है। ऐसी अनुभवात्मक प्रक्रिया इसके जीवन में चलती रहती है। अतः अनुभवों द्वारा अधिगम की प्रक्रिया व्यापक एवं निरंतर रूप से चलती रहती है। अनुभवात्मक अधिगम से बालकों में वैज्ञानिक दृष्टिकोण का विकास होता है।

3. जिस प्रकार शिक्षक शिक्षार्थी को ज्ञान प्रदान करता है उसे शिक्षण विधि (Method of teaching) कहते हैं। 'शिक्षण विधि' का प्रयोग बड़े व्यापक अर्थ में होता है। एक ओर तो इसके अंतर्गत अनेक प्रणालियाँ एवं योजनाएँ सम्मिलित की जाती हैं, दूसरी ओर शिक्षण की बहुत-सी प्रक्रियाएँ भी सम्मिलित कर ली जाती हैं।

   व्याख्यान विधि (Lecture Method): शिक्षण की यह विधि स्कूलों, कॉलेजों में आमतौर पर प्राथमिक माना जाता है। इस विधि के माध्यम से स्पष्ट भाषा में विषयवस्तु का सम्प्रेषण किया जाता है। व्याख्यान विधि संस्थान और लागत प्रभावी के लिए सुविधाजनक है।

   चर्चा विधि (Discussion Method): प्रतिभागियों में प्रकरण-आधारित भागीदारी चर्चा विधि की मूलभूत आवश्यकताएँ हैं। छात्रों के विचार, सीने, समस्या सुलझाने,

या साहित्यिक प्रशंसा को आगे बढ़ाने के उद्देश्य से शिक्षक और छात्रों के बीच विचारों का आदान-प्रदान एवं व्यक्त किया जाना आवश्यक है।

विचारावेश प्रक्रिया (Brainstorming Method): इस विधि के माध्यम से बड़ी संख्या में विचारों को प्रस्तुत किया जाता है। यह विधि किसी विषय पर ध्यान केंद्रित करने और विचारों के मुक्त प्रवाह में योगदान देने के लिए प्रोत्साहित करती है। इस विधि में शिक्षक कोई प्रश्न या समस्या या एक विषय रखते हैं और छात्र संभावित उत्तर या प्रासंगिक शब्द और विचार व्यक्त करते हैं।

अभिक्रमित अनुदेशन की पद्धति (Programmed Instructional Procedure): यह विधि प्रतिपुष्टि सहित लघु पदों में प्रस्तुत किये जाते हैं। इस विधि के द्वारा छात्र प्रोग्राम की सामग्री के माध्यम से अपनी गति से स्वयं कार्य करते हैं और प्रत्येक चरण के बाद प्रश्न का जवाब देकर या आरेख भरकर उनकी समझ का परीक्षण किया जाता है।

4. मूल्यांकन-प्रक्रिया का क्षेत्र व्यापक है। परीक्षण मूल्यांकन-प्रक्रिया का एक भाग है। मूल्यांकन का प्रमुख लक्ष्य यह देखना है कि पाठ्यक्रमों के निर्धारित उद्देश्यों की किस सीमा तक प्राप्ति हुई है।

निर्माणात्मक मूल्यांकन (Formative evaluation) का तात्पर्य है प्रत्येक छात्र से विविध प्रकार की गतिविधियों से जानकारी एकत्र करना, जो उनके सीखने और प्रगति का आकलन करने में मदद करती हो। इससे उन छात्रों को पहचानने में मदद मिलेगी, जिन्हें कोई कठिनाई है और उनकी सहायता करने के लिए अपने शिक्षण को समायोजित करने में भी मदद मिलेगी। निर्माणात्मक मूल्यांकनकर्ता सूचना एकत्र करता है और यह जाँचता है कि समग्र शैक्षिक कार्य को जारी रखा जाए अथवा उसे आवश्यकता के अनुसार बदला जाए। इस प्रकार का मूल्यांकन विकासोन्मुखी होता है, निर्णयात्मक नहीं। इसका प्रयोजन विद्यार्थियों के अधिगम और अध्यापन को सुधारना होता है। निर्माणात्मक मूल्यांकन छात्रों के साथ अंतःक्रिया के दौरान सुधारात्मक प्रतिपुष्टि प्रदान करता है। शिक्षक प्रश्न-उत्तर सत्र के माध्यम से अधिगमकर्त्ता की अभिप्रेरणा में वृद्धि करता है।

6. छात्र अध्ययन, शिक्षण विधियों, शिक्षक प्रशिक्षण और कक्षा गतिकी जैसे विभिन्न पहलुओं के मूल्यांकन को सन्दर्भित करने वाली विधियों को शैक्षिक अनुसंधान कहा जाता है।

मौलिक शोध (Fundamental Research) प्राकृतिक परिघटनाओं एवं अन्य परिघटनाओं की समझ को उन्नत बनाने के लिए किया जाता है। सिद्धांत निर्माण के माध्यम से प्रभावोत्पादक व्याख्या का विकास करना इस प्रकार के शोध का मुख्य उद्देश्य है।

व्यवहृत शोध (Applied Research) एक पद्धति है जो किसी व्यक्ति या समूह की विशिष्ट, व्यावहारिक समस्या को हल करने के लिए उपयोग की जाती है। विभिन्न स्थितियों में उपयोग के लिए सिद्धांत की प्रयोज्यता की खोजबीन करना इस प्रकार के शोध का मुख्य उद्देश्य है।

क्रियात्मक शोध (Action Research) तत्काल समस्या या विचारशील समस्या हल करने को प्रतिबिंबित प्रक्रिया को हल करने के तरीके को बेहतर बनाने के लिए प्रेरित करता है। हस्तक्षेप के उपयोग के माध्यम से प्रचलित स्थिति में सुधार लाना इस प्रकार के शोध की विशेषताएँ हैं।

मूल्यांकन-परक शोध (Evaluation Research) को एक प्रकार के अध्ययन के रूप में परिभाषित किया जा सकता है जो एक विशिष्ट शोध पद्धति के रूप में मूल्यांकन करता है। इस प्रकार के शोध में हस्तक्षेप के अनुभूत प्रभाव का पता लगाया जाता है।

9. शोध में नैतिकता शब्द, जो नैतिक सिद्धांतों के ज्ञान से आया है, आचार-पद्धति का निर्देश करने के लिए प्रयोग में लाया गया है, जिससे यह निश्चित होता है कि शोध कैसे किया जायेगा। अर्थात् शोध में नैतिक व्यवहार में किन चीजों का समावेश होता है, वह सामाजिक तथा सांस्कृतिक दृष्टि से निश्चित किया जायेगा।

'शोध नैतिकता' की समस्या शोध क्रियाकलापों के साक्ष्य-आधारित शोध रिपोर्टिंग पहलू से संबंधित है।

10. शोध सम्मेलन में भागीदारी क्रियाकलाप में सृजनशील और समीक्षात्मक चिंतन के संपोषण की अधिक क्षमता है। शोधकर्त्ताओं के शोध सम्मेलन में भाग लेने के मुख्य कारण निम्नलिखित हैं—

- अत्याधुनिक के बारे में जानकारी प्रदान करना।
- अपने स्वयं के शोध प्रस्तुत करने और साथियों से प्रतिक्रिया प्राप्त करने के लिए।
- सम्मेलन कार्यक्रम में अपना पेपर प्रकाशित करने के लिए आदि।

16. कक्षागत सम्प्रेषण में कुछ उद्दीपकों की स्वीकार्यता और अस्वीकार्यता के बीच विभेदन चयनात्मक ध्यान (Selective attention) का आधार है।

चयनात्मक ध्यान एक निश्चित अवधि के लिए पर्यावरण में किसी विशेष वस्तु पर ध्यान केंद्रित करने की प्रक्रिया है। चयनात्मक ध्यान हमें महत्वपूर्ण बिंदुओं पर ध्यान केंद्रित करने की अनुमति देता है।

19. संचार का क्रियान्वितिकारी प्रक्रिया (Transaction process) एक प्रक्रिया के रूप में संचार का वर्णन करता है जिसमें संचारक सामाजिक, संबंधपरक और सांस्कृतिक संदर्भों को दर्शाते हैं। इस प्रक्रिया में प्रतिभागी एक साथ प्रेषक और रिसीवर हैं। कक्षागत सम्प्रेषण एक क्रियान्वितिकारी प्रक्रिया है।

कोई भी शिक्षक इस मान्यता के अंतर्गत कार्य करता है कि छात्रों की अनुक्रियाएँ सौद्देश्य होती हैं। शिक्षक को सर्वप्रथम छात्रों की सक्रिय भागीदारी का इच्छुक होना चाहिए साथ ही उन्हें प्रेरित भी करना चाहिए, उसके बाद जानकारी देने और समस्या-समाधान पर कार्य करना चाहिए।

21. –1 5 15 29 [47]

+ 6 + 10 + 14 + 18

+ 4 + 4 + 4

अतः श्रृंखला में अगली संख्या 47 होगी।

22.

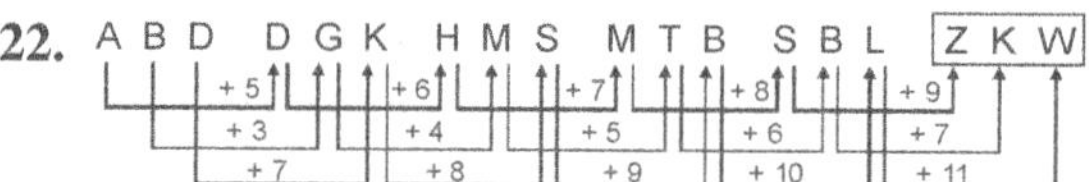

अतः श्रृंखला में अगला पद 'ZKW' होगा।

23. जिस प्रकार,

V A R A N A S I

+1 +2 +3 +4 +5 +6 +7 +8

W C U E S G Z Q

उसी प्रकार,

K O L K A T A

+1 +2 +3 +4 +5 +6 +7

L Q O O F Z H

अतः KOLKATA का कूट शब्द LQOOFZH है।

24.

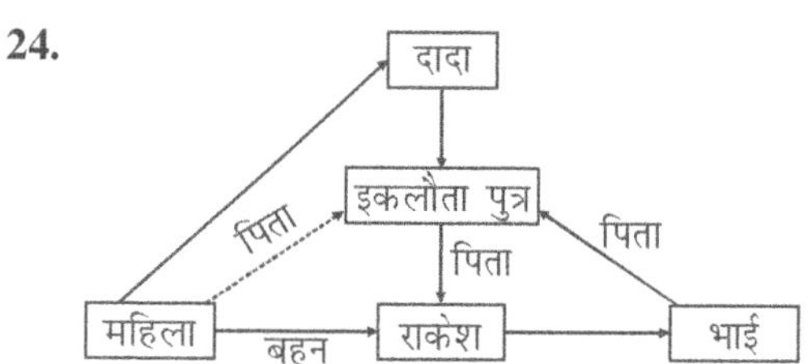

चित्र से स्पष्ट है, यह महिला, राकेश की बहन है।

25. माना संख्याएँ क्रमशः $2x$ और $5x$ हैं।

प्रश्नानुसार,

$$\frac{2x+16}{5x+16} = \frac{1}{2}$$

$$4x + 32 = 5x + 16$$

$$5x - 4x = 32 - 16$$

$$x = 16$$

अतः संख्याएँ क्रमशः 32 और 80 हैं।

31. ∵ उपभोग (मिलियन किलोग्राम में) = उत्पादन – निर्यात

2012 में उपभोग = 186.5 – 114
= 72.5 मिलियन किग्रा.

2013 में उपभोग = 202 – 114
= 88 मिलियन किग्रा.

2014 में उपभोग = 238 – 130
= 108 मिलियन किग्रा.

2015 में उपभोग = 221 – 116
= 105 मिलियन किग्रा.

2016 में उपभोग = 215 – 88
= 127 मिलियन किग्रा.

2013 में उपभोग में प्रतिशत वृद्धि

$$= \frac{88-72.5}{72.5} \times 100 = 21.38\%$$

समान रूप से

2014 में = $\frac{108-88}{88} \times 100 = 22.73\%$

2015 में = $\frac{105-108}{108} \times 100 = -2.78\%$

2016 में = $\frac{127-105}{105} \times 100 = 20.95\%$.

32. माना 2014 में जनसंख्या x मिलियन है।

तब, उपभोग = उत्पादन – निर्यात
= 238 – 130 = 108 मिलियन किग्रा.

प्रति व्यक्ति उपभोग = $\frac{\text{उपभोग (मिलियन किग्रा. में)}}{\text{जनसंख्या (मिलियन में)}}$

$$38.7 = \frac{108}{x}$$

∴ $x = \frac{108}{38.7}$ = 2.79 मिलियन

33. 2012 में, अभिष्ट अनुपात $= \frac{114}{72.5} = \frac{228}{145} = 1.57$

2013 में, अभिष्ट अनुपात $= \frac{114}{88} = \frac{57}{44} = 1.29$

2014 में, अभिष्ट अनुपात $= \frac{130}{108} = \frac{65}{54} = 1.2$

2015 में, अभिष्ट अनुपात $= \frac{116}{105} = 1.10$

अतः निर्यात और उपभोग का अनुपात 2012 में सर्वाधिक था।

34. ∵ प्रति व्यक्ति उपभोग = $\frac{\text{उपभोग}}{\text{जनसंख्या}}$

∴ जनसंख्या = $\frac{\text{उपभोग}}{\text{प्रति व्यक्ति उपभोग}}$

2012 में, जनसंख्या $= \frac{72.5}{36.25} = 2$ मिलियन

2013 में, जनसंख्या $= \frac{88}{35.2} = 2.5$ मिलियन

2014 में, जनसंख्या $= \frac{108}{38.7} = 2.79$ मिलियन

2015 में, जनसंख्या $= \frac{105}{40.5} = 2.59$ मिलियन

2016 में, जनसंख्या $= \frac{127}{42} = 3.02$ मिलियन

अतः देश की जनसंख्या 2016 में सर्वाधिक थी।

35. वर्ष 2012-2016 की अवधि में चावल का औसत उपभोग

$$= \frac{72.5 + 88 + 108 + 105 + 127}{5}$$

$$= \frac{500.5}{5} = 100.1 \text{ मिलियन किग्रा.}$$

36. सूचना तथा संचार प्रौद्योगिकी (ICT), सूचना प्रौद्योगिकी का ही विस्तारित नाम है, जो एकीकृत संचार के महत्व को भी रेखांकित करता है। आईसीटी में वे सभी साधन शामिल होते हैं जिनका प्रयोग कंप्यूटर एवं नेटवर्क हार्डवेयर दोनों और साथ ही साथ आवश्यक सॉफ्टवेयर सहित सूचना एवं सहायता संचार का संचालन करने के लिए किया जाता है। दूसरे शब्दों में, आईसीटी (ICT) में आईटी (IT) के साथ-साथ दूरसंचार, प्रसारण मीडिया और सभी प्रकार के ऑडियो और वीडियो प्रक्रमण एवं प्रेषण शामिल होता है।

आईसीटी का उपयोग प्रचलित शैक्षणिक पद्धतियों के सुदृढ़ीकरण के साथ-साथ शिक्षकों और छात्रों के बीच संवाद के तरीके को सुदृढ़ करने के लिए किया जा सकता है।

37. सोलिड स्टेट हार्ड ड्राइव (SSHD), HDD (Hard Disk Drive) और SSD (Solid State Drive) दोनों Hard Drive का मिश्रण होता है। SSHD का प्रयोग एक नए लैपटॉप के निर्माण में किया जाता है, जिसका भार कम होता है और अपेक्षाकृत यह अधिक लघु होता है तथा अपने पूर्ववर्ती मॉडल्स की तुलना में कम बिजली का उपयोग करता है।

39. भंडारण (Storage) की विभिन्न इकाइयाँ

यूनिट	स्टोरेज
बिट (Bit)	बाइनरी डिजीट, 1 या 0
निबल (Nibble)	4 बिट
बाइट/ओकटेट (Byte/Octet)	8 बिट
किलोबाइट (Kilobyte)	1024 बाइट
मेगाबाइट (Megabyte)	1024 KB
गिगाबाइट (Gigabyte)	1024 MB
टेराबाइट (Terabyte)	1024 GB
पेटाबाइट (Petabyte)	1024 TB
एक्साबाइट (Exabyte)	1024 PB
जेटाबाइट (Zettabyte)	1024 EB
योटाबाइट (Yottabyte)	1024 ZB

40. रीड ऑनली मेमोरी (ROM) कम्प्यूटर और अन्य इलेक्ट्रानिक उपकरणों में इस्तेमाल करने हेतु सूचनाओं का भंडारण करने का एक डिवाइस है। ROM नन-वॉलेटाइल (Non-volatile) मेमोरी का एक प्रकार है। कम्प्यूटर बंद होने पर भी रोम में सूचनाएँ संग्रहित रहती है नष्ट नहीं होती। रैण्डम एक्सेस मेमोरी (RAM) एक कार्यकारी मेमोरी है। यह तभी काम करती है जब कम्प्यूटर कार्यशील रहता है। कम्प्यूटर को बंद करने पर रैम में संग्रहित सभी सूचनाएँ नष्ट हो जाती हैं। कम्प्यूटर के चालू रहने पर प्रोसेसर रैम में संग्रहित आँकड़ों और सूचनाओं के आधार पर काम करता है। इस स्मृति पर संग्रहित सूचनाओं को प्रोसेसर पढ़ भी सकता है और उनको परिवर्तित भी कर सकता है। RAM वॉलेटाइल (Volatile) मेमोरी है।

सेकेन्डरी मेमोरी (Secondary memory) नन-वॉलेटाइल मेमोरी है। यह उपयोगकर्ता को ऐसे डेटा को स्टोर करने

की अनुमति देता है जो आसानी से पुनर्प्राप्त, और उपयोग किया जा सकता है।

वॉलेटाइल (Volatile) मेमोरी डिवाइस को संचालित करते समय केवल अपने डेटा को बनाए रखता है। अर्थात् बिजली बाधित होने या कम्प्यूटर बंद होने की स्थिति में संग्रहित डेटा खो जाता है।

41. 'फ्लाई ऐश' (Fly ash), कोयला, लकड़ी इत्यादि चीजों को जलाने से प्राप्त पदार्थ है जो महीन कणों से निर्मित होती है। ये हल्के कण उत्सर्जित गैसों के साथ ऊपर उठ जाते हैं। कोयले से चलने वाले विद्युत संयंत्रों में उत्पन्न 'फ्लाई ऐश' को प्रायः चिमनियों से ग्रहण कर लिया जाता है। सभी फ्लाई ऐश में सिलिकन डाईऑक्साइड (SIO_2) और कैल्शियम ऑक्साइड (CaO) अच्छी मात्रा में होती है।

'फ्लाई ऐश' एक पर्यावरण-हितैषी संसाधन है, जिसका कृषि में सूक्ष्म पोषक के रूप में, बंजर-भूमि के विकास में, बांध और जल धारण संरचनाओं में एवं ईंट उद्योग के अलावा अन्य क्षेत्रों में भी किया जाता है।

44. भारत में विभिन्न ऊर्जा स्रोतः

ताप विद्युत	–	59%
जल विद्युत	–	17%
नवीकरणीय ऊर्जा	–	12%
प्राकृतिक गैस	–	9%
परमाणु ऊर्जा	–	2%

45. जल प्रदूषण भारत में एक प्रमुख पर्यावरणीय मुद्दा है। भारत में जल प्रदूषण का सबसे बड़ा स्रोत अशोधित बाहितमल (Untreated Sewage) हैं। नदियों में प्रदूषण के अन्य स्रोत छोटे और अनियंत्रित उद्योगों से आने वाली पानी, कृषि वाह (Agricultural run-off), घरेलू अपशिष्ट, ऊष्मीय प्रदूषण आदि हैं।

नदियों में होने वाला प्रदूषण पर्यावरण और अर्थव्यवस्था के साथ मानव तथा अन्य जीवों के स्वास्थ्य के लिए एक बड़ा खतरा है। लंबे समय तक लगातार होने वाले नदी प्रदूषण से जैव-विविधता को नुकसान हो सकता है और यह कुछ प्रजातियों को विलुप्त और पूरी तरह से पारिस्थितिक तंत्र को बाधित कर सकता है।

एक पर्यावरण निगरानी (Environment watchdog) के अध्ययन के अनुसार भारत में 80% सीवेज का इलाज (Untreated) नहीं किया जाता और सीधे देश की नदियों में बहता है। इस रिपोर्ट में यह भी बताया गया कि नदियों में घुसपैठ की गई अपशिष्ट कचरा भूजल में घूमती है जिससे भारत में स्वास्थ्य का गंभीर खतरा पैदा हो सकता है।

46. भारत की उच्च शिक्षा प्रणाली संयुक्त राज्य अमेरिका और चीन के बाद तीसरी सबसे बड़ी उच्च शिक्षा प्रणाली है। विगत 50 वर्षों में देश के विश्वविद्यालयों की संख्या में 11.6 गुणा, महाविद्यालयों में 12.5 गुणा, विद्यार्थियों की संख्या में 60 गुणा और शिक्षकों की संख्या में 25 गुणा वृद्धि हुई है।

विश्वविद्यालय अनुदान आयोग (UGC) तृतीयक स्तर पर मुख्य शासी निकाय है, जो इसके मानकों को लागू करता है, सरकार को सलाह देता है, और केन्द्र-राज्य के बीच समन्वय में मदद करता है।

47. प्रधानमंत्री शोध फेलोशिप (PMRF) योजना देश में उच्च स्तरीय शोध को बढ़ावा देने के लिए केन्द्र सरकार की महत्वाकांक्षी योजना है।

इस योजना के अंतर्गत आईआईएससी/आईआईटी/एनआईटी/आईआईएसईआर/आईआईआईटी से विज्ञान एवं प्रौद्योगिकी विषयों में बी.टेक अथवा समेकित एम. टेक अथवा एमएससी पास करने वाले अथवा अंतिम वर्ष के सर्वोत्तम छात्रों को आईआईटी/आईआईएससी में पीएचडी कार्यक्रम में सीधा प्रवेश दिया जायेगा।

48. विपक्ष का नेता अथवा नेता प्रतिपक्ष भारतीय संसद के दोनों सदनों में, प्रत्येक में आधिकारिक विपक्ष का नेतृत्वकर्त्ता होता है। विपक्ष में बैठने वाले दलों में जिस दल के पास सर्वाधिक सीटें होती है उससे किसी सांसद को विपक्ष का नेता चुना जाता है। हालाँकि, यदि विपक्ष के किसी भी दल के पास कुल सीटों का 10% नहीं है तो ऐसी दशा में सदन में कोई विपक्ष का नेता नहीं हो सकता। विपक्ष के नेता सरकारी नीतियों की रचनात्मक आलोचना प्रदान करते हैं।

विपक्ष का नेता कुछ ऐसे समितियों का सदस्य होता है जो चयन करती है–

- केन्द्रीय सूचना आयुक्त का (CIC)
- केन्द्रीय सतर्कता आयुक्त का (CVC)
- राष्ट्रीय मानवाधिकार आयोग का (NHRC)
- लोकपाल का (LOKPAL)।

पिछले प्रश्न-पत्र (हल सहित)

UGC-NET (JRF) परीक्षा, नवम्बर, 2017*

प्रश्न-पत्र-I

नोट : • इस प्रश्न-पत्र में **पचास** (50) बहु-विकल्पीय प्रश्न हैं। प्रत्येक प्रश्न के **दो** (2) अंक हैं। **सभी** प्रश्न **अनिवार्य** हैं। *(50 प्रश्न × 2 अंक = 100 अंक)*

1. निम्नलिखित कथनों के समुच्चय में से कौन-सा शिक्षण और अधिगम के प्रकृति एवं उद्देश्य को सर्वोत्तम रूप में प्रस्तुत करता है?

(*a*) शिक्षण विक्रय के समान है और अधिगम खरीदारी के जैसा है।

(*b*) शिक्षण सामाजिक कृत्य है जबकि अधिगम व्यक्तिगत कृत्य है।

(*c*) शिक्षण में अधिगम निहित है जबकि अधिगम शिक्षण को समाहित नहीं करता।

(*d*) शिक्षण एक प्रकार का ज्ञान का अंतरण है जबकि अधिगम इसे प्राप्त करने जैसा है।

(*e*) शिक्षण एक अन्तःक्रिया है और प्रकृति में त्रिपदी है जबकि अधिगम एक विषय के अन्तर्गत सक्रिय कार्य है।

कूट :

A. (*a*), (*d*) और (*e*) B. (*b*), (*c*) और (*e*)

C. (*a*), (*b*) और (*c*) D. (*a*), (*b*) और (*d*)

2. नीचे दी गई सूची में से विद्यार्थी के उन अभिलक्षणों को चिह्नित करें जो शिक्षण-अधिगम प्रणाली को प्रभावी बनाने में सहायक हैं। अपने उत्तर को इंगित करने के लिए सही कूट का चयन करें।

(*a*) विद्यार्थी का पूर्व अनुभव

(*b*) विद्यार्थी की पारिवारिक वंश परंपरा

(*c*) विद्यार्थी की अभिक्षमता

(*d*) विद्यार्थी के विकास की अवस्था

(*e*) विद्यार्थी की खाने की आदतें और शौक

(*f*) विद्यार्थी की धार्मिक सम्बद्धता

कूट :

A. (*a*), (*c*) और (*d*) B. (*d*), (*e*) और (*f*)

C. (*a*), (*d*) और (*e*) D. (*b*), (*c*) और (*f*)

3. अभिकथन (A) : सभी शिक्षण में अधिगम निहित होता है।

तर्क (R) : अधिगम को उपयोगी होने के लिए उसे आवश्यक रूप से शिक्षण से व्युत्पन्न होना चाहिए।

निम्नलिखित में से सही उत्तर का चयन करें :

A. (A) और (R) दोनों सही हैं और (R), (A) का सही स्पष्टीकरण है।

B. (A) और (R) दोनों सही हैं, लेकिन (R), (A) का सही स्पष्टीकरण नहीं है।

C. (A) सही है, लेकिन (R) गलत है।

D. (A) गलत है, लेकिन (A) सही है।

4. संकलनात्मक परीक्षणों के आधार पर एक शिक्षक अपने विद्यार्थियों के निष्पादन व्यवहार को उसमें अभिव्यक्त सुस्थित जीवन शैली के संदर्भ में व्याख्यायित करता है। इसे कहा जाएगा :

A. निर्माणात्मक परीक्षण

B. सतत् एवं व्यापक मूल्यांकन

C. मानक संदर्भित परीक्षण

D. निकष संदर्भित परीक्षण

* Held on 5 November, 2017.

5. निम्नलिखित में से कौन प्रभावी शिक्षण में प्रमुख व्यवहार है?
   A. विद्यार्थी के विचारों एवं अवदान का अनुप्रयोग
   B. संरचना
   C. अनुदेशनात्मक विविधता
   D. प्रश्न पूछना

6. निम्नलिखित में से शोध के किस प्रकार में मौजूदा स्थितियों में सुधार पर ध्यान केन्द्रित किया जाता है?
   A. मौलिक शोध
   B. व्यवहृत शोध
   C. क्रियात्मक शोध
   D. प्रायोगिक शोध

7. एक शोधकर्ता बच्चों की चिन्ता-उन्मुखता पर पोषण विधि के प्रभाव का आंकलन करने का प्रयास करता है। कौन-सी शोध-विधि इसके लिए उपयुक्त होगी?
   A. व्यष्टि अध्ययन पद्धति
   B. प्रायोगिक पद्धति
   C. कार्योत्तर पद्धति
   D. सर्वेक्षण पद्धति

8. निम्नलिखित में से किस व्यवस्था में विचारों और मुद्दों की व्यापक रेंज (स्पेक्ट्रम) को संभव बनाया जा सकता है?
   A. शोध लेख
   B. कार्यशाला पद्धति
   C. सम्मेलन
   D. संगोष्ठी

9. एक शोध प्रबंध लेखन फार्मेट को अंतिम रूप देने में निम्नलिखित में से कौन-सा पूरक-पृष्ठों का भाग बनेगा?
   A. सारणियों और आँकड़ों की सूची
   B. विषय-सारणी
   C. अध्ययन के निष्कर्ष
   D. ग्रंथ-सूची और परिशिष्ट

10. निम्नलिखित में से कौन-सा शोध नैतिकता का मुद्दा हो सकता है?
   A. सांख्यिकीय तकनीकों का अयथार्थ अनुप्रयोग
   B. शोध की रूपरेखा का दोषपूर्ण होना
   C. निदर्शन तकनीकों का विकल्प
   D. शोध निष्कर्षों को रिपोर्ट करना

निर्देश (प्रश्न संख्या 11 से 15 तक) : *गद्यांश को ध्यान से पढ़ें और निम्नलिखित प्रश्नों के उत्तर दें।*

जलवायु परिवर्तन को समर्थनीय विकास का सर्वाधिक गंभीर खतरा माना जाता है। इसका पर्यावरण, मानव स्वास्थ्य, खाद्य सुरक्षा, आर्थिक गतिविधि, प्राकृतिक संसाधनों और भौतिक अवसंरचना पर प्रतिकूल प्रभाव पड़ता है। वैश्विक जलवायु स्वाभाविक रूप से परिवर्तित होती रहती है। जलवायु परिवर्तन संबंधी अंतर को ज्ञापित करने वाले सरकारी पैनल (आई.पी.सी.सी.) के अनुसार जलवायु परिवर्तन के प्रभावों को पहले ही प्रेक्षित किया जा चुका है और वैज्ञानिक निष्कर्ष यह दर्शाते हैं कि सतर्कता और शीघ्रतापूर्वक कार्रवाई किया जाना आवश्यक है।

जलवायु परिवर्तन के प्रति भेद्यता सिर्फ भूगोल से नहीं जुड़ी है अथवा सिर्फ प्राकृतिक संसाधनों पर ही निर्भर नहीं है बल्कि जलवायु परिवर्तन के सामाजिक, आर्थिक और राजनीतिक आयाम भी हैं जो इस बात को प्रभावित करते हैं कि किस प्रकार से जलवायु परिवर्तन विभिन्न समूहों को प्रभावित करते हैं। निर्धन व्यक्तियों के पास प्राकृतिक आपदाओं, जैसे—सूखा, बाढ़, महाचक्रवात आदि के कारण सम्पत्ति को होने वाली क्षति की पूर्ति करने के लिए शायद ही बीमा होता है। निर्धन समुदाय तो गरीबी और जलवायु बदलाव की विद्यमान चुनौतियों से पहले ही जूझ रहा है और जलवायु परिवर्तन के कारण अनेक के लिए उससे जूझने और यहाँ तक कि अपना अस्तित्व बचाना मुश्किल हो जाएगा। यह महत्वपूर्ण है कि प्रकृति के बदलते आयामों के साथ सामंजस्य बैठाने में इन समुदायों की सहायता की जानी चाहिए।

अनुकूलन वह प्रक्रिया है जिसके माध्यम से समाज अनिश्चित भविष्य के साथ सामंजस्य बिठाने में अपने को बेहतर ढंग से सक्षम बनाता है। जलवायु परिवर्तन के साथ अनुकूलन के तहत समुचित सामंजस्य और परिवर्तन करने के माध्यम से जलवायु परिवर्तन के नकारात्मक प्रभावों को कम करने (सकारात्मक प्रभावों का फायदा उठाने) के लिए सही उपाय किए जाते हैं। इन उपायों में प्रौद्योगिकीय विकल्प यथा बढ़ी हुई समुद्री सुरक्षा अथवा टिलुओं पर बाढ़-रक्षित घर से लेकर व्यक्तिगत स्तर पर व्यवहारगत परिवर्तन जैसे सूखे के समय में पानी का कम प्रयोग शामिल है। अन्य रणनीतियों में चरम घटनाओं के लिए पूर्व चेतावनी प्रणाली, बेहतर जल प्रबंधन, उन्नत जोखिम प्रबंधन, विभिन्न बीमा विकल्प और जैव-विविधता संरक्षण सम्मिलित है। वैश्विक तापन वृद्धि के कारण जिस गति से जलवायु में परिवर्तन हो रहा है यह अत्यावश्यक हो जाता है कि जलवायु परिवर्तन के प्रति विकासशील देशों की भेद्यता को कम किया जाए और

उनकी अनुकूलन क्षमता को बढ़ाया जाए तथा राष्ट्रीय अनुकूलन नीतियाँ कार्यान्वित की जाएँ। जलवायु परिवर्तन के प्रति अनुकूलन समुदाय से राष्ट्रीय और अंतर्राष्ट्रीय सभी स्तरों पर सामंजस्य और परिवर्तनों की माँग करता है। वर्तमान और भविष्य के जलवायु के साथ सामंजस्य बिठाने हेतु समुदायों को अपने सर्वाधिक पारम्परिक ज्ञान का उपयोग करने और अपनी आजीविका के विविधीकरण के साथ-साथ समुचित प्रौद्योगिकियों को अपनाने सहित अपनी नम्यता बनानी चाहिए। सरकारी और स्थानीय हस्तक्षेपों के साथ तालमेल बिठाते हुए सामंजस्य बिठाने वाली स्थानीय रणनीतियों और ज्ञान का प्रयोग किया जाना चाहिए।

अनुकूलन संबंधी हस्तक्षेप राष्ट्रीय परिस्थितियों पर निर्भर करते हैं। जलवायु संबंधी बदलावों और चरम मौसमी घटनाओं के साथ सामंजस्य बिठाने के संबंध में स्थानीय समुदायों के पास वृहत ज्ञान और अनुभव है। स्थानीय समुदायों का हमेशा से उद्देश्य अपने जलवायु परिवर्तनों के साथ तालमेल बिठाना रहा है। ऐसा करने के लिए उन्होंने विगत के मौसमी पैटर्नों के अपने अनुभव के आधार पर अपने संसाधनों और संचित ज्ञान के अनुरूप तैयारियाँ की हैं। इसमें वे समय भी शामिल रहे हैं जब उन्हें बाढ़, सूखा और तूफान जैसी चरम मौसमी घटनाओं से प्रतिक्रिया करना और उनसे उबरना पड़ा है। सामंजस्य बिठाने की स्थानीय रणनीतियाँ अनुकूलन के नियोजन में महत्वपूर्ण तत्व रही हैं। जलवायु परिवर्तन की वजह से समुदायों को बार-बार चरम जलवायु स्थितियों तथा नई जलवायु स्थितियों और चरम स्थितियों का सामना करना पड़ रहा है। पारम्परिक ज्ञान से उन समुदायों को जो वैश्विक तापन की वजह से जलवायु परिवर्तन के प्रभाव को महसूस कर रहे हैं, जलवायु परिवर्तन के साथ सामंजस्य बिठाने तथा कुशल, समुचित और समयसिद्ध उपाय ढूँढने में सहायता मिलेगी।

11. नीचे जलवायु परिवर्तन के प्रति निर्धन व्यक्तियों की भेद्यता के कारक दिए गए हैं। सही उत्तर वाले कूट का चयन करें।

(*a*) प्राकृतिक संसाधनों पर उनकी निर्भरता

(*b*) भौगोलिक कारण

(*c*) वित्तीय संसाधनों की कमी

(*d*) पारंपरिक ज्ञान का अभाव

कूट :

A. (*a*), (*b*) और (*c*) B. (*b*), (*c*) और (*d*)

C. (*a*), (*b*), (*c*) और (*d*) D. सिर्फ (*c*)

12. अनुकूलन एक प्रक्रिया के रूप में समाजों को निम्नलिखित में से किसके साथ सामंजस्य बिठाने में समर्थ बनाता है?

(*a*) अनिश्चित भविष्य

(*b*) सामंजस्य और परिवर्तन

(*c*) जलवायु परिवर्तन का नकारात्मक प्रभाव

(*d*) जलवायु परिवर्तन का सकारात्मक प्रभाव

निम्नलिखित कूट में से सर्वाधिक उपयुक्त उत्तर का चयन करें :

A. (*a*), (*b*), (*c*) और (*d*) B. (*a*) और (*c*)

C. (*b*), (*c*) और (*d*) D. सिर्फ (*c*)

13. जलवायु परिवर्तन की चुनौती से निपटने के लिए विकासशील देशों को अत्यावश्यक रूप से निम्नलिखित में से क्या करने की जरूरत है?

A. जलवायु परिवर्तन कर लगाना

B. अपने स्तर पर राष्ट्रीय अनुकूलन नीति का कार्यान्वयन

C. अल्पावधि योजनाएँ अपनाना

D. प्रौद्योगिकीय समाधान अपनाना

14. पारम्परिक ज्ञान का उपयोग निम्नलिखित में से किसके माध्यम से किया जाना चाहिए?

A. इसके प्रचार-प्रसार द्वारा

B. राष्ट्रीय परिस्थितियों में सुधार द्वारा

C. सरकार और स्थानीय हस्तक्षेपों के बीच तालमेल से

D. आधुनिक प्रौद्योगिकी द्वारा

15. इस गद्यांश का संकेन्द्रिक बिन्दु है :

A. पारंपरिक ज्ञान को समुचित प्रौद्योगिकी के साथ जोड़ना

B. क्षेत्रीय और राष्ट्रीय प्रयासों के बीच समन्वय

C. जलवायु परिवर्तन के प्रति अनुकूलन

D. जलवायु परिवर्तन के सामाजिक आयाम

16. शिक्षक और विद्यार्थियों के बीच परस्पर संवाद समीपस्थ _______ जोन का निर्माण करता है।

A. अंतर B. भ्रम

C. विकास D. विकृति

17. किसी कक्षा में स्थानिक श्रव्य पुनःप्रस्तुति की वजह से विद्यार्थियों का निम्नलिखित में से क्या घट सकता है/सकती है?

A. बोध में संज्ञानात्मक भार

B. शिक्षकों के प्रति आदर
C. उत्कृष्टता के प्रति प्रेरणा
D. प्रौद्योगिकी-अभिविन्यास में रुचि

18. कक्षा में संवाद अनिवार्य रूप से होना चाहिए :
A. काल्पनिक B. तदनुभूतिक
C. अमूर्त D. गैर-विवरणात्मक

19. एक उत्तम सम्प्रेषक अपना प्रस्तुतीकरण निम्नलिखित में से किससे शुरू करता है?
A. जटिल प्रश्न
B. नानुमिति
C. पुनरावर्ती पदबंध
D. सुगमपूर्वाभ्यास

20. किसी कक्षा में संवाद ग्रहण की संभाव्यता को निम्नलिखित में से किससे बढ़ाया जा सकता है?
A. दृष्टिकोण स्थापित करके
B. विद्यार्थियों की अनभिज्ञता उजागर करके
C. सूचना भार में वृद्धि करके
D. उच्च डेसिबेल के श्रव्य उपकरणों का प्रयोग करके

21. शृंखला 1, 6, 15, 28, 45, ... में अगली संख्या होगी :
A. 66 B. 76
C. 56 D. 84

22. शृंखला ABD, DGK, HMS, MTB, ... में अगला पद है :
A. NSA B. SBL
C. PSK D. RUH

23. किसी कूट में "COVALENT" का कूट BWPDUOFM है। "ELEPHANT" का कूट होगा :
A. MFUIQRTW B. QMUBIADH
C. QFMFUOBI D. EPHNTEAS

24. अजय, राकेश का दोस्त है। एक बुजुर्ग आदमी की ओर इशारा करते हुए अजय ने राकेश से पूछा कि वह कौन है? राकेश ने कहा, "उसका बेटा, मेरे बेटे का चाचा है।" बुजुर्ग व्यक्ति और राकेश के बीच निम्नलिखित रिश्ता है :
A. ग्रांडफादर (बाबा) B. फादर-इन-लॉ (श्वसुर)
C. फादर (पिता) D. अंकल (चाचा)

25. एक डाकिया अपने कार्यालय से सीधे 20 मीटर चला, अपनी दाहिनी ओर मुड़कर 10 मीटर चला। बाँयी ओर मुड़ने के बाद वह 10 मीटर चला और दाहिनी ओर मुड़ने के बाद 20 मीटर चला। वह फिर से दाहिनी ओर मुड़ा और 70 मीटर चला। वह अपने कार्यालय से कितनी दूरी पर है?
A. 50 मीटर B. 40 मीटर
C. 60 मीटर D. 20 मीटर

26. यह कहना एक सामान्य सत्य है कि जब पृथ्वी पर सर्वप्रथम जीवन का उद्भव हुआ तब वहाँ कोई नहीं था। इस प्रकार, जीवन के उद्भव के संबंध में किसी भी अभिकथन को सिद्धांत माना जाना चाहिए।

उपर्युक्त दोनों कथन निर्मित करते हैं :
A. एक ऐतिहासिक व्याख्या
B. एक आख्यान
C. एक तर्क
D. एक अटकल

27. नीचे चार कथन दिए गए हैं। उनमें से दो आपस में इस तरह से संबंधित हैं कि वे दोनों सत्य हो सकते हैं परंतु वे दोनों असत्य नहीं हो सकते। उस कूट का चयन करें जो उन दोनों कथनों को इंगित करता है :

कथन :
(*a*) ईमानदार व्यक्ति कभी कष्ट नहीं झेलते हैं।
(*b*) लगभग सभी ईमानदार व्यक्ति कष्ट झेलते हैं।
(*c*) ईमानदार व्यक्ति शायद ही कष्ट झेलते हैं।
(*d*) प्रत्येक ईमानदार व्यक्ति कष्ट झेलता है।

कूट :
A. (*a*) और (*b*) B. (*a*) और (*c*)
C. (*a*) और (*d*) D. (*b*) और (*c*)

28. एक निगमनात्मक तर्क अप्रामाणिक है यदि :
A. इसके आधार वाक्य और निष्कर्ष सभी सही हों।
B. इसके आधार वाक्य और निष्कर्ष सभी गलत हों।
C. इसके सभी आधार वाक्य गलत हों, परन्तु इसका निष्कर्ष सही हो।
D. इसके सभी आधार वाक्य सही हों, परन्तु इसका निष्कर्ष गलत हो।

29. नीचे दो आधार वाक्य (*a* और *b*) दिए गए हैं। इन दो आधार वाक्यों से चार निष्कर्ष (*i*), (*ii*), (*iii*) और (*iv*) निकाले गए हैं। उस कूट का चयन करें जो प्रामाणिक रूप से निकाले गए (आधार वाक्यों को अकेले अथवा संयुक्त रूप से लेते हुए) निष्कर्ष/निष्कर्षों को दर्शाता है।

आधार वाक्य : (*a*) सभी चमगादड़ स्तनपायी होते हैं।
(*b*) कोई भी पक्षी चमगादड़ नहीं होता है।

निष्कर्ष : (*i*) कोई पक्षी स्तनपायी नहीं होता है।
(*ii*) कुछ पक्षी स्तनपायी नहीं होते हैं।
(*iii*) कोई चमगादड़ पक्षी नहीं होता है।
(*iv*) सभी स्तनपायी चमगादड़ होते हैं।

कूट :
A. केवल (*i*) B. केवल (*i*) और (*ii*)
C. केवल (*iii*) D. केवल (*iii*) और (*iv*)

30. जैसे गिलास में बर्फ के पिघलते गोलों से गिलास का पानी उससे बाहर नहीं बहता उसी प्रकार पिघलते हुए समुद्री हिमखंड से समुद्र का आयतन नहीं बढ़ता है।

यह निम्नलिखित में से किस प्रकार का तर्क है?
A. सादृश्यमूलक
B. परिकल्पनात्मक
C. मनोवैज्ञानिक
D. सांख्यिकीय

निर्देश (प्रश्न संख्या 31 से 35 तक) : *निम्नलिखित तालिका में दिए गए आँकड़ों के आधार पर प्रश्नों के उत्तर दें।*

तालिका : भारत में पंजीकृत वाहनों की संख्या और भारत की जनसंख्या

वर्ष	कुल वाहन (लाख)	दुपहिया वाहन (लाख)	कार, जीप, टैक्सी (लाख)	बसें (लाख)	माल वाहन (लाख)	अन्य (लाख)	भारत की जनसंख्या (मिलियन)
1961	6.65	0.88	3.1	0.57	1.68	0.42	439.23
1971	18.65	5.76	6.82	0.94	3.43	1.70	548.15
1981	53.91	26.18	11.60	1.62	5.54	8.97	683.32
1991	213.74	142.00	29.54	3.31	13.56	25.33	846.42
2001	549.91	385.56	70.58	6.34	29.48	57.95	1028.73
2011	1417.58	1018.65	191.23	16.04	70.64	121.02	1210.19

31. निम्नलिखित में से किस दशक के दौरान भारत की जनसंख्या में सर्वाधिक वृद्धि दर्ज की गई?
A. 1961 - 1971 B. 1991 - 2001
C. 2001 - 2011 D. 1981 - 1991

32. किस वर्ष में कारों की संख्या में हुई दशकीय वृद्धि (%), दुपहिए वाहनों की संख्या में हुई दशकीय वृद्धि (%) को पार कर गई?
A. 1991 B. 2001
C. 1981 D. 2011

33. वर्ष 1961 - 2011 के दौरान कारों की संख्या में औसत दशकीय वृद्धि कितनी रही?
A. ~ 131% B. ~ 68%
C. ~ 217% D. ~ 157%

34. वर्ष 2001 में, वाहनों की कुल संख्या में से यात्री वाहनों (चौपहिया वाहनों) की संख्या का प्रतिशत क्या था?
A. ~ 14% B. ~ 24%
C. ~ 31% D. ~ 43%

35. वर्ष 2011 में भारत में दुपहिया वाहनों का प्रति व्यक्ति स्वामित्व कितना था?
A. ~ 0.084% B. ~ 0.0084%
C. ~ 0.84% D. ~ 0.068%

36. वेब-पृष्ठ पते (एड्रेस) के लिए क्या नाम है?
A. डोमेन
B. डायरेक्टरी
C. प्रोटोकॉल
D. यू.आर.एल.

37. डाटा भंडारण के अधिक्रम में शामिल हैं :

A. बाइट्स, बिट्स, फील्ड्स, रिकॉर्ड्स, फाइलें तथा डाटाबेसेज

B. बिट्स, बाइट्स, फील्ड्स, रिकॉर्ड्स, फाइलें तथा डाटाबेसेज

C. बिट्स, बाइट्स, रिकॉर्ड्स, फील्ड्स, फाइलें तथा डाटाबेसेज

D. बिट्स, बाइट्स, फील्ड्स, फाइलें, रिकॉर्ड्स तथा डाटाबेसेज

38. निम्नलिखित डोमेनों में किसे अनुलाभकारी व्यापार हेतु प्रयोग किया जाता है?

A. .ओ आर जी (.org) B. .एन ई टी (.net)

C. .ई डी यू (.edu) D. .सी ओ एम (.com)

39. कम्प्यूटर से सम्बन्धित कार्यों में प्रयोग हेतु यू.एस.बी. का पूरा रूप क्या है?

A. अल्ट्रा सिक्योरिटी ब्लॉक

B. यूनिवर्सल सिक्योरिटी ब्लॉक

C. यूनिवर्सल सीरियल बस

D. यूनाइटेड सीरियल बस

40. निम्नलिखित में से कौन-सा एक अरब (बिलियन) केरेक्टर्स प्रदर्शित करता है?

A. टेराबाइट्स B. मेगाबाइट्स

C. किलोबाइट्स D. गीगाबाइट्स

41. निम्नलिखित में से कौन-सा प्रदूषक श्वसन-तंत्र से जुड़ी बीमारियों का प्रमुख कारण है?

A. विलंबित सूक्ष्म कण

B. नाइट्रोजन ऑक्साइड

C. कार्बन मोनोऑक्साइड

D. वाष्पशील कार्बनिक यौगिक

42. अभिकथन (A) : शहरी क्षेत्रों में, जाड़े के दिनों में अक्सर धूम-कोहरे की घटनाएँ घटित होती हैं।

तर्क (R) : जाड़े के मौसम में लोग गर्म करने के प्रयोजन से या स्वयं को गर्म रखने के लिए बड़ी मात्रा में जैव-संहति (बायोमास) को जलाते हैं।

नीचे दिए गए कूट में से सही उत्तर का चयन कीजिए :

A. (A) और (R) दोनों सही हैं और (R), (A) की सही व्याख्या है।

B. (A) और (R) दोनों सही हैं, परन्तु (R), (A) की सही व्याख्या नहीं है।

C. (A) सही है और (R) गलत है।

D. (A) और (R) दोनों गलत है।

43. प्राकृतिक आपदाओं के घटित होने में निम्नलिखित का प्रभाव पड़ता है :

(*a*) भूमि-उपयोग में परिवर्तन

(*b*) जल निकास और निर्माण

(*c*) ओजोन में कमी

(*d*) जलवायु परिवर्तन

नीचे दिए गए कूट में से सही उत्तर का चयन कीजिए :

A. (*a*), (*c*) और (*d*) B. (*a*), (*b*) और (*c*)

C. (*a*), (*b*) और (*d*) D. (*b*), (*c*) और (*d*)

44. निम्नलिखित में से कौन-सी प्रदूषक गैस प्राकृतिक रूप से और औद्योगिक गतिविधि के परिणामस्वरूप दोनों से उत्पन्न नहीं होती है?

A. क्लोरोफ्लूरो कार्बन B. नाइट्रस ऑक्साइड

C. मीथेन D. कार्बन डाइऑक्साइड

45. निम्नलिखित ऊर्जा ईंधनों में कौन-सा ईंधन पर्यावरण के लिए सबसे अनुकूल है?

A. एथेनोल B. बायोगैस

C. सी.एन.जी. D. हाइड्रोजन

46. भारत में उच्च शिक्षा के लक्ष्य निम्नलिखित में से कौन-से हैं?

(*a*) अभिगम

(*b*) साम्या

(*c*) गुण एवं प्रकर्ष

(*d*) प्रासंगिकता

(*e*) मूल्य आधारित शिक्षा

(*f*) अनिवार्य एवं मुफ्त शिक्षा

नीचे दिए गए कूट में से सही उत्तर चुनें :

A. केवल (*a*), (*b*) और (*e*)

B. (*a*), (*b*), (*e*) और (*f*)

C. (*a*), (*b*), (*c*), (*d*) और (*e*)

D. (*a*), (*b*), (*c*), (*d*), (*e*) और (*f*)

47. राष्ट्रीय सांस्थानिक श्रेणीकरण ढाँचा (एन.आई.आर.एफ.) के अनुसार निम्नलिखित में से किसे देश में, सर्वश्रेष्ठ कॉलेज (2017) का स्थान प्राप्त हुआ?

A. मिरांडा हाउस, दिल्ली

B. सेंट स्टीफेन्स कॉलेज, दिल्ली

C. फर्गुसन कॉलेज, पुणे

D. महाराजा कॉलेज, मैसूर

48. निम्नलिखित विश्वविद्यालयों में से किसे फरवरी, 2017 में सर्वश्रेष्ठ केन्द्रीय विश्वविद्यालय के लिए कुलाध्यक्ष (विजिटर) का पुरस्कार प्राप्त हुआ?

A. जवाहरलाल नेहरू विश्वविद्यालय

B. बनारस हिन्दू विश्वविद्यालय

C. तेजपुर विश्वविद्यालय

D. हैदराबाद विश्वविद्यालय

49. निम्नलिखित में से किसे संसद के स्वीकृत प्रस्ताव के बिना राष्ट्रपति द्वारा हटाया जा सकता है?

A. उच्च न्यायालय का न्यायाधीश

B. राज्य का राज्यपाल

C. मुख्य चुनाव आयुक्त

D. नियंत्रक और महालेखा परीक्षक

50. निम्नलिखित में से कौन-सा 'भ्रष्टाचार' शब्द की परिधि में आता है?

(*a*) सरकारी पद का दुरुपयोग

(*b*) नियमों, कानूनों और मानकों से विचलन

(*c*) जब कार्रवाई आवश्यक हो तो कार्रवाई न करना

(*d*) लोक संपत्ति को नुकसान

नीचे दिए गए कूट में से सही उत्तर चुनें :

A. केवल (*a*) B. केवल (*a*) और (*b*)

C. (*a*), (*b*) और (*d*) D. (*a*), (*b*), (*c*) और (*d*)

उत्तरमाला

1	2	3	4	5	6	7	8	9	10
B	A	C	D	C	C	C	C	D	D
11	**12**	**13**	**14**	**15**	**16**	**17**	**18**	**19**	**20**
A	A	B	C	C	C	A	B	D	A
21	**22**	**23**	**24**	**25**	**26**	**27**	**28**	**29**	**30**
A	B	C	C	A	C	D	D	C	A
31	**32**	**33**	**34**	**35**	**36**	**37**	**38**	**39**	**40**
A	D	A	A	*	D	B	D	C	D
41	**42**	**43**	**44**	**45**	**46**	**47**	**48**	**49**	**50**
A	B	C	A	D	C	A	A	B	D

** Error in Questions*

व्याख्यात्मक उत्तर

प्रश्न संख्या 1, 2 एवं 3 की व्याख्या–

प्राणी जन्म से लेकर मृत्युपर्यन्त नए-नए अनुभव प्राप्त करता रहता है तथा इन अनुभवों के अपने व्यवहारों को वह सुधारता रहता है। उदाहरण के लिए छोटा बच्चा किसी गर्म वस्तु को पकड़ने से जलन का अनुभव करता है। यह उसके लिए एक अनुभव है आगे वह गर्म चीजों को नहीं पकड़ेगा या सावधानी से पकड़ेगा। गर्म चीज को पकड़ने के सम्बन्ध में उसके व्यवहारों में जो परिवर्तन हुआ है वही अधिगम कहलाता है। इस दृष्टिकोण से हम अनुभवों से लाभ उठाने को अधिगम कह सकते हैं। व्यवहारों में सुधार को लेकर यदि अधिगम की परिभाषा करें तो हम कह सकते हैं कि व्यवहारों का परिमार्जन ही

अधिगम है। शिक्षण तथा अधिगम में घनिष्ठ सम्बन्ध है। वैसे यह आवश्यक नहीं कि प्रत्येक शिक्षण से अधिगम हो ही, किन्तु इतना निश्चित है कि प्रत्येक शिक्षण का मूल एवं एकमात्र अन्तिम उद्देश्य अधिगम होता है। उद्देश्य की दृष्टि से देखें तो कह सकते हैं कि शिक्षण साधन है एवं अधिगम साध्य है। एक प्रक्रिया है तो दूसरा उसका परिणाम है। इस प्रकार शिक्षण एवं अधिगम एक-दूसरे से सम्बन्धित हैं। कक्षा के छात्रों का जो पूर्व अधिगम होता है उसी को आधार बनाकर अपने शिक्षण का आयोजन करता है। छात्रों के पूर्व अनुभवों की जैसी स्थिति तथा अवस्था होगी शिक्षण का स्तर तथा गति तदनुसार ही करनी होगी। इतना ही नहीं शिक्षक को उसी के अनुरूप शिक्षण प्रविधियाँ तथा नीतियाँ प्रयोग करनी होंगी।

शिक्षण सिद्धान्तों का विकास अधिगम सिद्धान्तों के आधार पर होता है शिक्षण तथा अधिगम के इन सिद्धान्तों के मध्य परस्पर आधार के कारण भी शिक्षण तथा अधिगम में सम्बन्ध बढ़ जाते हैं। वास्तव में शिक्षण अधिगम परिस्थितियों का व्यवस्थीकरण है।

शिक्षण तथा अधिगम का आधार - शिक्षा मनोविज्ञान हैं। शिक्षण तथा अधिगम दोनों ही अपने-अपने सिद्धान्तों व निरूपण मनोविज्ञान के सिद्धान्तों के आधार पर करते हैं। मनोविज्ञान पर आधारित होने के कारण ही शिक्षण तथा अधिगम में परस्पर सम्बन्ध स्पष्ट होता है।

उपरोक्त विवेचन से शिक्षण तथा अधिगम के मध्य परस्पर सम्बन्ध स्पष्ट होता है। इन दोनों के मध्य इतने प्रगाढ़ सम्बन्ध होते हुए भी दोनों में कुछ आधारभूत अन्तर हैं–

1. अधिगम का क्षेत्र व्यापक है जबकि शिक्षण में इतनी व्यापकता नहीं है।
2. शिक्षण ही अधिगम का एकमात्र साधन नहीं है। प्राणी शिक्षण के अलावा अपने अनुभव, ज्ञानेन्द्रियों, अनुकरण, अन्तर्दृष्टि आदि से भी अधिगम प्राप्त करता है।
3. शिक्षण प्रणाली व्यक्तित्व के केवल एक अंश को ही प्रभावित करती है जबकि अधिगम का प्रभाव सम्पूर्ण व्यक्तित्व पर पड़ता है।
4. शिक्षण सदैव औपचारिक होता है जबकि अधिगम औपचारिक तथा अनौपचारिक दोनों ही प्रकार का होता है।
5. शिक्षण एक कार्य व्यवस्था है तो अधिगम उसका परिणाम है। शिक्षण एक सामाजिक कार्य है जबकि अधिगम व्यक्तिगत कार्य है।

शिक्षण-अधिगम प्रक्रिया का शिक्षा में योगदान

1. यह नवीन अधिगम पर बल देती है।
2. शिक्षा को द्विमुखी प्रक्रिया की अन्तःक्रिया के रूप में स्वीकार करती हैं।
3. शिक्षण के अनेक प्रारूप विकसित हुए हैं।
4. बालकों के गुणों का अधिगम में उपयोग किया जाताहै।
5. अनेक नवीन प्रत्ययों का विकास इसके द्वारा होता है।
6. सीखने की दशाओं में भी परिवर्तन आया है। अधिगम हेतु परिपक्वता पर ध्यान दिया जाने लगा है।
7. अनेक प्रकार के शैक्षिक आविष्कार हुए हैं।
8. अभिप्रेरणा की आन्तरिक रचना, योग्यता तथा उद्दीपन में भी अन्तर आया है।
9. अधिगम की विभिन्न शैलियां विकसित हुई हैं।
10. शैक्षिक लक्ष्यों को स्पष्ट रूप से निर्धारित किया जाने लगा है।
11. सार्थक अधिगम पर बल दिया जाने लगा है।

अधिगम को प्रभावित करने वाले कारक–

बालक के लिए कारक–

1. सीखने की इच्छा
2. शैक्षिक पृष्ठभूमि
3. शारीरिक व मानसिक स्वास्थ्य
4. परिपक्वता
5. अभिप्रेरणा
6. अधिगमकर्ता की अभिवृत्ति
7. सीखने का समय व अवधि
8. बुद्धि।

अधिगम प्रक्रिया के कारक–

1. अध्यापक का विषय ज्ञान
2. शिक्षक का व्यवहार
3. शिक्षक को मनोविज्ञान का ज्ञान

4. शिक्षण विधि
5. व्यक्तिगत भेदों का ज्ञान
6. शिक्षक का व्यक्तित्व
7. पाठ्य-सहगामी क्रियाएं
8. अनुशासन की स्थिति।

4. निकष संदर्भित परीक्षण या मानदंड संदर्भित मूल्यांकन (Criterion-referenced testing) प्राथमिक शिक्षा के स्तर पर आवश्यक होता है। यह बच्चों की मूलभूत अवधारणा स्पष्ट और बुनियादी कुशलता प्रदान करने में मदद करता है। इसी से माध्यमिक स्तर पर सीखने के लिए अच्छा आधार बनता है। निकष संदर्भित मूल्यांकन से एक विद्यार्थी की अन्य विद्यार्थियों से अनावश्यक तुलना समाप्त हो जाती है।

5. प्रभावी शिक्षण के प्रमुख व्यवहार निम्नलिखित हैं–

- पाठ स्पष्टता (Lesson clarity)
- निर्देशात्मक विविधता (Instructional variety)
- कार्य अभिविन्यास (Task orientation)
- छात्र भागीदारिता (Student engagement)

6. क्रियात्मक शोध (Action Research) एक ऐसी प्रक्रिया है जिसमें अध्यापक अपनी कक्षा-शिक्षण प्रक्रियाओं का आकलन करता है तथा बेहतर कक्षा-शिक्षण प्रक्रियाओं की खोज करता है।

क्रियात्मक शोध की निम्नलिखित विशेषताएँ हैं–

(*i*) क्रियात्मक अनुसंधान में शिक्षा आदि व्यावहारिक क्रियाओं की दैनिक समस्याओं का अध्ययन किया जाता है।

(*ii*) इसको परिस्थिति प्रधान अनुसंधान कहते हैं क्योंकि इसमें उन परिस्थितियों पर अधिक ध्यान दिया जाता है जिनमें समस्या का जन्म होता है।

(*iii*) इस शोध का संबंध यथार्थ से होता है। समस्या के मूर्त रूप का अध्ययन ही शोधकर्ता के द्वारा होता है।

क्रियात्मक शोध का प्रमुख उद्देश्य विद्यालय की कार्य प्रणाली में सुधार तथा विकास करना है। इसके अलावा छात्रों तथा शिक्षकों में प्रजातंत्र के वास्तविक गुणों का विकास करना भी इसके अन्य प्रमुख उद्देश्य हैं।

7. अतीत या इतिहास से संबंधित तथ्यों या ऐतिहासिक घटनाओं का अध्ययन कार्योतर पद्धति (Ex-Post-facto method) के अन्तर्गत किया जाता है।

इस विधि द्वारा प्राचीन अभिलेखों को भिन्न-भिन्न पक्षों का तुलनात्मक अध्ययन करके महत्वपूर्ण निष्कर्षों पर पहुँचाया जा सकता है।

8. शिक्षा के क्षेत्र में उच्च अधिगम के लिए सम्मेलन (Conference) प्रविधि का महत्वपूर्ण स्थान है। सम्मेलन व्यक्तियों की एक सभा है जिसमें उन्हें एक साथ किसी विशिष्ट कार्य या समस्या पर चिंतन तथा वाद-विवाद एक निश्चित समय में करना होता है। सम्मेलन का आयोजन तीन स्तरों पर किया जा सकता है–

1. क्षेत्रीय स्तर पर जिसमें क्षेत्र की समस्याओं को प्राथमिकता प्रदान की जाती है,
2. राष्ट्रीय स्तर पर जिसमें राष्ट्र संबंधी समस्याओं को महत्व प्रदान किया जाता है तथा
3. अन्तर्राष्ट्रीय स्तर पर जिसमें मानवीय समस्याओं तथा अन्य अन्तर्राष्ट्रीय मामलों पर चिंतन किया जाता है।

सम्मेलन की विशेषताएँ–

1. इसमें ऐसे प्रकरण पर वाद-विवाद किया जाता है जिसमें सभी सदस्यों की रुचि होती है।
2. इसके द्वारा सामाजिक तथा भावात्मक गुणों का विकास किया जाता है।
3. यह दूसरों के विरोधी विचारों के प्रति सम्मान एवं सहनशीलता के विकास में सहायक है।
4. यह समस्या-समाधान की क्षमताओं के विकास में सहायक है।

10. अनुसंधान एक ईमानदारी से की गई कार्य प्रक्रिया है जिसके द्वारा किसी विषय क्षेत्र की समस्याओं का समाधान किया जाता है। अनुसंधान एक लम्बी प्रक्रिया है। अतः इसमें धैर्य की आवश्यकता होती है।

अनुसंधान के निष्कर्षों का संपादन पुष्टि प्रमाणों के द्वारा किया जाना चाहिए तभी अनुसंधान के उद्देश्य सही रूप में पूरे होते हैं। शोध या अनुसंधान निष्कर्षों को रिपोर्ट करना नैतिकता का मुद्दा हो सकता है।

16. कक्षा शिक्षण (Classroom teaching) को प्रभावशाली बनाने में छात्रों और शिक्षकों के बीच होने वाले संवाद की भूमिका अहम् होती है। शिक्षक और विद्यार्थियों के बीच परस्पर संवाद समीपस्थ विकास जोन का निर्माण करता है। परस्पर संवाद से यह पता चलता है कि बिना मदद के विद्यार्थी क्या कर सकता है और क्या नहीं कर सकता है।

18. बच्चों को खुद के अलावा अन्य दृष्टिकोणों को समझने के लिए कक्षा में तदनुभूतिक (Empathetic) संवाद करना एक आवश्यक कौशल है। यह शिक्षण की महत्वपूर्ण रणनीतियों में से एक है।

तदनुभूतिक व्यक्तियों के बीच जटिल भावनाओं को समझने, विविध परिप्रेक्ष्य प्राप्त करने इत्यादि के लिए एक पुल का कार्य करता है।

19. एक उत्तम सम्प्रेषक अपना प्रस्तुतीकरण सुगमपूर्वाभ्यास (Ice breaker) के माध्यम से शुरू करता है। सुगम-पूर्वाभ्यास गर्मजोशी से वार्तालाप शुरू करने के लिए किया जाता है।

21. 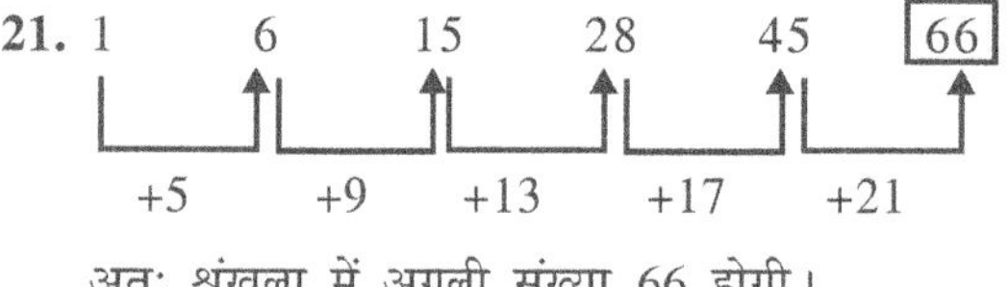

अतः शृंखला में अगली संख्या 66 होगी।

22. ABD, DGK, HMS, MTB ......

अतः श्रेणी में अगला पद SBL होगा।

23. C O V A L E N T को कोड भाषा में

↓ ↓ ↓ ↓ ↓ ↓ ↓ ↓

B W P D U O F M लिखा जाता है।

इसी प्रकार,

E L E P H A N T को कोड भाषा में

↓ ↓ ↓ ↓ ↓ ↓ ↓ ↓

Q F M F U O B I लिखा जाएगा।

24. बुजुर्ग व्यक्ति और राकेश के बीच पिता का रिश्ता है।

25. 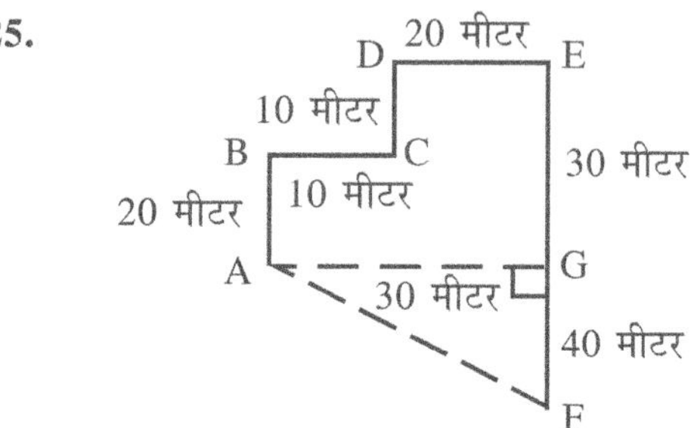

त्रिभुज AGF में,

$$AF^2 = (40)^2 + (30)^2$$
$$= 1600 + 900$$
$$\Rightarrow \quad AF^2 = 2500$$
$$\Rightarrow \quad AF = 50 \text{ मीटर}$$

अतः डाकिया अपने कार्यालय से 50 मीटर की दूरी पर है।

28. तर्क की जिस प्रक्रिया में एक या अधिक ज्ञात सामान्य कथनों के आधार पर किसी निश्चित निष्कर्ष पर पहुँचा जाता है, निगमनात्मक तर्क (Deductive argument या Deductive logic) कहते हैं। इस विधि में सामान्य का विशिष्टीकरण किया जाता है।

निगमन विधि के गुण–

- यह विधि सरल होती है, क्योंकि इसमें सामान्य तथा स्वयं-सिद्ध मान्यता के आधार पर तर्क की सहायता से विशिष्ट निष्कर्ष निकाले जाते हैं।
- इस विधि द्वारा निकाले गए निष्कर्ष शुद्ध, स्पष्ट तथा संक्षिप्त होते हैं, क्योंकि इसमें त्रुटियों को तर्क द्वारा दूर किया जाता है और गणित के उपयोग से अधिक शुद्धता प्राप्त की जाती है।
- इस प्रणाली द्वारा निकाले गए निष्कर्ष सर्वव्यापक होते हैं, क्योंकि वे मनुष्य की सामान्य प्रकृति तथा स्वभाव पर आधारित होते हैं।

31. 1961-1971 दशक के दौरान भारत की जनसंख्या में सर्वाधिक वृद्धि दर्ज की गई।

32. वर्ष 2011 में कारों की संख्या में हुई दशकीय वृद्धि (%), दुपहिए वाहनों की संख्या में हुई दशकीय वृद्धि (%) को पार कर गई।

33. वर्ष 1961-2011 के दौरान कारों की संख्या में औसत दशकीय वृद्धि लगभग 131% रही।

34. वर्ष 2001 में यात्री वाहनों की संख्या का प्रतिशत लगभग 14% था।

37. डाटा भंडारण में डाटा निम्नलिखित पदानुक्रम में व्यवस्थित किए जाते हैं–

बिट्स, बाइट्स, फील्ड, अभिलेख (रिकॉर्ड), फाइलें और डाटाबेसेज।

38. .कॉम (.com) को मुख्य रूप से वाणिज्यिक व्यवसायों के लिए, .नेट (.net) का प्रयोग नेटवर्क से संबंधित संगठनों के लिए, .ओआरजी (.org) का प्रयोग गैर लाभकारी समूहों के लिए किया जाता है।

39. यूनिवर्सल सीरियल बस (Universal Serial Bus) जिसे यू.एस.बी. कहा जाता है। यह विभिन्न यंत्रों को कम्प्यूटर से जोड़ने की व्यवस्था है।

40. 1024 बाइट = 1 किलोबाइट

1024 किलोबाइट = 1 मेगाबाइट

1024 मेगाबाइट = 1 गीगाबाइट

1024 गीगाबाइट = 1 टेराबाइट

गीगाबाइट, डिजिटल जानकारी के लिए एक प्रयुक्त बहुखंडीय यूनिट बाइट है। यह 1 अरब केरेक्टर्स को प्रदर्शित करता है।

41. वायुमंडलीय अभिकणीय पदार्थ (Atmospheric Particulate matter) पृथ्वी के वायुमंडल में उपस्थित ठोस या तरल पदार्थ के छोटे टुकड़े होते हैं। इन कणों में धुआँ, जाल की सूक्ष्म बूँदें, धूल के निलंबित कण तथा वायु के अणु सम्मिलित होते हैं। विलंबित सूक्ष्म कण (suspended fine particles) प्रदूषण श्वसन-तंत्र से जुड़ी बीमारियों का प्रमुख कारण है।

43. एक प्राकृतिक आपदा व्यापक तबाही की अचानक होनेवाली घटना है जिसमें जीवन एवं संपत्ति दोनों को नुकसान पहुँचता है। यह स्थिति मानव, पर्यावरण और समाज के विभिन्न क्रियाकलापों के प्रतिकूल है। भूकंप, सुनामी, भूस्खलन, ज्वालामुखी, सूखा, बाढ़, हिमखंडों का पिघलना आदि प्राकृतिक आपदाओं के प्रकार हैं। प्राकृतिक आपदाओं के घटित होने में भूमि-उपयोग में परिवर्तन, जल निकास और निर्माण के अलावा जलवायु परिवर्तन पर व्यापक प्रभाव पड़ता है।

44. क्लोरोफ्लूरो कार्बन (Chlorofluoro Carbon) एक कार्बनिक यौगिक है जो केवल कार्बन, क्लोरीन, हाइड्रोजन और फ्लोरीन परमाणुओं से बनता है। सीएफसी का इस्तेमाल रेफ्रिजरेटर तथा एयरकंडीशनर में व्यापक रूप से किया जाता है।

नाइट्रस ऑक्साइड, मीथेन तथा कार्बन डाइऑक्साइड प्राकृतिक रूप से और औद्योगिक गतिविधि के परिणामस्वरूप उत्पन्न होते हैं।

45. हाइड्रोजन एक रंगहीन, गंधहीन गैस है जो पर्यावरणीय प्रदूषण से मुक्त भविष्य की ऊर्जा के रूप में देखी जा रही है। हाइड्रोजन से सबसे बड़ा लाभ यह है कि इसका स्थानीय संसाधनों से स्थानीय स्तर पर उत्पादन किया जा सकता है। इस प्रकार यह भविष्य का ईंधन साबित हो सकता है।

हाइड्रोजन द्रव्यमान के मामले में सबसे ज्यादा ऊर्जा सामग्री (120.7 एमजे/कि.ग्रा.) के साथ एक स्वच्छ ईंधन है। जब हाइड्रोजन को जलाया जाता है, यह उप-उत्पाद के रूप में पानी का उत्पादन करता है, इसलिए यह न केवल एक कुशल ऊर्जा वाहक, परंतु एक स्वच्छ और पर्यावरण के अनुकूल ईंधन के रूप में जाना जाता है।

46. शिक्षा मानव व्यक्तित्व के निर्माण में विनियोजन तथा व्यक्ति के माध्यम से समाज एवं राष्ट्र के निर्माण एवं विकास की आधारशिला है।

सामान्यतया उच्च शिक्षा ज्ञानार्जन, विश्लेषण, शोध और अनुप्रयोग की प्रविधियों से आकार पाती है, जिसके माध्यम से ज्ञान-विज्ञान से समृद्ध ऐसी पीढ़ी का निर्माण करना है जो उच्चतम मानवीय मूल्यों तथा समता, समरसता, धर्म निरपेक्षता पर कल्याण, वैज्ञानिक दृष्टिकोण और मानवता आदि से युक्त हो। इन्हीं उद्देश्यों की पूर्ति के लिए यह अपेक्षित एवं अपरिहार्य है कि समाज के युवा वर्ग को शिक्षण एवं प्रशिक्षण के माध्यम से उच्च कोटि का समाजोपयोगी प्राणी बनाया जाए।

भारत में उच्च शिक्षा के निम्नलिखित लक्ष्य हैं–

- अभिगम (Access)
- साम्या (Equity)
- गुण एवं प्रकर्ष (Quality and Excellence)
- प्रासंगिकता (Relevance)
- मूल्य आधारित शिक्षा (Value based education)

47. एनआईआरएफ (NIRF : National Institutional Ranking Framework), देश के उच्च शिक्षा संस्थानों की रैंकिंग तैयार करने के उद्देश्य से केंद्रीय मानव संसाधन विकास मंत्रालय द्वारा सितंबर, 2015 में लांच की गई एक पहल है जो इन संस्थानों को उनकी क्षमता की पहचान करने में मदद कर विश्वस्तरीय संस्थानों के रूप में उभरने हेतु प्रेरित करेगी।

एनआईआरएफ के तहत निम्न पांच व्यापक मानदंडों (Parameters) के आधार पर संस्थानों की रैंकिंग तैयार की जाती है–

(*i*) शिक्षण, अधिगम एवं संसाधन (Teaching, Learning & Resources),

(*ii*) अनुसंधान एवं पेशेवर अभ्यास (Research & Professional Practice),

(*iii*) स्नातक परिणाम (Graduation Outcome),

(*iv*) पहुंच एवं समावेशिता (Outreach & Inclusivity) तथा

(*v*) अवधारणा (Perception)

राष्ट्रीय संस्थागत रैंकिंग फ्रेमवर्क (NIRF) के तहत देश के उच्च शिक्षण संस्थानों की पहली रैंकिंग (इंडिया रैंकिंग, 2016) अप्रैल, 2016 में जारी की गई थी, जबकि इसका दूसरा संस्करण (इंडिया रैंकिंग, 2017) 3 अप्रैल, 2017 को जारी किया गया। 10 अप्रैल, 2017 को राष्ट्रपति भवन में आयोजित एक समारोह में तत्कालीन राष्ट्रपति प्रणब मुखर्जी ने इस रैंकिंग में समग्र श्रेणी (Overall Category) में शीर्ष-10 (Top-10) स्थान प्राप्त करने वाले संस्थानों तथा विषय-आधारित श्रेणियों (Stream-wise Categories) जैसे–अभियांत्रिकी (Engineering), प्रबंधन (Management), विश्वविद्यालय, कॉलेज एवं फॉर्मेसी में सर्वोच्च स्थान पर रहने वाले संस्थानों को सम्मानित किया।

विभिन्न श्रेणियों में सर्वोच्च स्थान प्राप्त संस्थान

श्रेणी	**संस्थान**	**रैंक**
अभियांत्रिकी	भारतीय प्रौद्योगिकी संस्थान, मद्रास	1
प्रबंधन	भारतीय प्रबंधन संस्थान, अहमदाबाद	1
विश्वविद्यालय	भारतीय विज्ञान संस्थान, बंगलौर	1
कॉलेज	मिरांडा हाउस, दिल्ली	1
फॉर्मेसी	जामिया हमदर्द, दिल्ली	1

49. अनुच्छेद 153 के तहत् प्रत्येक राज्य के लिए एक राज्यपाल का होना आवश्यक है। राज्यपाल केन्द्र सरकार का प्रतिनिधि होता है और केन्द्र में राष्ट्रपति की तरह राज्यों में कार्यपालिका की शक्ति उसके अंदर निहित होती है। राज्यपाल का कार्यकाल 5 वर्ष का होता है लेकिन इससे पहले भी राष्ट्रपति द्वारा संसद के स्वीकृत प्रस्ताव के बिना हटाया जा सकता है। राज्यपाल के लिए महाभियोग का कोई प्रावधान नहीं है जैसा कि राष्ट्रपति के लिए होता है।

50. भ्रष्टाचार (Corruption) सार्वजनिक पद का दुरुपयोग है। अनैतिक तरीकों का इस्तेमाल कर दूसरों से फायदा प्राप्त करना भ्रष्टाचार कहलाता है।

पिछले प्रश्न-पत्र (हल सहित)

यू.जी.सी. NET/JRF परीक्षा, जनवरी 2017*

प्रश्न-पत्र-I

नोट:
- इस प्रश्न-पत्र में **साठ (60)** बहुविकल्पीय प्रश्न हैं। प्रत्येक प्रश्न के **दो (2)** अंक हैं।
- जिनमें से उम्मीदवार को कोई भी **पचास (50)** प्रश्नों के उत्तर देने हैं।
- उम्मीदवार द्वारा **पचास (50)** से अधिक प्रश्नों का उत्तर देने पर उम्मीदवार द्वारा दिये गये प्रथम **पचास (50)** प्रश्नों का मूल्यांकन किया जायेगा।

1. किसी विद्यालय का प्राचार्य विद्यालय के कार्यक्रमों में शिक्षकों तथा छात्रों के प्रतिभाग को अभिवृद्ध करने की सम्भावना का पता लगाने के लिए उनके साथ साक्षात्कार सत्र आयोजित करता है। यह प्रयास अनुसंधान के किस प्रकारता से संबंधित है?

A. मूल्यांकन अनुसंधान B. मौलिक अनुसंधान
C. क्रियात्मक अनुसंधान D. व्यवहृत अनुसंधान

2. क्रियात्मक अनुसंधान करने में सोपानों का सामान्य अनुक्रम क्या होता है?

A. विमर्श, प्रेक्षण, योजना निर्माण, क्रियान्वयन
B. योजना निर्माण, क्रियान्वयन, प्रेक्षण, विमर्श
C. योजना निर्माण, विमर्श, प्रेक्षण, क्रियान्वयन
D. क्रियान्वयन, प्रेक्षण, योजना निर्माण, विमर्श

3. निम्नांकित में अनुसंधान चरणों का कौन-सा क्रम तार्किक है?

A. समस्या स्थापन, विश्लेषण, शोध अभिकल्प का विकास, परिकल्पना निर्माण, प्रदत्त एकत्रीकरण, सामान्यीकरण और निष्कर्ष निरूपण
B. शोध अभिकल्प का विकास, परिकल्पना निर्माण, समस्या स्थापना, प्रदत्त विश्लेषण, निष्कर्ष निरूपण, प्रदत्त एकत्रीकरण
C. समस्या स्थापन, परिकल्पना निर्माण, शोध अभिकल्प का विकास, प्रदत्त एकत्रीकरण, प्रदत्त विश्लेषण, सामान्यीकरण तथा निष्कर्ष निरूपण
D. समस्या स्थापन, प्रतिदर्श तथा प्रदत्त एकत्रीकरण उपकरणों के बारे में निर्णय करना, परिकल्पना निर्माण, शोध साक्ष्य का संकलन एवं निर्वचन

4. नीचे दो समुच्चय दिए गए हैं: अनुसंधान विधियाँ (समुच्चय-I) तथा प्रदत्त संकलन उपकरण (समुच्चय-II)। दोनों समुच्चय का मिलान करें तथा सही उत्तर का चयन करें।

समुच्चय-I (अनुसंधान विधि)	**समुच्चय-II (प्रदत्त संकलन उपकरण)**
(a) प्रयोगात्मक विधि	*(i)* प्राथमिक तथा द्वितीयक स्रोतों का उपयोग करना
(b) कार्योत्तर विधि	*(ii)* प्रश्नावली
(c) विवरणात्मक सर्वेक्षण विधि	*(iii)* मानकीकृत परीक्षाएँ
(d) इतिवृत्तात्मक (ऐतिहासिक) विधि	*(iv)* विशेष अभिलक्षण परीक्षाएँ

कूट:

	(a)	*(b)*	*(c)*	*(d)*
A.	*(ii)*	*(i)*	*(iii)*	*(iv)*
B.	*(iii)*	*(iv)*	*(ii)*	*(i)*
C.	*(ii)*	*(iii)*	*(i)*	*(iv)*
D.	*(ii)*	*(iv)*	*(iii)*	*(i)*

5. "शोध नैतिकता" का विषय शोध के किस चरण में संगत माना जाता है?

A. समस्या स्थापन तथा इसकी परिभाषा के चरण में

** परीक्षा 22 जनवरी, 2017 को आयोजित हुई।*

B. शोध के समग्र के निर्धारण के चरण में
C. प्रदत्त-संकलन तथा विवेचन के चरण में
D. निष्कर्षों को प्रस्तुत किए जाने के चरण में

6. निम्नांकित में किस प्रारूप में प्रतिवेदन प्रारूप औपचारिक रूप से निर्दिष्ट होता है?
A. डॉक्टरेट स्तारी शोधपत्र
B. शोधकर्ताओं का सम्मेलन
C. कार्यशालाएँ एवं संगोष्ठियाँ
D. संवादपरक प्रस्तुतियाँ

निम्नलिखित गद्यांश को ध्यानपूर्वक पढ़ें तथा प्रश्न संख्या 7 से 12 तक के उत्तर दीजियेः

अंतिम महायुद्ध जिसने आधुनिक विश्व की आधारशिला को लगभग विकंपित कर दिया, भारतीय साहित्य पर स्वल्प प्रभाव ही डाल सका है। यह हिंसा के विरुद्ध आम रूप से बढ़ावा देने की प्रवृत्ति तथा पश्चिमी दुनिया की 'मानवीय विज्ञप्तियों' के बारे में मोहभंग की स्थिति को प्रखरता से अभिव्यक्ति देने में ही सिमटा रहा। इसकी मुखर अभिव्यक्ति टैगोर की अंतिम कविताओं एवं उनके अंतिम महाग्रंथ 'क्राइसिस इन सिविलाइजेशन' के माध्यम से हुई। इस समय भारत का बुद्धिजीवी वर्ग एक नैतिक अंतर्द्वन्द्व की दशा से गुजर रहा था। एक ओर जहाँ वह संकट की घड़ी में इंग्लैंड के अदम्य साहस के प्रति सहानुभूति व्यक्त किए बगैर नहीं रह सका, जिसमें रूसी लोग निष्ठुर नाजी सैन्य शक्ति से लोहा ले रहे थे, चीन, जापान की सेनाओं को बूटों तले रौंदा जा रहा था; वहीं दूसरी ओर उनका अपना ही देश अपनी धरती की सैन्य शक्ति के नियंत्रण में था, भारतीय सेना, सुभाष बोस के नेतृत्व में दूसरी ओर से उनके देश की मुक्ति का प्रयास कर रही थी। निष्ठाओं के ऐसे द्वन्द्व में किसी भी प्रकार की सृजनात्मक प्रवृत्ति के प्रस्फुटन की कल्पना नहीं की जा सकती। यह सहज ही अनुमानित किया जा सकता है कि 1947 में भारत की स्वतंत्रता प्राप्ति जो 'मित्र राष्ट्रों' के आविर्भाव क्रम में महत्वपूर्ण है तथा जो पड़ोसी देशों, जैसे दक्षिण-पूर्व एशिया में उपनिवेशवाद के अंत के रूप में फलित हुआ, सृजनात्मक ऊर्जा के विस्फोट को गतिमान कर सकता था। निःसंदेह ऐसा हुआ किंतु शीघ्र ही देश के विभाजन की यंत्रणा, नरसंहार तथा लाखों लोगों का अपने ही देश से विस्थापित होने और महात्मा गांधी की शहादत की घटना के साथ कश्मीर पर पाकिस्तानी आक्रमण तथा बाद में बांग्लादेश में उसके अत्याचारों ने मर्मस्पर्शी लेखन को प्रेरित किया था। इस कारण बंगला, हिंदी, कश्मीरी, पंजाबी, सिंधी तथा उर्दू में महत्वपूर्ण लेखन सामने आया किंतु केवल मर्मस्पर्शी अथवा भावपूर्ण लेखन अपने आपमें साहित्य को महानता प्रदान नहीं करता। इन आपदाओं के उपरान्त भी जो उत्साह एवं आत्मबल का कोश बना रहा वो राष्ट्रीय पुनर्निर्माण तथा आर्थिक विकास में आत्मसात हुआ। महान् साहित्य का अभ्युदय सर्वदा ही खलबलियों की शृंखलाओं से प्रस्फुटित हुआ है। आज का भारतीय साहित्य पहले के सापेक्ष अपने परिमाण, विस्तार एवं विविधता में कहीं अधिक समृद्ध है।

गद्यांश के आधार पर निम्नलिखित प्रश्नों (7 से 12) के उत्तर दें:

7. पिछले महायुद्ध का भारतीय साहित्य पर क्या प्रभाव पड़ा था?
A. इसका कोई प्रभाव नहीं पड़ा था।
B. इसने हिंसा के विरुद्ध जनाक्रोश बढ़ दिया था।
C. इसने साहित्य के नींव को हिला दिया था।
D. इसने पश्चिमी दुनिया को प्रबल समर्थन दिया।

8. अपने अंतिम महाग्रंथ (टेस्टामेंट) में टैगोर ने किसकी अभिव्यक्ति की?
A. सुभाष बोस को समर्थन दिया था।
B. पश्चिमी दुनिया की 'मानवीय-विज्ञप्तियों' की पोल खोली।
C. इंग्लैंड के प्रति अपनी निष्ठा व्यक्त की।
D. देशों की मुक्ति को प्रोत्साहन प्रदान किया।

9. महायुद्ध के समय भारतीय बुद्धिजीवियों की क्या सोच थी?
A. वे रूसी लोगों के कष्टों के प्रति उदासीन थे।
B. वे जापानी सैन्य शक्तिवाद के पक्ष में थे।
C. उनकी अनिश्चित निष्ठावानूता ने सृजनात्मकता को बढ़ावा दिया।
D. उन्होंने इंग्लैंड के दृढ़-साहस के प्रति सहानुभूति जताई।

10. भारतीय साहित्य में सृजनात्मक ऊर्जा को सन्निहित करने वाले कारक की पहचान कीजिये।
A. अपनी ही धरती का सैन्य आधिपत्य।
B. औपनिवेशिक अधिपत्य का प्रतिरोध।
C. विभाजन फलस्वरूप अनुभूत तीव्र यंत्रणा।
D. मित्र राष्ट्रों की विजय।

11. कश्मीर तथा बांग्लादेश की त्रासदी से जनित प्रभाव क्या थे?

A. दूसरे देशों का शंका-भाव
B. प्रतिद्वन्द्विता की निरन्तरता
C. युद्ध का खतरा
D. राष्ट्रीय पुनर्निर्माण

12. प्रस्तुत गद्यांश का कथ्य (संदेश) क्या है?
A. आपदाएँ अवश्यंभावी होती हैं।
B. संक्षोभ-शृंखलाओं से महान साहित्य का अभ्युदय होता है।
C. भारतीय साहित्य का कोई विशिष्ट परिदृश्य नहीं है।
D. युद्ध और स्वतंत्रता से साहित्य का कोई लेना-देना नहीं है।

13. प्रभावी संप्रेषण में पहले से यह माना जाता है
A. तटस्थता B. प्रभुत्व
C. उदासीनता D. बोध

14. जब मौखिक तथा अमौखिक संदेश परस्पर-विरोधी हैं, तो यह कहा जाता है कि अधिकांश लोग विश्वास करते हैं
A. अनियत संदेशों में B. मौखिक संदेशों में
C. अमौखिक संदेशों में D. उग्र संदेशों में

15. किसी सूचना समृद्ध कक्षा व्याख्यान की सामान्य विशेषता इसके किस प्रकृति के होने में होती है?
A. गतिरहित B. सांतरित
C. तथ्यात्मक D. खंडात्मक

16. भावबोधक संप्रेषण किसके द्वारा प्रेरित होता है?
A. उदासीन उग्रता
B. कूट लेखक (एनकोडर) के व्यक्तित्व की विशेषताएँ
C. बाह्य संकेत
D. कूट लेखक-कूटानुवादक (डिकोडर) अनुबंध

17. सकारात्मक कक्षा संप्रेषण का परिणाम निम्नांकित में से क्या होता है?
A. दबाव/अवपीड़न B. समर्पण
C. आमना-सामना D. अनुनय

18. कक्षा संप्रेषण किसका आधार है?
A. सामाजिक पहचान का B. बाह्य निरर्थकताओं का
C. पूर्वाग्रही-उदासीनता D. सामूहिक उग्रता

19. शृंखला 1, 4, 27, 16, ?, 36, 343, ... में छूटा हुआ पद है
A. 30 B. 49
C. 125 D. 81

20. शृंखला YEB, WFD, UHG, SKI, ? में अगला पद होगा
A. TLO B. QOL
C. QLO D. GQP

21. यदि A का कूट C है, M का I है, N का P है, S का O है, I का A है, P का N है, E का M है, O का E है और C का S है, तो COMPANIES का कूट होगा
A. SPEINMOAC B. NCPSEIOMA
C. SMOPIEACN D. SEINCPAMO

22. निम्नलिखित में से सतत् प्रकार के डाटा की पहचान करें:
A. एक व्यक्ति द्वारा बोली जा सकने वाली भाषाओं की संख्या
B. एक घर में बच्चों की संख्या
C. शहरों की जनसंख्या
D. एक कक्षा में छात्रों का वजन

23. अली ने एक दुकानदार से ₹ 21 में एक ग्लास, एक पेंसिल बॉक्स और एक कप खरीदा। राकेश ने दुकानदार से ₹ 28 में एक कप, दो पेंसिल बॉक्स और एक ग्लास खरीदा। प्रीति ने दुकानदार से ₹ 35 में दो ग्लास, एक कप और दो पेंसिल बॉक्स खरीदे। 10 कपों का मूल्य होगा
A. ₹ 40 B. ₹ 60
C. ₹ 80 D. ₹ 70

24. नीचे दिए गए चार शहरों में से तीन किसी न किसी रूप में एकसमान हैं, जबकि चौथा शहर अलग है। इसकी पहचान कीजिये।
A. लखनऊ B. ऋषिकेश
C. इलाहाबाद D. पटना

25. नीचे तर्क की कुछ विशेषताएँ दी गई हैं। निम्नांकित में से उस कूट का चयन करें जो निगमनात्मक तर्क की विशेषता नहीं बताता है:
A. निष्कर्ष प्रेक्षण तथा प्रयोग पर आधारित होना चाहिए।
B. निष्कर्ष आधार-वाक्य/वाक्यों द्वारा समर्थित होना चाहिए।
C. निष्कर्ष अनिवार्यतः आधार-वाक्य/वाक्यों से निकलना चाहिए।
D. तर्क वैध अथवा अवैध हो सकता है।

26. यदि समान उद्देश्य तथा विधेय के दो मानक निरपेक्ष तर्क-वाक्य इस प्रकार संबंधित हैं कि अगर एक अनिर्धारित रहता है, तो दूसरा भी अनिर्धारित होगा, तो उनका संबंध क्या कहलाता है?

A. असंगत B. उपअसंगत
C. अन्तर्विरोधी D. अधीन

27. महिलाओं तथा पुरुषों की प्रजननात्मक क्रियाविधि अलग-अलग हो सकती हैं, लेकिन किसी को भी दूसरे के सापेक्ष अधिक अपकृष्ट अथवा उत्कृष्ट नहीं माना जा सकता है, उसी तरह जिस प्रकार किसी पक्षी के पंखों को मीनपक्षों के सापेक्ष उत्कृष्ट अथवा अपकृष्ट नहीं माना जा सकता है। यह किस प्रकार का तर्क है?

A. जीवविज्ञानीय B. शरीर संबंधी
C. सादृश्यपरक D. काल्पनिक

28. निम्नांकित तर्कवाक्यों में दो इस प्रकार संबंधित हैं कि वे दोनों सही नहीं हो सकते हैं, किंतु वे दोनों गलत हो सकते हैं। उस कूट का चयन करें जो उन दो तर्क-वाक्यों को बताते हैं।

तर्क-वाक्यः

(*a*) प्रत्येक छात्र दत्तचित्त होता है।
(*b*) कुछ छात्र दत्तचित्त होते हैं।
(*c*) छात्र कभी भी दत्तचित्त नहीं होते हैं।
(*d*) कुछ छात्र दत्तचित्त नहीं होते हैं।

कूटः

A. (*a*) और (*b*) B. (*a*) और (*c*)
C. (*b*) और (*c*) D. (*c*) और (*d*)

29. नीचे दो तर्क-वाक्य (*a* और *b*) दिए गए हैं। उन दोनों तर्कवाक्यों से चार निष्कर्ष (*i*), (*ii*), (*iii*) और (*iv*) निकाले गए हैं। उस कूट का चयन करें जो तर्कवाक्यों से (एकल अथवा संयुक्त रूप से) मान्य निष्कर्षों को दर्शाता है।

तर्कवाक्यः (*a*) अस्पृश्यता एक अभिशाप है।
(*b*) सभी गर्म बरतन अस्पृश्य हैं।

निष्कर्षः

(*i*) सभी गर्म बरतन अभिशाप हैं।
(*ii*) कुछ अस्पृश्य चीजें गर्म बरतन हैं।
(*iii*) सभी अभिशाप अस्पृश्यता हैं।
(*iv*) कुछ अभिशाप अस्पृश्यता है।

कूटः

A. (*i*) और (*ii*) B. (*ii*) और (*iii*)
C. (*iii*) और (*iv*) D. (*ii*) और (*iv*)

30. यदि कथन 'और कोई नहीं बल्कि वीर व्यक्ति ही दौड़ में विजयी होता है' गलत है, तो निम्नांकित में से किस कथन को सही माना जा सकता है?
सही कूट का चयन करें।

A. सभी वीर व्यक्ति दौड़ में विजयी होते हैं।
B. दौड़ में विजयी होने वाले कुछ व्यक्ति वीर नहीं होते हैं।
C. कुछ व्यक्ति जो दौड़ में विजयी होते हैं, वीर होते हैं।
D. दौड़ में विजयी होने वाला कोई व्यक्ति वीर नहीं होता है।

नीचे दी गई तालिका में वर्ष 2012-15 के दौरान किसी प्रकाशन कंपनी द्वारा पुस्तकों, पत्रिकाओं तथा जरनलों की बिक्री की तीन श्रेणियों में बिक्री राजस्व (लाख रुपए में) संबंधी आँकड़े दिए गए हैं। तालिका में दिए गए आँकड़ों के आधार पर प्रश्न 31 से 33 के उत्तर दें।

वर्ष →	बिक्री राजस्व (लाख रुपए)			
↓ मद	2012	2013	2014	2015
जरनल	46	47	45	44
पत्रिका	31	39	46	51
पुस्तक	73	77	78	78
कुल				

31. वर्ष 2015 में पुस्तकों की बिक्री से कुल राजस्व का कितना प्रतिशत भाग प्राप्त हुआ?

A. 45% B. 55%
C. 35% D. 25%

32. कितने वर्षों में कम-से-कम दो मदों की श्रेणियों से राजस्व में वृद्धि हुई?

A. 0 B. 1
C. 2 D. 3

33. यदि वर्ष 2016 के दौरान कुल बिक्री राजस्व में लगभग वर्ष 2014 की तुलना में वर्ष 2015 में हुई वृद्धि के अनुरूप वृद्धि होनी हो, तो वर्ष 2016 के दौरान राजस्व में वृद्धि लगभग क्या होनी चाहिए?

A. ₹ 194 लाख B. ₹ 187 लाख
C. ₹ 172 लाख D. ₹ 177 लाख

किसी विश्वविद्यालय के प्रोफेसर द्वारा एम.सी.ए. छात्रों के संबंध में आँकड़ा छात्रों के प्रदर्शन तथा लिंग के अनुसार तालिकाकृत किया गया है। आँकड़े को कम्प्यूटर के हार्ड डिस्क में रखा गया है, लेकिन संयोगवश कम्प्यूटर वायरस के कारण कुछ आँकड़े नष्ट हो गए। केवल निम्नांकित आँकड़े अभिरक्षित किए जा सके:

	एम.सी.ए. छात्रों की संख्या			
प्रदर्शन → / लिंग ↓	औसत	उत्तम	उत्कृष्ट	कुल
पुरुष			10	
महिला				32
कुल		30		

पैनिक बटनों को दबाया गया, किंतु इसका कोई लाभ नहीं हुआ। एक विशेषज्ञ समिति का गठन किया गया, जिसने यह निर्णय किया कि ये निम्नांकित तथ्य स्वतः साक्ष्य थे:

(*a*) आधे छात्र या तो उत्कृष्ट या उत्तम थे।

(*b*) 40% छात्र महिलाएँ थीं।

(*c*) पुरुष छात्रों में एक-तिहाई औसत स्तर के थे।

ऊपर दिए गए आँकड़े के आधार पर प्रश्न ***34*** *से* ***36*** *के उत्तर दें।*

34. कितनी महिला छात्राएँ उत्कृष्ट हैं?
A. 0 B. 8
C. 16 D. 32

35. महिला छात्राओं का कितना अनुपात उत्तम है?
A. 0 B. 0.25
C. 0.50 D. 0.75

36. उत्तम छात्रों का लगभग कितना अनुपात पुरुष हैं?
A. 0 B. 0.73
C. 0.43 D. 0.27

37. निम्नलिखित में कौन सा/से कथन सही है/हैं?
S1: दशमलव संख्या 11 षोडश संख्या 11 से बड़ी है।
S2: द्विआधारी संख्या 1110.101 के आंशिक भाग का दशमलव मान 0.625 है।
A. केवल S1 B. केवल S2
C. S1 तथा S2 D. न ही S1, न ही S2

38. निम्नलिखित दोनों कथनों को पढ़ें:
I: सूचना एवं संचार प्रौद्योगिकी (आई.सी.टी.) को सूचना प्रौद्योगिकी (आई.टी.) का उपसमुच्चय माना जाता है।
II: सॉफ्टवेयर के किसी हिस्से के 'उपयोग-अधिकार' को कॉपी-राइट (सर्वाधिकार सुरक्षित) कहा जाता है।
उपरोक्त कथनों में से कौन कथन सही है/हैं?
A. दोनों I तथा II B. न ही I, न ही II
C. केवल II D. केवल I

39. निम्नलिखित में से कौन-सा कम्प्यूटर मेमोरी प्रकारों में से उच्चतम से न्यूनतम गति (स्पीड) को सूचीबद्ध करता है?
A. सेकेंडरी स्टोरेज, मेन मेमोरी (आर.ए.एम.), कैशे मेमोरी, सी.पी.यू. रजिजस्टर्स
B. सी.पी.यू. रजिस्टर्स, कैशे मेमोरी, सेकेंडरी स्टोरेज, मेन मेमोरी (आर.ए.एम.)
C. सी.पी.यू. रजिस्टर्स, कैशे मेमोरी, मेन मेमोरी (आर.ए. एम.), सेकेंडरी स्टोरेज
D. कैशे मेमोरी, सी.पी.यू. रजिस्टर्स, मेन मेमोरी (आर.ए. एम.); सेकेंडरी स्टोरेज

40. निम्नलिखित में से वेब 2.0 अनुप्रयोगों की कौन-सी विशेषता है?
A. एक से अधिक प्रयोगकर्ता वेब 2.0 के अनुप्रयोग के लिए एक समय पर केवल एक अपना समय निर्धारित करते हैं।
B. वेब 2.0 का अनुप्रयोग लोगों को आपस में मिलकर ऑनलाइन सूचना का आदान-प्रदान करने की क्षमता पर केंद्रित होते हैं।
C. वेब 2.0 का अनुप्रयोग विषय प्रदान कराता है न कि उसकी संरचना के लिए सुकारक होता है।
D. वेब 2.0 अनुप्रयोग केवल अपरिवर्तनीय पृष्ठों का उपयोग करता है।

41. वर्ड प्रोसेसिंग सॉफ्टवेयर के संदर्भ में, एक समाहित प्रकाशन बनाने हेतु डाटा स्रोत में परिवर्ती सूचना के साथ प्रकाशन में अपरिवर्तनीय सूचनाओं के संयोजन के प्रक्रम को जाना जाता है
A. इलेक्ट्रॉनिक मेल B. डाटा सोर्सिंग
C. मेल मर्ज D. स्पैम मेल

42. 'डी.वी.डी.' प्रौद्योगिकी में डिजिटल डाटा के भंडारण के लिए ऑप्टिकल मीडिया का उपयोग किया जाता है। 'डी. वी.डी.' परिवर्णी किसके लिये हैं?
A. डिजिटल वेक्टर डिस्क
B. डिजिटल वॉल्यूम डिस्क
C. डिजिटल वर्सेटाइल डिस्क
D. डिजिटल विजुअलाइजेशन डिस्क

43. **अभिकथन (A):** सतत् विकास मानव समाज के कल्याण के लिए महत्वपूर्ण है।

तर्क (R): पर्यावरणीय दृष्टि से सही नीति पर्यावरण को क्षति नहीं पहुँचाती है अथवा प्राकृतिक संसाधनों का क्षरण नहीं करती है।

सही कूट का चयन करें:

A. (A) और (R) दोनों सही है और (R), (A) का सही स्पष्टीकरण है।

B. (A) और (R) दोनों सही है, लेकिन (R), (A) का सही स्पष्टीकरण नहीं है।

C. (A) सही तथा (R) गलत है।

D. (A) गलत तथा (R) सही है।

44. शहरी क्षेत्रों में नाइट्रोजन ऑक्साइड्स (NO_X) के कारण प्रदूषण का प्रमुख स्रोत है

A. सड़क परिवहन
B. वाणिज्यिक क्षेत्र
C. उद्योगों में प्रयुक्त ऊर्जा
D. पावर प्लांट

45. निम्नलिखित में से जल जनित-रोग **नहीं** है?

A. टाइफॉइड
B. हेपेटाइटिस
C. हैजा
D. डेंगू

46. भारत सरकार का लघु जल-विद्युत परियोजनाओं से वर्ष 2022 तक पावर उत्पादन का लक्ष्य है

A. 1 गीगावाट
B. 5 गीगावाट
C. 10 गीगावाट
D. 15 गीगावाट

47. किस देश में हाल ही में हाइड्रो फ्लोरो कार्बन्स (HFCs) को चरणबद्ध तरीके से समाप्त करने संबंधी अंतर्राष्ट्रीय करार पर हस्ताक्षर किए गए?

A. रवांडा
B. मोरक्को
C. दक्षिण अफ्रीका
D. अल्जीरिया

48. निम्नलिखित प्राकृतिक आपदाओं में से कौन-सी हाइड्रो-मौसमी **नहीं** है?

A. हिम स्खलन
B. समुद्री कटाव
C. उष्णकटिबन्धीय चक्रवात
D. सुनामी

49. उच्च शिक्षा के वैश्वीकरण के निम्नलिखित में से कौन-कौन से अवगुण हैं?

(*a*) विश्व पाठ्यक्रमों के साथ सम्मुखीकरण

(*b*) शिक्षा में अभिजात्य को बढ़ावा

(*c*) शिक्षा का वस्तुकरण

(*d*) शिक्षा की लागत में बढ़ोत्तरी

निम्नांकित कूटों में से सही का चयन कर उत्तर दें:

कूट:

A. (*a*) तथा (*d*)
B. (*a*), (*c*) तथा (*d*)
C. (*b*), (*c*) तथा (*d*)
D. (*a*), (*b*), (*c*) तथा (*d*)

50. निम्नलिखित में से डीम्ड विश्वविद्यालय के विषय में कौन-सा कथन सही है?

(*a*) राज्य के राज्यपाल डीम्ड विश्वविद्यालयों के कुलाधिपति होते हैं।

(*b*) वे अपना पाठ्यक्रम तथा पाठ्य-चर्या बना सकते हैं।

(*c*) वे दाखिला तथा शुल्क के विषय में अपने दिशा-निर्देश बना सकते हैं।

(*d*) वे उपाधि प्रदान कर सकते हैं।

दिए गए कूटों में से सही उत्तर का चयन करें:

कूट:

A. (*a*), (*b*) तथा (*c*)
B. (*b*), (*c*) तथा (*d*)
C. (*a*), (*c*) तथा (*d*)
D. (*a*), (*b*), (*c*) तथा (*d*)

51. मूल्य-शिक्षा का उद्देश्य निम्नांकित में से किस पर संकेंद्रित कर अच्छी तरह से पूरा किया जा सकता है?

A. समाज में व्याप्त सांस्कृतिक प्रथाओं से

B. किसी सामाजिक समूह द्वारा निर्धारित आचरण के मानकों से

C. मानवीय-मूल्यों के प्रति संवेदना से

D. धार्मिक तथा नैतिक व्यवहार तथा अनुदेशन से

52. निम्नलिखित में से कौन-सा/से कथन सही है/हैं?

(*a*) राज्य सभा एक स्थायी सदन है, जिसे केवल राष्ट्रीय आपात-काल के दौरान ही भंग किया जा सकता है।

(*b*) राज्य सभा राज्यों के स्थानीय हितों का प्रतिनिधित्व नही करती है।

(*c*) राज्य सभा के सदस्य को प्रतिनिधित्व करने वाले राज्यों के निर्देशों के अनुसार मतदान करना बाध्यकारी नहीं है।

(*d*) राज्य सभा में किसी भी केंद्रशासित क्षेत्र का प्रतिनिधित्व नहीं है।

निम्नलिखित कूटों में से सही उत्तर का चयन करें:

कूट:

A. (*a*) तथा (*d*)
B. (*b*) तथा (*c*)
C. (*b*), (*c*) तथा (*d*)
D. (*a*), (*b*), (*c*) तथा (*d*)

53. किसी राज्य में राष्ट्रपति शासन की घोषणा के परिणामतः निम्नलिखित में से कौन-सा तात्कालिक रूप में अनिवार्य नहीं होता है?

(*a*) राज्य विधान-सभा को भंग किया जाना।
(*b*) राज्य में मंत्रिमंडल की बर्खास्तगी किया जाना।
(*c*) राज्य प्रशासन को केंद्र सरकार द्वारा अपने नियंत्रण में लेना।
(*d*) नये मुख्य सचिव की नियुक्ति करना।

निम्नलिखित कूटों में से सही उत्तर का चयन करें:

कूटः

A. (*a*) तथा (*d*) B. (*a*), (*b*) तथा (*c*)
C. (*a*), (*b*), (*c*) तथा (*d*) D. (*b*) तथा (*c*)

54. राष्ट्रपति के प्रसाद-पर्यन्त पद ग्रहण करने के बजाय, निम्नलिखित में से कौन सद्आचरण-पर्यन्त पद पर रहता है?
(*a*) राज्य के राज्यपाल
(*b*) भारत के महान्यायवादी
(*c*) उच्च न्यायालय के न्यायाधीश
(*d*) केन्द्रशासित क्षेत्र का प्रशासक

निम्नांकित कूटों से सही उत्तर का चयन करें:

कूटः

A. केवल (*a*) B. केवल (*c*)
C. (*a*) तथा (*c*) D. (*a*), (*b*), (*c*) तथा (*d*)

55. शिक्षण-अधिगम संबंधों के संदर्भ में निम्नांकित कथनों के समुच्चय में से कौन-सा स्वीकार्य कथन है? अपना उत्तर दर्शाने के लिए सही कूट का चयन करें।
(*i*) जब छात्र किसी परीक्षा में असफल होते हैं, तो वह शिक्षक है जो असफल होता है।
(*ii*) प्रत्येक शिक्षण का उद्देश्य अधिगम सुनिश्चित करना होता है।
(*iii*) अधिगम के बिना शिक्षण हो सकता है।
(*iv*) शिक्षण के बिना कोई अधिगम नहीं हो सकता है।
(*v*) कोई शिक्षक शिक्षण करता है, किंतु वह सीखता भी है।
(*vi*) वास्तविक अधिगम का अभिप्राय कंठस्थ किया जाने वाला अधिगम है।

कूटः

A. (*ii*), (*iii*), (*iv*) और (*v*) B. (*i*), (*ii*), (*iii*) और (*v*)
C. (*iii*), (*iv*), (*v*) और (*vi*) D. (*i*), (*ii*), (*v*) और (*vi*)

56. **अभिकथन (A):** अधिगम एक जीवन-पर्यन्त प्रक्रिया है।

तर्क (R) : अधिगम के उपयोग होने के लिए इसे जीवन प्रक्रमों से जोड़ा जाना चाहिए।

नीचे दिए गए कूटों से सही उत्तर का चयन करें:

A. (A) और (R) दोनों सही हैं और (R), (A) की सही व्याख्या है।
B. (A) और (R) दोनों सही हैं, किंतु (R), (A) की सही व्याख्या नहीं है।
C. (A) सही है, किंतु (R) गलत है।
D. (A) गलत है, किंतु (R) सही है।

57. शिक्षण की प्रभावकारिता का निर्णय निम्नांकित में से किस रूप में किया जाना चाहिए?
A. विषय-वस्तु के आच्छादन के आधार पर
B. छात्रों की अभिरुचि के आधार पर
C. छात्रों के अधिगम परिणामों के आधार पर
D. कक्षा में शिक्षण सहायक सामग्रियों के उपयोग के आधार पर

58. निम्नांकित में से किस शिक्षण विधि में शिक्षार्थी की भागीदारी को इष्टतम तथा पहलकारी बनाया जाता है?
A. परिचर्चाओं की विधि में
B. युग्मित वार्ता सत्र की विधि में
C. विचारवेश सत्र की विधि में
D. परियोजना विधि में

59. शिक्षण प्रभावकारिता को प्रभावित करने वाला एक सर्वाधिक शक्तिशाली कारक किससे संबंधित है?
A. देश की सामाजिक व्यवस्था से
B. समाज की आर्थिक स्थिति से
C. विद्यमान राजनैतिक व्यवस्था से
D. शैक्षणिक व्यवस्था से

60. **अभिकथन (A):** निर्माणात्मक मूल्यांकन अधिगम की गति को त्वरित बनाता है।

तर्क (R): संकलनात्मक मूल्यांकन की तुलना में निर्माणात्मक मूल्यांकन अधिक विश्वसनीय है।

नीचे दिए गए कूटों से सही उत्तर का चयन करें:

A. (A) और (R) दोनों सही हैं और (R), (A) की सही व्याख्या है।
B. (A) और (R) दोनों सही हैं, किंतु (R), (A) की सही व्याख्या नहीं है।
C. (A) सही है, किंतु (R) गलत है।
D. (A) गलत है, किंतु (R) सही है।

उत्तरमाला

1	2	3	4	5	6	7	8	9	10
C	B	C	B	C	A	B	B	D	C
11	**12**	**13**	**14**	**15**	**16**	**17**	**18**	**19**	**20**
D	B	D	C	C	B	D	A	C	B
21	**22**	**23**	**24**	**25**	**26**	**27**	**28**	**29**	**30**
D	D	D	A	A	C	C	B	D	B
31	**32**	**33**	**34**	**35**	**36**	**37**	**38**	**39**	**40**
A	C	D	A	B	B	B	B	C	B
41	**42**	**43**	**44**	**45**	**46**	**47**	**48**	**49**	**50**
C	C	B	A	D	B	A	D	C	B
51	**52**	**53**	**54**	**55**	**56**	**57**	**58**	**59**	**60**
C	B	A	B	B	A	C	D	D	C

व्याख्यात्मक उत्तर

1. क्रियात्मक अनुसंधान सिद्धांत के विकास अथवा सामान्य अनुप्रयोग पर केंद्रित न होकर तात्कालिक अनुप्रयोग पर केंद्रित होता है। यह क्षेत्रीय समस्याओं पर जोर देता है। इसकी उपलब्धियाँ क्षेत्रीय अनुप्रयोगों के मूल्यांकन के क्षेत्र में है न कि सार्वभौम मान्यता पर। "इसका उद्देश्य विद्यालयी प्रयासों को सुधारना और उनमें सुधार करना है जो आदतों में सुधार की कोशिश करते हैं, अनुसंधान गतिविधियों से सम्बद्ध होते हैं, सोचने की आदत रखते हैं, एक-साथ काम करने की योग्यता रखते हैं और जो व्यावसायिक स्वभाव वाले होते हैं।"

क्रियात्मक अनुसंधान के क्षेत्र में एक शिक्षक अपने अध्यापन से क्रियात्मक अनुसंधान को उन्नत करता है। एक विद्यालयी प्रशासक क्रियात्मक अनुसंधान के माध्यम से अपने प्रशासकीय व्यवहार को उन्नत करता है। क्रियात्मक अनुसंधान में शिक्षक सावधानीपूर्वक और वैज्ञानिक तरीके से समस्याओं का मूल्यांकन करता है, तथ्यों को संग्रहित करता है और किए गए कार्यों के परिणामों का मूल्यांकन करता है। वह समस्याओं के वास्तविक समाधान के प्रति व्यावहारिक मनोवृति रखता है। क्रियात्मक अनुसंधान व्यक्तिगत या सहकारी हो सकता है। अन्ततोगत्वा यह निरीक्षण और अनुसंधान में उपयोगितावादी होता है।

2. क्रियात्मक अनुसंधान एक प्रक्रिया है जिसके माध्यम से परिवर्तन और समझ एक साथ आगे बढ़ता है। क्रियात्मक अध्ययन प्रक्रिया कदमों, योजनाओं, पर्यवेक्षणों और विचारों के क्रम को शामिल करता है। इस क्रम को किसी खास समस्या के समाधान के लिए आवश्यकतानुसार दुहराना चाहिए। इस तरह क्रियात्मक अनुसंधान व्यावहारिक होता है और लोगों के कार्यस्थल पर वास्तविक कार्यों को शामिल करता है; अपने परिणामों से इस प्रकार सिखता है ताकि भविष्य में समस्याओं का समाधान अधिक प्रभावी तरीके से हो सके।

3. अनुसंधान के विभिन्न तरीके इस प्रकार हैं–
- समस्याओं का सूत्रीकरण
- अनुसंधान तकनीक
- नमूना चयन
- साहित्य अध्ययन
- अनुसंधान डिजाईन (विधियाँ)
- परिकल्पनाओं का लक्ष्य, उद्देश्य और सूत्रीकरण।
- आंकड़ों का संग्रहण
- आंकड़ों का विश्लेषण
- रिपोर्ट का लेखन और आलोचनात्मक मूल्यांकन

5. आंकड़ों के विश्लेषण और व्याख्या में नैतिक मुद्दे– आंकड़ों का विश्लेषण आंकड़ों का बोध कराता है और

उन्हें उचित तरीके से व्याख्यायित करता है ताकि पाठक भ्रमित न हों। नैतिक मुद्दे अनुसंधानकर्ताओं के वास्तविक त्रुटियों के बारे में नहीं होता और नहीं आंकड़ों की व्याख्या का वास्तविक अंतर होता है। नैतिक मुद्दे दूसरे के कार्यों को गलत तरीके से प्रस्तुत करने या इरादतन प्रवंचना करने से सम्बन्धित होता है। उदाहरण के लिए, इस तरह के आचरण में अनुचित सांख्यिकीय तकनीक अथवा माप की अन्य विधियां जो आपकी अनुसंधान के महत्व को बढ़ाती हैं ताकि आपके विचारों या पूर्वाग्रहों का समर्थन कर सके। जालसाजी या विरचना आंकड़ों या परिणामों को एकत्रित करता है, और असत्यकरण आकड़ों या परिणामों का जानबूझकर परिवर्तन है ताकि अनुसंधान रिपोर्ट उसमें शामिल हो सके।

13. **प्रक्रिया की समझः** प्रभावी संचार का महत्वपूर्ण तत्व संचार की प्रक्रिया की समझ है, अर्थात संचार के आधार और सिद्धांत की समझ। संचार में शामिल विभिन्न कदमों को एन्कोडिंग, डिकोडिंग, प्रसारण, परिच्छेद, पुनर्निवेश, आदि पदों के रूप में समझने के लिए यह आवश्यक है कि मोड, चैनल्स, टाइप्स, उपकरण, संचार से सम्बन्धित विधियों और अवरोधों और इसे प्रभावित करने वाले कारकों की जानकारी अच्छी हो। अच्छे संप्रेषक अच्छे कलाकारों की तरह अपने उपकरणों का प्रयोग प्रभावी तरीके से करता है।

14. अधिकांश लोगों का मानना है कि वास्तविक भावनाओं को अभिव्यक्त करने में सांकेतिक संचार मौखिक संचार से ज्यादा विश्वसनीय होता है। यह विशेष परिस्थिति में तब होता है जब सांकेतिक और मौखिक संदेश असंगत होते हैं। अगर आप कहते हो कि आप अच्छा महसूस कर रहे हो, लेकिन आप गिर रहे हो और तुम्हारे मुँह से अच्छी आवाज नहीं आ रही है तो संभववतः तुम्हारे मौखिक संदेश पर विश्वास नहीं किया जाएगा।

सांकेतिक आचारण पर विश्वास करने का अर्थ यह नहीं है कि सांकेतिक आचरण वास्तव में सत्य होता है या वह विश्वसनीय तरीके से व्याख्यायित होता है। यह लोगों के लिए संभव है कि वे जितनी कुशलतापूर्वक सांकेतिक संचार के साथ काम करें उतनी ही कुशलतापूर्वक मौखिक संचार के साथ भी। राजनीतिज्ञ न केवल इस तरह प्रशिक्षित होते हैं कि कैसे बोला जाए बल्कि सांकेतिक संचार का कैसे प्रयोग किया जाए ताकि अपने व्यक्तित्व को बढ़ाया जा सके।

16. संचार/संप्रेषण ग्रहणशील या भावबोधक (अर्थपूर्ण) होता है। ग्रहणशील संचार, संचार को समझने की योग्यता है। भावबोधक संचार का अर्थ अपनी भावनाओं को शब्दों और वाक्यों में व्यक्त करने की क्षमता है। सामान्यतः ग्रहणशील संचार अर्थपूर्ण संचार से अग्रगामी होता है। दोनों ग्रहणशील और भावबोधक संचार सम्पूर्ण संप्रेषण वातावरण द्वारा समर्थित होते हैं।

19.

1	4	27	16	?	36	343
↓	↓	↓	↓	↓	↓	↓
1^3	2^2	3^3	4^2	5^3	6^2	7^3

अतः प्रश्न-चिन्ह के जगह पर 125 होगा।

20. Y EB   W FD   U HG   S KI   Q OL

(Y → W, W → U, U → S, S → Q: −2 each; EB +3 → FD +2 → HG +1 → KI +2 → OL +3)

अतः प्रश्न-चिन्ह के जगह पर QOL होगा।

21.

A	M	N	S	I	P	E	O	C
↓	↓	↓	↓	↓	↓	↓	↓	↓
C	I	P	O	A	N	M	E	S
C	O	M	P	A	N	I	E	S
↓	↓	↓	↓	↓	↓	↓	↓	↓
S	E	I	N	C	P	A	M	O

अतः COMPANIES का कोड SEINCPAMO होगा।

22. **Continuous data:** The data which can take any value between two whole numbers are called continuous data. For example,

Weight of students of a class: 42 kg, 45.030 kg, 47.250 kg, 55 kg

Height of students : 145 cm, 151.50 cm, 147.25 cm, 155.49 cm

Measurement of rainfall on diffrenect days: 30 mm, 32 mm, 35.23 mm, 34.50 mm

Temperature on different days : 25°C, 23.5°C, 32.4°C, 28.7°C.

23. 1 गिलास + 1 पेंसिल बॉक्स + 1 कप = 21 ...(*i*)

1 गिलास + 2 पेंसिल बॉक्स + 1 कप = 28 ...(*ii*)

2 गिलास + 2 पेंसिल बॉक्स + 1 कप = 35 ...(*iii*)

समीकरण (*ii*) में से (*i*) को घटाने पर,

1 पेंसिल बॉक्स का क्रयमूल्य = 28 – 21 = ₹ 7

समीकरण (*iii*) में से (*ii*) को घटाने पर,

1 गिलास का क्रयमूल्य = 35 – 28 = ₹ 7

1 गिलास + 1 पेंसिल बॉक्स + 1 कप का क्रय मूल्य = ₹ 21

7 + 7 + 1 कप = 21

1 कप का क्रय मूल्य = 21 – 14 = ₹ 7

∴ 10 कप का क्रय मूल्य = ₹ 7 × 10

= ₹ 70

25. अरस्तु ने तर्क/विचार की दो मूलभूत विधियों की पहचान की—आगनात्मक और निगमनात्मक/तर्क के ये दोनों रूप अपने-अपने तरीके से परिणाम तक पहुँचते हैं। अगर परिणाम अपने दायरे का आवश्यक रूप से अनुसरण करते हुए कोई नई सूचना प्रदान नहीं करता है तो उसे निगमनात्मक तर्क कहते हैं।

आगमनात्मक तर्क निष्कर्ष/अनुमान केंद्रित होता है। जब आगमनात्मक तर्क अनुमान पर आश्रित होता है और ऐसी नई सूचना प्रदान करता है जो उसके दायरे में नहीं होता है तो उसे आगमनात्मक तर्क कहते हैं।

31. अभीष्ट % $= \frac{78}{173} \times 100$

$= \frac{7800}{173} = 45\%$ (लगभग).

32. 2014 45 - 46 - 78

2015 44 - 51 - 78

33. वर्ष 2015 में आय = 44 + 51 + 78

= 173 लाख

वर्ष 2014 में आय = 45 + 46 + 78

= 169 लाख

अन्तर = 173 – 169

= 4 लाख

∴ वर्ष 2016 में आय = 173 + 4

= 177 लाख

37. Hexadecimal number 11 to decimal

$(11)_{16} = 1 \times 16^1 + 1 \times 16^0$.

Obviously this will be much bigger than decimal number 11. So first statement (S1) is wrong. In second statement, we've to find the decimal value of $(0.101)_2$

So,

$1 \times 2^{-1} + 0 \times 2^{-2} + 1 \times 2^{-3}$

$= 0.5 + 0 + 0.125$

$= 0.625$

Hence, second statement (S2) is right.

39.

Cache memory	It's extremely fast compared to main memory (RAM).
CPU registers	They're part of the Control unit and ALU rather than the memory. Hence their contents can be handled much faster than any content of memory.
Secondary storage	Operating speed is slower than of main memory (RAM).

So, accordingly speed wise: CPU registers > Cache > RAM > secondary memory.

41. Mail Merge: The process of merging information into a main document from a data source, such as an address book or database, to create customized documents, such as form letters or mailing labels.

42. Digital Versatile Disc (DVD): Also referred to as digital video *disc*. For some people, the *acronym* itself has become its name. Although it has the same dimensions of a *compact disc*, it has higher capacities. A DVD is double-sided; a CD is single-sided.

48. Hydro-meteorological hazards: These hazards are of atmospheric, hydrological or oceanographic nature. Hydro-meteorological hazards include: floods, debris and mud floods; tropical cyclones, storm surges, thunder/hailstorms, rain and wind storms, blizzards and other severe storms, drought, desertification, wild land fires, temperature extremes, sand or dust storms; permafrost and snow or ice avalanches. Hydro-meteorological hazards can be single, sequential or combined in their origin and effects.

50. Deemed University is a status granted to high performing institutes and departments of various universities by the Ministry of Human Resource Development on the advice of the University Grants Commission (UGC).

The Deemed University status allows not just full autonomy in setting course work and syllabus, but also allows it to set its own guidelines for the admissions and fees.

Parent universities may award degrees but cannot control the administration of these Deemed Universities, many of whom also award degrees under their own name.

Most Deemed Universities are affiliated to the UGC or the All India Council of Technical Education and are known and recognized for their quality education.

51. Mere academic knowledge without deep rooting in human values will only give rise to personalities who may become rich in material possessions, but will remain poor in self-understanding, peace and social concern. Emphasizing value education Swami Vivekananda said,

"Excess of knowledge and power, without Values, make human beings devils."

Value education is important to help everyone in improving the value system that he/she holds and put hem to use. Once, everyone has understood their values in life they can examine and control the various choice they make in their life. Thus, value education is always essential to shape one's life and to give him an opportunity of performing himself on the global stage. Value education teaches us that how we do things is more important to our well-being than what we do.

54. The executive holds office during the pleasure of the President. This is true of the civil servants and the Armed Forces. Even for Governors. But the judges are not subject to the doctrine of pleasure. They hold office during good behaviour. The doctrine of pleasure is destructive of independence.

56. With the changing world and globalization, the learning needs of the society around us are also changing. The society is no longer the traditional learning society but has emerged as a "lifelong learning society". The world today realizes the fact that learning occurs at all stages of life, in different forms and in variety of arenas. Learning never ceases and continues till death, hence the concept of 'cradle-to-grave' for lifelong learning gains prominence in the present day world and work environment. Thus we can say that the present society around us is a knowledge society; it is a human society in which thrust is on knowledge for justice, solidarity, democracy and peace. This is a society in which knowledge is a force for changing society.

Lifelong education covers "formal, non-formal and informal patterns of learning throughout the life cycle of an individual for the conscious and continuous enhancement of the quality of life, his own and that of society". Lifelong learning is the provision or use of both formal and informal learning opportunities throughout people's lives in order to foster the continuous development and improvement of the knowledge and skills needed for employment and personal fulfillment.

57. Teaching effectiveness is a complex and multifactorial concept that involves the teaching – learning dynamics between faculty and students and assessment of students' learning outcomes. To achieve excellence in teaching, faculty analyze feedback from a variety of resources to improve effectiveness, adjust teaching methods according to diverse needs of learners, evaluate teaching effectiveness using valid and reliable instruments, and mentor novice educators to the academic role.

58. In project work-student has an important role to play starting from planning stage to reporting stage. It provides him experiential learning.

पिछले प्रश्न-पत्र (हल सहित)

यू.जी.सी. NET/JRF परीक्षा, जुलाई 2016*

प्रश्न-पत्र-I

नोट:
- इस प्रश्न-पत्र में **साठ** (60) बहुविकल्पीय प्रश्न हैं। प्रत्येक प्रश्न के **दो** (2) अंक हैं।
- अभ्यर्थी को कोई भी **पचास** (50) प्रश्नों के उत्तर देने हैं।
- यदि **पचास** (50) से अधिक प्रश्नों के उत्तर दिये तो प्रथम **पचास** (50) प्रश्न ही जाँचे जायेंगे।

1. शिक्षण की प्रभावकारिता में योगदान देने वाले सकारात्मक कारकों वाले विकल्प का चयन कीजिए :

कारकों की सूची :

(*a*) अध्यापक को विषय का ज्ञान
(*b*) अध्यापक की सामाजिक-आर्थिक पृष्ठभूमि
(*c*) अध्यापक का संप्रेषण कौशल
(*d*) विद्यार्थियों को संतुष्ट करने की अध्यापक की योग्यता
(*e*) विद्यार्थियों के साथ अध्यापक का व्यक्तिगत संपर्क
(*f*) कक्षा संव्यवहार के संचालन और अनुश्रवण में अध्यापक की क्षमता

कूट :

A. (*b*), (*c*) और (*d*) B. (*c*), (*d*) और (*f*)
C. (*b*), (*d*) और (*e*) D. (*a*), (*c*) और (*f*)

2. शिक्षण संबंधी सहायक-उपकरणों की उपयोगिता के औचित्य का आधार है

A. कक्षा में विद्यार्थियों का ध्यान आकर्षित करना।
B. कक्षा में अनुशासनहीनता की समस्या को कम करना।
C. विद्यार्थियों के अधिगम परिणामों को इष्टतम करना।
D. अधिगम कार्यों में विद्यार्थियों को प्रभावी ढंग से लगाना।

3. अभिकथन (A) : उच्च शिक्षा का प्रयोजन विद्यार्थियों में आलोचनात्मक और सृजनात्मक चिन्तन योग्यता को बढ़ावा देना है।

तर्क (R) : इन योग्यताओं से कार्य-स्थापन सुनिश्चित होता है।

निम्नलिखित कूट से सही उत्तर का चयन कीजिए :

A. (A) और (R) दोनों सही हैं, और (R), (A) की सही व्याख्या है।
B. (A) और (R) दोनों सही हैं, किंतु (R), (A) की सही व्याख्या नहीं है।
C. (A) सही है और (R) गलत है।
D. (A) गलत है और (R) सही है।

4. मूल्यांकन प्रणाली की दृष्टि से सेट-I के मदों को सेट-II के मदों के साथ सुमेलित कीजिए। सही कूट का चयन कीजिए :

सेट-I	**सेट-II**
(*a*) रचनात्मक मूल्यांकन	1. नियमितता के साथ संज्ञानात्मक, सह-संज्ञानात्मक पहलुओं का मूल्यांकन करना।
(*b*) संकलनात्मक मूल्यांकन	2. किसी समूह और कुछ मानदंडों के आधार पर परीक्षण और उनकी व्याख्या
(*c*) सतत और व्यापक मूल्यांकन	3. अंतिम अधिगम परिणामों का श्रेणीकरण
(*d*) मानक और निकष संदर्भित परीक्षण	4. प्रश्नोत्तरी और चर्चाएँ

कूट :

	(*a*)	(*b*)	(*c*)	(*d*)
A.	4	3	1	2
B.	1	2	3	4
C.	3	4	2	1
D.	1	3	4	2

* *परीक्षा 10 जुलाई, 2016 को आयोजित हुई।*

5. यदि कोई शोधार्थी प्रभावी मिड-डे मील हस्तक्षेप के आयोजन के लिए संभावित कारकों के प्रभाव का पता लाना चाहता है, तो अनुसंधान की कौन-सी पद्धति इस अध्ययन के लिए सर्वोत्तम होगी?

A. ऐतिहासिक पद्धति
B. वर्णनात्मक सर्वेक्षण पद्धति
C. प्रयोगात्मक पद्धति
D. कार्योत्तर पद्धति

6. शोध करने के लिए निम्नलिखित में से कौन-सी आरंभिक अनिवार्यता की अपेक्षा है?

A. अनुसंधान अभिकल्प विकसित करना।
B. अनुसंधान-प्रश्न तैयार करना।
C. प्रदत्त विश्लेषण प्रक्रिया के संबंध में निर्णय लेना।
D. अनुसंधान-परिकल्पना निर्मित करना।

7. शोध-प्रबंध लिखने का प्रारूप वही होता है जो निम्नलिखित में होता है :

A. शोध-पत्र/लेख तैयार करना।
B. संगोष्ठी प्रस्तुतीकरण का लेखन।
C. शोध के लघुशोध-प्रबंध में
D. कार्यशाला/सम्मेलन में लेख प्रस्तुत करना।

8. गुणात्मक शोध के प्रतिमान में, निम्नलिखित में से कौन-सी विशेषता को महत्वपूर्ण माना जा सकता है?

A. मानकीकृत शोध उपकरणों की सहायता से प्रदत्त का संकलन।
B. संभाव्य प्रतिदर्श तकनीक सहित प्रतिदर्श चयन का अभिकल्प।
C. प्रदत्तों के संग्रहण में इंद्रियानुभविक साक्ष्यों का निम्न से उच्च स्तरीयता की ओर उन्मुखता।
D. उच्च से निम्न व्यवस्थित साक्ष्यों सहित प्रदत्त संग्रहण।

9. निम्नलिखित कथनों की सूची से उस सेट को चिह्नित कीजिए, जिसका 'शोध की नैतिकता' पर नकारात्मक प्रभाव पड़ता है :

(*i*) शोधार्थी, दूसरे शोध के निष्कर्षों पर आलोचनात्मक दृष्टि डालता है।
(*ii*) उचित संदर्भों के बिना संबंधित अध्ययनों को उद्धृत किया जाता है।
(*iii*) शोध के निष्कर्ष नीति निर्माण का आधार होते हैं।
(*iv*) प्रकाशित शोध साक्ष्यों के आधार पर व्यवहारकर्ताओं के आचरण का परीक्षण किया जाता है।
(*v*) अन्य शोधों के साक्ष्यों का सत्यापन करने की दृष्टि से शोध अध्ययन को आवृत्यात्मक रूप में निष्पन्न किया जाता है।
(*vi*) नीति निर्माण और नीति क्रियान्वयन दोनों प्रक्रियाओं को प्रारंभिक अध्ययनों के आधार पर प्रतिपादित किया जाता है।

कूट :

A. (*i*), (*ii*) और (*iii*) B. (*ii*), (*iii*) और (*iv*)
C. (*ii*), (*iv*) और (*vi*) D. (*i*), (*iii*) और (*v*)

10. विद्यालय-परियोजना को पूरा करने में बच्चों की प्रतिबल उन्मुखता पर शिशु पालन व्यवहार के प्रभाव संबंधी शोध में, निर्मित परिकल्पना यह है कि 'शिशु पालन व्यवहार का प्रतिबल उन्मुखता पर अवश्य प्रभाव पड़ता है।' प्रदत्त विश्लेषण की अवस्था में शोध परिकल्पना की स्वीकार्यता का पता लगाने के लिए शून्य परिकल्पना को प्रस्तावित किया जाता है। उपलब्ध साक्ष्य के आधार पर शून्य परिकल्पना को सार्थकता के .01 स्तर पर अस्वीकार किया जाता है। शोध परिकल्पना के संबंध में क्या निर्णय अपेक्षित है?

A. शोध परिकल्पना को भी अस्वीकार किया जाएगा।
B. शोध परिकल्पना को स्वीकार किया जाएगा।
C. शोध परिकल्पना और शून्य परिकल्पना दोनों को अस्वीकार किया जाएगा।
D. शोध परिकल्पना के संबंध में कोई निर्णय नहीं लिया जा सकता है।

निर्देश (प्रश्न संख्या 11 से 16 तक) : *निम्नलिखित उद्धरण को सावधानीपूर्वक पढ़िए और प्रश्नों के उत्तर दीजिए।*

श्रम के परिप्रेक्ष्य में, जापानी कार्यकर्ता दशकों तक अपेक्षाकृत कम लागत तथा उच्च गुणवत्ता के आधार पर प्रतिस्पर्धी अभिलाभ प्रदान करते रहे हैं, विशेषकर टिकाऊ वस्तुओं एवं उपभोक्ता संबंधी इलेक्ट्रॉनिक्स उद्योगों यथा : मशीनरी, ऑटोमोबाइल, टेलीविजन, रेडियो आदि के संदर्भ में। तदुपरान्त श्रम आधारित लाभ दक्षिण कोरिया, पश्चात् मलेशिया, मेक्सिको तथा अन्य देशों में अंतरित हुए। सम्प्रति, श्रम के आधार पर चीन को विशेष लाभ उपलब्ध होता प्रतीत हो रहा है। फिर भी, ऐसी टिकाऊ वस्तुओं, इलेक्ट्रॉनिक्स तथा अन्य उत्पादों के लिए जापानी फर्म

बाजार में अपेक्षाकृत अधिक प्रतिस्पर्धी योग्यता रखती हैं। किंतु अन्य औद्योगिक देशों के विनिर्माताओं के ऊपर प्रतिस्पर्धात्मक अभिलाभ हेतु श्रमबल अब पर्याप्त नहीं है। श्रम आधारित लाभ में इस प्रकार का बदलाव उत्पादन से जुड़े उद्योगों तक स्पष्टतः अनुसीमित नहीं है। आज सूचना प्रौद्योगिकी एवं सेवा क्षेत्र से जुड़े अधिसंख्य रोजगार की संभावनाएँ यूरोप तथा उत्तरी अमेरिका से भारत, सिंगापुर तथा ऐसे ही अन्य देशों की ओर बढ़ रही हैं जहाँ सापेक्षतः अधिक शिक्षित, कम लागत वाले कार्यबल तकनीकी कौशल रखते हैं। तथापि, जैसे-जैसे अन्य देशों में शैक्षिक स्तर एवं तकनीकी दक्षताएँ अभिवृद्ध हो रही हैं; भारत, सिंगापुर तथा इसी प्रकार के अन्य देश जिनमें श्रम आधारित अभिलाभ प्रतिस्पर्धात्मक स्तर पर विशेष रूप में उपलब्ध रहे हैं, उनके समक्ष नए प्रतिस्पर्धियों के आविर्भाव से ऐसे लाभों की संभावनाओं को बनाए रखना कठिन प्रतीत होता है।

पूँजी की दृष्टि से, सदियों तक स्वर्ण-सिक्कों के काल एवं बाद में कागजी मुद्रा ने भी वित्तीय प्रवाहों को प्रतिबंधित किया। इस क्रम में क्षेत्रीय केन्द्रीकरण का अभ्युदय हुआ जिसमें बड़े बैंक, उद्योग और बाजार सम्मिश्रित हुए। किंतु आज पूँजी का प्रवाह अन्तर्राष्ट्रीय स्तर पर क्षिप्रगति से हो रहा है। वैश्विक वाणिज्य अब अपने व्यापारिक प्रतिभागियों से क्षेत्रीय अन्तर्क्रियाओं (विनिमय) की आवश्यकता नहीं रखता। निःसंदेह, क्षेत्रीय स्तर पर पूँजी-केन्द्रीकरण के पुंज न्यूयॉर्क, लंदन तथा टोक्यो जैसे स्थानों में अभी भी विद्यमान हैं किंतु वे स्पर्धात्मक लाभों के लिए विश्व में फैले हुए अन्य पूँजी विनिवेशकों को दृष्टिगत रखते हुए पर्याप्त नहीं है। परिवर्तित परिदृश्य में कोई भी संगठन अपने संसाधनों (यथा : भूमि, श्रम, पूँजी, एवं सूचना प्रौद्योगिकी) को जोड़ने, समन्वित करने तथा अनुप्रयोग में प्रभावी रूप से सक्षम हैं तथा जिसे अन्य प्रतिस्पर्धियों द्वारा सुविधाजनक रूप में अपनाया न जा सके, तभी उन्हें लम्बे अरसे तक ऐसे अभिलाभों के संपोषण का अवसर प्राप्त हो सकेगा।

फर्म के ज्ञान-आधारित सिद्धान्त के परिप्रेक्ष्य में इस धारणा से संगठनात्मक ज्ञान को परम्परागत आर्थिक आगतों की सामर्थ्य एवं महत्व के समतुल्य संसाधन के रूप में देखा जा सकता है। वह संगठन जिसमें उत्कृष्ट ज्ञान का संबल विद्यमान है, विशेषतः उन बाजारों में स्पर्धात्मक लाभ मिल सकते हैं जहाँ ज्ञान के अनुप्रयोग के प्रति आकर्षण है। इसके उदाहरण हैं : सेमीकन्डक्टर, जेनेटिक इंजीनियरिंग, फार्मास्युटिकल्स, सॉफ्टवेयर, सैन्य युद्ध कर्म तथा अन्य ज्ञान गहन प्रतिद्वंद्विता के वे क्षेत्र जो कालक्रमानुसार सिद्ध एवं वर्तमान में भी प्रभावी हैं। सेमीकन्डक्टर जैसे कम्प्यूटर चिप्स को ही ले लीजिए जो प्रमुख रूप से रेत एवं सामान्य धातुओं से बनते हैं। ये सार्वदेशिक एवं शक्तिशाली इलेक्ट्रॉनिक प्रविधियाँ सामान्य कार्यालय भवनों में तैयार की जाती हैं तथा इनमें वाणिज्यिक दृष्टि से उपलब्ध उपकरणों का उपयोग होता है तथा कई औद्योगिक देशों में कारखानों में ही निर्मित होते हैं। फलस्वरूप, सेमीकन्डक्टर उद्योगों में भूमि को महत्वपूर्ण प्रतिस्पर्धात्मक संसाधन के रूप में नहीं लिया जाता है।

इस उद्धरण के अनुसार निम्नलिखित प्रश्नों के उत्तर दीजिए :

11. किस देश ने ऑटोमोबाइल उद्योग में दशकों तक प्रतिस्पर्धी लाभ उठाया है?

A. दक्षिण कोरिया B. जापान
C. मैक्सिको D. मलेशिया

12. भारत और सिंगापुर के श्रम-आधारित प्रतिस्पर्धी लाभ आई.टी. और सेवा क्षेत्रों में क्यों संपोषित नहीं किए जा सकते?

A. दक्षता के ह्रासमान स्तरों के कारण
B. पूँजी-गहन प्रौद्योगिकी के आने के कारण
C. नये प्रतिस्पर्धियों के कारण
D. विनिर्माण उद्योगों में श्रम आधारित लाभ के अन्तरण के कारण

13. एक संगठन किस तरह संपोषणीय प्रतिस्पर्धी लाभ उठा सकता है?

A. क्षेत्रीय पूँजी प्रवाहों के माध्यम से।
B. व्यापार कर्ताओं के बीच क्षेत्रीय अन्तर्क्रिया के माध्यम से।
C. बड़े बैंकों, उद्योगों और बाजारों को सम्मिश्रित कर।
D. विभिन्न साधकत्वों के प्रभावी प्रयोग द्वारा।

14. विशिष्ट बाजारों में प्रतिस्पर्धी लाभों को सुनिश्चित करने के लिए क्या आवश्यक है?

A. पूँजी की सुलभता B. सामान्य कार्यालय भवन
C. उत्कृष्ट ज्ञान D. सामान्य धातुएँ

15. यह उद्धरण किस प्रवृत्ति का उल्लेख करता है?

A. वैश्विक वित्तीय प्रवाह का
B. विनिर्माण उद्योग में प्रतिस्पर्धा के अभाव का
C. पूँजीवादियों के क्षेत्रीयकरण का
D. संगठनात्मक असंगति का

16. इस उद्धरण में लेखक किस पर बल देता है?

A. अन्तर्राष्ट्रीय वाणिज्य पर

B. श्रम-गहन उद्योग पर

C. पूँजी-संसाधन प्रबन्धन पर

D. ज्ञान-अनुप्रेरित प्रतिस्पर्धी लाभ पर

17. कल्पना कीजिए कि आप एक ऐसी शिक्षा संस्था में हैं, जहाँ लोग समान प्रस्थिति के हैं। ऐसी स्थिति में संप्रेषण की कौन-सी पद्धति सबसे अधिक उपयुक्त है और प्रायः इस प्रसंग में काम में लाई जाती है?

A. क्षैतिज संप्रेषण B. ऊर्ध्व संप्रेषण

C. कॉर्पोरेट संप्रेषण D. प्रति संप्रेषण

18. कक्षा में विद्यार्थियों को संबोधित करते समय अध्यापक द्वारा ध्यान में रखे जाने वाले महत्वपूर्ण तत्व को चिह्नित कीजिए।

A. सानिध्य से बचना

B. वाक् स्वराघात परिवर्तन (वाक माडुलन)

C. पुनरावर्ती विराम

D. स्थिर भंगिमा

19. प्रभावी संप्रेषण में अवरोधक क्या हैं?

A. नीति-प्रवचन, निर्णयपरक होना और सांत्वना प्रदायी टिप्पणियाँ

B. संवाद, सारांश और आत्म-समीक्षा

C. सरल शब्दों का प्रयोग, शांत प्रतिक्रिया और रक्षात्मक अभिवृत्ति

D. वैयक्तिक कथन, नजर मिलाना और सरल वर्णन

20. संप्रेषण प्रतिभागियों का चयन किस कारक द्वारा प्रभावित होता है?

A. सानिध्य, उपयोगिता, अकेलापन

B. उपयोगिता, गुप्तता, असंवादिता

C. गुप्तता, असंवादिता, छल

D. विषमता, असंवादिता, विपथन

21. एक अध्यापक के रूप में कक्षा में आपकी प्रभावी उपस्थिति सुनिश्चित करने के लिए सर्वोत्तम विकल्प का चयन कीजिए।

A. सहयोगी समादेश का प्रयोग

B. आक्रामक कथन करना

C. सुस्थापित भंगिमा का अंगीकरण

D. प्राधिकार-वादी होना।

22. प्रत्येक सम्प्रेषक को किस प्रकार का अनुभव होता है?

A. क्षिप्त आवेग B. प्रत्याशित उत्तेजना

C. होमोफिली का मुद्दा D. प्रस्थिति विस्थापना

23. कतिपय कूट में, SELECTION का कूट QCJCARGML है, AMERICANS का कूट होगा :

A. YKCPGAYLQ B. BNFSJDBMR

C. QLYAGPCKY D. YQKLCYPAG

24. शृंखला 3, 11, 23, 39, 59, ... में अगली संख्या होगी

A. 63 B. 73

C. 83 D. 93

25. A से B शहर की दो रेल टिकटों और A से C शहर की तीन रेल टिकटों की कीमत ₹ 177 है। A से B शहर की तीन टिकटों और A से C शहर की दो टिकटों की कीमत ₹ 173 रुपए है। शहर A से शहर B के लिए किराया होगा :

A. ₹ 25 B. ₹ 27

C. ₹ 30 D. ₹ 33

26. एक व्यक्ति अपने सामने की ओर 10 मीटर और दाहिनी ओर 10 मीटर चलता है। फिर वह अपनी बायीं ओर मुड़-मुड़कर क्रमशः 5, 15 और 15 मीटर चलता है। वह इस समय अपने आरम्भ बिंदु से कितनी दूरी पर है?

A. 20 मी. B. 15 मी.

C. 10 मी. D. 5 मी.

27. A, B की बहन है, F, G की पुत्री है, C, B की माता है, D, C का पिता है, E, D की माता है, A का D से संबंध है :

A. ग्रैंड डॉटर (पोती) B. डॉटर (बेटी)

C. डॉटर-इन-लॉ (पुत्र-वधू) D. सिस्टर (बहन)

28. शृंखला AB, EDC, FGHI, ...?...., OPQRST में छूटा हुआ पद है :

A. JKLMN B. JMKNL

C. NMLKJ D. NMKLJ

29. निम्नलिखित अभिकथनों में दो इस प्रकार संबंधित हैं कि वे एक-दूसरे के नकारात्मक हैं। वे अभिकथन कौन-से हैं? सही कूट का चयन कीजिए :

अभिकथन :

(*a*) सभी महिलाएँ पुरुषों के बराबर होती हैं।

(*b*) कुछ महिलाएँ पुरुषों के बराबर होती हैं।
(*c*) कुछ महिलाएँ पुरुषों के बराबर नहीं होती हैं।
(*d*) कोई भी महिला पुरुषों के बराबर नहीं होती है।

कूट :

A. (*a*) और (*b*) B. (*a*) और (*d*)
C. (*c*) और (*d*) D. (*a*) और (*c*)

30. यदि यह अभिकथन कि "सभी चोर गरीब होते हैं" गलत है, तो निम्नलिखित में से किस अभिकथन के संबंध में निश्चित रूप से सही होने का दावा किया जा सकता है?

अभिकथन :

A. कुछ चोर गरीब होते हैं।
B. कुछ चोर गरीब नहीं होते हैं।
C. कोई भी चोर गरीब नहीं होता है।
D. कोई गरीब आदमी चोर नहीं होता है।

31. निम्नलिखित कथन पर विचार कीजिए और इसमें दिए गए तर्क की प्रकृति का उल्लेख करते हुए सही कूट का चयन कीजिए :

यह कल्पना करना कि इस अनंत अंतरिक्ष में पृथ्वी ही एक बसी हुई दुनिया है, ऐसा असंगत कथन है जैसा यह कि बाजरे के खेत में केवल एक दाना उगेगा।

A. खगोलीय B. मानवशास्त्रीय
C. निगमनात्मक D. सादृश्यात्मक

32. उस कूट का चयन कीजिए जो वेन डायग्राम के संबंध में सही नहीं है।

A. वेन डायग्राम अभिकथनों और श्रेणियों को प्रदर्शित करता है।
B. यह संकेतन की स्पष्ट पद्धति उपलब्ध कर सकता है।
C. यह वैध या अवैध हो सकता है।
D. यह वैधता परीक्षण की प्रत्यक्ष पद्धति उपलब्ध कर सकता है।

33. उस कूट का चयन कीजिए, जो दो आधार-वाक्यों वाले निगमनात्मक तर्क के प्रसंग में सही नहीं है :

A. एक सही आधार-वाक्य, एक गलत आधार-वाक्य और एक गलत निष्कर्ष वाला तर्क, वैध हो सकता है।
B. दो सही आधार-वाक्यों और एक गलत निष्कर्ष वाला तर्क वैध हो सकता है।
C. एक सही आधार-वाक्य, एक गलत आधार-वाक्य और एक सही निष्कर्ष वाला तर्क वैध हो सकता है।
D. दो गलत आधार-वाक्यों वाला तर्क और एक गलत निष्कर्ष वैध हो सकता है।

34. नीचे दो आधार-वाक्य दिए गए हैं और उनसे चार निष्कर्ष लिए गए हैं (जो अलग-अलग या एक साथ लिए गए हैं)। उस कूट का चयन कीजिए, जो यह व्यक्त करता है कि निष्कर्ष वैध रूप में लिए गए हैं।

आधार-वाक्य : (*i*) सभी धार्मिक व्यक्ति भावुक होते हैं।
(*ii*) राम एक धार्मिक व्यक्ति है।

निष्कर्ष : (*a*) राम भावुक है।
(*b*) सभी भावुक व्यक्ति धार्मिक होते हैं।
(*c*) राम एक अधार्मिक व्यक्ति नहीं है।
(*d*) कुछ धार्मिक व्यक्ति भावुक नहीं होते हैं।

A. (*a*), (*b*), (*c*) और (*d*)
B. केवल (*a*)
C. केवल (*a*) और (*c*)
D. केवल (*b*) और (*c*)

निर्देश (प्रश्न संख्या 35 से 37 तक) : *निम्नलिखित तालिका में वर्ष 2011-15 के दौरान A और B नामक दो कंपनियों द्वारा अर्जित लाभ की प्रतिशतता (%) दर्शाई गई है।*

दो कंपनियों द्वारा अर्जित लाभ

वर्ष	लाभ की प्रतिशतता (%)	
	A	B
2011	20	30
2012	35	40
2013	45	35
2014	40	50
2015	25	35

जहाँ, होने वाला प्रतिशत (%) लाभ

$$= \frac{\text{आय} - \text{व्यय}}{\text{व्यय}} \times 100$$

35. यदि दो कंपनियों का कुल व्यय, वर्ष 2012 में ₹ 9 लाख था और A और B के व्यय का अनुपात 2 : 1 था, तो उस वर्ष में कंपनी A की आय क्या थी?

A. ₹ 9.2 लाख B. ₹ 8.1 लाख

C. ₹ 7.2 लाख D. ₹ 6.0 लाख

36. कंपनी B द्वारा अर्जित लाभ की औसत प्रतिशतता क्या है?

A. 35 प्रतिशत B. 42 प्रतिशत

C. 38 प्रतिशत D. 40 प्रतिशत

37. किस वर्ष में कंपनी B द्वारा अर्जित लाभ की प्रतिशतता, कंपनी A द्वारा अर्जित लाभ की प्रतिशतता से कम है?

A. 2012 B. 2013

C. 2014 D. 2015

निर्देश (प्रश्न संख्या 38 से 40 तक) : *निम्नलिखित तालिका में ऐसे अलग-अलग आयु समूह में लोगों को दर्शाया गया है, जिन्होंने अपनी पसंद के संगीत की शैली के संबंध में किए गए सर्वेक्षण में उत्तर दिया। इस सूचना का प्रयोग नीचे दिए गए प्रश्नों का उत्तर देने के लिए कीजिए। प्रदत्त उत्तर निकटतम पूर्ण प्रतिशतता के आधार पर हैं :*

	लोगों की संख्या		
आयु → / **संगीत की शैली ↓**	**(वर्ष) 15-20**	**(वर्ष) 21-30**	**(वर्ष) 31+**
शास्त्रीय	6	4	17
पॉप	7	5	5
रॉक	6	12	14
जॉज्ज	1	4	11
ब्लूज	2	3	15
हिप-हॉप	9	3	4
एंबिएंट	2	2	2

38. कुल प्रतिदर्श का लगभग कितना प्रतिशत 21-30 आयु के थे?

A. 31% B. 23%

C. 25% D. 14%

39. कुल प्रतिदर्श का लगभग कितना प्रतिशत यह संकेत देता है कि हिप-हॉप उनकी पसंद की संगीत शैली है?

A. 6% B. 8%

C. 14% D. 12%

40. 31+ आयु के उत्तरदाताओं के कितने प्रतिशत ने शास्त्रीय संगीत से भिन्न पसंदीदा शैली को इंगित किया है?

A. 64% B. 60%

C. 75% D. 50%

41. यह कथन–"कम्प्यूटर आधारित सूचना प्रणाली का अध्ययन, अभिकल्प, विकास, क्रियान्वयन, प्रायोजन या प्रबंधन, विशेषतः सॉफ्टवेयर अनुप्रयोगों और कम्प्यूटर हार्डवेयर" संबंधित है

A. सूचना प्रौद्योगिकी (आई.टी.) से।

B. सूचना और प्रतिभाग आधारित प्रौद्योगिकी (आई.सी.टी.) से।

C. सूचना और प्रदत्त प्रौद्योगिकी (आई.डी.टी.) से।

D. कृत्रिम बुद्धि (ए.आई.) से।

42. यदि दाशमिक संख्या 48 का द्विआधारी समतुल्य 110000 है, तो दाशमिक संख्या 51 का द्विआधारी समतुल्य है

A. 110011 B. 110010

C. 110001 D. 110100

43. सी.डी. रॉम में फाइल को कॉपी करने की प्रक्रिया को ऐसे जाना जाता है :

A. बर्निंग B. जिप्पिंग

C. डिजिटाइजिंग D. रिप्पिंग

44. कई प्राप्तकर्ताओं को तुरंत भेजा गया अयाचित ई-मेल को कहा जाता है :

A. वॉर्म B. वाइरस

C. थ्रेट D. स्पाम

45. .... मेमोरी सर्किट्री का एक प्रकार है, जो कम्प्यूटर के स्टार्ट-अप रुटीन को धारण करता है।

A. आर.आई.एम. (रीड इनीशियल मेमोरी)

B. आर.ए.एम. (रेंडम एक्सेस मेमोरी)

C. आर.ओ.एम. (रीड ओनली मेमोरी)

D. कैशे मेमोरी

46. ए.एस.सी.आई.आई. एक कैरेक्टर एन-कोडिंग स्कीम है, जो वैयक्तिक कम्प्यूटर द्वारा नियोजित की जाती है ताकि

ऐसे विभिन्न कैरेक्टरों, संख्याओं और नियंत्रण कुंजियों को व्यक्त किया जा सके, जिनका कम्प्यूटर प्रयोक्ता की-बोर्ड पर चयन करता है, ए.एस.सी.आई.आई. .... के लिए एक एक्रोनिम (परिवर्णी) है।

A. सूचना के अंतर्विनिमय के लिए अमरीकी मानक कोड
B. बुद्धिमत्तापूर्ण सूचना के लिए अमरीकी मानक कोड
C. सूचना की सत्यनिष्ठा के लिए अमरीकी मानक कोड
D. पृथक् सूचना के लिए अमरीकी मानक कोड

47. शहरी क्षेत्रों के ऐसे वायु प्रदूषक को चिह्नित कीजिए, जिससे मनुष्य की आँखों और श्वसन नली में जलन होती है।

A. विशिष्ट पदार्थ (पर्टिकुलेट मैटर)
B. नाइट्रोजन का ऑक्साइड
C. सतही ओजोन
D. कार्बन मोनोऑक्साइड

48. भारत की बड़ी-बड़ी नदियों में जल प्रदूषण का निम्नलिखित में से सबसे बड़ा स्रोत क्या है?

A. असंसाधित मलजल
B. कृषि संबंधी जल-प्रवाह
C. अविनियमित लघु उद्योग
D. धार्मिक रीति-रिवाज

49. संपोषक विकास का लक्ष्य निम्नलिखित में से किस वर्ष तक प्राप्त करने का विशिष्ट लक्ष्य है?

A. 2022 B. 2030
C. 2040 D. 2050

50. वर्ष 2022 तक बायोमास से विद्युत उत्पादन हेतु सरकार का लक्ष्य है

A. 50 मे.वा. B. 25 मे.वा.
C. 15 मे.वा. D. 10 मे.वा.

51. **अभिकथन (A) :** हमारे मृदा संसाधनों का संरक्षण मानव जीवन के लिए महत्वपूर्ण है।

तर्क (R) : मृदा कई सूक्ष्म जीवों का वास है और इसमें खनिज हैं।

सही कूट का चयन कीजिए :

A. (A) और (R) दोनों सही हैं और (R), (A) की सही व्याख्या है।
B. (A) और (R) दोनों सही हैं, लेकिन (R), (A) की सही व्याख्या नहीं है।
C. (A) सही है और (R) गलत है।
D. (A) गलत है और (R) सही है।

52. विश्व मौसम संगठन (डब्ल्यू.एम.ओ.) का उद्देश्य 2010-2019 के दशक में जल-मौसम (हाइड्रोमीटीओरोलॉजीकल) आपदाओं के कारण मृत्यु की संख्या (1994-2003 के दशक की तुलना में) कितना कम करना है?

A. 25% B. 50%
C. 75% D. 80%

53. उच्च शिक्षा की संस्थाओं में राष्ट्रीय मूल्यांकन एवं प्रत्यायन परिषद् (नैक) द्वारा निम्नलिखित में से किस संकेंद्रक मूल्य को बढ़ावा दिया गया है?

(*a*) राष्ट्रीय विकास में अवदान
(*b*) विद्यार्थियों में वैश्विक प्रवीणताओं का सम्पोषण
(*c*) विद्यार्थियों और अध्यापकों में मूल्य-व्यवस्था विकसित करना
(*d*) आधारिक सुविधाओं के इष्टतम उपयोग को बढ़ावा देना

नीचे दिए कूटों से सही उत्तर का चयन कीजिए :

कूट :

A. (*b*), (*c*) और (*d*) B. (*a*), (*b*) और (*c*)
C. (*a*), (*c*) और (*d*) D. (*a*), (*b*), (*c*) और (*d*)

54. मूल्य शिक्षा प्रदान करने का सर्वोत्तम तरीका है :

A. शास्त्रीय ग्रंथों पर चर्चा
B. मूल्यों पर व्याख्यान/परिसंवादात्मक विवरण
C. मूल्यों पर संगोष्ठियाँ/परिसंवाद
D. मूल्यों पर आदर्शात्मक प्रस्तुति/विमर्शी सत्र

55. राष्ट्रीय न्यायिक नियुक्ति आयोग (एन.जे.ए.सी.) को निम्नलिखित में किसने असंवैधानिक घोषित किया है?

A. भारत के उच्चतम न्यायालय ने
B. उच्च न्यायालय ने
C. उच्च न्यायालय और उच्चतम न्यायालय दोनों ने
D. भारत के राष्ट्रपति ने

56. भारतीय राजनीतिक व्यवस्था के संबंध में निम्नलिखित में से कौन-सा/से कथन सही है/हैं?

(*a*) राष्ट्रपति, राज्याध्यक्ष और शासनाध्यक्ष दोनों है।

(*b*) संसद सर्वोच्च है।

(*c*) उच्चतम न्यायालय, संविधान का संरक्षक है।

(*d*) राज्य-नीति के निदेशक सिद्धांत वादयोग्य हैं।

नीचे दिए कूटों से सही उत्तर का चयन कीजिए :

A. (*a*), (*b*), (*c*) और (*d*)

B. (*b*), (*c*) और (*d*)

C. (*b*) और (*c*)

D. केवल (*c*)

57. निम्नलिखित में से कौन-से मूल (मौलिक) कर्तव्य हैं?

(*a*) राष्ट्रीय ध्वज का सम्मान

(*b*) प्राकृतिक पर्यावरण की रक्षा और उसमें सुधार

(*c*) माता-पिता द्वारा अपने बच्चे को शिक्षा के अवसर प्रदान करना।

(*d*) राष्ट्रीय महत्व के स्मारकों और स्थलों की सुरक्षा करना।

नीचे दिए कूटों से सही उत्तर का चयन कीजिए :

कूट :

A. (*a*), (*b*) और (*c*)

B. (*a*), (*b*) और (*d*)

C. (*a*), (*c*) और (*d*)

D. (*a*), (*b*), (*c*) और (*d*)

58. नीति आयोग के संबंध में निम्नलिखित में से कौन-से कथन सही हैं?

(*a*) यह एक संवैधानिक निकाय है।

(*b*) यह एक सांविधिक निकाय है।

(*c*) यह न तो संवैधानिक निकाय है, न ही सांविधिक निकाय है।

(*d*) यह एक चिंतन कोश (थिंक टैंक) है।

नीचे दिए कूटों से सही उत्तर का चयन कीजिए :

A. (*a*) और (*d*) B. (*b*) और (*d*)

C. (*c*) और (*d*) D. (*b*), (*c*) और (*d*)

59. एक महाविद्यालय स्तर के सहायक प्रोफेसर ने विश्लेषण और संश्लेषण कौशल पर केंद्रित, विद्यार्थियों के संज्ञानात्मक आयाम का विकास करने के उद्देश्य से अपने व्याख्यानों की एक योजना बनाई है। नीचे मदों के दो सेट दिए गए हैं—सेट-I संज्ञानात्मक अंतर्विनिमय के स्तर से संबंधित है और सेट-II उन्हें बढ़ावा देने के लिए मूलभूत अपेक्षाओं से संबंधित है। दोनों सेटों को सुमेलित कीजिए और कूट से सही विकल्प का चयन करके अपना उत्तर दीजिए :

सेट-I (संज्ञानात्मक अंतर्विनिमय का स्तर)	सेट-II (संज्ञानात्मक अंतर्विनिमय को बढ़ावा देने के लिए मूलभूत आवश्यकताएँ)
(*a*) स्मृति स्तर	1. किसी बिंदु के उदाहरणों और गैर-उदाहरणों को पृथक करने का अवसर देना।
(*b*) अवबोध स्तर	2. प्रस्तुतीकरण के दौरान दिए गए महत्वपूर्ण बिंदुओं को दर्ज करना।
(*c*) विमर्शी स्तर	3. सूचना के विभिन्न मदों पर चर्चा करने के लिए विद्यार्थियों से कहना।
	4. विवेच्य बिंदुओं का आलोचनात्मक विश्लेषण करना और उन पर चर्चा करना।

कूट :

	(*a*)	(*b*)	(*c*)
A.	2	4	1
B.	3	4	2
C.	2	1	4
D.	1	2	3

60. प्रभावी शिक्षण-अधिगम व्यवस्थाओं के अभिकल्पन में शिक्षार्थी की विशेषताओं का कौन-सा सेट सहायक समझा जा सकता है? नीचे दिए गए कूट से सही विकल्प का चयन कीजिए :

(*i*) विषय के संबंध में अधिगमकर्ताओं का पूर्व-अनुभव

(*ii*) अधिगमकर्ताओं के परिवार के मित्रों का अंतर्वैयक्तिक संबंध

(*iii*) विषय के संदर्भ में अधिगमकर्ताओं की योग्यता

(*iv*) विद्यार्थियों की भाषा-पृष्ठभूमि

(*v*) निर्धारित ड्रेस कोड अपनाने में विद्यार्थियों की रुचि

(*vi*) विद्यार्थियों का अभिप्रेरणात्मक अभिमुखीकरण

कूट :

A. (*i*), (*ii*), (*iii*) और (*iv*)

B. (*i*), (*iii*), (*iv*) और (*vi*)

C. (*ii*), (*iii*), (*iv*) और (*v*)

D. (*iii*), (*iv*), (*v*) और (*vi*)

उत्तरमाला

1	2	3	4	5	6	7	8	9	10
D	C	B	A	D	B	C	C	C	B
11	**12**	**13**	**14**	**15**	**16**	**17**	**18**	**19**	**20**
B	C	D	C	A	D	A	B	A	A
21	**22**	**23**	**24**	**25**	**26**	**27**	**28**	**29**	**30**
C	B	A	C	D	D	A	C	D	B
31	**32**	**33**	**34**	**35**	**36**	**37**	**38**	**39**	**40**
D	C	B	C	B	C	B	C	D	C
41	**42**	**43**	**44**	**45**	**46**	**47**	**48**	**49**	**50**
A	A	A	D	C	A	C	A	B	D
51	**52**	**53**	**54**	**55**	**56**	**57**	**58**	**59**	**60**
B	B	B	D	A	D	A	C	C	B

व्याख्यात्मक उत्तर

7. शोध कार्यों, थीसिस एवं शोध निबंध लिखने में प्रलेखन बहुत ही महत्वपूर्ण होता है जहाँ शोधकर्ता विभिन्न शोधकार्यों तथा संदर्भों का प्रयोग करता है। बिना किसी प्रलेखन के कोई भी शोधपत्र या शोध निबंध तथ्य को सत्यापित करने में बेकार साबित होता है। सामान्यतया, एक शोध पत्र, थीसिस या शोध प्रबंध जिसमें कई सारे दस्तावेज होते हैं, विज्ञान संबंधी होता है। लेकिन, यदि शोधकर्ता अपने अध्ययन के लिए उपयोग किए गए लेखों तथा अन्य सामग्री की व्याख्या अपने शोधपत्र, थीसिस या शोध निबंधों में नहीं करता है, तो शोधकार्य अवैज्ञानिक कहलाता है।

17. क्षैतिज संप्रेषण किसी संगठनात्मक पदानुक्रम के भीतर एक ही स्तर के लोगों, प्रभागों या इकाइयों के बीच जानकारी का संचरण है। यह ऊर्ध्व संप्रेषण से भिन्न होता है जिसमें सूचनाओं/जानकारी का संचरण संगठन के विभिन्न स्तरों के लोगों, प्रभागों, विभागों या इकाइयों के बीच होता है। क्षैतिज संप्रेषण को अक्सर 'पार्श्व संचार' के रूप में भी जाना जाता है। क्षैतिज संप्रेषण के कुछ विशिष्ट लाभ हैं। यह किसी खास परियोजना पर कार्यरत लोगों के बीच मतभेदों को कम करता है, जिससे परियोजना की गुणवत्ता तथा उत्पादन क्षमता दोनों में वृद्धि होती है। इस प्रकार के संप्रेषण का कार्यान्वयन शीर्ष स्तर पर ज्यादा परिणामी होता है क्योंकि निचले स्तर पर कार्यरत कर्मचारी एक-दूसरे के साथ आसानी से समन्वय स्थापित कर सकते हैं।

23. SELECTION का कूट इस प्रकार है :

S	E	L	E	C	T	I	O	N
−2	−2	−2	−2	−2	−2	−2	−2	−2
Q	C	J	C	A	R	G	M	L

AMERICANS का कूट इस प्रकार होगा :

∴

A	M	E	R	I	C	A	N	S
−2	−2	−2	−2	−2	−2	−2	−2	−2
Y	K	C	P	G	A	Y	L	Q

24. दी गई शृंखला इस प्रकार है :

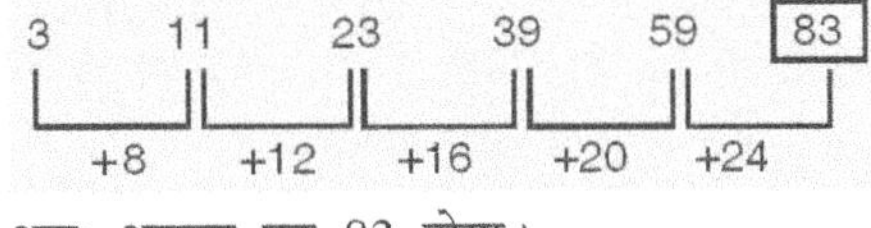

अतः अगला पद 83 होगा।

25. माना कि A से B तक का किराया ₹ x है।
और A से C तक का किराया ₹ y है।

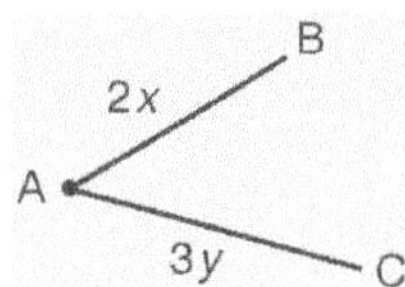

प्रश्नानुसार, $2x + 3y = ₹\ 177 \quad \ldots (i)] \times 3$

$3x + 2y = ₹\ 173 \quad \ldots (ii)] \times 3$

$$6x + 9y = 531$$
$$6x + 4y = 346$$
$$- \quad - \quad -$$
$$5y = 185 \Rightarrow y = 37$$

(*i*) में y का मान रखने पर,

$$2x + 3 \times 37 = 177$$
$$\Rightarrow 2x = 177 - 111$$
$$\Rightarrow 2x = 66$$
$$\Rightarrow x = 33$$

∴ A से B तक का किराया = ₹ 33

अतः शहर B से A तक का किराया ₹ 33 होगा।

27.

```
        (–) E
          |
        D (+)
          |
        (–) C        और     G (?)
          |                   |
 (–) A — B (?)              P (–)
```

अतः A, D की नातिनी है।

28. AB, EDC, FGHI, NMLKJ, OPQRST

अतः लुप्त पद NMLKJ है।

32. वेन आरेख अभिकथनों को स्पष्ट रूप से प्रदर्शित करता है, जिसमें स्थानिक तथा सुदूर के मान का सम्मिलित होना तथा अलग होने की श्रेणी अलग-अलग होती है। यह आकलन का असाधारण स्पष्ट विधि है। यह सेलोजिम (Syllogism) की वैधता जाँच करने का सबसे सरल तथा प्रत्यक्ष तरीका प्रदान करता है।

34.

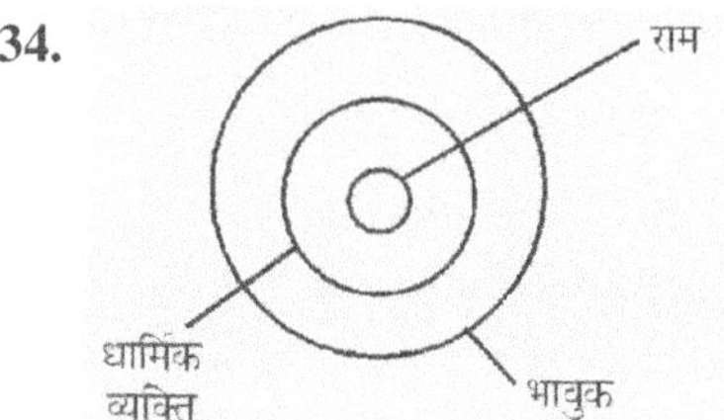

अतः राम भावुक है तथा राम एक अधार्मिक व्यक्ति नहीं है।

35. वर्ष 2012 में, कुल व्यय = ₹ 9 लाख

$$\therefore \quad \text{A का व्यय} = \frac{2}{3} \times 9 = 6 \text{ लाख}$$
$$\text{B का व्यय} = \frac{1}{3} \times 9 = 3 \text{ लाख}$$

माना कि कंपनी A की आय ₹ x है।

$$35\% = \left(\frac{x - 6 \text{ लाख}}{6}\right) \times 100$$
$$\frac{35}{100} = \frac{(x-6)}{6}$$
$$\Rightarrow \frac{35 \times 6}{100} = (x - 6)$$
$$\Rightarrow \frac{21}{10} = (x - 6)$$
$$\Rightarrow 10x - 60 = 21$$
$$\Rightarrow 10x = 81$$
$$\Rightarrow x = \frac{81}{10} \text{ लाख} = 8.1 \text{ लाख}$$

∴ कम्पनी A की आय = 8.1 लाख।

36. कम्पनी B का कुल प्रतिशत लाभ

= (30 + 40 + 35 + 50 + 35)

= 190

$$\text{वांछित औसत} = \frac{190}{5} = 38\%.$$

37. वर्ष 2013 में, कंपनी B का प्रतिशत लाभ कंपनी A के प्रतिशत लाभ से कम है।

38. कुल व्यक्तियों की संख्या = 134

(21 – 30) वर्ष के व्यक्तियों की संख्या = 33

$$\text{वांछित } \% = \frac{33}{134} \times 100$$
$$= 25\% \text{ (लगभग)}$$

39.

$$\text{वांछित } \% = \frac{16}{134} \times 100$$
$$= \frac{800}{67} = 12\% \text{ (लगभग)}$$

40. वांछित % $= \frac{68}{134} \times 100$

$= 50\%$ (लगभग)

41. इनफॉरमेशन टेक्नॉलोजी एसोसिएशन ऑफ अमेरिका द्वारा सूचना प्रौद्योगिकी की परिभाषा इस प्रकार है : "सूचना प्रौद्योगिकी कम्प्यूटर आधारित सूचना प्रणाली का अध्ययन, अभिकल्प, विकास, क्रियान्वयन, प्रयोजन या प्रबंधन, विशेषतः सॉफ्टवेयर अनुप्रयोगों और कम्प्यूटर हार्डवेयर से संबंधित है। सूचना प्रौद्योगिकी इलेक्ट्रॉनिक कम्प्यूटर और कम्प्यूटर सॉफ्टवेयर के उपयोग, स्टोर, रक्षा, प्रक्रिया, संचारित, सुरक्षित एवं बार-बार जानकारी प्राप्त करने से संबंधित है। सूचना प्रौद्योगिकी (आई.टी.) एक सामान्य शब्द है जो किसी प्रौद्योगिकीय विधि द्वारा उत्पादन बढ़ाने, स्टोर करने, संवाद करने, प्रसार करने में मदद करता है।

42. डेसिमल से बाइनरी रूपांतरण

2	51	1
2	25	1
2	12	0
2	6	0
2	3	1
	1	

$\therefore \quad (51)_{10} = (110011)_2.$

43. CD या DVD में फाइलें कॉपी करने की प्रक्रिया को बर्निंग कहते हैं। कम्प्यूटर डिस्क या ड्राइव से हमें एक बर्निंग सॉफ्टवेयर की आवश्यकता होती है। कम्प्यूटर डिस्क के निम्नलिखित प्रकार हैं :

- CD-R (एक रिकॉर्डेबल डिस्क जिसमें केवल एक बार ही डाटा राइट/सेव कर सकते हैं।)
- CD-RW (एक रीराइटेबल डिस्क जिसमें डाटा इरेज या दोबारा बर्न कर सकते हैं।)
- DVD-R और DVD+R
- DVD-RW और DVD+RW.

45. रोम (ROM) कम्प्यूटर में built in memory होती है, जिसका डेटा read only होता है एवं इसमें कुछ भी write or medify नहीं किया जा सकता। सामान्यतया रोम (ROM) को कम्प्यूटर की बूट सेटिंग (Boot setting) के लिए प्रोग्राम किया जाता है एवं इसका डेटा मुख्य तौर पर कम्प्यूटर के बूट टाइम में काम आता है। रैम (RAM) के विपरीत रोम (ROM) का डेटा कभी भी नहीं जाता है तथा इसमें डेटा स्थाई होता है।

46. ASCII "American Standard Code for Information Interchange" का संक्षिप्त रूप है। ASCII कम्प्यूटरिंग व्यापार में काम कर रहे संगठनों द्वारा बनाई गई कोड प्रणाली है। जैसा कि नाम दर्शाता है इस कोड प्रणाली का विकास अमेरिका में हुआ है जहाँ कम्प्यूटर का व्यावसायिक प्रयोग सबसे पहले प्रारंभ हुआ।

47. मनुष्य की आँखों और श्वसन नली में जलन का एक प्रमुख कारण वायु प्रदूषण है जिसका मूल घटक सतही ओजोन है। ओजोन, नाइट्रोजन ऑक्साइड और कार्बनिक यौगिक (PAN, $CH_2 = O$, $CH_2 = CHCHO$) फोटोकेमिकल स्मोग के प्रमुख अवयव हैं जो सभी जीवों पर हानिकारक प्रभाव डालते हैं।

48. जल प्रदूषण से अभिप्राय जल निकायों जैसे कि, झीलों, नदियों, समुद्रों और भूजल के पानी के संदूषित होने से है। जल प्रदूषण, इन जल निकायों के पादपों और जीवों को प्रभावित करता है और सर्वदा यह प्रभाव न सिर्फ इन जीवों या पादपों के लिए अपितु संपूर्ण जैविक तंत्र के लिए विनाशकारी होता है।

जल प्रदूषण का मुख्य कारण मानव या जानवरों की जैविक या फिर औद्योगिक क्रियाओं के फलस्वरूप पैदा हुए प्रदूषकों को बिना किसी समुचित उपचार के सीधे जल धाराओं में विसर्जित कर दिया जाना है।

जल प्रदूषण सभी के लिए एक गंभीर मुद्दा है जो कई तरीकों से मानव जाति को प्रभावित कर रहा है। हम सभी को अपने जीवन को बेहतर बनाने के लिए इसके कारण, प्रभाव और रक्षात्मक उपाय के बारे में जानना चाहिए। समाज में जल प्रदूषण के बारे में जागरूकता को बढ़ाने के लिए बच्चों को उनके स्कूल और कॉलेजों में कुछ रचनात्मक क्रियाकलापों के माध्यम से समझाने का प्रयास करें।

49. '2015 पश्चात विकास एजेंडा' अंगीकृत किए जाने के लिए न्यूयार्क में 25 से 27 सितंबर तक महासभा की उच्चस्तरीय पूर्ण बैठक के तौर पर संयुक्त राष्ट्र शिखर सम्मेलन आयोजित किया गया।

संपोषक विकास का लक्ष्य वर्ष 2030 तक रखा गया है। संयुक्त राष्ट्र के इन महत्वाकांक्षी सतत विकास लक्ष्यों का उद्देश्य अगले 15 सालों में गरीबी और भूख को समाप्त करना और लिंग समानता सुनिश्चित करने के अलावा सभी को सम्मानित जीवन का अवसर उपलब्ध कराना है। 193 सदस्यीय महासभा ने इस नई रूपरेखा 'अपनी दुनिया में बदलाव : टिकाऊ विकास के लिए 2030 का एजेंडा' को अंगीकार किया। इसमें अगले 15 साल के लिए 17 'लक्ष्य' और 169 'टारगेट' तकय किए गए हैं।

55. सुप्रीम कोर्ट की संविधान पीठ ने राष्ट्रीय न्यायिक नियुक्ति आयोग एक्ट की संवैधानिकता पर अपना फैसला सुना दिया है। सुप्रीम कोर्ट ने अपना फैसला सुनाते हुए उच्च न्यायपालिका में न्यायाधीशों द्वारा न्यायाधीशों की नियुक्ति के दो दशक पुराने कॉलेजियम सिस्टम की जगह लेने वाले एनजेएसी अधिनियम को असंवैधानिक घोषित किया। इसके साथ ही अदालत ने साफ कर दिया है कि जजों की नियुक्ति पहले की तरह कॉलेजियम सिस्टम से ही होगी।

57. नागरिकों के मौलिक कर्तव्य 1976 में सरकार द्वारा गठित स्वर्णसिंह समिति की सिफारिशों पर, 42वें संशोधन द्वारा संविधान में जोड़े गए थे। मूल रूप से संख्या में दस, मौलिक कर्तव्यों की संख्या 2002 में 86वें संशोधन द्वारा ग्यारह तक बढ़ाई गई थी।

मूल कर्तव्य—भारत के प्रत्येक नागरिक का यह कर्तव्य होगा कि वह—

(क) संविधान का पालन करे और उसके आदर्शों, संस्थाओं, राष्ट्र ध्वज और राष्ट्रगान का आदर करे;

(ख) स्वतंत्रता के लिए हमारे राष्ट्रीय आंदोलन को प्रेरित करने वाले उच्च आदर्शों को हृदय में संजोए रखे और उनका पालन करे;

(ग) भारत की प्रभुता, एकता और अखंडता की रक्षा करे और उसे अक्षुण्ण रखे;

(घ) देश की रक्षा करे और आह्वान किए जाने पर राष्ट्र की सेवा करे;

(ङ) भारत के सभी लोगों में समरसता और समान भ्रातृत्व की भावना का निर्माण करे जो धर्म, भाषा और प्रदेश या वर्ग पर आधारित सभी भेदभाव से परे हो, ऐसी प्रथाओं का त्याग करे जो स्त्रियों के सम्मान के विरुद्ध है;

(च) हमारी सामयिक संस्कृति की गौरवशाली परंपरा का महत्व समझे और उसका परिरक्षण करे;

(छ) प्राकृतिक पर्यावरण की, जिसके अंतर्गत वन, झील, नदी और वन्य जीव हैं, रक्षा करे और उसका संवर्धन करे तथा प्राणिमात्र के प्रति दयाभाव रखे;

(ज) वैज्ञानिक दृष्टिकोण, मानववाद और ज्ञानार्जन तथा सुधार की भावना का विकास करे;

(झ) सार्वजनिक संपत्ति को सुरक्षित रखे और हिंसा से दूर रहे;

(ञ) व्यक्तिगत और सामूहिक गतिविधियों के सभी क्षेत्रों में उत्कर्ष की ओर बढ़ने का सतत प्रयास करे जिससे राष्ट्र निरंतर बढ़ते हुए प्रयत्न और उपलब्धि की नई ऊँचाइयों को छू लें;

(ट) यदि माता-पिता या संरक्षक है, छह वर्ष से चौदह वर्ष तक की आयु वाले अपने, यथास्थिति, बालक या प्रतिपाल्य के लिए शिक्षा के अवसर प्रदान करे।

58. नीति आयोग (राष्ट्रीय भारत परिवर्तन संस्थान) भारत सरकार द्वारा गठित एक नया संस्थान है जिसे योजना आयोग के स्थान पर बनाया गया है। 1 जनवरी, 2015 को इस नए संस्थान के संबंध में जानकारी देने वाला मंत्रिमंडल का प्रस्ताव जारी किया गया। यह न तो संवैधानिक निकाय है और न ही सांविधिक निकाय है। यह संस्थान सरकार के थिंक टैंक के रूप में सेवाएँ प्रदान करेगा और उसे निर्देशात्मक एवं नीतिगत गतिशीलता प्रदान करेगा। नीति आयोग, केन्द्र और राज्य स्तरों पर सरकार को नीति के प्रमुख कारकों के संबंध में प्रासंगिक महत्वपूर्ण एवं तकनीकी परामर्श उपलब्ध कराएगा। इसमें आर्थिक मोर्चे पर राष्ट्रीय और अंतर्राष्ट्रीय आयात, देश के भीतर, साथ ही साथ अन्य देशों की बेहतरीन पद्धतियों का प्रसार नए नीतिगत विचारों का समावेश और विशिष्ट विषयों पर आधारित समर्थन से संबंधित मामले शामिल होंगे।

पिछले प्रश्न-पत्र (हल सहित)

यू.जी.सी. NET/JRF परीक्षा, दिसम्बर, 2015

प्रश्न-पत्र-I

नोट: इस प्रश्न-पत्र में **साठ (60)** बहुविकल्पीय प्रश्न हैं। जिनमें से उम्मीदवार को किसी भी **पचास (50)** प्रश्न के उत्तर देना होगा। उम्मीदवार द्वारा **पचास (50)** से अधिक प्रश्नों का उत्तर देने पर उम्मीदवार द्वारा दिये गये प्रथम **पचास (50)** प्रश्नों का मूल्यांकन किया जायेगा।

1. शैक्षणिक संस्थानों में आनेवाले छात्रों को जितनी बाधाएं आएंगी, उतनी अधिक अपेक्षाएं:

A. परिवार से होंगी B. समाज से होंगी
C. शिक्षक से होंगी D. राज्य से होंगी

2. सतत् एवं व्यापक मूल्यांकन की विशेषताएं क्या-क्या हैं?

(*a*) यह अनेक परीक्षाओं के कारण छात्रों के कार्यभार में वृद्धि करता है
(*b*) यह प्राप्तांकों को ग्रेड से प्रतिस्थापित करता है
(*c*) यह छात्र के प्रत्येक पहलू का मूल्यांकन करता है
(*d*) यह परीक्षा के डर को कम करने में सहायता करता है

नीचे दिए गए कूट से **सही** उत्तर का चयन कीजिए:

A. (*a*), (*b*), (*c*) और (*d*) B. (*b*) और (*d*)
C. (*a*), (*b*) और (*c*) D. (*b*), (*c*) और (*d*)

3. निम्नलिखित में से कौन-कौन से गुण किसी शिक्षक की बड़ी ताकत को प्रदर्शित करते हैं?

(*a*) संस्थागत प्रबंधन में पूर्णकालिक सक्रिय संलिप्तता
(*b*) उदाहरण प्रस्तुत करना
(*c*) अवधारणाओं के परीक्षण के लिए तत्पर रहना
(*d*) गलतियों को स्वीकार करना

नीचे दिए गए कूट से **सही** उत्तर का चयन कीजिए:

A. (*a*), (*b*) और (*d*) B. (*b*), (*c*) और (*d*)
C. (*a*), (*c*) और (*d*) D. (*a*), (*b*), (*c*) और (*d*)

4. निम्नलिखित में से कौन-सा कथन बहु-विकल्प प्रकार के प्रश्नों के संदर्भ में **सही** है?

A. वे सही-गलत वाले प्रश्नों की तुलना में अधिक वस्तुनिष्ठ होते हैं
B. वे निबंध वाले प्रश्नों की तुलना में कम वस्तुनिष्ठ होते हैं
C. वे लघु-उत्तर वाले प्रश्नों की तुलना में अधिक व्यक्तिनिष्ठ होते हैं
D. वे सही-गलत वाले प्रश्नों की तुलना में अधिक व्यक्तिनिष्ठ होते हैं

5. शिक्षा के क्षेत्र में एक स्वतंत्र आयोग के अध्यक्ष के रूप में यूनेस्को को प्रस्तुत की गई जैकस डिलोर्स की रिपोर्ट का शीर्षक था:

A. इंटरनेशनल कमिशन ऑन एजुकेशन रिपोर्ट
B. मिलेनियम डेवलपमेंट रिपोर्ट
C. लर्निंग : द ट्रेजर विदिन
D. वर्ल्ड डिक्लेरेशन ऑन एजुकेशन फॉर ऑल

6. अच्छे शिक्षण के लिए क्या-क्या अपेक्षित हैं?

(*a*) निदान (*b*) उपचार
(*c*) निदेश (*d*) प्रतिपुष्टि

नीचे दिए गए कूट से **सही** उत्तर का चयन कीजिए:

A. (*a*), (*b*), (*c*) और (*d*) B. (*a*) और (*b*)
C. (*b*), (*c*) और (*d*) D. (*c*) और (*d*)

7. निम्नलिखित में से कौन-सा कथन सहभागी अनुसंधान के संदर्भ में सही **नहीं** है?

A. यह ज्ञान को शक्ति के रूप में पहचानता है
B. यह लोगों को विशेषज्ञ मानने पर जोर देता है
C. यह जांच की एक सामूहिक प्रक्रिया है
D. इसका एकमात्र उद्देश्य ज्ञान का उत्पादन है

8. निम्नलिखित में से कौन-सा कथन किसी परिकल्पना के परीक्षण के संदर्भ में **सही** है?

A. यह केवल वैकल्पिक परिकल्पना है, जिसका परीक्षण किया जा सकता है
B. यह केवल नल परिकल्पना है, जिसका परीक्षण किया जा सकता है
C. वैकल्पिक एवं नल दोनों परिकल्पनाओं का परीक्षण किया जा सकता है
D. वैकल्पिक एवं नल दोनों परिकल्पनाओं का परीक्षण नहीं किया जा सकता है

9. निम्नलिखित में से कौन-कौन ए.पी.ए. शैली के संदर्भ प्रारूप के मूलभूत नियम हैं?
(*a*) छोटी कृतियों जैसे जर्नल आलेख अथवा निबंध, के शीर्षक तिरछा करके लिखें
(*b*) लेखकों के नाम उल्टा करके लिखें (अंतिम नाम पहले)
(*c*) लम्बी कृतियों जैसे पुस्तक एवं जर्नल, के शीर्षक तिरछा करके लिखें
(*d*) संदर्भ सूची प्रविष्टियों का वर्णानुक्रम में सूचीयन करें।

नीचे दिए गए कूट से **सही** उत्तर का चयन कीजिए:
A. (*a*) और (*b*) B. (*b*), (*c*) और (*d*)
C. (*c*) और (*d*) D. (*a*), (*b*), (*c*) और (*d*)

10. निम्नलिखित में से कौन-कौन किसी सेमिनार की विशेषताएँ हैं?
(*a*) यह एक अकादमिक अनुदेशन का प्रकार है।
(*b*) इसमें प्रश्न करना, चर्चा एवं वाद-विवाद शामिल हैं।
(*c*) इसमें व्यक्तियों के बड़े समूह शामिल होते हैं।
(*d*) इसमें कौशलयुक्त व्यक्तियों की संलिप्तता की आवश्यकता है।

नीचे दिए गए कूट से **सही** उत्तर का चयन कीजिए:
A. (*b*) और (*c*) B. (*b*) और (*d*)
C. (*b*), (*c*) और (*d*) D. (*a*), (*b*) और (*d*)

11. एक अनुसंधानकर्ता किसी शहरी क्षेत्र में एक राजनीतिक दल विशेष की संभावनाओं के अध्ययन हेतु इच्छुक है। इस अध्ययन हेतु किस उपकरण को वरीयता देनी चाहिए।
A. निर्धारण मापनी B. साक्षात्कार
C. प्रश्नावली D. अनुसूची

12. निम्न में से किसके लिए शोध के आचार संबंधी मानकों के दिशानिर्देश शामिल **नहीं** होते?
A. शोध प्रारूप B. स्वत्वाधिकार (कॉपीराइट)
C. पेटेंट नीति D. डाटा शेयरिंग नीति

निर्देश (प्र.सं. 13 से 17): *निम्नलिखित अनुच्छेद को सावधानीपूर्वक पढ़िए और प्रश्नों के उत्तर दीजिए:*

हाल ही में मैंने वही काम किया जहां आपको एक बड़े कार्ड पर हस्ताक्षर करने होते हैं और यह काम अपने आप में एक संत्रास है, विशेषकर जबकि उस बड़े कार्ड का धारक मेरे ऊपर झुका हुआ था। मैं अचानक ऐसी स्थिति में था, जैसे अग्रदीप में एक खरगोश या विनोदपूर्ण संवाद भेजने अथवा इन-जोक अथवा आरेखन के बीच उधेड़बुन की स्थिति। इसके बजाय उपलब्ध अनेक विकल्पों से अभिभूत होकर मैंने यही लिखने का निर्णय किया: ''गुड लक, ठीक है, जोएल''।

भयभीत होकर तभी मैंने महसूस किया कि मैं तो लिखना ही भूल गया हूँ। मेरा तो इतना-सा वजूद है ''कम्प्यूटर पर अक्षरों को दबाओ।'' खरीदारी हेतु मेरी सूची तो मेरे फोन के नोट प्रकार्य में छिपी है। यदि मुझे कोई याद करने की आवश्यकता पड़ती है, तो मैं अपने आप को ई-मेल भेज देता हूँ। जब मैं कुछ सोच-विचार में संघर्ष कर रहा होता हूँ तो मैं अपनी कलम चबाने लगता हूँ। कागज कुछ इस तरह से है जिसे मैं लैपटॉप के नीचे एकत्रित करता हूँ ताकि टँकण हेतु इसकी ऊँचाई मेरे लिए अधिक सुविधाजनक हो जाए।

लेखनसामग्री विक्रेताओं द्वारा 1,000 किशोर बालकों के सर्वेक्षण में, बिक ने पाया कि उनके 10 में से एक किशोर के पास अपनी कलम नहीं है, उनमें से हर तीसरे ने तो कभी पत्र नहीं लिखा है एवं 13 से 19 वर्ष के आयु वर्ग के आधे किशोरों को कभी भी बाध्य नहीं किया गया कि वे बैठें और धन्यवाद का पत्र लिखें। 80% से अधिक किशोरों ने तो कभी भी कोई प्रेम पत्र नहीं लिखा, 56% के घर पर पत्र का कागज नहीं है। साथ ही एक-चौथाई को तो जन्मदिन के कार्ड लिखने की अनोखी जहमत की कोई जानकारी ही नहीं हुई। अधिक से अधिक यदि किसी किशोर को कलम के प्रयोग की आवश्यकता हुई तो वह सिर्फ परीक्षा प्रश्न पत्र का उत्तर लिखने में।

बिक, क्या तुमने कभी मोबाइल फोन के बारे में सुना है? क्या तुमने ई-मेल, फेसबुक और स्नैप चैटिंग के बारे में सुना है? यही भविष्य है। कलम का जमाना गया। कागज का जमाना गया। हस्तलेखन अब स्मृतिशेष रह गया है।

''हमारे पास हस्तलेखन सर्वाधिक सर्जनात्मक अभिव्यक्ति है तथा इसे रेखाचित्र (स्केचिंग), चित्रकारी अथवा फोटोग्राफी जैसी कला के अन्य रूपों की तरह समान महत्व दिया जाना चाहिए।''

निम्नलिखित प्रश्नों के उत्तर दीजियेः

13. एक बड़े कार्ड पर हस्ताक्षर करने की बात आई, तो लेखक को ''अग्रदीप में किसी खरगोश'' जैसा अनुभव हुआ। इस पद का क्या अर्थ है?
A. उलझन की स्थिति B. प्रसन्नता की स्थिति
C. दुश्चिंता की स्थिति D. वेदना की स्थिति

14. लेखक के अनुसार, निम्नलिखित में से कौन कामकाज की सर्वाधिक सर्जनात्मक अभिव्यक्ति **नहीं** है?
A. हस्तलेखन
B. फोटोग्राफी
C. रेखाचित्र बनाना (स्केचिंग)
D. पढ़ना

15. लेखक की संपूर्ण सत्ता .... के इर्द-गिर्द घूमती है।
(*a*) कम्प्यूटर (*b*) मोबाइल फोन
(*c*) टाइपराइटर
नीचे दिये गये कूट से **सही** उत्तर का चयन कीजियेः
A. केवल (*b*) B. केवल (*a*) और (*b*)
C. (*a*), (*b*) और (*c*) D. केवल (*b*) और (*c*)

16. बिक के सर्वेक्षण के अनुसार, कितने किशोरों के पास कोई कलम **नहीं** है?
A. 800 B. 560
C. 500 D. 100

17. लेखक की मुख्य चिंता क्या है?
A. कि किशोर संचार हेतु सामाजिक नेटवर्क का उपयोग करते हैं
B. कि किशोर मोबाइल फोन का उपयोग करते हैं
C. कि किशोर कम्प्यूटर का उपयोग करते हैं
D. कि किशोर हस्तलेखन की कला भूल गये हैं

18. विद्यार्थियों द्वारा शिक्षकों के मूल्यांकन के मुख्य उद्देश्य हैंः
(*a*) विद्यार्थियों की कमजोरियों के बारे में जानकारी एकत्र करना।
(*b*) शिक्षक को शिक्षण कार्य गंभीरता से लेने का संदेश देना।
(*c*) शिक्षण की नवीन विधियां अपनाने में शिक्षकों की सहायता करना।
(*d*) शिक्षक के गुणों में और अधिक सुधार के क्षेत्रों की पहचान करना।

नीचे दिये गये कूट से **सही** उत्तर का चयन कीजियेः
A. केवल (*a*) और (*b*) B. केवल (*b*), (*c*) और (*d*)
C. केवल (*a*), (*b*) और (*c*) D. केवल (*a*)

19. विचारों के गतिशील पैटर्न की शुरुआत के लिए कक्षा संप्रेषण का केन्द्रीय बिन्दु के रूप में प्रयोग कहलाता हैः
A. व्यवस्थापन B. समस्या-उन्मुखीकरण
C. विचार प्रोटोकॉल D. मस्तिष्क चित्रण

20. वाणी के बजाय आवाज के पहलुओं को जाना जाता हैः
A. शारीरिक भाषा के रूप में
B. वैयक्तिक भाषा के रूप में
C. परा भाषा के रूप में
D. वितरण भाषा के रूप में

21. प्रत्येक प्रकार का संप्रेषण प्रभावित होता हैः
A. अभिग्रहण से B. संचरण से
C. गैर-विनियमन से D. संदर्भ से

22. कक्षा संप्रेषण के संदर्भ में मनोवृत्तियों, कार्यों एवं प्रकटन को किस रूप में समझा जाता है?
A. शाब्दिक B. अशाब्दिक
C. अवैयक्तिक D. असंगत

23. शिक्षक-छात्र संप्रेषण प्रायः होता हैः
A. अप्रामाणिक B. विवेचनात्मक
C. उपयोगितावादी D. प्रतिरोधात्मक

24. कक्षा में एक संप्रेषक का विश्वास स्तर निर्धारित होता हैः
A. अतिशयोक्ति के प्रयोग से
B. आवाज स्तर के परिवर्तन से
C. अमूर्त अवधारणाओं के प्रयोग से
D. नजर मिलाने से ·

25. इस श्रृंखला की अगली संख्या क्या होगी?
2, 5, 10, 17, 26, 37, ?
A. 50 B. 57
C. 62 D. 72

26. 210 छात्रों का एक समूह किसी परीक्षा में शामिल हुआ। $\frac{1}{3}$ छात्रों का माध्य 60 पाया जाता है। शेष छात्रों का माध्य 78 पाया जाता है। तब संपूर्ण समूह का माध्य क्या होगा?
A. 80 B. 76
C. 74 D. 72

27. अनिल ने अपने घर से पूर्व की दिशा में 6 कि.मी. की दूरी तय करने के बाद यह महसूस किया कि उसने गलत दिशा में दूरी तय की है। वह वापस घूमा और पश्चिम की दिशा में 12 कि.मी. की दूरी तय की, दायीं ओर घूमकर अपने कार्यालय पहुँचने के लिए 8 कि.मी. की दूरी तय की। उसके घर से कार्यलय की सीधी दूरी कितनी है?

A. 20 कि.मी. B. 14 कि.मी.
C. 12 कि.मी. D. 10 कि.मी.

28. इस शृंखला का अगला पद क्या होगा?
B2E, D5H, F12K, H27N, __?__

A. J56I B. I62Q
C. Q62J D. J58Q

29. एक पार्टी आयोजित की गई जिसमें दादी, पिता, माता, चार पुत्र, उनकी पत्नियां और प्रत्येक पुत्र के एक पुत्र एवं दो पुत्रियां उपस्थित थे। पार्टी में उपस्थित महिलाओं की संख्या कितनी है?

A. 12 B. 14
C. 18 D. 24

30. P और Q भाई हैं। R और S बहन हैं। P का पुत्र S का भाई है। Q का R से कैसा संबंध है?

A. पुत्र B. भाई
C. चाचा D. पिता

31. निम्न दिए गए तर्क पर विचार कीजिए:

'शिक्षकों का रोजगार पूर्व परीक्षण बिल्कुल उचित है क्योंकि चिकित्सकों, वास्तुकारों एवं अभियन्ताओं, जो इस समय नियुक्त हैं, को ऐसे परीक्षण का सामना करना पड़ा।'

यह किस प्रकार का तर्क है?

A. निगमनात्मक B. सादृश्यमूलक
C. मनोवैज्ञानिक D. जैविक

32. निम्नलिखित तर्कवाक्यों में दो इस तरह से संबंधित हैं कि वे दोनों सही हो सकते हैं यद्यपि वे दोनों गलत नहीं हो सकते हैं। वे तर्कवाक्य कौन-से हैं? **सही** कूट का चयन कीजिए।

तर्कवाक्यः

(*a*) कुछ पुजारी धूर्त होते हैं।
(*b*) कोई पुजारी धूर्त नहीं होता।
(*c*) सभी पुजारी धूर्त होते हैं।
(*d*) कुछ पुजारी धूर्त नहीं होते हैं।

कूटः

A. (*a*) और (*b*) B. (*c*) और (*d*)
C. (*a*) और (*c*) D. (*a*) और (*d*)

33. संरचनावाले तर्कवाक्यों का समूह, जो कुछ निष्कर्ष प्रदर्शित करता है, कहलाता है:

A. एक निष्कर्ष
B. एक तर्क
C. एक स्पष्टीकरण
D. एक वैध तर्क

34. निम्नलिखित **अभिकथन (A)** और **तर्क (R)** पर विचार कीजिए और दिए गए कूट से **सही** उत्तर का चयन कीजिए:

अभिकथन (A): कोई आदमी पूर्ण नहीं है।
तर्क (R): कुछ आदमी पूर्ण नहीं हैं।

A. (A) और (R) दोनों सही हैं परन्तु (R), (A) के लिए पर्याप्त तर्क प्रस्तुत नहीं करता है
B. (A) और (R) दोनों सही हैं और (R), (A) के लिए पर्याप्त तर्क प्रस्तुत करता है
C. (A) सत्य है, परन्तु (R) असत्य है
D. (A) असत्य है, परन्तु (R) सत्य है

35. अर्थपूर्ण परिभाषा जिसे सोच-समझकर कुछ प्रतीकों के लिए निर्दिष्ट किया जाता है, कहलाता है:

A. कोश-विषयक B. परिशुद्धता
C. स्वनिर्मित परिभाषा D. प्रत्ययकारी

36. यदि तर्कवाक्य 'कोई आदमी ईमानदान नहीं है' को गलत माना जाता है तो निम्नलिखित तर्कवाक्य/तर्कवाक्यों में से किसे निश्चितरूपेण सही होने का दावा किया जा सकता है?

तर्कवाक्यः

A. सभी आदमी ईमानदार हैं
B. कुछ आदमी ईमानदार हैं
C. कुछ आदमी ईमानदार हैं
D. कोई ईमानदार व्यक्ति आदमी नहीं है

निम्नलिखित तालिका में देश की आबादी और विद्युत उत्पादन के दशकगत आँकड़े दिए गए हैं।

वर्ष	*आबादी (मिलियन में)*	*विद्युत उत्पादन (गीगा वाट)**
1951	20	10
1961	21	20
1971	24	25
1981	27	40
1991	30	50
2001	32	80
2011	35	100
	* 1 गीगा वाट = 1000 मिलियन वाट	

निर्देश (प्र.सं. 37 से 42): *उपर्युक्त तालिका के आधार पर प्रश्नों के उत्तर दीजिए।*

37. आबादी की सर्वाधिक वृद्धि दर (%) किस दशक में दर्ज की गई है?
A. 1961-1971 B. 1971-1981
C. 1991-2001 D. 2001-2011

38. आबादी की औसत दशक वृद्धि दर (%) क्या है?
A. ~ 12.21% B. ~ 9.82%
C. ~ 6.73% D. ~ 5%

39. औसत दशकीय वृद्धि दर के आधार पर वर्ष 2021 में आबादी कितनी होगी?
A. 40.34 मिलियन B. 38.49 मिलियन
C. 37.28 मिलियन D. 36.62 मिलियन

40. वर्ष 1951 में, प्रति व्यक्ति विद्युत की उपलब्धता कितनी थी?
A. 100 वाट B. 200 वाट
C. 400 वाट D. 500 वाट

41. किस दशक में, प्रति व्यक्ति विद्युत की औसत उपलब्धता सर्वाधिक थी?
A. 1981-1991 B. 1991-2001
C. 2001-2011 D. 1971-1981

42. वर्ष 1951 से 2011 के बीच कितने प्रतिशत से विद्युत उत्पादन में वृद्धि हुई है?
A. 100% B. 300%
C. 600% D. 900%

43. एन.एम.ई.आई.सी.टी. का अर्थ है:
A. नेशनल मिशन ऑन एजुकेशन थ्रू आई.सी.टी.
B. नेशनल मिशन ऑन ई-गवर्नेंस थ्रू आई.सी.टी.
C. नेशनल मिशन ऑन ई-कॉमर्स थ्रू आई.सी.टी.
D. नेशनल मिशन ऑन ई-लर्निंग थ्रू आई.सी.टी.

44. निम्नलिखित में से कौन एक इन्सटेंट मैसेजिंग एप्लीकेशन है?
(*a*) व्हाट्सऐप (*b*) गूगल टॉक
(*c*) वाइबर
नीचे दिए गए कूट में से **सही** उत्तर का चयन कीजिए:
A. केवल (*a*) और (*b*) B. केवल (*b*) और (*c*)
C. केवल (*a*) D. (*a*), (*b*) और (*c*)

45. एक कम्प्यूटर में एक बाइट में सामान्यतः शामिल होते हैं:
A. 4 बिट्स B. 8 बिट्स
C. 16 बिट्स D. 10 बिट्स

46. निम्नलिखित में से कौन निवेशी (इनपुट) डिवाइस **नहीं** है?
A. माइक्रोफोन B. कीबोर्ड
C. जॉयस्टिक D. मॉनीटर

47. निम्नलिखित में से कौन ओपन सोर्स सॉफ्टवेयर है?
A. एम.एस. वर्ड B. विंडोज
C. मोजिल्ला फायरफॉक्स D. एक्रोबैट रीडर

48. निम्नलिखित में से कौन हमे एक ही पत्र को एम.एस. वर्ड में विभिन्न व्यक्तियों को भेजने में समर्थ बनाता है?
A. मेल ज्वाइन B. मेल कॉपी
C. मेल इंसर्ट D. मेल मर्ज

49. ग्रामीण घरों में, नाइट्रोजन ऑक्साइड प्रदूषण का/के स्रोत हो सकता है/सकते हैं:
(*a*) धूम्र निकास की सुविधारहित गैस चूल्हा
(*b*) लकड़ी चूल्हा
(*c*) मिट्टी तेल वाले हीटर
सही कूट का चयन कीजिए:
A. केवल (*a*) और (*b*) B. केवल (*b*) और (*c*)
C. केवल (*b*) D. (*a*), (*b*) और (*c*)

50. निम्नलिखित में से किस प्रदूषक के कारण मानव को कैंसर हो सकता है?

A. कीटनाशक B. पारा
C. सीसा D. ओजोन

51. **अभिकथन (A):** जनसंख्या नियंत्रण के उपायों से अनिवार्य रूप से पर्यावरणीय ह्रास को रोकने में मदद नहीं मिलती है।

तर्क (R): जनसंख्या वृद्धि और पर्यावरणीय ह्रास के बीच का सम्बन्ध जटिल है।

निम्नलिखित से **सही** उत्तर का चयन कीजिए:

A. (A) और (R) दोनों सत्य हैं और (R), (A) का सही स्पष्टीकरण है
B. (A) और (R) दोनों सत्य हैं, परन्तु (R), (A) का सही स्पष्टीकरण नहीं है।
C. (A) सत्य है, परन्तु (R) असत्य है
D. (A) असत्य है, परन्तु (R) सत्य है

52. निम्नलिखित में से कौन-सी घटना एक प्राकृतिक खतरा **नहीं** है?

A. दावाग्नि B. बिजली कौंधना
C. भूस्खलन D. रासायनिक संदूषण

53. राष्ट्रीय जलवायु परिवर्तन नीति के भाग के रूप में, भारत सरकार की वर्ष 2030 तक नवीकरणीय ऊर्जा की संस्थापित क्षमता को कहाँ तक बढ़ाने की योजना है?

A. 175 GW B. 200 GW
C. 250 GW D. 350 GW

54. वर्तमान में, प्रति व्यक्ति ऊर्जा खपत (किलो वाट घंटा/वर्ष) के संदर्भ में, **सही** क्रम की पहचान कीजिए।

A. ब्राजील > रूस > चीन > भारत
B. रूस > चीन > भारत > ब्राजील
C. रूस > चीन > ब्राजील > भारत
D. चीन > रूस > ब्राजील > भारत

55. राष्ट्रीय उच्चतर शिक्षा अभियान (आर.यू.एस.ए.) के निम्नलिखित में से क्या उद्देश्य हैं?

(*a*) सरकारी संस्थाओं की समग्र गुणवत्ता में सुधार करना।
(*b*) गुणवत्तापूर्ण संकायों की पर्याप्त उपलब्धता सुनिश्चित करना।
(*c*) वर्तमान स्वायत्त महाविद्यालयों के उन्नयन के माध्यम से नई संस्थाएं सृजित करना।
(*d*) अपर्याप्त अवसंरचना वाले विश्वविद्यालयों का स्वायत्त महाविद्यालयों में अधोस्तरण करना।

नीचे दिए गए कूट में से **सही** उत्तर का चयन कीजिए:

A. (*a*), (*b*), (*c*) और (*d*) B. (*a*), (*b*) और (*c*)
C. (*a*), (*c*) और (*d*) D. (*a*), (*b*) और (*d*)

56. शैक्षणिक संस्थाओं में प्रवेश में किन आधारों पर किए जाने वाले पक्षपात का संवैधानिक रूप से निषेध किया गया है?

(*a*) धर्म (*b*) लिंग
(*c*) जन्म स्थान (*d*) राष्ट्रीयता

नीचे दिए गए कूट में से **सही** उत्तर का चयन कीजिए:

A. (*b*), (*c*) और (*d*) B. (*a*), (*b*) और (*c*)
C. (*a*), (*b*) और (*d*) D. (*a*), (*b*), (*c*) और (*d*)

57. लोक सभा के संबंध में निम्नलिखित में से कौन-से कथन **सही** हैं?

(*a*) संविधान में लोक सभा के सदस्यों की संख्या की सीमा तय की गई है।
(*b*) संसदीय निर्वाचन क्षेत्रों के सीमा और आकार निर्वाचन आयोग द्वारा निर्धारित किये जाते हैं।
(*c*) फर्स्ट-पास्ट-द पोस्ट निर्वाचन प्रणाली अपनाई जाती है।
(*d*) मतों के समान रहने की स्थिति में लोकसभाध्यक्ष के पास निर्णायक मत नहीं होता है।

नीचे दिए गए कूट में से **सही** उत्तर का चयन कीजिए:

A. (*a*) और (*c*) B. (*a*), (*b*) और (*c*)
C. (*a*), (*c*) और (*d*) D. (*a*), (*b*), (*c*) और (*d*)

58. संविधान में एक मद के रूप में लोक व्यवस्था निम्नलिखित में से किसमें आती है?

A. संघ सूची में B. राज्य सूची में
C. समवर्ती सूची में D. अवशिष्ट शक्तियों में

59. एक राज्य के महाधिवक्ता का कार्यकाल होता है:

A. 4 वर्ष
B. 5 वर्ष
C. 6 वर्ष अथवा 65 वर्ष की आयु जो भी पहले हो
D. निर्धारित नहीं है

60. निम्नलिखित राज्यों में से किस राज्य की लोक सभा में सीटों की संख्या सर्वाधिक है?

A. महाराष्ट्र B. राजस्थान
C. तमिलनाडु D. पश्चिम बंगाल

उत्तरमाला

1	2	3	4	5	6	7	8	9	10
C	D	B	A	C	A	D	B	B	D
11	**12**	**13**	**14**	**15**	**16**	**17**	**18**	**19**	**20**
C	A	A	D	B	D	D	B	D	C
21	**22**	**23**	**24**	**25**	**26**	**27**	**28**	**29**	**30**
D	B	C	D	A	D	D	D	B	C
31	**32**	**33**	**34**	**35**	**36**	**37**	**38**	**39**	**40**
B	D	B	A	C	B	A	B	B	D
41	**42**	**43**	**44**	**45**	**46**	**47**	**48**	**49**	**50**
C	D	A	D	B	D	C	D	D	A
51	**52**	**53**	**54**	**55**	**56**	**57**	**58**	**59**	**60**
A	D	D	C	B	B	A	B	D	A

कुछ चुने हुए प्रश्नों के व्याख्यात्मक उत्तर

25. 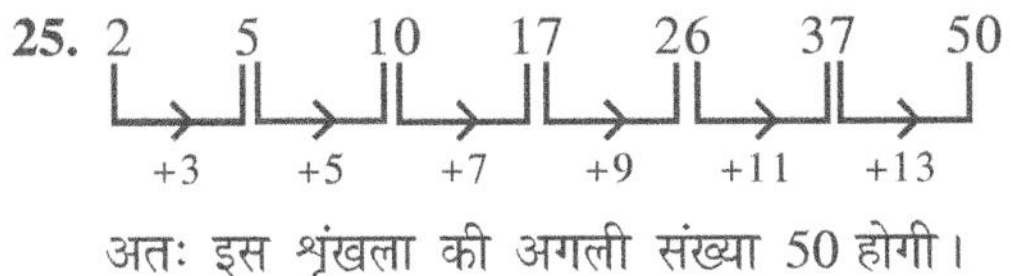

अतः इस श्रृंखला की अगली संख्या 50 होगी।

26. $\frac{1}{3} \times 210 = 70$ छात्र

70 छात्रों का कुल परिमाण $= 70 \times 60 = 4200$

शेष 140 छात्रों का कुल परिमाण $= 140 \times 78 = 10920$

सभी छात्रों का कुल परिमाण $= 4200 + 10920 = 15120$

संपूर्ण समूह का माध्य $= \frac{15120}{210} = 72.$

27. 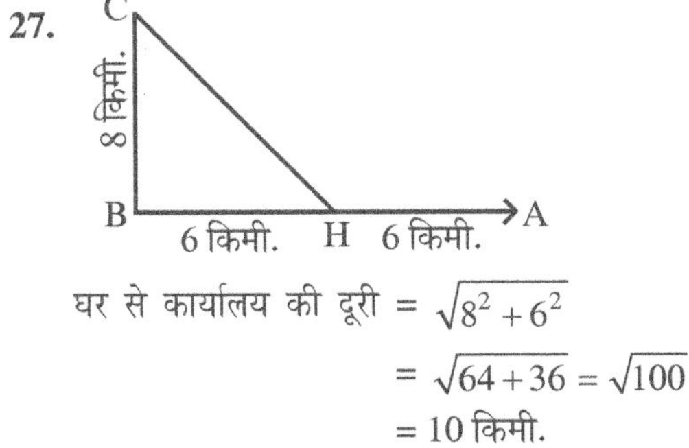

घर से कार्यालय की दूरी $= \sqrt{8^2 + 6^2}$

$= \sqrt{64 + 36} = \sqrt{100}$

$= 10$ किमी.

28. 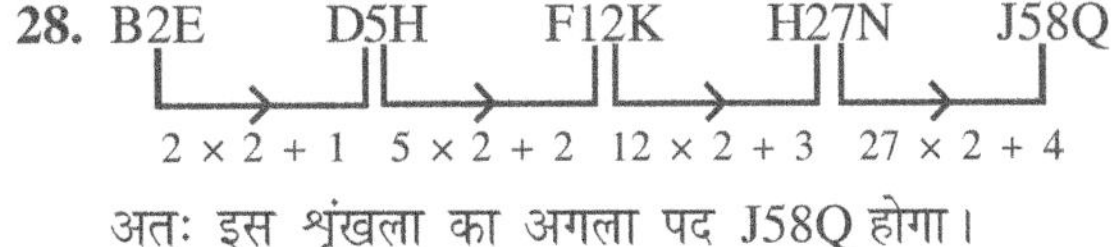

अतः इस श्रृंखला का अगला पद J58Q होगा।

29. पार्टी में उपस्थित महिलाओं की संख्या

$= 2 + 4 + 8 = 4$

30. Q का R से चाचा का संबंध है।

45. **बाइट (Byte):** कम्प्यूटर की स्मृति (memory) की मानक इकाई है। कम्प्यूटर की स्मृति में की-बोर्ड से दबाया गया प्रत्येक अक्षर, अंक अथवा विशेष चिह्न ASCII Code में संचित होते हैं। प्रत्येक ASCII Code 8 byte का होता है। इस प्रकार किसी भी अक्षर को स्मृति में संचित करने के लिए 8 बिट मिलकर 1 बाइट बनती है।

46. एक कम्प्यूटर में इनपुट तथा आउटपुट दोनों उपकरण होते हैं। जिन यंत्रों के द्वारा डाटा इनपुट किया जाता है अर्थात् जिन यंत्रों से आँकड़ें, शब्द या निर्देश मेमोरी में डाले जाते हैं, इनपुट डिवाइसेस कहलाते हैं।

कुछ प्रमुख इनपुट डिवाइसेस निम्नलिखित हैं:

की-बोर्ड, माउस, ट्रैकबॉल, जॉयस्टिक, स्कैनर, माइक्रोफोन, वेब कैम, बार कोड रीडर, ओ.सी.आर. (Optical

Character Reader), एम.आई.सी.आर. (Magnetic Ink Character Reader), ओ.एम.आर. (Optical Mark Reader), किमबॉल टैग रीडर, स्पीच रेकगूनिशन सिस्टम, लाइट पेन तथा टच स्क्रीन इत्यादि।

कुछ आउटपुट डिवाइस निम्नलिखित हैं–

मॉनीटर, प्रिन्टर, स्पीकर, प्लॉटर, स्क्रीन इमेज प्रोजेक्टर।

58. संविधान ने सातवीं अनुसूची में केन्द्र एवं राज्य के बीच विधायी विषयों के संबंध में त्रिस्तरीय व्यवस्था की है–सूची-I (संघ सूची), सूची-II (राज्य सूची) और सूची-III (समवर्ती सूची)।

(*i*) संघ सूची से सम्बन्धित किसी भी मसले पर कानून बनाने की विशेष शक्ति संसद को प्राप्त है। इस सूची में कुल 99 विषय हैं। जैसे–रक्षा, बैंकिंग, विदेश मामले, मुद्रा, आणविक ऊर्जा, बीमा, संचार, केन्द्र-राज्य व्यापार एवं वाणिज्य, जनगणना, लेखा आदि।

(*ii*) राज्य विधानमंडल का 'सामान्य परिस्थितियों' में राज्य सूची में शामिल विषयों पर कानून बनाने की शक्ति प्राप्त है। इस समय इसमें 61 विषय हैं। जैसे–सार्वजनिक व्यवस्था, पुलिस, जन स्वास्थ्य एवं इकाई, कृषि जेल, स्थानीय शासन, मत्स्य पालन, बाजार आदि।

(*iii*) समवर्ती सूची में संसद एवं राज्य विधानमंडल दोनों कानून बना सकते हैं। इस सूची में 52 विषय हैं। जैसे–अपराधिक कानून प्रक्रिया, सिविल प्रक्रिया, विवाह एवं तलाक, जनसंख्या नियंत्रण और परिवार नियोजन, बिजली, श्रम कल्याण, आर्थिक एवं सामाजिक योजना, दवा-अखबार, पुस्तक एवं छापा प्रेस एवं अन्य।

42वें संविधान संशोधन अधिनियम, 1976 के तहत 5 विषयों को राज्य सूची से समवर्ती सूची में शामिल किया गया। वे हैं–शिक्षा, वन, नाप एवं तौल, वन्य जीवों एवं पक्षियों का संरक्षण, न्याय का प्रशासन।

57. लोकसभा संसद का प्रथम या निम्न सदन है, जिसका सभापतित्व करने के लिए एक अध्यक्ष होता है। लोकसभा अपनी पहली बैठक के पश्चात् यथाशीघ्र अपने दो सदस्यों को अध्यक्ष और उपाध्यक्ष के रूप में चुनती है। लोकसभा की अधिकतम सदस्य संख्या 552 निर्धरित की गई है। इनमें से 530 राज्यों के प्रतिनिधि, 20 संघ राज्य क्षेत्रों के प्रतिनिधि होते हैं। आंग्ल भारतीय समुदाय के दो सदस्यों का राष्ट्रपति मनोनीत या नाम निर्देशत करता है। वर्तमान में लोकसभा की सदस्य संख्या 545 है। इन सदस्यों में 530 सदस्य 29 राज्यों से 13 सदस्य 7 केन्द्र शासित प्रदेशों से निर्वाचित होते हैं तथा दो सदस्य आंग्ल भारतीय वर्ग के प्रतिनिधि के रूप में राष्ट्रपति द्वारा मनोनीत होते हैं।

लोकसभा अध्यक्ष के प्रमुख कार्य एवं अधिकारः

- विभिन्न विधेयक व प्रस्तावों पर मतदान करना व परिणाम घोषित करना तथा मतों की समानता की स्थिति में निर्णायक मत देने का अधिकार है।
- किसी विषय को लेकर प्रस्तुत किया जाने वाला 'कार्य स्थगन प्रस्ताव' अध्यक्ष की अनुमति से पेश किया जा सकता है।
- वह विचाराधीन विधेयक पर बहस रूकवा सकता है।

59. संविधान के अनुच्छेद 165 में राज्य के महाधिवक्ता की व्यवस्था की गई है। वह राज्य का सर्वोच्च कानून अधिकारी होता है। इस तरह वह भारत के महान्यायवादी का अनुपूरक होता है। महाधिवक्ता की नियुक्ति राज्यपाल द्वारा होती है। उस व्यक्ति में उच्च न्यायालय का न्यायाधीश बनने की योग्यता होनी चाहिए। दूसरे शब्दों में उसे भारत का नागरिक होना चाहिए, उसे दस वर्ष तक न्यायिक अधिकारी का या उच्च न्यायालय में 10 वर्षों तक वकालत करने का अनुभव होना चाहिए। संविधान द्वारा महाधिवक्ता के कार्यकाल को निश्चित नहीं किया गया है। इसके अतिरिक्त संविधान में उसे हटाने की व्यवस्था का भी वर्णन नहीं किया गया है। वह अपने पद पर तब तक बना रहता है जब तक राज्यपाल की इच्छा हो, इसका तात्पर्य है कि उसे राज्यपाल द्वारा कभी भी हटाया जा सकता है। वह अपने पद से त्यागपत्र देकर भी कार्यमुक्त हो सकता है।

पिछले प्रश्न-पत्र (हल सहित)

यू.जी.सी. NET (JRF) परीक्षा, जून, 2015*

प्रश्न-पत्र-I

नोटः इस प्रश्न-पत्र में साठ (60) बहुविकल्पीय प्रश्न हैं। प्रत्येक प्रश्न के दो (2) अंक हैं। अभ्यर्थी को पचास (50) प्रश्नों के उत्तर देने हैं। यदि पचास (50) से अधिक प्रश्नों के उत्तर दिये तो प्रथम पचास (50) प्रश्न ही जाँचे जायेंगे।

1. निम्नांकित में से ज्ञान सम्बन्धी योग्यता का उच्चतम स्तर क्या है?

A. जानना B. समझना

C. विश्लेषण करना D. मूल्यांकन करना

2. निम्नांकित में से कौन-सा तत्व शिक्षण को प्रभावित **नहीं** करता?

A. शिक्षक का ज्ञान

B. कक्षा की ऐसी गतिविधियाँ जो सीखने को प्रोत्साहित करती हैं

C. शिक्षकों और विद्यार्थियों की सामाजिक-आर्थिक पृष्ठभूमि

D. अनुभव द्वारा सीखना

3. शिक्षण सहायक सामग्री के बारे में निम्नलिखित में से कौन-से कथन सही हैं?

(*a*) वे संकल्पना धारण को लंबे समय तक बनाए रखने में मदद करती हैं।

(*b*) वे विद्यार्थियों को अच्छी तरह से सीखने में मदद करती हैं।

(*c*) वे शिक्षण और अधिगम प्रक्रिया को रोचक बनाती हैं।

(*d*) वे रटकर सीखने की प्रक्रिया को बढ़ावा देती हैं।

नीचे दिए कूटों से सही उत्तर का चयन करें:

A. (*a*), (*b*), (*c*) और (*d*) B. (*a*), (*b*) और (*c*)

C. (*b*), (*c*) और (*d*) D. (*a*), (*b*) और (*d*)

4. शिक्षक द्वारा अध्यापन के लिए उपयोग की जाने वाली तकनीक में शामिल हैं:

(*a*) व्याख्यान

(*b*) पारस्परिक क्रिया आधारित व्याख्यान

(*c*) सामूहिक कार्य

(*d*) स्वाध्याय

नीचे दिए कूटों से सही उत्तर का चयन कीजिए:

A. (*a*), (*b*) और (*c*) B. (*a*), (*b*), (*c*) और (*d*)

C. (*b*), (*c*) और (*d*) D. (*a*), (*b*) और (*d*)

5. उपलब्धि परीक्षण प्रायः निम्न में से किसके लिए प्रयुक्त किए जाते हैं?

A. किसी विशिष्ट कार्य हेतु चयन करने के लिए

B. किसी पाठयक्रम हेतु प्रत्याशियों के चयन के लिए

C. सीखने वालों के सबल व दुर्बल पक्षों की पहचान के लिए

D. शिक्षण के पश्चात् सीखने की मात्रा के मूल्यांकन के लिए

6. एक अच्छा शिक्षक वह है, जो:

A. उपयोगी सूचनायें देता है

B. संकल्पनाओं और सिद्धांतों को स्पष्ट करता है

C. विद्यार्थियों को मुद्रित नोट्स देता है

D. छात्रों को सीखने के लिए अभिप्रेरित करना है

7. 'अनुसंधान' शब्द का अर्थ के संबंध में निम्नलिखित में से कौन-से कथन सत्य हैं?

(*a*) अनुसंधान का तात्पर्य किसी समस्या के समाधान का पता लगाने के लिए शुरू की गई व्यवस्थित कार्यकलाप अथवा कार्यकलापों की श्रृंखला से है।

(*b*) यह एक व्यवस्थित, तार्किक और निष्पक्ष प्रक्रिया है जिसमें परिकल्पना का परीक्षण, आंकड़ों का विश्लेषण, सिद्धांतों की व्याख्या और रचना की जा सकती है।

(*c*) यह सत्य के प्रति बौद्धक जाँच अथवा खोज है।

(*d*) इससे ज्ञान में वृद्धि होती है।

निम्नलिखित कूटों से सही उत्तर का चयन कीजिए:

A. (*a*), (*b*) और (*c*) B. (*b*), (*c*) और (*d*)

C. (*a*), (*c*) और (*d*) D. (*a*), (*b*), (*c*) और (*d*)

*परीक्षा 28/06/2015 को संपन्न हुई

8. एक अच्छे शोध प्रबंध लेखन में शामिल हैंः

(*a*) विराम चिह्न में कमी और न्यूनतम व्याकरणिक अशुद्धियाँ।

(*b*) संदर्भों की सावधानीपूर्वक जाँच।

(*c*) शोध प्रबंध लेखन में निरंतरता।

(*d*) स्पष्ट और अच्छी तरह से लिखा हुआ सारांश।

नीचे दिए कूटों से सही उत्तर का चयन कीजिएः

A. (*a*), (*b*), (*c*) और (*d*) B. (*a*), (*b*) और (*c*)

C. (*a*), (*b*) और (*d*) D. (*b*), (*c*) और (*d*)

9. निम्नलिखित में से किस आधार पर ज्यां प्याजे ने मानव विकास का संज्ञानात्मक सिद्धान्त दिया?

A. मौलिक अनुसंधान B. प्रायोगिक अनुसंधान

C. क्रियात्मक अनुसंधान D. मूल्यांकन अनुसंधान

10. ''एक संख्यात्मक अभिक्षमता परीक्षण में पुरुष तथा महिला विद्यार्थी एक समान प्रदर्शन करते हैं!'' यह कथन निम्न में से किसको इंगित करता है?

A. अनुसंधान परिकल्पना B. शून्य परिकल्पना

C. दिशात्मक परिकल्पना D. सांख्यकीय परिकल्पना

11. निम्नलिखित में से किस प्रकार के अनुसंधान के सारांशों/निष्कर्षों को अन्य स्थितियों से सामान्यकृत नहीं किया जा सकता है?

A. ऐतिहासिक अनुसंधान

B. वर्णनात्मक अनुसंधान

C. प्रायोगिम अनुसंधान

D. कारणात्मक तुलनापरक अनुसंधान

12. एक-प्रश्नावली तैयार करते समय निम्नलिखित में से कौन-से कदम उठाए जाने की आवश्यकता है?

(*a*) अध्ययन के प्राथमिक और द्वितीयक उद्देश्य लेखन।

(*b*) वर्तमान साहित्य की समीक्षा।

(*c*) प्रश्नावली का प्रारूप तैयार करना।

(*d*) प्रारूप की पुनरीक्षण।

नीचे दिए गए कूटों से सही उत्तर का चयन कीजिए।

A. (*a*), (*b*) और (*c*) B. (*a*), (*c*) और (*d*)

C. (*b*), (*c*) और (*d*) D. (*a*), (*b*), (*c*) और (*d*)

निर्देश (प्र.सं. 13 से 18): *निम्नलिखित अनुच्छेद को सावधानीपूर्वक पढ़िए और प्रश्नों का उत्तर दीजिएः*

कथा-वाचन हमारे जीन में नहीं है। यह विकासमूलक इतिहास भी नहीं है। यह वह तत्व है जो हमें मानव बनाता है।

मानव कथा-वाचन के माध्यम से प्रगति करता है। किसी विशेष घटना का परिणाम कथा के कई विविध रूपों में सामने आता है, जिसके बारे में लोग कहते हैं। कभी-कभी उन कहानियों में भारी अंतर होता है। किस कहानी का वाचन हो रहा है और उसे दाहराया जा रहा है तथा किस कथा को छोड़ दिया गया और भुला दिया जाता है जिससे बहुधा यह निर्धारित होता है कि हमने कैसे प्रगति की। हमारा इतिहास, ज्ञान और समझ—ये सभी कुछ कहानियों के संग्रह हैं जो जीवित रहते हैं। इसमें वे कहानियाँ भी शामिल हैं जो हम भविष्य के बारे में एक-दूसरे को कहते हैं और भविष्य कैसा होगा यह आंशिक अथवा संभवतः व्यापक रूप से उन कहानियों के चयन पर निर्भर करता है जिन पर हमारा सामूहिक रूप से विश्वास होता है।

कुछ कहानियाँ तो डर और चिंता फैलाने के लिए गढ़ी जाती हैं। ऐसा इसलिए कि कुछ कथावाचक ऐसा महसूस करते हैं कि कुछ तनाव पैदा करने की जरूरत है। कुछ डरावनी कहानियाँ होती हैं, वे टोटमी चेतावनी जैसी होती हैंः ''अभी कुछ नहीं किए तो हम सबका सर्वनाश हो जाएगा।'' इसके बाद कुछ ऐसी कहानियाँ होती हैं जो इस बात की ओर संकेत करती हैं कि सबकुछ अच्छा होगा यदि हम सबकुछ विशेष रूप से चन्द सक्षम वयस्कों के भरोसे छोड़ देंगे। इस समय यह प्रवृत्ति उन लोगों द्वारा आगे बढ़ाई जा रही है जो अपने आपको ''विवेकी आशावादी'' कहते हैं। वे यह दावा करते हैं कि प्रतिस्पर्धा करना, सफल होना और दूसरों की कीमत पर लाभ लेना ही मानव स्वभाव है। हालांकि विवेकी आशावादी यह अनुभव नहीं करते कि भद्र सामाजिक ताने-बाने के माध्यम से मानवता ने समय के साथ कैसे प्रगति की है और कैसे बड़े समाज का समूह न्यूनतम स्वार्थ से कार्य करता है तथा प्रक्रिया में धनी और निर्धन एवं ऊँच-नीच को समान रूप से कैसे समायोजित करता है। कथा-वाचन के इस पहलू पर ''व्यावहारिक सम्भाव्यों'' द्वारा विचार किया जाता है, जो उन लोगों के मध्य का मार्ग अपनाते हैं जो यह कहते हैं कि सब ठीक-ठाक है, खुश रहो और सुखद भविष्य के लिए अपने व्यवहार में व्यक्तिवादी बनो ओर वे लोग जो निराशावाद और भय का दामन थामते हैं, वे यह मानते हैं कि हम सबका सर्वनाश हो जाएगा।

हमारा भविष्य यह है कि हम किस कहानी को आगे बढ़ाते हैं और हम उस पर किस तरह से कार्य करते हैं।

निम्नलिखित प्रश्नों के उत्तर दीजिएः

13. हमारा ज्ञान निम्न में से किसका समूह है?

A. वे सभी कहानियाँ जिन्हें हमने अपने जीवन-काल में सुना है

B. कुछ ऐसी कहानियाँ जिन्हें हम याद करते हैं
C. कुछ कहानियाँ जो जीवित रहती हैं
D. कुछ महत्वपूर्ण कहानियाँ

14. कथा-वाचन निम्न में से क्या है?
A. एक कला
B. एक विज्ञान
C. हमारे जीन में है
D. एक तत्व जो हमें मानव बनाता है

15. कहानियों के आधार पर हमारा भविष्य कैसा होगा?
A. हम सामूहिक रूप से विश्वास का चयन करते हैं
B. जो बार-बार कही जाती हैं
C. भय और तनाव फैलाने के लिए विरूपित की जाती हैं
D. भविष्य बताने के लिए विरूपित की जाती हैं

16. विवेकी आशावादी
(*a*) अवसरों की ताक में रहते हैं।
(*b*) संवदनशील और प्रसन्न रहते हैं।
(*c*) स्वार्थी होते हैं।

नीचे दिए कूटों से सही उत्तर दीजिए:
A. (*a*), (*b*) और (*c*) B. केवल (*a*)
C. केवल (*a*) और (*b*) D. केवल (*b*) और (*c*)

17. मानव कम स्वार्थी होते हैं जब:
A. वे बड़े समूह में कार्य करते हैं
B. वे डरावनी कहानियाँ सुनते हैं
C. वे आनंददायी कहानियाँ सुनते हैं
D. वे अकेले काम करते हैं

18. 'क्रियात्मक संभाव्य' वे हैं जो:
A. मध्यमार्ग पर चलते हैं
B. विनाश का हौवा खड़ा करने वाले होते हैं
C. आत्म-केन्द्रित होते हैं
D. प्रसन्न और बेपरवाह होते हैं

19. निम्नलिखित में से किससे सम्प्रेषण की प्रभावशीलता का पता लगाया जा सकता है?
(*a*) अभिवृत्ति सर्वेक्षण (*b*) कार्य निष्पादन रिकॉर्ड
(*c*) विद्यार्थियों की उपस्थिति (*d*) सम्प्रेषण माध्यम का चयन

नीचे दिए कूटों से सही उत्तर का चयन कीजिए:
A. (*a*), (*b*), (*c*) और (*d*) B. (*a*), (*b*) और (*c*)
C. (*b*), (*c*) और (*d*) D. (*a*), (*b*) और (*d*)

20. **अभिकथन (A):** औपचारिक सम्प्रेषण त्वरित और लचीला होना चाहिए।

तर्क (R): सूचना का औपचारिक सम्प्रेषण एक योजनाबद्ध और व्यवस्थित प्रवाह है।
A. दोनों **(A)** और **(R)** सत्य हैं और **(R), (A)** का सही स्पष्टीकरण है।
B. दोनों **(A)** और **(R)** सत्य हैं, परंतु **(R), (A)** का सही स्पष्टीकरण नहीं है।
C. **(A)** सत्य है, परन्तु **(R)** असत्य है।
D. **(A)** असत्य है, परन्तु **(R)** सत्य है।

21. निम्नलिखित में से कौन सम्प्रेषण की विशेषताएँ हैं?
(*a*) सम्प्रेषण में विचारों, तथ्यों और मतों का आदान-प्रदान शामिल है।
(*b*) सम्प्रेषण में सूचना और समझ दोनों शामिल हैं।
(*c*) सम्प्रेषण एक सतत प्रक्रिया है।
(*d*) सम्प्रेषण एक वृत्तीय प्रक्रिया है।

नीचे दिए गए कूटों से सही उत्तर का चयन कीजिए:
A. (*a*), (*b*) और (*c*) B. (*a*), (*b*) और (*d*)
C. (*b*), (*c*) और (*d*) D. (*a*), (*b*), (*c*) और (*d*)

22. 'ग्रेपवाइन' (दाखलता) शब्द निम्नांकित में से किस रूप में भी जाना जाता है?
A. नीचे की ओर संचार B. अनौपचारिक संचार
C. ऊपर की ओर संचार D. क्षैतिज संचार

23. निम्नलिखित में से कौन प्रभावी सम्प्रेषण का सिद्धान्त **नहीं** है?
A. प्रत्ययकारी और विश्वासोत्पादक वार्ता
B. श्रोताओं की भागीदारी
C. सूचना का एकतरफा अन्तरण
D. ग्रेपवाइन का रणनीतिक उपयोग

24. सम्प्रेषण में भाषा होती है:
A. वाचिक कूट B. अन्तर्वैयक्तिक
C. प्रतीकात्मक कूट D. गैर वाचिक कूट

25. इस श्रृंखला की अगली संख्या क्या होगी?
2, 5, 9, 19, 37, ?
A. 73 B. 75
C. 78 D. 80

26. किसी कोड में MATHURA को JXQEROX निरूपित करता है, HOTELS किसके द्वारा निरूपित होता है?
A. LEQIBP B. ELQBIP
C. LEBIQP D. ELIPQB

27. एक दिन प्रकाश घर से जाता है और दक्षिण में 10 कि.मी. चलता है, दाएँ मुड़ता है और 5 कि.मी. चलता है, दाएँ मुड़ता है और 10 कि.मी. चलता है और बाएँ मुड़कर 10 कि.मी. चलता है। सीधे अपने घर पहुँचने के लिए उसे कितने कि.मी. चलना पड़ेगा?

A. 10 B. 20
C. 15 D. 30

28. एक लड़की ने एक लड़के का परिचय दिया कि वह उसके अंकल के पिता की बेटी का लड़का है, तो लड़की का लड़के से रिश्ता हुआ?

A. भाई B. अंकल
C. भतीजा D. बेटा

29. एक परीक्षा में 10,000 विद्यार्थी बैठे। परीक्षाफल घोषित होने पर विद्यार्थियों की संख्या इस प्रकार है:

सभी पाँचों विषयों में सफल होने वालों की संख्या = 5583
तीन विषयों में सफल होने वालों की संख्या = 1400
दो विषयों में सफल होने वालों की संख्या = 1200
एक विषय में सफल होने वालों की संख्या = 735
केवल अंग्रेजी विषय में असफल होने वालों की संख्या = 75
केवल भौतिक विषय में असफल होने वालों की संख्या = 145
केवल रसायन विषय में असफल होने वालों की संख्या = 140
केवल जीव विज्ञान विषय में असफल होने वालों की संख्या = 200
केवल जीव विज्ञान विषय में असफल होने वालों की संख्या = 157

कम-से-कम चार विषयों में सफल होने वाले विद्यार्थियों की संख्या होगी:

A. 6300 B. 6900
C. 7300 D. 7900

30. वर्तमान में एक व्यक्ति अपने बेटे से चार गुना बड़ा है और अपनी पत्नी से 3 साल बड़ा है, 3 साल के बाद उसके बेटे की आयु 15 साल हो जाएगी। उस व्यक्ति की पत्नी की आयु 5 साल बाद कितनी होगी?

A. 42 B. 48
C. 45 D. 50

31. यदि हम विश्व के बारे में तथ्यों की नई जानकारी प्राप्त करने की कोशिश करें तो निम्न में से किस प्रकार की तर्क-शक्ति पर भरोसा करें?

A. आगमनात्मक B. निगमनात्मक
C. प्रदर्शनात्मक D. शरीर विज्ञान सम्बन्धी

32. एक निगमनात्मक तर्क अवैध होता है यदिः

A. इसके आधार वाक्य और निष्कर्ष सभी असत्य हैं
B. इसके आधार वाक्य सत्य परन्तु निष्कर्ष असत्य हैं
C. इसके आधार वाक्य असत्य परन्तु निष्कर्ष सत्य हैं
D. इसके आधार वाक्य और निष्कर्ष सभी सत्य हैं

33. आगमनात्मक तर्क निम्नांकित में से किस पर आधारित है?

A. प्रकृति की अखण्डता B. प्रकृति की एकता
C. प्रकृति की समरूपता D. प्रकृति की समरसता

34. निम्नलिखित कथनों में से **दो** एक-दूसरे के विरोधी हैं। सही कूट चयन करिए जो सही उत्तर का प्रतिनिधित्व करे।

कथनः

(*a*) सभी कवि दार्शनिक होते हैं।
(*b*) कुछ कवि दार्शनिक होते हैं।
(*c*) कुछ कवि दार्शनिक नहीं होते।
(*d*) कोई भी दार्शनिक कवि नहीं होता।

कूटः

A. (*a*) और (*b*) B. (*a*) और (*d*)
C. (*a*) और (*c*) D. (*b*) और (*c*)

35. नीचे दिये गये कूटों में से किसमें केवल **सही** कथन समाविष्ट है?

कथनः

(*a*) वेन आरेख तर्कों को आलेखीय रूप से प्रदर्शित करता है।
(*b*) वेन आरेख हमारी समझ को बढ़ा सकता है।
(*c*) वेन आरेख को वैध अथवा अवैध कहा जा सकता है।
(*d*) वेन आरेख संकेत-पद्धति का स्पष्ट तरीका है।

कूटः

A. (*a*), (*b*) और (*c*) B. (*a*), (*b*) और (*d*)
C. (*b*), (*c*) और (*d*) D. (*a*), (*c*) और (*d*)

36. जब परिभाषा का उद्देश्य उपयोग को स्पष्ट करना या अस्पष्टता अथवा संशय दूर करना होता है तो ऐसी परिभाषा कहलाती है:

A. अनुबन्धात्मक B. सैद्धान्तिक
C. शाब्दिक D. प्रत्ययकारी

निर्देश (प्र.सं. 37-42): *नीचे दिये गये टेबलीकृत डेटा पर आधारित हैं।*

एक कम्पनी में 20 कर्मचारी हैं। उनकी उम्र (वर्षों में) और वेतन (प्रति माह हजार रुपये में) नीचे दिया गया है।

क्रम सं.	उम्र (वर्षों में)	वेतन (प्रति माह हजार रुपये में)
1.	44	35
2.	32	20
3.	54	45
4.	42	35
5.	31	20
6.	53	60
7.	42	50
8.	51	55
9.	34	25
10.	41	30
11.	33	30
12.	31	35
13.	30	35
14.	37	40
15.	44	45
16.	36	35
17.	34	35
18.	49	50
19.	43	45
20.	45	50

37. प्रत्येक कर्मचारी की उम्र के आंकड़े को 5 वर्ष के अन्तराल के वर्ग में वर्गीकृत करें। किस वर्ग अन्तराल में अधिकतम औसत वेतन प्रदर्शित है?
A. 35-40 वर्ष B. 40-45 वर्ष
C. 45-50 वर्ष D. 50-55 वर्ष

38. 30-35 वर्षों के वर्ग अन्तराल में आवृत्ति (%) क्या है?
A. 20% B. 25%
C. 30% D. 35%

39. कर्मचारियों की औसत उम्र क्या है?
A. 40.3 वर्ष B. 38.6 वर्ष
C. 47.2 वर्ष D. 45.3 वर्ष

40. कर्मचारियों का कितना भाग (%) प्रति माह ≥ 40,000 वेतन प्राप्त कर रहा है?
A. 45% B. 50%
C. 35% D. 32%

41. 40-50 वर्षों के आयु समूह में औसत वेतन (प्रति माह हजार रुपये में) कितना है?
A. 35 B. 42.5
C. 40.5 D. 36.5

42. कर्मचारियों का कितना भाग कुल कर्मचारियों के औसत वेतन से कम वेतन लेता है?
A. 45% B. 50%
C. 55% D. 47%

43. नेटवर्क के आर-पार ट्रांसमिशन के लिए आंकड़ों को कूटबद्ध करना या गडमड करना क्या कहलाता है?
A. सुरक्षा B. अवगमन
C. कोडीकरण D. विकोडीकरण

44. निम्नलिखित में से कौन-सी निर्गम युक्ति **नहीं** है?
A. प्रिंटर B. स्पीकर
C. मॉनीटर D. की-बार्ड

45. निम्नलिखित में से कौन-सी एक अरब अक्षरों का प्रतिनिधित्व करती है?
A. किलोबाइट B. मेगाबाइट
C. गिगाबाइट D. टेराबाइट

46. निम्नलिखित में से कौन निशुल्क स्रोत साफ्टवेयर **नहीं** है?
A. इंटरनेट एक्सप्लोरर B. फेडोरा लाइनैक्स
C. ओपन ऑफिस D. अपाचे एच.टी.टी.पी. सर्वर

47. निम्नलिखित में से कौन-सी दशमलव संख्या 25 का दोहरा समानार्थी (बाइनरी इक्विलेंट) है?
A. 10101 B. 01101
C. 11001 D. 11011

48. बातचीत (चैटिंग) के लिए कौन-सा इस्टैंट मैसेंजर प्रयुक्त होता है?
A. अल्टाविस्टा B. एम.ए.सी.
C. माइक्रोसॉफ्ट ऑफिस D. गूगल टॉक

49. किस देश में प्रति व्यक्ति जल उपयोग अधिकतम है?
A. यू.एस.ए. B. यूरोपियन यूनियन
C. चीन D. भारत

50. कूल वैश्विक कार्बन डाइऑक्साइड उत्सर्जनों में भारत का योगदान लगभग कितना है?

A. ~ 3% B. ~ 6%
C. ~ 10% D. ~ 15%

51. दो भूकंप A और B रिक्टर स्केल पर क्रमशः 5 और 6 परिमाण के आए। उत्सर्जित ऊर्जाओं का अनुपात लगभग (E_B/E_A) कितना होगा?

A. ~ 8 B. ~ 16
C. ~ 32 D. ~ 64

52. निम्नलिखित में से कौन-सा संयोजन नवीकरणीय प्राकृतिक संसाधन प्रकट करता है?

A. उर्वर मृदा, ताजा जल और प्राकृतिक गैस
B. स्वच्छ वायु, फॉस्फेट्स और जैव विविधता
C. मछलियाँ, उर्वर मृदा और ताजा जल
D. तेल, वन और ज्वार

53. भारत में हाल ही में प्रारम्भ किये गये वायु गुणवत्ता सूचकांक में, निम्नलिखित में से कौन-सा प्रदूषक सम्मिलित **नहीं** किया गया है?

A. कार्बन मोनोक्साइड
B. सूक्ष्म विविक्त (पार्टिक्युलेट) पदार्थ
C. ओजोन
D. क्लोरोफ्लूरोकार्बनूस

54. पर्यावरण पर मानवोद्भविक क्रियाओं का प्रभाव निर्धारित करने में कौन-सा कारक सर्वाधिक महत्वपूर्ण है?

A. जनसंख्या, प्रति व्यक्ति धनाढ्यता, प्रति व्यक्ति भूमि उपलब्धता
B. जनसंख्या, प्रति व्यक्ति धनाढ्यता और संसाधनों का दोहन करने के लिये उपयोग की जाने वाली प्रौद्योगिकी
C. वायुमंडलीय स्थितियाँ, जनसंख्या और वनाच्छादन
D. जनसंख्या, वनाच्छादन और प्रति व्यक्ति भूमि उपलब्धता

55. संसद का सत्र निम्नांकित में से किसके द्वारा आहूत किया जाता है?

A. राष्ट्रपति
B. प्रधानमंत्री
C. लोकसभा का स्पीकर
D. लोकसभा का स्पीकर व राज्यसभा का सभापति

56. भारत में सिविल सर्विस दिवस मनाया जाता है:

A. 21 अप्रैल को B. 24 अप्रैल को
C. 21 जून को D. 7 जुलाई को

57. द साउथ एशिया यूनिवर्सिटी निम्नांकित में से किस शहर में अवस्थित है?

A. कोलम्बो B. ढाका
C. नई दिल्ली D. काठमाण्डू

58. विश्वविद्यालय अनुदान आयोग को निम्नांकित में से किन उद्देश्यों के लिए गठित किया गया था?

(*a*) अनुसंधान के उन्नयन और उच्च शिक्षा के विकास के लिए
(*b*) संभावनाशील अधिगम वाले संस्थानों की पहचान एवं उन्हें उसी रूप में बनाए रखने के लिए
(*c*) शिक्षकों का क्षमता निर्माण
(*d*) भारत की उच्च शिक्षा क्षेत्र की प्रत्येक संस्था को स्वायत्तता प्रदान करने के लिए

निम्नांकित कूट की सहायता से सही उत्तर का चयन कीजिए:

A. (*a*), (*b*), (*c*) और (*d*) B. (*a*), (*b*) और (*c*)
C. (*b*), (*c*) और (*d*) D. (*a*), (*b*) और (*d*)

59. वर्तमान (2015) में भारत की उच्च शिक्षण संस्थाओं में सकल नामांकन अनुपात (GER) लगभग क्या है?

A. 8 प्रतिशत B. 12 प्रतिशत
C. 19 प्रतिशत D. 23 प्रतिशत

60. अप्रैल 2015 में भारत में कुल केन्द्रीय विश्वविद्यालय थे:

A. 08 B. 14
C. 27 D. 43

उत्तरमाला

1	2	3	4	5	6	7	8	9	10
D	C	B	A	D	D	D	A	A	B
11	**12**	**13**	**14**	**15**	**16**	**17**	**18**	**19**	**20**
A	D	C	D	A	A	A	A	B	D
21	**22**	**23**	**24**	**25**	**26**	**27**	**28**	**29**	**30**
D	B	C	A	B	B	C	A	A	D

31	32	33	34	35	36	37	38	39	40
A	B	C	C	B	C	D	D	A	A
41	42	43	44	45	46	47	48	49	50
B	C	C	D	C	A	C	D	B	B
51	52	53	54	55	56	57	58	59	60
C	C	D	B	A	A	C	B	C	D

कुछ चुने हुए प्रश्नों के व्याख्यात्मक उत्तर

1. ब्लूम ने ज्ञान संबंधी योग्यता को छः स्तरों में बाँटा है। जिसमें उच्चतम स्तर पर मूल्यांकन (Evaluation) करना है।

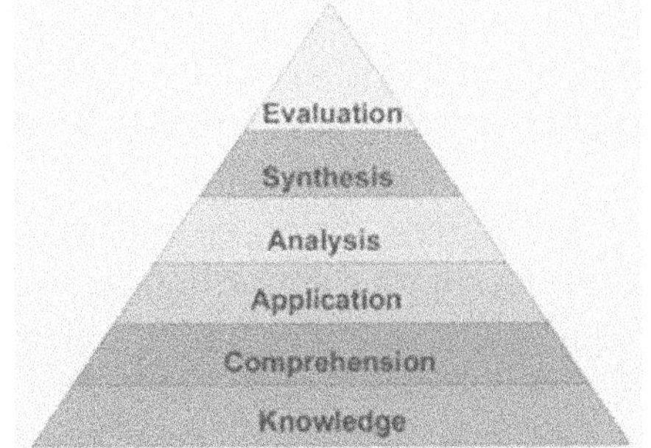

मूल्यांकन वस्तुतः किसी वस्तु के आंतरिक तथा बाह्य संरचनात्मक एवं उपयोगिता के आधार पर उसके मूल्य का निर्धारण करना है।

5. उपलब्धि परीक्षण शिक्षण के पश्चात् सीखने की मात्रा के मूल्यांकन के लिए प्रयुक्त किए जाते हैं। उपलब्धि परीक्षण ज्ञान एवं बुद्धि परीक्षण का एक प्रकार है।

6. एक अच्छा शिक्षक वह है जो छात्रों को सीखने के लिए अभिप्रेरित करता है। छात्रों को नये विषयों एवं क्षेत्रों की जानकारी दे एवं उनके विषय में जानने के लिए प्रोत्साहित करें। शिक्षक को आदर्शवादी (Idealist) एवं व्यवहारिक (Pragmetic) होना चाहिए। छात्रों को सीखने के प्रति उत्साह दिलाये और सीखने की प्रक्रिया के प्रति रुचि जागृत करें।

शिक्षक को अतिरिक्त कार्यकलाप (Extra Curricular Activity) जैसे नाटक, सैर, खेलकूद इत्यादि में भी छात्रों को प्रोत्साहित करना चाहिए।

19. सम्प्रेषण भावनाओं, विचार एवं सूचनाओं का लिखित या मौखिक रूप में आदान-प्रदान है। सम्प्रेषण की प्रभावशीलता किसी व्यवसाय की सफलता के लिए महत्वपूर्ण है। जिसे हम निम्नलिखित बिन्दुओं में बाँटते हैंः

(अ) अभिवृत्ति सर्वेक्षण,

(ब) कार्य निष्पादन रिकॉर्ड,

(स) विद्यार्थियों की उपस्थिति

25.

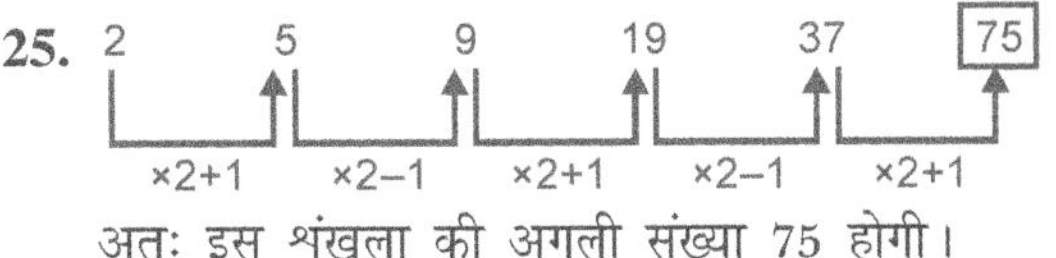

अतः इस शृंखला की अगली संख्या 75 होगी।

26. M A T H U R A

–3↓ –3↓ –3↓ –3↓ –3↓ –3↓ –3↓

J X Q E R O X

इसीप्रकार,

H O T E L S

–3↓ –3↓ –3↓ –3↓ –3↓ –3↓

E L Q B I P

27.

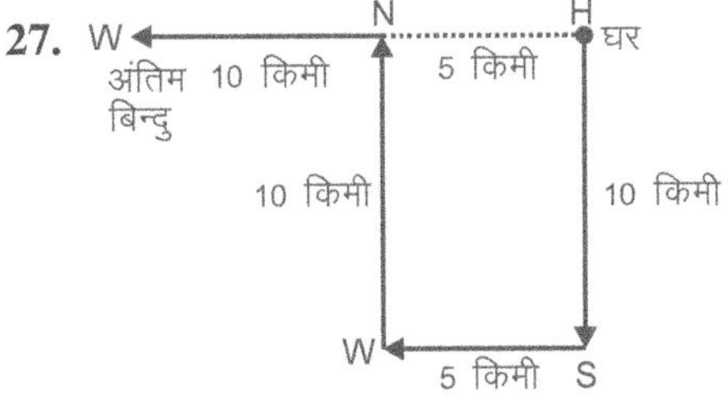

सीधे अपने घर पहुँचने के लिए उसे 15 किमी. चलना पड़ेगा।

28.

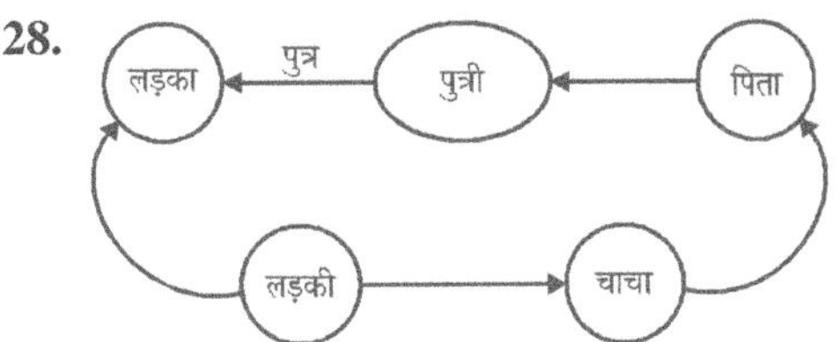

अतः लड़की का लड़के से रिश्ता भाई का हुआ।

29. अभीष्ट कम-से-कम चार विषयों में सफल होने वाले विद्यार्थियों की संख्या = 5583 + 717 = 6300.

30. माना की पुत्र की वर्तमान आयु = x वर्ष

पिता की वर्तमान आयु = $4x$ वर्ष

पत्नी की वर्तमान आयु = $(4x - 3)$ वर्ष

प्रश्नानुसार, $x + 3 = 15 \Rightarrow x = 12$

$\therefore$ पत्नी की वर्तमान आयु = $4 \times 12 - 3 = 45$ वर्ष

अतः 5 वर्ष के बाद पत्नी की आयु = 45 + 5 = 50 वर्ष होगी।

37. 35-40 वर्ष:

औसत वेतन $= \frac{40+35}{2} = \frac{75}{2}$

= 37.5 हजार/माह

40-45 वर्ष:

औसत वेतन $= \frac{35+35+50+30+45+45}{6}$

$= \frac{240}{6} = 40$ हजार/माह

45-50 वर्ष:

औसत वेतन $= \frac{50+50}{2} = \frac{100}{2} = 50$ हजार/माह

50-55 वर्ष:

औसत वेतन $= \frac{45+60+55}{3} = \frac{160}{3} = 53.3$ हजार/माह

अतः 50-55 वर्ग अन्तराल में अधिकतम औसत वेतन प्रदर्शित है।

38. अभीष्ट % $= \frac{7}{20} \times 100 = 35\%$.

39. कुल कर्मचारियों की आयु का योग = 806 वर्ष

औसत आयु $= \frac{806}{20} = 40.3$ वर्ष

40. अभीष्ट % $= \frac{9}{20} \times 100 = 45\%$.

41. 40-50 वर्ष:

कुल वेतन = 340 हजार/माह

अभीष्ट औसत वेतन $= \frac{340}{8} = 42.5$ हजार/माह

42. कुल कर्मचारियों का वेतन = 775 हजार/माह

औसत वेतन $= \frac{775}{20} = 38.75$ हजार/माह

अभीष्ट % $= \frac{11}{20} \times 100 = 55\%$.

45. एक गीगाबाइट (GB), एक हजार मेगाबाइट (MB) या एक अरब बाइट के बराबर होता है। डिस्क क्षमता या ड्राइव क्षमता को दर्शान के लिए प्रायः हम गीगाबाइट शब्द प्रयोग करते है।

46. निशुल्क स्रोत सॉफ्टवेयर (OSS) मानव निर्मित स्रोत कूट का आसानी से बारंबार उपयोग कर सकते हैं, इसमें आवश्यक सुधार कर सकते हैं, इसका प्रयोग हम अधिक से अधिक कम्प्यूटरों में कर सकते हैं।
माइक्रोसॉफ्ट द्वारा विकसित ''इंटरनेट एक्सपलोरर'' निःशुल्क स्रोत सॉफ्टवेयर नहीं है। अन्य प्रचलित वेब ब्राउजर (मोजिला फायरफोक्स, गूगल क्रोम, ओपेरा, सफारी, लीनक्स) निःशुल्क स्रोत सॉफ्टवेयर (OSS) हैं।

48. गूगल टॉक एक इंस्टेंट मैसेंजर है जिसे हम बातचीत (चेटिंग) के लिए प्रयोग करते है। इसे हम ध्वनि (वॉइस) तथा शब्द (टेक्स्ट) दोनों रूप में उपयोग कर सकते हैं। इसे हम 'जी चेट', 'जी मैसेंजर' या 'जी टॉक' के रूप में भी जानते हैं।

52. नवीकरण संसाधन जैसेः ताजा जल, उर्वर मृदा, मछलियाँ, हवा मं ऑक्सीजन, सौर ऊर्जा, आदि ऐसे संसाधन हैं, जिनका उपयोग एवं पुनरूत्पादन संभव है।

53. भारत में हाल ही में प्रारंभ किये गये वायु गुणवत्ता सूचकांक, लोगों का पर्यावरण एवं स्वास्थ्य की ओर जागरूकता के लिए एक अच्छा कदम है। वायुगणवत्ता सूचकांक में छः श्रेणियाँ हैं और इसमें कुल आठ महत्त्वपूर्ण प्रदूषक को आधार बनाया गया है। क्लोरोफ्लूरोकार्बनूस को इसमें नहीं जोड़ा गया है।

56. भारत में सिविल सर्विस दिवस प्रत्येक वर्ष के 21 अप्रैल को मनाया जाता है।

57. दक्षिण साउथ एशिया यूनिवर्सिटी एक अन्तरराष्ट्रीय यूनिवर्सिटी है जो सार्क देशों द्वारा संचालित की जाती है। सार्क देश जो इसे संचालित करते हैं उनके नाम इस प्रकार हैं: अफगानिस्तान, बंगलादेश, पाकिस्तान, नेपाल, श्रीलंका, भूटान, मालदीप एवं भारत। यह यूनिवर्सिटी भारत की राजधानी दिल्ली में स्थित है।

60. अप्रैल 2015 तक भारत में कुल केन्द्रीय विश्वविद्यालयों की संख्या 43 थी।

पिछले प्रश्न-पत्र (हल सहित)

यू.जी.सी. NET (JRF) परीक्षा, दिसम्बर, 2014*

प्रश्न-पत्र-I

नोटः इस प्रश्न-पत्र में **साठ** (60) बहुविकल्पीय प्रश्न हैं। प्रत्येक प्रश्न के **दो** (2) अंक हैं। अभ्यर्थी को **पचास** (50) प्रश्नों के उत्तर देने हैं। यदि **पचास** (50) से अधिक प्रश्नों के उत्तर दिये तो प्रथम **पचास** (50) प्रश्न ही जाँचे जायेंगे।

1. 'पीत-पत्रकारिता' पद का संबंध है

A. आतंकवाद और हिंसा के विषय में सनसनीखेज समाचार।

B. पाठकों/दर्शकों को आकर्षित करने के लिए सनसनीपरकता और अतिशयोक्ति।

C. कला और संस्कृति के सनसनीखेज समाचार।

D. पीले कागजों पर छपे सनसनीखेज समाचार।

2. शिक्षक कक्षा में एक संदेश शब्दों या चित्रों में भेजता है। विद्यार्थी वास्तव में हैं

A. एनकोडर्स B. डिकोडर्स

C. एजिटेटर्स D. प्रोपेगेटर्स

3. मीडिया जाना जाता है

A. प्रथम सत्ता वर्ग B. द्वितीय सत्ता वर्ग

C. तृतीय सत्ता वर्ग D. चतुर्थ सत्ता वर्ग

4. संचार का वह साधन जो बहुत सारे आदाताओं को एक स्रोत से एक साथ सूचना प्रसारित करता है, कहलाता है

A. समूह सम्प्रेषण B. जन संचार

C. अन्तःवैयक्तिक संचार D. अन्तर्वैयक्तिक संचार

5. एक स्मार्ट कक्षा शिक्षण का वह स्थल है जिसमें

(*i*) स्पर्श पैनल कंट्रोल सिस्टम के साथ स्मार्ट पोर्शन हो।

(*ii*) पी सी/लैपटॉप कनेक्शन और डी वी डी/वी सी आर प्लेयर हो।

(*iii*) डाक्यूमेंट कैमरा और स्पेशलाइज्ड सॉफ्टवेयर हो।

(*iv*) प्रोजेक्टर और स्क्रीन हो।

नीचे दिए गए कोडों से सही उत्तर का चयन कीजिएः

A. (*i*) और (*ii*) केवल

B. (*ii*) और (*iv*) केवल

C. (*i*), (*ii*) और (*iii*) केवल

D. (*i*), (*ii*), (*iii*) और (*iv*)

6. डिजीटल सशक्तिकरण का आशय है

(*i*) सार्वभौमिक डिजिट साक्षरता।

(*ii*) सभी डिजिटल स्रोतों तक सार्वभौमिक पहुँच।

(*iii*) सहभागिताशासन के लिए सहभागी डिजिटल प्लेटफॉर्म।

(*iv*) क्लाउड के माध्यम से सभी व्यक्तियों की संभावित पात्रता।

नीचे दिए गए कूट से सही उत्तर का चयन कीजिएः

A. (*i*) और (*ii*) केवल

B. (*ii*) और (*iii*) केवल

C. (*i*), (*ii*) और (*iii*) केवल

D. (*i*), (*ii*), (*iii*) और (*iv*)

7. इस शृंखला में अगला पद है

2, 7, 28, 63, 126, ...

A. 215 B. 245

C. 276 D. 296

8. इस शृंखला में अगला पद है

AB, ED, IH, NM, ...

A. TS B. ST

C. TU D. SU

9. अगर STREAMERS का कूट UVTGALDQR है, तो KNOWLEDGE का कूट होगा

A. MQPYLCDFD B. MPQYLDCFD

C. PMYQLDFCD D. YMQPLDDFC

10. A, B का भाई है। B, C का भाई है। C, D का पति है। E, A का पिता है। D का E से संबंध होगा

A. बेटी B. पुत्रवधू

C. भाभी D. बहन

* परीक्षा 28 दिसम्बर 2014 को आयोजित हुई।

11. दो संख्याएँ 3 : 5 के अनुपात में हैं। अगर 9 को उन संख्याओं में से घटा दिया जाए, तो अनुपात 12 : 23 होगा, संख्याएँ हैं

A. 30, 50 B. 36, 60
C. 33, 55 D. 42, 60

12. पिता और उसके पुत्र की आयु का मध्यमान 27 वर्ष है। 18 साल बाद पिता अपने पुत्र की आयु से दोगुना होगा। उनकी वर्तमान आयु है

A. 42, 12 B. 40, 14
C. 30, 24 D. 36, 18

निर्देश (प्र.सं. 13 से 17) : *निम्नलिखित गद्यांश को ध्यान से पढ़िए और नीचे दिए प्रश्नों के उत्तर दीजिए :*

राजनीति में साहित्यिक अरुचि के संबंध में ऐसा प्रतीत होता है कि वह साहित्यिक प्रस्तुति के विषय के रूप में काफी हद तक राजनीति के अस्पष्ट व्यवहार पर अधिक ध्यान केन्द्रित नहीं करता है लेकिन इस बात पर ध्यान केंद्रित करता है कि इसे साहित्य में प्रायः कैसे चित्रित किया जाता है अर्थात् ऐसी प्रस्तुति की राजनीति क्या है। राजनीतिक उपन्यास अधिकांशतः केवल राजनीति के बारे में एक उपन्यास नहीं होता है अपितु उसकी अपनी राजनीति होती है। इसलिए वह हमें केवल यह नहीं बताता है कि चीजें कैसी हैं अपितु इनसे संबंधित विचारों को स्पष्ट रूप से निश्चित सोच प्रदान करता है कि चीजें कैसी होनी चाहिए और यह बताता है कि किसी को सही-सही ऐसा सोचना और करना चाहिए कि चीजें वांछित दिशा में अग्रसर हों, संक्षेप में वह पाठकों को कारण या विचारधारा विशेष में बदलना या सूचीबद्ध करना चाहता है। यह प्रायः साहित्य नहीं होता है (यह केवल अत्यधिक परिचित पदबंध है) लेकिन एक प्रचार होता है। इससे साहित्यिक भावना का अतिक्रमण ही होता है, जिससे हम विश्व को भली-भाँति समझते हैं और हमारी सहानुभूतियों का प्रभाव-क्षेत्र व्यापक होता है एवं हमारी सोच और सहानुभूति को कट्टर प्रतिबद्धता से संकीर्ण न करे जैसा कि जॉन कीट्स ने कहा है– ''हमें ऐसे काव्य से घृणा होती है, जो हम पर लाद दिया जाता है।''

दूसरा कारण कि क्यों राजनीति उच्च प्रकार की साहित्यिक प्रस्तुति के प्रति अनुकूल आचरण नहीं करती है, यह है कि राजनीति अपने स्वभाव से ही विचार और विचारधारा से निर्मित होती है। यदि राजनीतिक स्थिति अपने को उपयुक्त साहित्यिक सम्मान नहीं दे पाती है तो इस संबंध में राजनीतिक विचार और भी गंभीर समस्या पैदा करते हैं। साहित्य के संबंध में यह तर्क दिया जाता है कि यह बौद्धिक अमूर्त विचारों की बजाय मानव अनुभवों के बारे में होता है। यह मानव जाति की ''महसूस की गई वास्तविकता'' पर विचार करता है और नीरस तथा निर्जीव विचारों की बजाय ओजपूर्ण और स्वादपूर्ण (रस) से संबंधित होता है। अमरीका की उपन्यासकार मेरी मकर्थी ने अपनी पुस्तक ''आइडिया और नॉवल'' में इस विषय पर की गई व्यापक चर्चा में कहा है कि ''उपन्यास में व्यक्त विचारों के बारे में आज भी यह महसूस किया जाता है कि वे अनाकर्षक होते हैं।'' हालाँकि ऐसा ''पहले'' अर्थात् 18वीं और 19वीं सदी में नहीं था। एक ओर विचार और दूसरी ओर उपन्यास के बीच असंगति के स्पष्ट स्वरूप का उनका निरूपण संभवतः इस मामले में विभाजित सोच का संकेत है और एक ऐसी दुविधा है जो कई लेखकों और पाठकों के बीच है: ''विचार सशक्त होते हैं लेकिन मैं प्रायः सोचती हूँ कि उपन्यास में उसकी आवश्यकता होती है। इसके बावजूद उपन्यासकारों के लिए यह महसूस करना काफी सामान्य है....'' विचारों विरुद्ध शस्त्र उठाते समय विचारों के प्रति आकर्षण अनुभव करना वह भी उपहास के हथियारों के साथ।

13. इस गद्यांश के अनुसार एक राजनीतिक उपन्यास प्रायः निम्नलिखित में से क्या बन जाता है?

A. राजनीति के लिए साहित्यिक अरुचि
B. राजनीति की साहित्यिक प्रस्तुति
C. अपनी ही राजनीति वाला उपन्यास
D. राजनीति की अस्पष्ट परिपाटी का चित्रण

14. एक राजनीतिक उपन्यास में निम्नलिखित में से किसका पता चलता है?

A. चीजों की वास्तविकता
B. लेखक का बोध
C. पाठकों की विचारधारा विशेष
D. साहित्य की भावना

15. अपने स्वभाव से राजनीति का ढाँचा होता है

A. प्रचलित राजनीति का ढाँचा होता है
B. विचार और विचारधाराएँ
C. राजनीतिक प्रचार
D. मानव स्वभाव की समझ

16. साहित्य में निम्नलिखित में से किस पर चर्चा की जाती है?

A. राजनीति में मानव अनुभव
B. बौद्धिक अमूर्त विचार

C. शुष्क और रिक्त विचार
D. मानव जीवन की महसूस की गई वास्तविकता

17. उपन्यासकार मेरी मकर्थी की टिप्पणियों से निम्नलिखित में से किसका पता चलता है?
A. उपन्यास में आज के अनदेखे महसूस किए गए विचार
B. राजनीतिक विचारों और उपन्यासों पर अंतश्चेता का द्विविभाजन
C. विचारों और उपन्यास के बीच असंगति
D. अनंत विचार और उपन्यास

18. जब प्रस्तावों के समूह से एक प्रस्ताव दूसरे प्रस्तावों से व्युत्पादित कहा जाए, तो प्रस्तावों का यह समूह कहलाएगा
A. एक दलील B. एक वैध दलील
C. एक स्पष्टीकरण D. एक अवैध दलील

19. नमिता और समिता दोनों मेधावी और परिश्रमी हैं। अनिता और कराबी आज्ञाकारी और अनियमित हैं। बबीता और नमिता अनियमित हैं परन्तु मेधावी हैं। समिता और कबिता नियमित और आज्ञाकारी हैं। इनमें से कौन मेधावी, आज्ञाकारी, नियमित और परिश्रमी है/हैं?
A. केवल समिता B. नमिता और समिता
C. केवल कबिता D. केवल अनिता

20. योद्धा का संबंध तलवार से है, बढ़ई का संबंध आरी से है, किसान का संबंध हल से है। इसी तरह से लेखक का संबंध है
A. पुस्तक से B. कीर्ति से
C. पाठक से D. कलम से

21. नीचे एक आरेख दिया गया है जिसमें तीन वृत्त A, B और C एक दूसरे को अतिव्याप्त कर रहे हैं। वृत्त A ईमानदार लोगों के वर्ग का प्रतिनिधित्व करता है, वृत्त B निष्ठावान लोगों के वर्ग का प्रतिनिधित्व करता है और वृत्त C राजनेताओं के वर्ग का प्रतिनिधित्व कर रहा है। p, q, r, s, U, X, Y अलग-अलग क्षेत्रों का प्रतिनिधित्व करते हैं। उस कूट का चयन कीजिए जो उस क्षेत्र को दिखाते हैं जिसमें ईमानदार राजनेताओं का वर्ग है, जो निष्ठावान नहीं हैं।

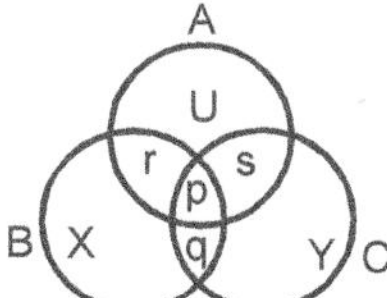

कूटः
A. X B. q
C. p D. s

22. ''बेहतर शिक्षा का लाभ उठाकर किसी आदमी का अपने को स्त्री से अधिक बुद्धिमान मानना इसी प्रकार है जैसे कि एक हाथ बँधे हुये व्यक्ति को पीटकर किसी आदमी द्वारा अपने साहस की शेखी बघारना।''

उपर्युक्त अनुच्छेद किसका उदाहरण है?
A. निगमन तर्क B. काल्पनिक तर्क
C. सादृश्यमूलक तर्क D. तथ्यात्मक तर्क

23. 'बुद्धिमान व्यक्ति शायद ही मृत्यु से भयभीत होता है' प्रस्ताव निम्नलिखित में से किसका विरोधाभासी है?
A. कुछ बुद्धिमान व्यक्ति मृत्यु से भयभीत होते हैं।
B. सभी बुद्धिमान व्यक्ति मृत्यु से भयभीत होते हैं।
C. कोई भी बुद्धिमान व्यक्ति मृत्यु से भयभीत नहीं होता।
D. कुछ बुद्धिमान व्यक्ति मृत्यु से भयभीत नहीं होते।

निर्देश (प्र.सं. 24 से 29) : *विभिन्न क्षेत्रों से किसी देश के कार्बन डाइऑक्साइड (CO_2) उत्सर्जन (मिलियन मीटरी टन) निम्नलिखित तालिका में दिए गए हैं। दिए गए डाटा के आधार पर प्रश्नों के उत्तर दीजिए।*

CO_2 उत्सर्जन (मिलियन मीटरी टन)					
क्षेत्र / वर्ष	विद्युत	उद्योग	वाणिज्यिक	कृषि	घरेलू
2005	500	200	150	80	100
2006	600	300	200	90	110
2007	650	320	250	100	120
2008	700	400	300	150	150
2009	800	450	320	200	180

24. वर्ष 2005 से 2009 के दौरान विद्युत क्षेत्र से CO_2 उत्सर्जन की प्रतिशतता वृद्धि (प्रतिशत) क्या है?
A. 60 B. 50
C. 40 D. 80

25. वर्ष 2005 से 2009 के दौरान CO_2 उत्सर्जन में किस क्षेत्र में अधिकतम वृद्धि दर्ज की गई है?
A. विद्युत B. उद्योग
C. वाणिज्यिक D. कृषि

26. वर्ष 2005 से 2009 में CO_2 का कुल उत्सर्जन किस प्रतिशतता (प्रतिशत) तक बढ़ा है?

A. ~ 89.32 प्रतिशत B. ~ 57.62 प्रतिशत
C. ~ 40.32 प्रतिशत D. ~ 113.12 प्रतिशत

27. विद्युत क्षेत्र में CO_2 उत्सर्जन की औसत वार्षिक वृद्धि दर क्या है?
A. ~ 12.57 प्रतिशत B. ~ 16.87 प्रतिशत
C. ~ 30.81 प्रतिशत D. ~ 50.25 प्रतिशत

28. वर्ष 2008 में कुल CO_2 उत्सर्जन में विद्युत क्षेत्र का प्रतिशतता योगदान क्या है?
A. ~ 30.82 प्रतिशत B. ~ 41.18 प्रतिशत
C. ~ 51.38 प्रतिशत D. ~ 60.25 प्रतिशत

29. कुल क्षेत्र संबंधी CO_2 उत्सर्जन में उद्योग का योगदान (प्रतिशत) किस वर्ष में न्यूनतम था?
A. 2005 B. 2006
C. 2007 D. 2009

30. A-F तक के प्रतीकों को निम्नलिखित में से किसमें प्रयोग किया गया है?
A. द्विआधारी अंक प्रणाली
B. दशमलव अंक प्रणाली
C. षडदशमलव अंक प्रणाली
D. अष्टभुजा अंक प्रणाली

31. निम्नलिखित में से कौन-सा सर्च इंजन नहीं है?
A. गूगल B. क्रोम
C. याहू D. बींग

32. CSS का सम्पूर्ण रूप है
A. Cascading Style Sheets
B. Collecting Style Sheets
C. Comparative Style Sheets
D. Comprehensive Style Sheets

33. MOOC का पूर्ण रूप है
A. Media Online Open Course
B. Massachusetts Open Online Course
C. Massive Open Online Course
D. Myrind Open Online Cource

34. दशमलव अंक 35 का द्विआधारी समतुल्य है
A. 100011 B. 110001
C. 110101 D. 101011

35. gif, jpg, bmp, png का प्रयोग फाइल्स के विस्तार के रूप में किया जाता है, जो भंडारण करती हैं
A. ऑडियो डाटा B. इमेज डाटा
C. वीडियो डाटा D. टैक्स्ट डाटा

36. निम्नलिखित में से कौन-सी मानवोत्पत्ति संबंधी गतिविधि दो तिहाई $\left(\frac{2}{3}\right)$ से अधिक वैश्विक जल-उपभोग के लिए उत्तरदायी है?
A. कृषि
B. जल से बिजली उत्पादन
C. उद्योग
D. घरेलू और नगरपालिका द्वारा उपभोग

37. मानव उत्पत्ति संबंधी स्रोतों में से कौन-सा गैसीय प्रदूषक तत्त्व क्लोरोफ्लोरो कार्बन्स (CFCs) वायु में है?
A. सीमेंट उद्योग B. उर्वरक उद्योग
C. फोम उद्योग D. कीटनाशी उद्योग

38. किसी देश से कुल CO_2 के उत्सर्जन के संदर्भ में सही क्रम को पहचानिए:
A. यू.एस.ए. > चीन > भारत > रूस
B. चीन > यू.एस.ए. > भारत > रूस
C. चीन > यू.एस.ए. > रूस > भारत
D. यू.एस.ए. > चीन > रूस > भारत

39. सूची-I को सूची-II से सुमेलित करें और सही कूट की पहचान करिए:

सूची-I	**सूची-II**
(*a*) विश्व स्वास्थ्य दिवस	(*i*) 16 सितम्बर
(*b*) विश्व जनसंख्या दिवस	(*ii*) 1 दिसम्बर
(*c*) विश्व ओजोन दिवस	(*iii*) 11 जुलाई
(*d*) विश्व एड्स दिवस	(*iv*) 7 अप्रैल

कूटः

	(*a*)	(*b*)	(*c*)	(*d*)
A.	(*i*)	(*ii*)	(*iii*)	(*iv*)
B.	(*iv*)	(*iii*)	(*i*)	(*ii*)
C.	(*ii*)	(*iii*)	(*iv*)	(*i*)
D.	(*iii*)	(*iv*)	(*ii*)	(*i*)

40. चक्रवात 'हुदहुद' किस राज्य के तट से टकराया?
A. आंध्र प्रदेश B. कर्नाटक
C. केरल D. गुजरात

41. निम्नलिखित में से कौन-सा नवीकरणीय प्राकृतिक स्रोत नहीं है?

A. स्वच्छ वायु B. ताजा पानी
C. उर्वर मिट्टी D. नमक

42. विश्वविद्यालय अनुदान आयोग द्वारा वर्ष 2014 में अभिनिर्धारित जाली संस्थाओं/विश्वविद्यालयों की अधिकतम संख्या निम्नलिखित में से किस राज्य/संघ राज्यक्षेत्र में है?

A. बिहार B. उत्तर प्रदेश
C. तमिलनाडु D. दिल्ली

43. निम्नलिखित में से कौन-सी संस्थाएँ विश्वविद्यालय अनुदान आयोग अधिनियम, 1956 के अधीन डिग्री देने या प्रदान करने के लिए सक्षम हैं?

1. संसद के अधिनियम द्वारा स्थापित विश्वविद्यालय
2. विधान-मंडल के अधिनियम द्वारा स्थापित विश्वविद्यालय
3. भाषायी अल्पसंख्यकों द्वारा स्थापित विश्वविद्यालय/संस्था
4. विश्वविद्यालय समझी जाने वाली संस्था

नीचे दिए कूटों से सही उत्तर का चयन कीजिए:

A. 1 और 2 B. 1, 2 और 3
C. 1, 2 और 4 D. 1, 2, 3 और 4

44. निम्नलिखित में से कौन सुशासन के साधन हैं?

1. सामाजिक लेखापरीक्षा
2. शक्तियों का विभाजन
3. नागरिक चार्टर
4. सूचना का अधिकार

नीचे दिए कूटों से सही उत्तर का चयन कीजिए:

A. 1, 3 और 4 B. 2, 3 और 4
C. 1 और 4 D. 1, 2, 3 और 4

45. लोक सभा के संबंध में राष्ट्रपतिजी को निम्नलिखित में से कौन-सी शक्ति प्राप्त है?

1. बैठक बुलाना
2. अनिश्चित काल के लिए स्थगित करना
3. सत्रावसान
4. भंग करना

नीचे दिए कूटों से सही उत्तर का चयन कीजिए:

A. 1 और 4 B. 1, 2 और 3
C. 1, 3 और 4 D. 1, 2, 3 और 4

46. संसद के दो सत्रों के बीच का अंतराल निम्नलिखित में से किससे अधिक नहीं होना चाहिए?

A. 3 माह B. 6 माह
C. 4 माह D. 100 दिन

47. मौलिक अधिकार के रूप में निजता का अधिकार निम्नलिखित में से किसमें अंतर्निहित है?

A. स्वतंत्रता का अधिकार
B. जीवन और व्यक्तिगत स्वतंत्रता का अधिकार
C. समानता का अधिकार
D. शोषण के विरुद्ध अधिकार

48. निम्नलिखित में से कौन-सा संगठन शैक्षणिक योजना में 'क्षमता निर्माण कार्यक्रम' से सम्बन्ध रखता है?

A. एन.सी.ई.आर.टी. B. यू.जी.सी.
C. एन.ए.ए.सी. D. एन.यू.ई.पी.ए.

49. ''शिक्षा मनुष्य में पहले से विराजमान पूर्णता का आविर्भाव है'' .... के द्वारा कहा गया है।

A. महात्मा गाँधी B. रविन्द्रनाथ टैगोर
C. स्वामी विवेकानंद D. श्री अरबिंदो

50. निम्नलिखित में से कौन-सा शिक्षण का पूर्वनिर्धारित स्तर नहीं है?

A. स्मरण B. बोध
C. परावर्तित D. विभेदीकरण

51. शिक्षण के दौरान विद्यार्थियों की अधिकतम सहभागिता किसके द्वारा संभव है?

A. व्याख्यान पद्धति B. निदर्शन पद्धति
C. आगमनात्मक पद्धति D. पाठ्यपुस्तक पद्धति

52. नैदानिक मूल्यांकन अभिनिश्चित करता है

A. अनुदेशों के प्रारंभ में विद्यार्थियों का कार्य-निष्पादन
B. अनुदेशों के दौरान अधिगम की प्रगति और विफलता
C. अनुदेशों के अंत में उपलब्धि की स्थिति
D. अनुदेशों के दौरान अधिगम की सतत समस्याओं के कारण और निदान

53. अध्यापक द्वारा अनुदेशात्मक सहायक सामग्री का उपयोग

A. कक्षा को गरिमा प्रदान करने के लिए
B. विद्यार्थियों को आकर्षित करने के लिए
C. संकल्पनाओं की स्पष्टता के लिए
D. अनुशासन की सुनिश्चितता के लिए

54. शिक्षक की अभिवृत्ति जिसका उसके शिक्षण पर प्रभाव पड़ता है, का संबंध है

A. भावात्मक क्षेत्र से B. ज्ञानात्मक क्षेत्र से
C. सहजातात्मक क्षेत्र से D. मनश्चालक क्षेत्र से

55. जब सामाजिक शोध की योजना बनाई जाए तो बेहतर होगा

A. खुले दिमाग से विषय के बारे में सोचना।

B. उसमें पूरी तरह डूबने से पहले मार्गदर्शी अध्ययन करना।

C. विषय से जुड़े साहित्य से परिचित होना।

D. सैद्धांतिकता को भूलना चाहिये क्योंकि यह एक व्यावहारिक व्याख्या है।

56. जब शिक्षाविदों को व्याख्यान देने अथवा कुछ विशिष्ट शिक्षा संबंधी प्रकरणों पर अपनी प्रस्तुति देने के लिए बुलाया जाता है, तो यह कहलाता है

A. प्रशिक्षण कार्यक्रम B. सेमिनार

C. कार्यशाला D. सिम्पोजियम

57. शोध निबंध के अनिवार्य तत्त्व हैं

A. प्रस्तावना; आँकड़ा-संग्रह; आँकड़ा-विश्लेषण; निष्कर्ष और अनुशंसा

B. कार्यकारी सारांश; साहित्य पुनर्वीक्षण; आँकड़ा संग्रहण; निष्कर्ष; ग्रंथसूची

C. शोध-योजना; शोध-आँकड़ा; विश्लेषण; संदर्भ

D. प्रस्तावना; साहित्य पुनर्वीक्षण; शोध-प्रणालियाँ; परिणाम; चर्चा और निष्कर्ष

58. शोध डिजाइन क्या है?

A. शोध संचालन का एक तरीका जो सिद्धान्त पर आधारित न हो।

B. गुणात्मक या परिमाणात्मक पद्धतियों के उपयोग के मध्य विकल्प।

C. वह शैली जिसमें आप अपनी शोध खोजों को प्रस्तुत करना चाहें जैसे ग्राफ।

D. आँकड़ों के संकलन और विश्लेषण के प्रत्येक स्तर के लिए एक ढाँचा बनाना।

59. 'सैम्पलिंग केसेस' का आशय है

A. सैम्पलिंग में सैम्पलिंग ढाँचे का प्रयोग।

B. शोध के लिए उपयुक्त लोगों की पहचान।

C. शब्दशः शोधार्थी का ब्रीफकेस।

D. लोग, समाचार-पत्र, टेलीविजन कार्यक्रम इत्यादि की सैम्पलिंग।

60. शोध-आँकड़ों का आवृत्ति वितरण जो आकार में सममित है और सामान्य वितरण के समान है परन्तु उसका केन्द्रीय शिखर ज्यादा ऊँचा हो, कहलाता है

A. विषम B. मध्यककुदी

C. तुंगककुदी D. चिपिटककुदी

उत्तरमाला

1	2	3	4	5	6	7	8	9	10
B	B	D	B	D	D	A	A	B	B
11	**12**	**13**	**14**	**15**	**16**	**17**	**18**	**19**	**20**
C	A	C	B	B	D	A	A	A	D
21	**22**	**23**	**24**	**25**	**26**	**27**	**28**	**29**	**30**
D	C	B	A	D	A	A	B	A	C
31	**32**	**33**	**34**	**35**	**36**	**37**	**38**	**39**	**40**
B	A	C	A	B	A	C	B	B	A
41	**42**	**43**	**44**	**45**	**46**	**47**	**48**	**49**	**50**
D	B	C	A	C	B	B	D	C	D
51	**52**	**53**	**54**	**55**	**56**	**57**	**58**	**59**	**60**
B	D	C	A	C	B	D	D	D	C

कुछ चुने हुए प्रश्नों के व्याख्यात्मक उत्तर

7.

2	7	28	63	126	215
↓	↓	↓	↓	↓	↓
$(1)^3+1$	$(2)^3-1$	$(3)^3+1$	$(4)^3-1$	$(5)^3+1$	$(6)^3-1$

8. AB, ED, IH, NM, TS.

9.

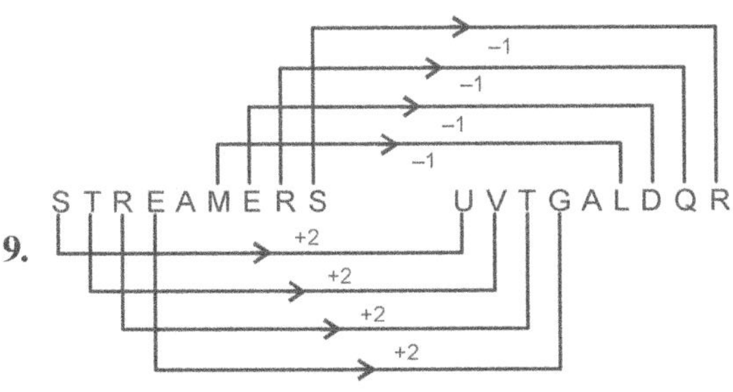

इसी प्रकार,

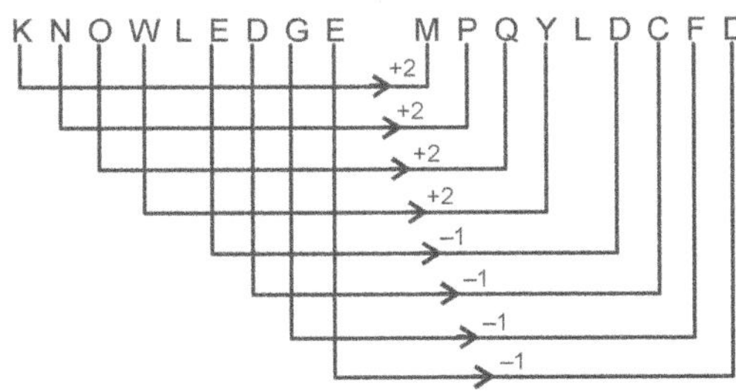

10.

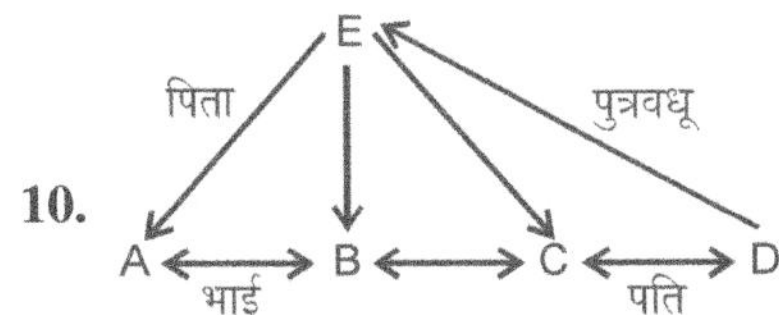

11. माना कि दो संख्याएँ $3x$ तथा $5x$ है।

प्रश्नानुसार,

$$\frac{3x-9}{5x-9} = \frac{12}{23}$$

$$23(3x-9) = 12(5x-9)$$

$$69x - 207 = 60x - 108$$

$$(69-60)x = 207 - 108$$

$$9x = 99$$

$$x = 11$$

अतः दोनों संख्याएँ क्रमशः $3x = 33$ तथा $5x = 55$ है।

12. माना कि पिता तथा पुत्र की वर्त्तमान आयु क्रमशः x तथा y वर्ष है।

प्रश्नानुसार,

$$\frac{x+y}{2} = 27 \Rightarrow x + y = 54 \qquad ...(i)$$

18 वर्ष बाद

$$x + 18 = 2(y + 18)$$

$$x - 2y = 18 \qquad ...(ii)$$

समीकरण (*i*) तथा (*ii*) से

$x = 42$ तथा $y = 12$

अतः पिता की वर्त्तमान आयु = 42 वर्ष

पुत्र की वर्त्तमान आयु = 12 वर्ष

19.

	नमिता	समिता	अनिता	करावी	बबीता	कविता
मेधावी	✓	✓			✓	
परिश्रमी	✓	✓				
आज्ञाकारी		✓	✓	✓		✓
अनियमित	✓		✓	✓	✓	
नियमित		✓				✓

21.

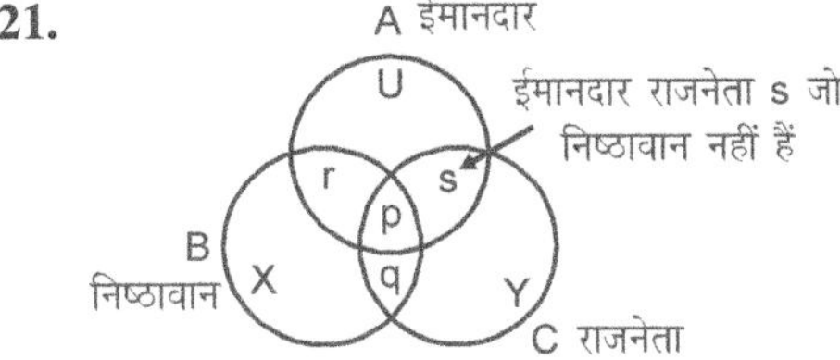

24-29

24. विद्युत क्षेत्र से CO_2 उत्सर्जन में

वृद्धि = 800 – 500 = 300

$$\text{प्रतिशत वृद्धि} = \frac{300}{500} \times 100 = 60\%.$$

25. CO_2 उत्सर्जन में विभिन्न क्षेत्रों से दर्ज की गई वृद्धि

				वृद्धि	प्रतिशत वृद्धि
विद्युत	:	800 – 500	=	300	$\frac{300}{500} \times 100 = 60\%$
उद्योग	:	450 – 200	=	250	$\frac{250}{200} \times 100 = 125\%$
वाणिज्यिक	:	320 – 150	=	170	$\frac{170}{150} \times 100 = 113.3\%$
कृषि	:	200 – 80	=	120	$\frac{120}{80} \times 100 = 150\%$
घरेलू	:	180 – 100	=	80	$\frac{80}{100} \times 100 = 80\%$

अतः अधिकतम वृद्धि दर कृषि क्षेत्र में दर्ज की गई है।

26. 2005 में CO_2 का कुल उत्सर्जन (मिलियन मीटरीटन)

$= 500 + 200 + 150 + 80 + 100 = 1030$

2009 में CO_2 का कुल उत्सर्जन (मिलियन मीटरीटन)

$= 800 + 450 + 320 + 200 + 180 = 1950$

वृद्धि $= 1950 - 1030 = 920$

प्रतिशत वृद्धि $= \frac{920}{1030} \times 100 \cong 89.32\%$.

27. विद्युत क्षेत्र में CO_2 उत्सर्जन की वार्षिक वृद्धि

	वृद्धि	प्रतिशत वृद्धि
2005-06	600 – 500 =100	$\frac{100}{500} \times 100 = 20\%$
2006-07	650 – 600 = 50	$\frac{50}{600} \times 100 = 8.33\%$
2007-08	700 – 650 = 50	$\frac{50}{650} \times 100 = 7.6923\%$
2008-09	800 – 700 = 100	$\frac{100}{700} \times 100 = 14.286\%$

औसत वृद्धि दर $= \frac{20 + 8.33 + 7.6923 + 14.286}{4}$

$= 12.57\%$.

28. वर्ष 2008 में CO_2 का कुल उत्सर्जन

$= 700 + 400 + 300 + 150 + 150 = 1700$.

विद्युत क्षेत्र का प्रतिशत योगदान

$= \frac{700}{1700} \times 100 = 41.18\%$.

29. CO_2 का उत्सर्जन

वर्ष	उद्योग	कुल उत्सर्जन	उद्योग का योगदान (प्रतिशत)
2005	200	1030	$\frac{200}{1030} \times 100 = 19.42$
2006	300	1300	$\frac{300}{1300} \times 100 = 23.08$
2007	320	1440	$\frac{320}{1440} \times 100 = 22.22$
2008	400	1700	$\frac{400}{1700} \times 100 = 23.53$
2009	450	1950	$\frac{450}{1950} \times 100 = 23.08$

अतः वर्ष 2005 में उद्योग क्षेत्र का योगदान न्यूनतम था।

30. A – F तक के प्रतीक का प्रयोग षडदशमलव अंक प्रणाली (Hexadecimal Numeric system) में होता है।

31. गूगल, याहू तथा बींग सर्च इंजन है जबकि क्रोम एक वेव पेज एक्प्रोरर है।

34.

2	35	1
2	17	1
2	8	0
2	4	0
2	2	0
	1	

$\therefore \quad (35)_{10} = (100011)_2$.

पिछले प्रश्न-पत्र (हल सहित)

यू.जी.सी. NET (JRF) परीक्षा, जून, 2014*

प्रश्न-पत्र-I

नोट: इस प्रश्न-पत्र में **साठ (60)** बहुविकल्पीय प्रश्न हैं। प्रत्येक प्रश्न के **दो (2)** अंक हैं। अभ्यर्थी को **पचास (50)** प्रश्नों के उत्तर देने हैं। यदि **पचास (50)** से अधिक प्रश्नों के उत्तर दिये तो प्रथम **पचास (50)** प्रश्न ही जाँचे जायेंगे।

1. "जिस प्रकार किसी सेना को छोटी-छोटी टुकड़ियों में बाँटने से सेना की शक्ति क्षीण हो जाती है उसी प्रकार यदि किसी हीरे को छोटे-छोटे टुकड़ों में काट दिया जाए, तो उसके मूल्य में ह्रास हो जायेगा।"
उपरोक्त युक्ति को कहा जाता है

A. सादृश्यतः B. निगमनात्मक
C. आँकड़ात्मक D. कारणात्मक

2. नीचे कुछ तार्किक युक्ति के लक्षण दिये गए हैं। उस कूट का चयन कीजिए जो ऐसी विलक्षणता को दर्शाता हो जो अपने में आगमनात्मक न हो :

A. आधारिका से निष्कर्ष के निकलने का दावा किया जाता है।
B. निष्कर्ष कारणात्मक सम्बन्ध पर आधारित होता है।
C. निष्कर्ष अन्ततः आधारिका से निकलता है।
D. निष्कर्ष प्रेक्षण एवं प्रयोग पर आधारित होता है।

3. यदि दो प्रस्तावों, जिनका कर्ता और कर्म शब्द एक से हैं, तो उन दोनों को सही माना जा सकता है परन्तु ये दोनों गलत नहीं हो सकते, इन दोनों प्रस्तावों के बीच के सम्बन्ध को क्या कहेंगे?

A. अन्तर्विरोधात्मक
B. विरोधी
C. उप-विरोधी
D. अधीनस्थ

4. एक आदमी 50 से 99 तक के सभी आंकड़ों को लिखता है मगर ऐसा करते हुए वह 2 तथा 7 को छोड़ता जाता है। उसने गिनती में कितने आँकड़े लिखे?

A. 32 B. 36
C. 40 D. 38

5. नीचे एक रेखाचित्र दिया जा रहा है जिसमें तीन वृत्त हैं – A, B, और C जो कि परस्पर सम्बद्ध हैं। वृत्त A भारतीयों के किसी वर्ग का प्रतिनिधि है, B वृत्त वैज्ञानिकों का प्रतिनिधित्व करता है और वृत्त C राजनीतिज्ञों का प्रतिनिधित्व करता है। p, q, r, s....... विभिन्न क्षेत्रों को दर्शाते हैं। उस कूट का चयन कीजिए जो उस क्षेत्र को दर्शाता हो जिसमें भारतीय वैज्ञानिक जो राजनीतिज्ञ न हों, रहते हों।

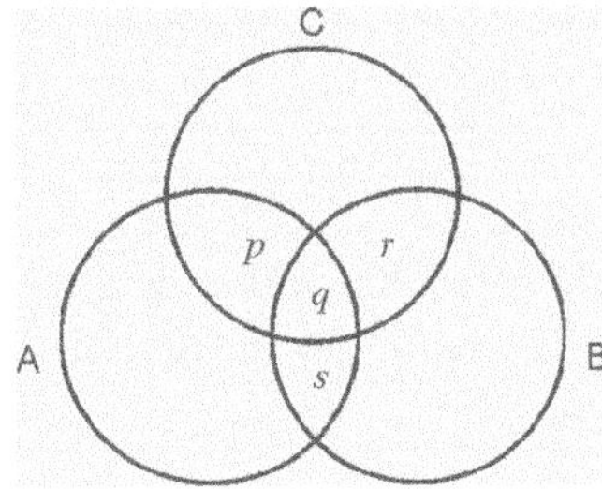

कूट :

A. केवल q और s B. केवल s
C. केवल s और r D. केवल p, q और s

6. नीचे दो आधार वाक्य लिखे गए हैं और इनसे निकले चार निष्कर्ष भी दिये गए हैं। उस कूट का चयन कीजिए जो आधार-वाक्यों (अलग और संयुक्त रूप से) यह दर्शाए कि ये निष्कर्ष सही रूप से प्रदत्त आधार-वाक्यों से ही प्राप्त हुए हैं :

आधार वाक्य :

(*a*) सभी कुत्ते स्तनधारी हैं।
(*b*) कोई बिल्ली कुत्ता नहीं है।

निष्कर्ष :

(*i*) कोई बिल्ली स्तनधारी नहीं है।

* 29 जून 2014 को सम्पन्न।

(*ii*) कुछ बिल्लियाँ स्तनधारी हैं।
(*iii*) कोई कुत्ता बिल्ली नहीं है।
(*iv*) कोई भी कुत्ता गैर-स्तनधारी नहीं है।

कूट :
A. (*i*) केवल B. (*i*) और (*ii*)
C. (*iii*) और (*iv*) D. (*ii*) और (*iii*)

निम्न तालिका को ध्यान से पढ़िए। इस तालिका के आधार पर प्रश्न संख्या 7 से 11 तक के उत्तर दीजिए।

स्रोत के अनुसार किसी देश में शुद्ध सिंचित क्षेत्रफल

(हजार हेक्टेअर)

वर्ष	*सरकारी नहर*	*निजी नहर*	*तालाब*	*नलकूप तथा अन्य कुएँ*	*अन्य स्रोत*	*कुल*
1997-98	17117	211	2593	32090	3102	55173
1998-99	17093	212	2792	33988	3326	57411
1999-00	16842	194	2535	34623	2915	57109
2000-01	15748	203	2449	33796	2880	55076
2001-02	15031	209	2179	34906	4347	56672
2002-03	13863	206	1802	34250	3657	53778
2003-04	14444	206	1908	35779	4281	56618
2004-05	14696	206	1727	34785	7453	58867
2005-06	15268	207	2034	35372	7314	60196

7. वर्ष 2002-03 से 2003-2004 के दौरान किस सिंचाई के स्रोत के अन्तर्गत शुद्ध सिंचित क्षेत्रफल में सर्वाधिक प्रतिशत वृद्धि दर्ज की गई है?
A. सरकारी नहर
B. तालाब
C. नलकूप तथा अन्य कुएँ
D. अन्य स्रोत

8. किस वर्ष तालाब द्वारा शुद्ध सिंचाई में सर्वाधिक वृद्धि दर प्राप्त की गई?
A. 1998-99 B. 2000-01
C. 2003-04 D. 2005-06

9. तालिका में दिए वर्षों एवं समंकों को देखकर बताइए कि सिंचाई के किस स्रोत द्वारा सर्वाधिक बार शुद्ध सिंचित क्षेत्रफल में ऋणात्मक वृद्धि दर्ज की गई है?
A. सरकारी नहर
B. निजी नहर
C. नलकूप तथा अन्य कुएँ
D. अन्य स्रोत

10. निम्न में से किस वर्ष कुल शुद्ध सिंचित क्षेत्रफल में नलकूप तथा अन्य कुओं का हिस्सा सर्वाधिक था?
A. 1998-99 B. 2000-01
C. 2002-03 D. 2004-05

11. 1997-98 से 2005-06 की अवधि में सिंचाई के निम्न में से किस स्रोत के अन्तर्गत शुद्ध सिंचित क्षेत्रफल में सर्वाधिक कमी (प्रतिशत) दर्ज हुई है?
A. सरकारी नहर B. निजी नहर
C. तालाब D. अन्य स्रोत

12. निम्नलिखित में से कौन-सा फाइल प्रकार कारकों छाया/बिन्दुरेखन नहीं है?
A. पी एन जी B. जी आई एफ
C. बी एम पी D. जी यू आई

13. प्रथम वेब ब्राउसर है
A. इण्टरनेट एक्सप्लोरर B. नेटस्केप
C. वर्ल्ड वाइड वेब D. फाइरफॉक्स

14. जब कम्प्यूटर बूटिंग कर रहा हो, तो मेमोरी में बीआईओएस किसके द्वारा लोड किया जा रहा होता है?
A. आर ए एम (RAM)
B. आर ओ एम (ROM)
C. सी डी-आर ओ एम (CD-ROM)
D. टी सी पी (TCP)

15. निम्नलिखित में से कौन-सा बाकी के तीन के समान नहीं है?
A. एमएसी एड्रेस B. हार्डवेयर एड्रेस
C. फिजीकल एड्रेस D. आईपी एड्रेस

16. निम्नलिखित में से आईपी एड्रेस की पहचान कीजिए :
A. 300 · 215 · 317 · 3
B. 302 · 215 @ 417 · 5
C. 202 · 50 · 20 · 148
D. 202 - 50 - 20 - 148

17. एफटीपी—इसका संक्षिप्त रूप से क्या भाव है?
A. फाइल स्थानान्तरण प्रोटोकॉल
B. त्वरित स्थानान्तरण प्रोटोकॉल
C. फाइल परिमार्गन प्रोटोकॉल
D. फाइल स्थानान्तरण प्रक्रिया

18. निम्नलिखित नगरों में से कौन-सा नगर हाल ही के समय में नगरीय कोहरे से सर्वाधिक प्रभावित है ?

A. पेरिस B. लंदन

C. लॉस एंजिल्स D. बीजिंग

19. ताजा जलाशयों में जैविक प्रदूषण का प्राथमिक स्रोत है

A. नगरीय क्षेत्रों से प्रवाह

B. कृषि फार्मों से प्रवाह

C. मलजल का बहिःस्राव

D. औद्योगिक जल का बहिःस्राव

20. 'लहर' एक प्राकृतिक आपदा है जिसमें

A. भारी मात्रा में सामग्री का उद्भेदन होता है।

B. जबरदस्त हवाएँ चलती हैं।

C. जल की बलवती लहरें उठती हैं।

D. जबरदस्त हवाएँ और बलवती लहरें उठती हैं।

21. भारत की जनसंख्या लगभग 1.2 बिलियन है। मान लीजिए कि भारत में बिजली की औसत खपत प्रति व्यक्ति प्रति वर्ष 30 मेगा जूल है। यदि इस खपत को कार्बन आधारित ईंधनों से पूरा किया जाए और कार्बन उत्सर्जन की दर 15 $\times 10^6$ किलोग्राम प्रति किलो जूल हो, तो भारत से प्रति वर्ष कुल कार्बन-उत्सर्जन कितना होगा?

A. 54 मिलियन मीट्रिक टन

B. 540 मिलियन मीट्रिक टन

C. 5400 मिलियन मीट्रिक टन

D. 2400 मिलियन मीट्रिक टन

22. राष्ट्रीय आपदा प्रबन्धन प्राधिकरण केंद्र के किस मन्त्रालय के अधीन कार्य करता है?

A. पर्यावरण B. जल संसाधन

C. गृह मामले D. रक्षा

23. सूची-I को सूची-II से सुमेलित कीजिए और प्रदत्त कूट से सही उत्तर का चयन कीजिए:

सूची-I	**सूची-II**
(*a*) बाढ़	1. पर्याप्त अवधि में वर्षा का न होना
(*b*) सूखा	2. धरती की चट्टानों में उठती लहरों के मार्ग में हलचल पैदा करना
(*c*) भूचाल	3. एक छिद्र जिससे पिघले हुए पदार्थ निकलते हैं।
(*d*) ज्वालामुखी	4. अति वर्षा एवं जल का असमान वितरण।

कूट :

	(*a*)	(*b*)	(*c*)	(*d*)
A.	4	1	2	3
B.	2	3	4	1
C.	3	4	2	1
D.	4	3	1	2

24. निम्नलिखित ग्रीन हाऊस गैसों में कौन-सी वायुमण्डल में लघुत्तम समय तक ठहर पाती है?

A. क्लोरोफ्लूरोकार्बन

B. कार्बन डाइऑक्साइड

C. मेथेन

D. नाइट्रस ऑक्साइड

25. जलवायु परिवर्तन के भयावह परिणामों से बचने के लिए विश्व के सभी देशों में यह सहमति है कि औद्योगिक समय की औसत तापमान की वृद्धि की तुलना में धरती के सतही तापमान को किस सीमा से आगे न बढ़ने दिया जाए?

A. 1.5 °C से 2 °C

B. 2.0 °C से 3.5 °C

C. 0.5 °C से 1.0 °C

D. 0.25 °C से 0.5 °C

26. निम्नलिखित में से कौन योजना आयोग का वास्तविक कार्यकारी मुखिया है?

A. चेयरमैन B. डिप्टी चेयरमैन

C. योजना राज्यमंत्री D. सदस्य सचिव

27. विधि के विषय के रूप में शिक्षा किस सूची में आती है?

A. संघीय सूची B. राज्य सूची

C. समवर्ती सूची D. अवशेषी शक्तियाँ

28. निम्नलिखित में से कौन केंद्रीय विश्वविद्यालय हैं?

A. पाण्डिचेरी विश्वविद्यालय

B. विश्व भारती

C. एच.एन.बी. गढ़वाल विश्वविद्यालय

D. कुरुक्षेत्र विश्वविद्यालय

प्रदत्त कूट से सही उत्तर का चयन कीजिए।

कूटः

A. 1, 2 और 3 B. 1, 3 और 4

C. 2, 3 और 4 D. 1, 2 और 4

29. निम्नलिखित कथनों पर विचार कीजिए और सही उत्तर का चयन प्रदत्त कूट से करें :

(*i*) देश में सर्वाधिक सौर विकिरण राजस्थान में है।

(*ii*) वायु ऊर्जा में भारत देश विश्व का पाँचवां सबसे बड़ा देश है।

(*iii*) वायु ऊर्जा की सर्वाधिक मात्रा तमिलनाडु से प्राप्त होती है।

(*iv*) भारत में यूरेनियम की प्राप्ति का प्रमुख स्रोत जादुगुड़ा है।

कूट :

A. (*i*) और (*ii*) B. (*i*), (*ii*) और (*iii*)

C. (*ii*) और (*iii*) D. (*i*) और (*iv*)

30. निम्नलिखित में से किस विश्वविद्यालय ने मेटा विश्वविद्यालय की अवधारणा को अपनाया है?

A. असम विश्वविद्यालय B. दिल्ली विश्वविद्यालय

C. हैदराबाद विश्वविद्यालय D. पाण्डिचेरी विश्वविद्यालय

31. निम्नलिखित कथनों में से कौन-सा कथन केंद्रीय विश्वविद्यालय के सम्बन्ध में सही है?

1. केंद्रीय विश्वविद्यालय की स्थापना संसद के अधिनियम से होती है।
2. भारत के राष्ट्रपति केंद्रीय विश्वविद्यालय के विजिटर होते हैं।
3. राष्ट्रपति विश्वविद्यालय की कार्यकारिणी समिति अथवा प्रबन्धक बोर्ड के कुछ सदस्यों को मनोनीत कर सकते हैं।
4. राष्ट्रपति कभी-कभार कार्यकारिणी समिति या कोर्ट की बैठकों की अध्यक्षता करते हैं।

प्रदत्त कूट से सही उत्तर का चयन कीजिए :

कूट :

A. 1, 2 और 4 B. 1, 3 और 4

C. 1, 2 और 3 D. 1, 2, 3 और 4

32. प्रस्तुत कथन पर विचार कीजिए जिसमें दो तर्क (*i*) और (*ii*) हैं।

कथन : भारत में एक सशक्त एवं सुदृढ़ लोकपाल होना चाहिए।

तर्क : (*i*) हाँ, यह नौकरशाही में भ्रष्टाचार को समाप्त करने में महत्त्वपूर्ण भूमिका निभायेगा।

(*ii*) नहीं, यह ईमानदार अधिकारियों को त्वरित निर्णय लेने से हतोत्साहित करेगा।

कूट :

A. केवल तर्क (*i*) ही प्रबल है।

B. केवल तर्क (*ii*) ही प्रबल है।

C. दोनों तर्क प्रबल हैं।

D. दोनों तर्कों में से कोई भी तर्क प्रबल नहीं है।

33. निम्नलिखित में से शिक्षण का सर्वोत्तम ढंग कौन-सा है?

A. व्याख्यान B. विचार-विमर्श

C. निरूपण D. वर्णन

34. डिसलेक्सिया सम्बन्धित है :

A. मानसिक विकृति से

B. व्यवहार सम्बन्धी विकृति से

C. पठन विकृति से

D. लेखन विकृति से

35. मानव संसाधन विकास मंत्रालय द्वारा स्नातकपूर्व पाठ्यक्रमों के लिए ई-कंटेंट बनाने का कार्य, निम्नलिखित में से किसे सौंपा गया है?

A. आई एन एफ एल आई बी एन ई टी

B. कांसोरटियम फॉर एजुकेशन कम्यूनिकेशन

C. राष्ट्रीय ज्ञान आयोग

D. इंदिरा गांधी राष्ट्रीय मुक्त विश्वविद्यालय

36. कक्षा के संचार को सामान्यतया समझा जाता है कि यह होगा

A. प्रभावी B. संज्ञानात्मक

C. भावात्मक D. चयनात्मक

37. निम्नलिखित में से किसे अभिप्रेरित शिक्षण का संकेत माना जाता है?

A. विद्यार्थी अध्यापक से प्रश्न पूछते हैं

B. विद्यार्थियों की उपस्थिति अधिकतम हो

C. कक्षा में पूर्ण शान्ति हो

D. विद्यार्थी अपनी कापियों में नोट्स ले रहे हों

38. एक थीसिस (शोध-प्रबन्ध) में चित्र एवं तालिकाएँ रहती हैं

A. परिशिष्ट में

B. एक अलग अध्याय में

C. अन्तिम अध्याय में

D. मूल पाठ में ही

39. शोध-प्रबन्ध कथन है

A. एक प्रेक्षण B. एक तथ्य
C. दृढ़ कथन D. विचार-विमर्श

40. मैक्स वेबर के अनुसंधान उपागम में यह समझने के लिए कि लोग प्राकृतिक विन्यास में अर्थों का बोध कैसे करते हैं, की पहचान निम्नलिखित में से किस रूप में की जाती है?

A. सकारात्मक चिन्तनफलक
B. आलोचनात्मक चिन्तनफलक
C. प्राकृतिक चिन्तनफलक
D. विवेचनात्मक चिन्तनफलक

41. निम्नलिखित में से कौन-सा गैर-संभाव्यता प्रतिदर्श है?

A. सामान्य यादृच्छिक
B. सौद्देश्य
C. व्यवस्थित
D. स्तरबद्ध

42. मूल्यांकन के उस वर्ग की पहचान कीजिये जो विद्यार्थियों के शिक्षा काल के दौरान उनके सीखने की प्रगति को जाँचने के लिये निरंतर फीडबैक देता है।

A. स्थानन B. नैदानिक
C. रचनात्मक D. संकलनात्मक

43. तात्कालिक उपयोग में आने वाली अनुसंधान धारा है

A. संकल्पनात्मक B. क्रियात्मक
C. मौलिक D. आनुभविक

44. निम्नलिखित में से किसने चिन्तनफलक (पैराडिम) की अवधारणा को स्थापित किया?

A. पीटर हेग्गेट्ट B. वॉन थूनेन
C. थामस कुहन D. जॉह्न के. राइट

निर्देश (प्र. सं. 45 से 49) : *निम्नलिखित अनुच्छेद को ध्यानपूर्वक पढ़कर नीचे दिए प्रश्नों के उत्तर दीजिए :*

पारम्परिक भारतीय मूल्यों का अवलोकन वैयक्तिक एवं परिसीमित भौगोलिक क्षेत्र में बसे लोगों अथवा समूहों, जो समान नेतृत्व प्रणाली का लाभ उठाते हैं, जिसे हम 'राज्य' कहते हैं, दोनों के दृष्टिकोण से किया जाना चाहिए। विभिन्न ऐतिहासिक उद्गम स्थलों के सामाजिक समूह, जो एक-दूसरे से भौगोलिक, आर्थिक एवं राजनीतिक भाव से जुड़े हुए हैं, परन्तु सामाजिक रूप से, विचारात्मक अथवा भाषात्मक आधार पर आत्मीकृत नहीं हैं फिर भी वे शान्तिपूर्वक अथवा अत्यन्त शान्तिपूर्वक सहअस्तित्व की भावना से रहते हैं जो भारत राज्य की मुख्य विशिष्टता है। आधुनिक भारतीय विधि कुछ ऐसे नियमों को निर्धारित करेगी जिनका सम्बन्ध मुख्यतया पारिवारिक व्यवस्था से है जैसे कि लंगोट किस प्रकार पहनी जाती है अथवा पगड़ी किस तरह बाँधी जाती है। क्योंकि इस आधार पर एक क्षेत्रीय समूह के सदस्य के रूप में वादियों की पहचान की जा सके एवं उन्हें अपनी पारम्परिक विधि को अपनाने का अवसर प्राप्त हो सके। हालांकि उनके पूर्वजों ने वह क्षेत्र तीन-चार शताब्दियों पूर्व ही छोड़ दिया था। उपरोक्त प्रयुक्त शब्द 'राज्य' से हमें भ्रमित नहीं होना चाहिए। व्यक्ति और राज्य के बीच संघर्ष हो, ऐसा कुछ नहीं था। यह स्थिति कम-से-कम विदेशी राज्य की स्थापना से पूर्व न थी। जिस प्रकार राज्य की प्रभुसत्ता की अवधारणा या चर्च-राज्य द्वि-भाजन भी नहीं था।

आधुनिक भारत की धर्मनिरपेक्षता का एक विशिष्ट लक्षण यह है कि राज्य से यह अपेक्षा है कि प्रत्येक धर्म को न्यायजनक आदर व समर्थन प्राप्त होगा। भारत की सुविख्यात सहनशीलता के इन अभिमंत्रित पहलुओं ने (भारतीय शासकों ने धार्मिक समूहों पर कदाचित ही अत्याचार किया—यह अपवाद न होकर नियम था) 16वीं शताब्दी में भारत के पश्चिमी तट का भ्रमण करने वाले पुर्तगाली व अन्य यूरोपीय आगुन्तकों को एकदम प्रभावित किया। इस प्रकार से व अन्य प्रकार से उन पर पड़ने वाले प्रभावों के फलस्वरूप ही थामस मोर की रचना यूटोपिया के मूल ढाँचे की रचना की गई। आधुनिक भारत में ऐसा कुछ अधिक नहीं है जो यूटोपियन (आदर्श) प्रतीत हो परन्तु मानदण्डों की आत्मनिविष्टता पर बल देना, धर्मान्धता एवं संस्थागत मानव व प्राकृतिक संसाधनों के शोषण की अनुपस्थिति, यह ऐसे दो प्रमुख तथ्य हैं जो भारत की वास्तविकता और परम्पराओं को यूटोपिया (आदर्श राज्य) से जोड़ते हैं।

45. लेखक ने 'राज्य' शब्द का प्रयोग किस अर्थ पर बल देने के लिए किया है ?

A. इतिहास के सम्पूर्ण काल के दौरान राज्य और व्यक्ति के बीच प्रतिरोधी सम्बन्धों का होना।
B. किसी निश्चित समय काल तक राज्य और व्यक्ति के बीच किसी संघर्ष का न होना
C. राज्य की प्रभुसत्ता की अवधारणा
D. धर्म पर आश्रय

46. निम्नलिखित में से आधुनिक भारत की 'धर्मनिरपेक्षता' का मुख्य लक्षण कौन-सा है ?

A. धार्मिक आधार पर भेदभाव न करना

B. धर्म के प्रति पूर्ण उदासीनता

C. सामाजिक पहचान के लिए कोई स्थान नहीं

D. पारम्परिक विधि को न मानना

47. निम्न में से थामस मोर का यूटोपिया का मूल ढाँचा किस से प्रेरित था ?

A. धार्मिक सहनशीलता की भारतीय परम्परा से।

B. भारतीय शासकों द्वारा धार्मिक समूहों पर जुल्म।

C. भारत में व्याप्त सामाजिक असमता।

D. भारतीय राज्य के प्रति यूरोपीय बोध।

48. आधुनिक भारत का मुख्य लक्षण कौन-सा है?

A. यूटोपियन राज्य को प्रतिकृति

B. विधि की एकरूपता

C. पारम्परिक मूल्य प्रणाली का पालन

D. धर्मान्धता की अनुपस्थिति

49. निम्नलिखित में से भारतीय राज्य का विशिष्ट लक्षण कौन-सा है?

A. लोगों का एक साझे नेतृत्व में शान्तिपूर्ण सह-अस्तित्व।

B. विभिन्न ऐतिहासिक उद्गम स्थलों के सामाजिक समूहों, जो एक-दूसरे से भोगौलिक, आर्थिक एवं राजनीतिक भाव से जुड़े हुए हैं, का शान्तिपूर्ण सह-अस्तित्व।

C. सभी समूहों का सामाजिक एकीकरण

D. सभी सामाजिक समूहों का सांस्कृतिक समीकरण

50. निम्नलिखित में से किस क्षेत्र में संचार के टेलिफोन मॉडल का सर्वप्रथम विकास हुआ?

A. प्रौद्योगिकी सिद्धान्त

B. परिक्षेपण सिद्धान्त

C. न्यूनतम प्रभाव सिद्धान्त

D. सूचना सिद्धान्त

51. दादा साहेब फाल्के पुरस्कार वर्ष 2013 के लिए किसे दिया गया?

A. करण जौहर B. आमिर खान

C. आशा भोंसले D. गुलज़ार

52. छाया-चित्रों को......................करना आसान नहीं है।

A. प्रकाशन B. सुरक्षण

C. विसंकेतन D. परिवर्तन

53. टेलिविजन को चालू करने पर जो कण-कण से दिखाई पड़ते हैं, उन्हें निम्नलिखित में से क्या कहा जाता है?

A. स्पार्क्स B. ग्रीन डाट्स

C. स्नो D. रेन ड्राप्स

54. एक वृत्तिक संचार में एनकोडर डीकोडर हो जाता है जब वहाँ हो

A. शोर B. श्रोता

C. आलोचनात्मकता D. फीडबैक

55. मौखिक संचार में व्यवधान आने को कहते हैं

A. लघु परिपथ B. अन्तर्विरोध

C. असमतलता D. एंट्रोपी

56. किसी कोडिंग विधि के अन्तर्गत शब्द QUESTION को DOMESTIC के रूप में कोड किया गया। इसी कोडिंग में शब्द RESPONSE क्या हो जाएगा?

A. OMESUCEM B. OMESICSM

C. OMESICEM D. OMESISCM

57. यदि श्रृंखला 4, 5, 8, 13, 14, 17, 22, ... को इसी ढंग से चालू रखा जाए, निम्नलिखित में से इस श्रृंखला में कौन-सा आँकड़ा नहीं आता?

A. 31 B. 32

C. 33 D. 35

58. BB, FE, II, ML, PP, ... की श्रृंखला को निम्न विकल्पों में से एक का चयन करके पूरा कीजिए:

A. TS B. ST

C. RS D. SR

59. एक आदमी ने अपने घर से दक्षिण की ओर चलना शुरू किया। 6 किलोमीटर चलने के पश्चात वह अपनी बायीं ओर मुड़ा और 5 किलोमीटर चला। फिर वह बायीं ओर मुड़कर 3 किलोमीटर चला। वह फिर अपनी बायीं ओर मुड़ा और 9 किलोमीटर तक चलता रहा। अपने घर से वह कितनी दूर है।

A. 3 किलोमीटर B. 4 किलोमीटर

C. 5 किलोमीटर D. 6 किलोमीटर

60. एक डाकघर में ₹ 7, ₹ 8 और ₹ 10 मूल्य वर्ग की टिकटें उपलब्ध हैं। वह कौन-सी राशि है जिससे ये टिकटें नहीं खरीदी जा सकतीं?

A. 19 B. 20

C. 23 D. 29

उत्तरमाला

1	2	3	4	5	6	7	8	9	10
A	C	C	A	B	C	D	D	A	C
11	**12**	**13**	**14**	**15**	**16**	**17**	**18**	**19**	**20**
C	D	C	B	D	C	A	D	C	A
21	**22**	**23**	**24**	**25**	**26**	**27**	**28**	**29**	**30**
B	C	A	C	A	B	C	A	D	B
31	**32**	**33**	**34**	**35**	**36**	**37**	**38**	**39**	**40**
C	A	C	C	B	C	A	D	C	D
41	**42**	**43**	**44**	**45**	**46**	**47**	**48**	**49**	**50**
B	C	B	C	D	A	A	D	B	D
51	**52**	**53**	**54**	**55**	**56**	**57**	**58**	**59**	**60**
D	C	C	D	D	C	C	A	C	A

कुछ चुने हुए प्रश्नों के व्याख्यात्मक उत्तर

4. 50 51 (52) 53 54 55 56 (57) 58 59
60 61 (62) 63 64 65 66 (67) 68 69
(70) (71) (72) (73) (74) (75) (76) (77) (78) (79)
80 81 (82) 83 84 85 86 (87) 88 89
90 91 (92) 93 94 95 96 (97) 98 99

50 – 18 = 32

अतः उसने गिनती में 32 आँकड़े लिखे।

5.

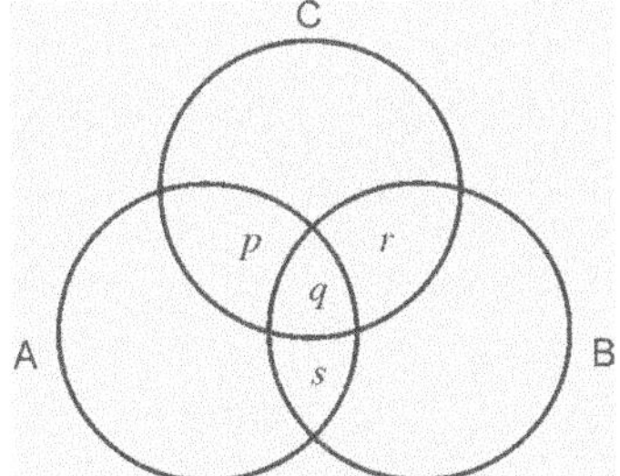

वृत्त A भारतीयों के किसी वर्ग का प्रतिनिधि है।
वृत्त B वैज्ञानिकों का प्रतिनिधित्व करता है।
वृत्त C राजनीतिज्ञों का प्रतिनिधित्व करता है।
p, q, r, s.... विभिन्न क्षेत्रों को दर्शाते हैं।
अतः अभीष्ट कूट (B) केवल s है।

6.

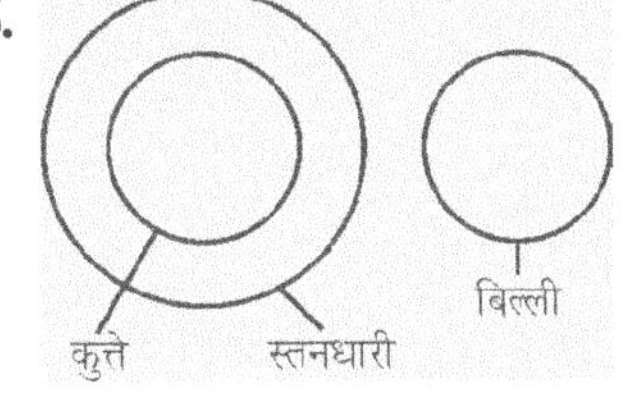

या

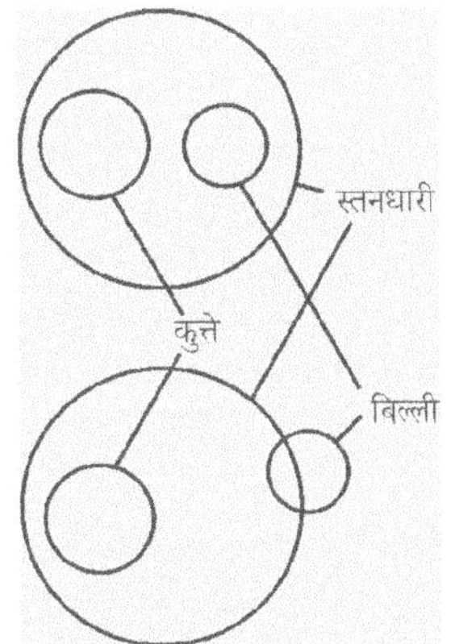

आधार वाक्य-II से, कोई बिल्ली कुत्ता नहीं है, अतः कोई कुत्ता बिल्ली नहीं है।

पुनः आधार वाक्य-I से, सभी कुत्ते स्तनधारी हैं। अतः कोई भी कुत्ता गैर स्तनधारी नहीं है।

7. A. सरकारी नहर = 14444 – 13863 = 581

$$\text{प्रतिशत वृद्धि} = \frac{581}{12863} \times 100 = \frac{58100}{12863} = 4\%$$

B. तालाब = 1908 – 1802 = 106

$$\text{प्रतिशत वृद्धि} = \frac{106}{1802} \times 100 = \frac{10600}{1802} = 5.9\%$$

C. नलकूप तथा अन्य कुएँ

= 35779 – 34250 = 1529

$$\text{प्रतिशत वृद्धि} = \frac{1529}{34250} \times 100 = \frac{152900}{34250} = 4\%$$

D. अन्य स्रोत = 4281 – 3657 = 624

$$\text{प्रतिशत वृद्धि} = \frac{624}{3657} \times 100 = \frac{62400}{3657} = 17\%$$

स्पष्टतः (D) में सर्वाधिक प्रतिशत वृद्धि है।

8. A. 1998-99 $\Rightarrow$ 2792 – 2593 = 199

$$\text{वृद्धि दर} = \frac{199}{2593} \times 100 = \frac{19900}{2593} = 7\%$$

B. 2000-01 $\Rightarrow$ 2449 – 2535 = –86

ऋणात्मक में वृद्धि नहीं होती।

C. 2003-04 $\Rightarrow$ 1908 – 1802 = 106

$$\text{वृद्धि दर} = \frac{106}{1802} \times 100 = \frac{10600}{1802} = 5.8\%$$

D. 2005-06 $\Rightarrow$ 2034 – 1727 = 307

$$\text{वृद्धि दर} = \frac{307}{1727} \times 100 = \frac{30700}{1727} = 17\%$$

अतः 2005-06 वर्ष में अभीष्ट सर्वाधिक वृद्धि दर प्राप्त की गई।

9. अभीष्ट उत्तर (A) सरकारी नहर है।

10. अभीष्ट वर्ष 2002-03 है।

16. आई.पी. एड्रेस के सही रूप में सभी संख्याओं के अंत में बिन्दु लगता है।

17. एफ.टी.पी. का अर्थ फाइल स्थानान्तरण प्रोटोकॉल है जिसका प्रयोग कम्प्यूटर फाइलों को एक कम्प्यूटर से दूसरे कम्प्यूटर में भेजने के लिए होता है।

18. बीजिंग के साथ-साथ ताइजीन तथा हेबेल शहर हाल के दिनों में नगरीय कोहरे से सर्वाधिक प्रभावित शहर हैं।

19. ताजा जलाशयों में जैविक प्रदूषण का प्राथमिक स्रोत मलजल का बहिस्राव है।

20. 'लहर' एक प्राकृतिक आपदा है जिसमें ज्वालामुखी के अंदर का अवशिष्ट बाहर उद्भेदित होता है।

56. Q U E S T I O N

↓ ↓ ↓ ↓ ↓ ↓ ↓ ↓

D O M E S T I C

इसी प्रकार,

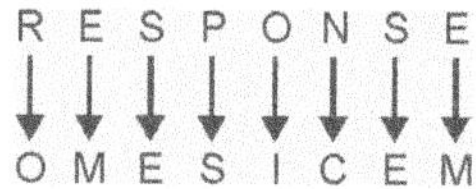

57. 4 5 8 13 14 17 22 23 26 31 32 35

+1 +3 +5 +1 +3 +5 +1 +3 +5 +1 +3

अतः शृंखला में 33 नहीं आता है।

58.

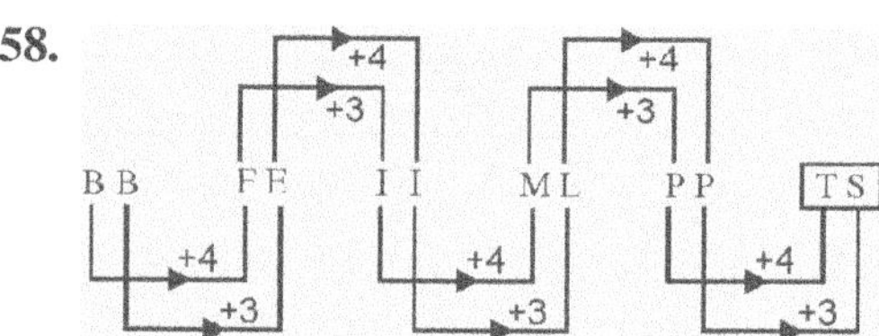

59.

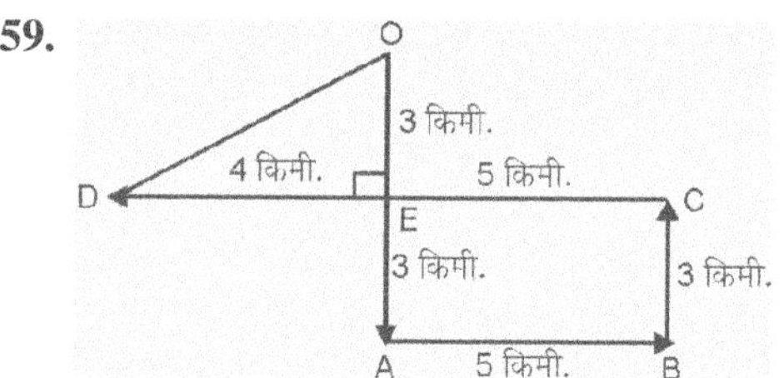

ΔOED में,

$$(OD)^2 = (4)^2 + (3)^2 = 16 + 9 = 25$$

$$\therefore \quad OD = \sqrt{25} = 5 \text{ किमी.}$$

अतः व्यक्ति घर से 5 किमी. दूर है।

60. B. $20 = 10 \times 2 = 20$

C. $23 = 8 \times 2 + 7 \times 1 = 16 + 7 = 23$

D. $29 = 7 \times 3 + 8 \times 1 = 21 + 8 = 29$

A. $19 = 7 \times 2 + 5 = 8 \times 2 + 3$

$= 10 \times 1 + 8 \times 1 + 1$

$= 10 \times 1 + 7 \times 1 + 2$

अतः 19 की राशि से टिकटें नहीं खरीदी जा सकती हैं।

पिछले प्रश्न-पत्र (हल सहित)

यू.जी.सी. NET (JRF) परीक्षा

प्रश्न-पत्र-I, दिसम्बर, 2013

नोट: इस प्रश्न–पत्र में **साठ (60)** बहुविकल्पीय प्रश्न हैं। प्रत्येक प्रश्न के **दो (2)** अंक हैं। अभ्यर्थी को कोई भी **पचास (50)** प्रश्नों के उत्तर देने हैं। यदि **पचास (50)** से अधिक प्रश्नों के उत्तर दिये तो प्रथम **पचास (50)** प्रश्न ही जाँचे जायेंगे।

1. शोध का मुख्य ध्येय क्या है?
A. साहित्य की समीक्षा करना।
B. पहले से ज्ञात का सारांश करना।
C. अकादमिक उपाधि (डिग्री) प्राप्त करना।
D. नये तथ्यों की खोज करना अथवा ज्ञात तथ्यों की ताजा व्याख्या करना।

2. नमूना लेने में गलती निम्नलिखित में से किसके साथ घटती जाती है?
A. नमूने के आकार में कमी
B. नमूने के आकार में वृद्धि
C. यादृच्छीकरण की प्रक्रिया
D. विश्लेषण की प्रक्रिया

3. मौलिक शोध के सिद्धांतों का निम्नलिखित में से किसमें उपयोग किया जाता है?
A. क्रियापरक शोध B. अनुप्रयुक्त शोध
C. दार्शनिक शोध D. ऐतिहासिक शोध

4. संचार माध्यम का अपनी कार्यसिद्धि के लिए उपयोग करने वाले वाले प्रयोक्ता को क्या कहते हैं?
A. निष्क्रिय श्रोता B. सक्रिय श्रोता
C. सकारात्मक श्रोता D. नकारात्मक श्रोता

5. कक्षा संचार का वर्णन निम्नलिखित में से किसके द्वारा किया जा सकता है?
A. गवेषणा B. संस्थानीकरण
C. असंकेतित आख्यान D. व्याख्यान

6. सैद्धांतिक कोड हमारे सामूहिक .... को आकार प्रदान करते हैं।
A. निर्माण B. अवबोधन
C. खपत D. सृजन

7. सम्प्रेषण में, मिथकों में शक्ति होती है, परन्तु वे/उन्हें
A. संस्कृतिहीन होते हैं
B. महत्त्वहीन होते हैं
C. यथातथ्य नहीं होते
D. वरीयता नहीं दी जाती

8. भारत की प्रथम बहु-भाषायी समाचार एजेंसी निम्नलिखित में से कौन है?
A. समाचार B. ए.पी.आई.
C. हिन्दुस्तान समाचार D. समाचार भारती

9. संस्थागत संचार को इनमें से किसके समतुल्य भी माना जा सकता है?
A. अंतःवैयक्तिक संचार B. अंतर्वैयक्तिक संचार
C. समूह संचार D. जन-संचार

10. दो अभिकथनों के उद्देश्य और विधेय की शब्दावली यदि ऐसी है कि एक की शब्दावली दूसरे का निषेध करती है तो उन दोनों के बीच का संबंध क्या कहलाता है?
A. विरोधात्मक B. विपरीत
C. उप-विपरीत D. उपाश्रयण

11. अनन्या और कृष्णा अंग्रेजी बोल और समझ सकती हैं। बुलबुल अर्चना की तरह ही हिंदी लिख और बोल सकती है। अर्चना अनन्या से बंगला में भी बात करती है। कृष्णा बंगला नहीं समझ सकती। बुलबुल अनन्या से हिंदी में बात करती है। निम्नलिखित में से कौन अंग्रेजी, हिंदी और बंगला बोल और समझ सकती है?
A. अर्चना B. बुलबुल
C. अनन्या D. कृष्णा

12. स्वनिर्मित परिभाषा निम्नलिखित में से कौन-सी कही जा सकती है?
A. जो हमेशा सत्य हो
B. जो हमेशा मिथ्या हो
C. जो कभी सत्य हो, कभी मिथ्या
D. जो न सत्य हो न मिथ्या

13. जब किसी तर्क का निष्कर्ष अंतिम रूप से अपनी आधारिका/आधारिकाओं के परिणामस्वरूप आए तो वह तर्क निम्नलिखित में से क्या कहलाता है?
A. चक्रीय तर्क B. आगमनात्मक तर्क
C. निगमनात्मक तर्क D. सादृश्यमूलक तर्क

14. शनि और मंगल दोनों पृथ्वी की तरह ही ग्रह हैं। वे सूर्य से प्रकाश ग्रहण करते हैं और पृथ्वी की तरह ही सूर्य के चारों तरफ घूमते हैं। इसलिए उन ग्रहों पर विविध प्रकार के जीव रहते हैं जैसे कि पृथ्वी पर रहते हैं।

उक्त गद्यांश में निम्नलिखित में से किस प्रकार का तर्क निहित है?
A. निगमनात्मक B. फलित-ज्योतिष संबंधी
C. सादृश्यमूलक D. गणितीय

15. नीचे दो आधारिकाएँ दी गई हैं। उन दो आधारिकाओं से चार कोडों में चार निष्कर्ष निकाले गए हैं। इन कोडों के अंतर्गत जिस कोड में निष्कर्ष प्रामाणिक रूप से बताया गया है उसका चयन कीजिए।

आधारिकाएँ :
(*i*) सभी संत धार्मिक होते हैं। (प्रमुख)
(*ii*) कुछ ईमानदार लोग संत होते हैं। (गौण)

कोड :
A. सभी संत ईमानदार होते हैं
B. कुछ संत ईमानदार हैं
C. कुछ ईमानदार लोग धार्मिक हैं
D. सभी धार्मिक लोग ईमानदार होते हैं

निर्देशः *नीचे दी गई सारणी में दुनिया के विभिन्न क्षेत्रों से विभिन्न वर्षों में भारत में विदेशी पर्यटक आगमन (एफ.टी.ए.) का विवरण दिया गया है। इस सारणी का ध्यानपूर्वक अध्ययन कीजिए तथा प्रश्न संख्या **16** से **19** तक का उत्तर इस सारणी के आधार पर दीजिए:*

क्षेत्र	**विदेशी पर्यटक आगमन संख्या**		
	2007	**2008**	**2009**
पश्चिमी यूरोप	1686083	1799525	1610086
उत्तर अमेरिका	1007276	1027297	1024469
दक्षिण एशिया	982428	1051846	982633
दक्षिण पूर्व एशिया	303475	332925	348495
पूर्व एशिया	352037	355230	318292
पश्चिम एशिया	171661	215542	201110
भारत में कुल विदेशी पर्यटक आगमन	5081504	5282603	5108579

16. भारत में सन् 2009 में कुल विदेशी पर्यटक आगमन के लगभग 20 प्रतिशत पर्यटक किस क्षेत्र से आये?
A. पश्चिमी यूरोप B. उत्तर अमेरिका
C. दक्षिण एशिया D. दक्षिण पूर्व एशिया

17. निम्नलिखित में से किस क्षेत्र से 2009 में भारत में विदेशी पर्यटक आगमन की अधिकतम ऋणात्मक वृद्धि दर दर्ज की गई?
A. पश्चिमी यूरोप B. उत्तर अमेरिका
C. दक्षिण एशिया D. पश्चिम एशिया

18. 2008 और 2009 में किस क्षेत्र से भारत में विदेशी पर्यटक आगमन की संख्या में ऋणात्मक वृद्धि दर्ज की गई?
A. पश्चिमी यूरोप B. दक्षिण पूर्व एशिया
C. पूर्व एशिया D. पश्चिम एशिया

19. भारत में कुल विदेशी पर्यटक आगमन के वृद्धि दर की अपेक्षा किस क्षेत्र से आने वाले पर्यटकों की वृद्धि पर 2008 में अधिक रही है?
A. पश्चिमी यूरोप B. उत्तर अमेरिका
C. दक्षिण एशिया D. पूर्व एशिया

20. उत्तर-औद्योगिक समाज को निम्नलिखित में से कोई एक भी कहा जाता है:
A. सूचना समाज B. प्रौद्योगिकी समाज
C. मध्यवर्ती समाज D. गैर-कृषि समाज

21. इंटरनेट आधारित संचार के आरंभिक प्रयास किसके लिए किए गए थे?

A. व्यावसायिक संचार B. सैन्य उद्देश्य
C. पारस्परिक अन्तक्रिया D. राजनीतिक अभियान

22. संस्थानों के अंतर्गत आंतरिक संचार किसके द्वारा किया जाता है?
A. लैन (एल.ए.एन.) B. वैन (डब्ल्यू.ए.एन.)
C. इ.बी.बी. D. एम.एम.एस.

23. वर्चुअल रियलिटी उपलब्ध कराती है
A. सुस्पष्ट चित्र
B. व्यक्तिगत श्रवण
C. सहभागी अनुभव
D. नयी फिल्म का पूर्व पर्यलोकन

24. भारत का प्रथम वर्चुअल विश्वविद्यालय कहाँ आरंभ किया गया?
A. आंध्र प्रदेश B. महाराष्ट्र
C. उत्तर प्रदेश D. तमिलनाडु

25. निम्नलिखित पुस्तकों को उनके प्रकाशन के कालानुक्रम में व्यवस्थित कीजिए। नीचे दिए गए कोड का उपयोग कीजिए:
(*i*) लिमिट्स टू ग्रोथ (*ii*) साइलेंट स्प्रिंग
(*iii*) अवर कॉमन फ्यूचर (*iv*) रिसोर्सफुल अर्थ
कोड:
A. (*i*), (*iii*), (*iv*), (*ii*) B. (*ii*), (*iii*), (*i*), (*iv*)
C. (*ii*), (*i*), (*iii*), (*iv*) D. (*i*), (*ii*), (*iii*), (*iv*)

26. निम्नलिखित में से किस महाद्वीप पर रेगिस्तान में परिवर्तित होने का सबसे अधिक खतरा है?
A. अफ्रीका B. एशिया
C. दक्षिण अमेरिका D. उत्तर अमेरिका

27. "महिलाएँ पुरुषों की अपेक्षा प्रकृति के अधिक निकट हैं।" यह किस प्रकार का दृष्टिकोण है?
A. यथार्थवादी B. अनिवार्यतावादी
C. नारीवादी D. गहन पारिस्थितिकी

28. उष्णकटिबन्धी वनों के समाप्त होने के संबंध में निम्नलिखित में से कौन-सा मुद्दा वैश्विक सरोकार का विषय नहीं है?
A. ओजोन की सतह को क्षीण करने में योगदान करने वाले रसायनों को अवशोषित करने की उनकी क्षमता
B. धरती के ऑक्सीजन और कार्बन में संतुलन कायम रखने में उनकी भूमिका
C. धरती और वायु के तापमान, नमी, अंगभूत तत्त्व तथा परावर्तकता को समंजित करने की उनकी क्षमता
D. धरती के जैव-वैविध्य में उनका योगदान

29. निम्नलिखित में से कौन-सा उपागम मानव-पर्यावरण अन्योन्यक्रिया की समस्या से संबंधित सर्वाधिक व्यापक उपागम है?
A. प्राकृतिक संसाधन संरक्षण उपागम
B. शहरी-औद्योगिक संवृद्धि उन्मुख उपागम
C. ग्रामीण-कृषि संवृद्धि उन्मुख उपागम
D. वाटरशेड विकास उपागम

30. शहरी क्षेत्रों में प्रदूषणकारी गैस कार्बन मोनोक्साइड (CO), का प्रमुख स्रोत है
A. तापीय शक्ति क्षेत्र B. परिवहन क्षेत्र
C. औद्योगिक क्षेत्र D. घरेलू क्षेत्र

31. ईंधन बैट्री चालित वाहन में ऊर्जा किसके दहन से प्राप्त होती है?
A. मिथेन B. हाइड्रोजन
C. एल.पी.जी. D. सी.एन.जी.

32. निम्नलिखित में से किस परिषद् को वर्ष 2013 में विघटित कर दिया गया?
A. डिस्टेंस एजुकेशन काउंसिल (डी.ई.सी)
B. नेशनल काउंसिल फॉर टीचर एजुकेशन (एन.सी.टी.ई.)
C. नेशनल काउंसिल ऑफ एजुकेशनल रिसर्च एण्ड ट्रेनिंग (एन.सी.ई.आर.टी.)
D. नेशनल एसेसमेंट एण्ड एक्रेडिटेशन काउंसिल (एन.ए.ए.सी.)

33. नेशनल एसेसमेंट एंड एक्रेडिटेशन काउंसिल के विषय में निम्नलिखित में से कौन-से कथन सही हैं?
1. यह एक स्वायत्तशासी संस्था है।
2. इसे उच्च शिक्षा के संस्थानों के मूल्यांकन एवं प्रत्यायन की जिम्मेदारी का कार्य दिया गया है।
3. यह दिल्ली में स्थित है।
4. इसके क्षेत्रीय कार्यालय हैं।

नीचे दिए गए कोड से सही उत्तर चुनिए:
कोड:
A. 1 तथा 3 B. 1 तथा 2
C. 1, 2 तथा 4 D. 2, 3 तथा 4

34. दो या अधिक राज्यों के बीच के विवाद पर निर्णय लेने की भारत के उच्चतम न्यायालय की शक्ति किस अधिकारिता के अंतर्गत आती है?

A. परामर्शदायी अधिकारिता
B. अपीली अधिकारिता
C. मौलिक अधिकारिता
D. रिट अधिकारिता

35. निम्नलिखित में से कौन-से कथन सही हैं?

1. भारत में सात संघ-शासित क्षेत्र हैं।
2. दो संघ-शासित क्षेत्रों में विधान सभा है।
3. एक संघ-शासित क्षेत्र का उच्च न्यायालय है।
4. एक संघ-शासित क्षेत्र दो राज्यों की राजधानी है।

नीचे दिए गए कोड से सही उत्तर चुनिएः

कोडः

A. केवल 1 तथा 3　B. केवल 2 तथा 4
C. केवल 2, 3 तथा 4　D. 1, 2, 3 तथा 4

36. केन्द्रीय सूचना आयोग के बारे में निम्नलिखित में से कौन-से कथन सत्य हैं?

1. केन्द्रीय सूचना आयोग एक सांविधिक निकाय है।
2. मुख्य सूचना आयुक्त तथा अन्य सूचना आयुक्तों की नियुक्ति भारत का राष्ट्रपति करता है।
3. आयोग अधिक-से-अधिक ` 25,000/- का जुर्माना लगा सकता है।
4. वह गलती करने वाले अधिकारी को दंडित कर सकता है।

नीचे दिए गए कोड से सही उत्तर का चयन कीजिएः

कोडः

A. सिर्फ 1 और 2　B. 1, 2 और 4
C. 1, 2 और 3　D. 2, 3 और 4

37. निम्नलिखित में से किसने 18 राज्यों के 267 निर्वाचन क्षेत्रों में सी.एन.एन.-आई.बी.एन.– दि हिन्दू 2013 इलेक्शन ट्रैकर सर्वे किया?

A. दि सेंटर फॉर दि स्टडी ऑफ डेवलपिंग सोसाइटीज (सी.एस.डी.एस.)
B. दि एसोशिएशन फॉर डेमोक्रेटिक रिफार्म्स (ए.डी.आर.)
C. सी.एन.एन. तथा आई.बी.एन.
D. सी.एन.एन., आई.बी.एन. तथा दि हिन्दू

38. एक कोड विशेष में TEACHER को VGCEJGT के रूप में लिखा गया है। CHILDREN का कोड क्या होगा?

A. EKNJFTGP　B. EJKNFTGP
C. KNJFGTP　D. उपर्युक्त में से कोई नहीं

39. किसी व्यक्ति को सेब तथा आम दोनों को खरीदना है। एक सेब की कीमत ` 7 है जब कि एक आम की कीमत ` 5 है। यदि उस व्यक्ति के पास ` 38 हैं, तो वह कितने सेब खरीद पाएगा?

A. 1　B. 2
C. 3　D. 4

40. एक महिला को इंगित करते हुए एक आदमी ने कहा, "उसके एकमात्र भाई का पुत्र मेरी पत्नी का भाई है।" वह महिला उस आदमी की क्या लगती है?

A. माता की बहन　B. दादी
C. सास　D. श्वसुर की बहन

41. निम्नलिखित सीरीजः

6, 4, 1, 2, 2, 8, 7, 4, 2, 1, 5, 3, 8, 6, 2, 2, 7, 1, 4, 1, 3, 5, 8, 6

में उत्तरोत्तर संख्याओं में कितने युग्मों में प्रत्येक के बीच 2 का अंतर है?

A. 4　B. 5
C. 6　D. 8

42. 40 विद्यार्थियों की एक कक्षा में प्राप्तांक का मध्यमान 65 है। कक्षा के आधे विद्यार्थियों के प्राप्तांक का मध्यमान 45 है। बचे हुए विद्यार्थियों के प्राप्तांक का मध्यमान क्या है?

A. 85　B. 60
C. 70　D. 65

43. अनिल की उम्र सुनीता की उम्र से दुगुनी है। तीन वर्ष पहले उसकी उम्र सुनीता की उम्र से तिगुनी थी। अनिल की वर्तमान उम्र है

A. 6 वर्ष　B. 8 वर्ष
C. 12 वर्ष　D. 16 वर्ष

44. निम्नलिखित में से कौन-सा एक सोशल नेटवर्क है?

A. अमेजोन.कॉम　B. ई-बे
C. जीमेल.कॉम　D. ट्विटर

45. समष्टि सूचना पैरामीटर है जबकि संगत सैंपल सूचना को क्या कहा जाता है?

A. यूनिवर्स (समष्टि) B. अनुमान
C. प्रतिचयन अभिकल्प D. सांख्यिकी

निर्देश (प्र.स. 46 से 51): *निम्नलिखित गद्यांश को ध्यानपूर्वक पढ़कर प्रश्नों के उत्तर दीजिए:*

यूनेस्को की सहायता से सन् 1959 में अंतर्राष्ट्रीय सांस्कृतिक सम्पदा परिरक्षण एवं जीर्णोद्धार अभ्यास केंद्र (ICCROM) की स्थापना के बाद पूरी दुनिया में विरासत संरक्षण में परिष्कार हुआ। 126 देशों की सदस्यता वाले इस अंतर-सरकारी संगठन ने विभिन्न व्यवसायों के 4,000 से अधिक व्यावसायिकों को प्रशिक्षण देकर, कार्यव्यापार के मानक बनाकर तथा तकनीकी विशेषज्ञता की साझीदारी कराकर सराहनीय कार्य किया है। इस स्वर्ण जयन्ती वर्ष में, इस संगठन की वैश्विक संरक्षण में प्रमुख भूमिका को स्वीकार करते समय हमें भारतीय संरक्षण आंदोलन में अंतर्राष्ट्रीय कार्य का मूल्यांकन करना समीचीन होगा। अविच्छिन्न निवेश, दृढ़ मनोयोग तथा समर्पित शोध तथा प्रचार-प्रसार कुछ सकारात्मक सबक हैं जो याद रखे जाने योग्य हैं। कुछ देशों, जैसे इटली में किए गए कार्यों से यह प्रदर्शित होता है कि प्रचुर आर्थिक प्रावधान द्वारा विरासत को प्राथमिकता प्रदान करना लाभकारी होता है। दूसरी ओर, भारत, जो सांस्कृतिक सम्पदा में कम सम्पन्न नहीं है, को इस दिशा में एक लम्बी दूरी तय करनी है। सर्वेक्षणों से यह पता चलता है कि यहाँ 6,600 संरक्षित स्मारकों के अतिरिक्त 60,000 उतने ही मूल्यवान ढाँचे हैं जिन पर ध्यान देने की आवश्यकता है। भारतीय पुरातत्त्व सर्वेक्षण की सेवा में नियुक्त व्यक्तियों के एक छोटे से समूह के अलावा लगभग 150 प्रशिक्षित व्यावसायिक व्यक्ति उपलब्ध हैं। इस गंभीर अपर्याप्तता पर काबू पाने के लिए समर्पित प्रयोगशालाओं और प्रशिक्षण संस्थानों की स्थापना पर बल दिया जा रहा है। जैसाकि यूरोप में किया गया है, संरक्षण को शोध तथा इन्जीनियरिंग संस्थानों की मुख्य धारा में शामिल करने से अधिक अच्छे परिणाम मिलेंगे।

वित्त-पोषण को बढ़ाना तथा संस्थानों की स्थापना करना अपेक्षाकृत सरल है। वास्तविक चुनौती स्थानीय संदर्भों को संबोधित करने के लिए अंतर्राष्ट्रीय उपागमों को पुनर्परिभाषित करने में निहित है। संरक्षण कार्य को विरासती ढाँचों के कलात्मक-ऐतिहासिक मूल्य के संवर्धन तक सीमित नहीं रखा जा सकता, जिस पर संभवतः अंतर्राष्ट्रीय घोषणा-पत्र अधिक जोर देते हैं। इस प्रयास को एक व्यापक आधार प्रदान करना होगाः इसे विरासती ढाँचे के स्थान पर रहने वाले लोगों के जीवन की गुणवत्ता को संवर्धित करने का साधन बनाना होगा। संरक्षणपरक प्रयासों को, विरासती ढाँचे के आस-पास रहने वाले लोगों के रहन-सहन के स्तर की देखभाल करने वाली ठोस योजनाओं के साथ जोड़ना होगा। पाश्चात्य देशों के असदृश, भारत में अभी भी अनेक पारम्परिक भवन-निर्माण कारीगरी के कौशल जीवित हैं तथा संरक्षणपरक कार्य इन्हें आलंबन प्रदान करते हैं। भारतीय राष्ट्रीय कला एवं सांस्कृतिक धरोहर न्यास की संरक्षण से संबंधित घोषणा में इसे स्वीकार किया गया है। परन्तु इसे सरकारी समर्थन मिलना अभी बाकी है। हरित भवन आंदोलन के साथ जोड़कर विरासत संरक्षण को अधिक सशक्त बनाया जा सकता है। विरासती ढाँचे अनिवार्यतः पर्यावरण हितैषी होते हैं तथा भविष्य में संरक्षण, धारणीय भवन निर्माण अभियान का अत्यावश्यक हिस्सा बन सकता है।

46. विरासत संरक्षण के प्रति दृष्टिकोण में बदलाव कब आया?

A. अंतर्राष्ट्रीय सांस्कृतिक सम्पदा परिरक्षण एवं जीर्णोद्धार केंद्र की स्थापना के बाद
B. इस क्षेत्र में विशेषज्ञों को प्रशिक्षित किए जाने के बाद
C. शैक्षिक संस्थानों को यूनेस्को द्वारा सहायता प्रदान किए जाने के बाद
D. स्मारकों की सुरक्षा के लिए भारतीय पुरातत्त्व सर्वेक्षण द्वारा किए गए उपायों के बाद

47. इस अंतर-सरकारी संगठन की सराहना किसलिए की गई?

A. सदस्यों की संख्या 126 तक बढ़ाने के लिए
B. व्यावसायिकों को प्रशिक्षण प्रदान करने तथा तकनीकी विशेषज्ञता में सोझेदारी कराने के लिए
C. संरक्षण में अविच्छिन्न निवेश करने के लिए
D. पुनरुद्धार तथा जीर्णोद्धार में इसकी समर्थनकारी भूमिका के लिए

48. भारतीय संरक्षण आंदोलन तब सफल होगा जब

A. भारत सरकार से वित्तीय सहायता मिलेगी।
B. संरक्षण आंदोलन में गैर-सरकारी संगठनों की भूमिका और सहभागिता होगी।

C. अविच्छिन्न निवेश, दृढ़ मनोयोग तथा संरक्षण के लिए जागरूकता का प्रचार-प्रसार होगा।

D. भारतीय पुरातत्त्व सर्वेक्षण की सार्थक सहायता प्राप्त होगी।

49. भारत के ऐतिहासिक स्मारकों के सर्वेक्षण के अनुसार, यहाँ बहुत कम संरक्षित स्मारक हैं। समारकों की कुल संख्या में संरक्षित स्मारकों की संख्या का प्रतिशत कितना आता है?

A. 10 प्रतिशत B. 11 प्रतिशत
C. 12 प्रतिशत D. 13 प्रतिशत

50. अपनी सांस्कृतिक विरासत के संरक्षण के लिए भारत को यूरोप से क्या सीखना चाहिए?

(*i*) सांस्कृतिक विरासत के संरक्षण के लिए पर्याप्त बजट का प्रावधान होना चाहिए।

(*ii*) समर्पित प्रयोगशालाओं और प्रशिक्षण संस्थानों की स्थापना।

(*iii*) पर्याप्त धनराशि उपलब्ध कराने के लिए सरकार को बाध्य करना।

(*iv*) शोध तथा इंजीनियरिंग संस्थानों की मुख्य धारा में संरक्षण को शामिल करना।

नीचे दिए गए कोड से सही उत्तर चुनिए:

कोड:

A. (*i*), (*ii*), (*iii*), (*iv*) B. (*i*), (*ii*), (*iv*)
C. (*i*), (*ii*) D. (*i*), (*iii*), (*iv*)

51. INTACH को देश की सांस्कृतिक विरासत में योगदान के लिए जाना जाता है। INTACH का पूरा नाम है

A. इंटरनेशनल ट्रस्ट फॉर आर्ट एण्ड कल्चरल हेरिटेज

B. इंट्रानेशनल ट्रस्ट फॉर आर्ट एण्ड कल्चरल हेरिटेज

C. इंटेग्रेटेड ट्रस्ट फॉर आर्ट एण्ड कल्चरल हेरिटेज

D. इंडियन नेशनल ट्रस्ट फॉर आर्ट एण्ड कल्चरल हेरिटेज

52. व्याख्यान देते समय यदि कक्षा में कोई विघ्न-बाधा हो तो शिक्षक को निम्नलिखित में से क्या करना चाहिए?

A. कुछ देर के लिए चुप हो जाए और फिर शुरू कर दे।

B. जो बाधा डाल रहे हों उन्हें दंडित करे।

C. जो बाधा डाल रहे हों उन्हें सीखने के लिए प्रेरित करे।

D. कक्षा में जो कुछ हो रहा है उसके बारे में कोई परवाह न करे।

53. प्रभावी शिक्षण निम्नलिखित में से क्या है?

A. शिक्षक का संतोष

B. शिक्षक की ईमानदारी और प्रतिबद्धता

C. शिक्षक का छात्रों को पढ़ाना और समझाना

D. व्यावसायिक श्रेष्ठता के प्रति शिक्षक की रुचि

54. अधिगम का सबसे उपयुक्त अर्थ है

A. कौशल-अर्जन

B. व्यवहार-संशोधन

C. व्यक्तिगत समायोजन

D. ज्ञान को दिमाग में बैठाना

55. निम्नलिखित शिक्षण-प्रक्रिया ठीक क्रम में व्यवस्थित कीजिए:

(*i*) वर्तमान ज्ञान को पहले के ज्ञान से जोड़ना

(*ii*) मूल्यांकन

(*iii*) पुनर्शिक्षण

(*iv*) शिक्षण-लक्ष्यों को सूत्रबद्ध करना

(*v*) शिक्षण-सामग्री का प्रस्तुतीकरण

A. (*i*), (*ii*), (*iii*), (*iv*), (*v*)

B. (*ii*), (*i*), (*iii*), (*iv*), (*v*)

C. (*v*), (*iv*), (*iii*), (*i*), (*ii*)

D. (*iv*), (*i*), (*v*), (*ii*), (*iii*)

56. CIET निम्नलिखित में से किसका सूचक है?

A. सेंटर फॉर इंटीग्रेटिड एजूकेशन एण्ड टेक्नोलॉजी

B. सेंट्रल इन्स्टीट्यूट फॉर इंजीनियरिंग एण्ड टेक्नोलॉजी

C. सेंट्रल इन्स्टीट्यूट फॉर एजूकेशन टेक्नोलॉजी

D. सेंटर फॉर इंटीग्रेटिड इवेलुएशन टेकनीक

57. उच्च शिक्षा के स्तर पर शिक्षक की भूमिका क्या है?

A. विद्यार्थियों को सूचना प्रदान करना

B. विद्यार्थियों में स्वाध्याय को प्रोत्साहित करना

C. विद्यार्थियों में स्वस्थ प्रतिस्पर्धा को प्रोत्साहन देना

D. अपनी समस्याएँ हल करने में विद्यार्थियों की मदद करना

58. वर्स्टीहेन स्कूल ऑफ अंडरस्टेंडिंग को निम्नलिखित में से किसने लोकप्रिय बनाया?

A. जर्मन समाज विज्ञानी

B. अमेरिकी दार्शनिक

C. ब्रिटिश अकादमिक विद्वान

D. इतालवी राजनीतिक विश्लेषक

59. वैज्ञानिक शोध में क्रमिक संक्रियाएँ कौन-सी हैं?

A. सहविचरण, भ्रामक संबंधों का बहिष्करण, सामान्यीकरण, सिद्धांतीकरण

B. सामान्यीकरण, सहविचरण, सिद्धांतीकरण, भ्रामक संबंधों का बहिष्करण

C. सिद्धांतीकरण, सामान्यीकरण, भ्रामक संबंधों का बहिष्करण, सहविचरण

D. भ्रामक संबंधों का बहिष्करण, सिद्धांतीकरण, सामान्यीकरण, सहविचरण

60. नमूना लेने की लॉटरी पद्धति का उपयोग निम्नलिखित में से किसके लिए किया जाता है?

A. निर्वचन (व्याख्या)

B. सिद्धांतीकरण

C. संकल्पना

D. बेतरतीब ग्रहण (यादृच्छीकरण)

उत्तरमाला

1	2	3	4	5	6	7	8	9	10
D	B	B	B	D	B	C	C	C	A
11	**12**	**13**	**14**	**15**	**16**	**17**	**18**	**19**	**20**
C	D	C	C	C	B	D	A	C	A
21	**22**	**23**	**24**	**25**	**26**	**27**	**28**	**29**	**30**
B	A	C	D	C	A	B	A	D	B
31	**32**	**33**	**34**	**35**	**36**	**37**	**38**	**39**	**40**
B	A	B	C	D	C	A	B	D	D
41	**42**	**43**	**44**	**45**	**46**	**47**	**48**	**49**	**50**
C	A	C	D	D	A	B	C	B	B
51	**52**	**53**	**54**	**55**	**56**	**57**	**58**	**59**	**60**
D	C	C	B	D	C	B	A	A	D

कुछ चुने हुए प्रश्नों के व्याख्यात्मक उत्तर

11.

भाषा	हिन्दी	अंग्रेजी	बंगाली
नाम:	बुलबुल	अनन्या	अर्चना
	अर्चना	कृष्णा	अनन्या
	अनन्या		

अतः अनन्या, हिन्दी, अंग्रेजी और बंगाली तीनों भाषाओं में बोल और समझ सकती है।

15.

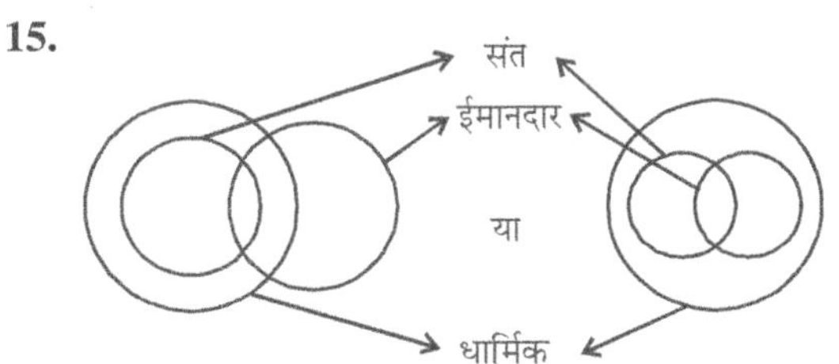

यहाँ सभी संत या कुछ संत ईमानदार हैं इसकी पुष्टि दी गई आधारिकाएं से नहीं हो रही है।

अतः, जो निष्कर्ष प्रामाणिक हो रहे हैं, उसके अनुसार कुछ ईमानदार लोग धार्मिक हैं।

16. वर्ष 2009 में विभिन्न क्षेत्रों से विदेशी पर्यटक आगमन में योगदान (प्रतिशत में)

पश्चिमी यूरोप $= \frac{1610086}{5108579} \times 100 = 31.5\%$

उत्तर अमेरिका $= \frac{1024469}{5108579} \times 100 = 20\%$

दक्षिण एशिया $= \frac{982633}{5108579} \times 100 = 19.23\%$

दक्षिण-पूर्व एशिया $= \frac{348495}{5108579} \times 100 = 6.82\%$

अतः विदेशी पर्यटक आगमन में उत्तर अमेरिका का योगदान 20% तक है।

22. लैन, विभिन्न कम्प्यूटरों को जो कि एक छोटे से क्षेत्रफल में व्यवस्थित हों, को आपस में जोड़ने की तकनीक है जैसे कि संस्थानों के अंतर्गत आंतरिक संचार।

24. भारत में प्रथम वर्चुअल विश्वविद्यालय तमिलनाडु में 17 फरवरी, 2001 में प्रारंभ किया गया। विश्वविद्यालय इंटरनेट पर सारी अध्ययन की सामाग्री तथा पाठ्यक्रम इतिहास, भूगोल, कला एवं संस्कृति की सारी जानकारी उपलब्ध कराता है।

30. शहरी क्षेत्र में प्रदूषणकारी गैस कार्बन मोनोक्साइड (CO) का प्रमुख स्रोत परिवहन क्षेत्र है। परिवहन वायुमंडल प्रदूषण का एक बड़ा कारण है जो कि आम व्यक्ति को अस्वस्थ्य बनाता है।

31. ईंधन बैट्री चालित वाहन में ऊर्जा हाइड्रोजन के दहन से प्राप्त होती है। ईंधन बैट्री चालित वाहन एक प्रकार का हाइड्रोजन वाहन होता है जिसमें हाइड्रोजन त्वरित शक्ति के लिए उपयोग किया जाता है। इसमें हाइड्रोजन को जलाने से रसायनिक ऊर्जा यांत्रिकी ऊर्जा में रूपान्तरित होती है।

38.

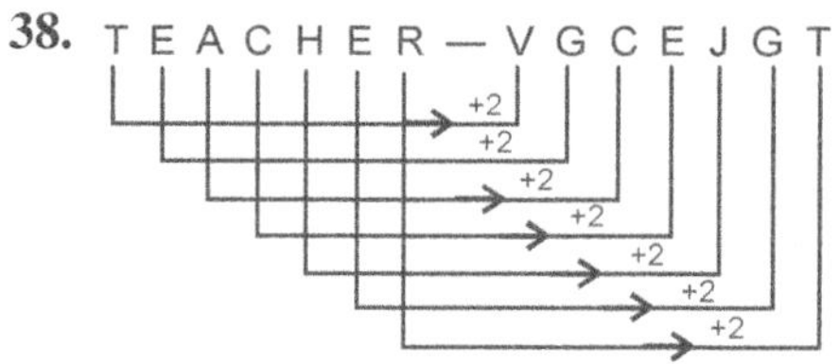

इस प्रकार,

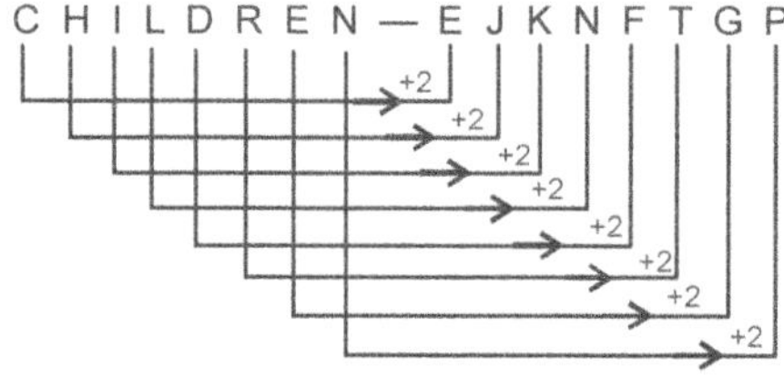

39. माना कि व्यक्ति द्वारा खरीदी गयी सेब और आमों की संख्या x तथा y है

तब, $7x + 5y = 38$

x, y के प्राकृतिक संख्या होने पर दिया गया समीकरण $x = 4$ तथा $y = 2$ के लिए सत्यापित होता है।

अतः खरीदे गये सेबों की संख्या = 4

41. यहाँ युगपद हैं: (6, 4), (4, 2), (5, 3), (8, 6), (3, 5), (8, 6).

42. 40 विद्यार्थियों के अंकों का कुल योग

$$= 65 \times 40 = 2600$$

20 विद्यार्थियों के अंकों का कुल योग

$$= 45 \times 20 = 900$$

बचे हुए 20 विद्यार्थियों के अंकों का कुल योग

$$= 2600 - 900 = 1700$$

इसलिए, बचे हुए 20 विद्यार्थियों के अंकों का औसत

$$= \frac{1700}{20} = 85.$$

43. माना कि सुनिता की आयु x वर्ष है तो अनिल की आयु $2x$ वर्ष होगी।

प्रश्नानुसार,

$$2x - 3 = 3(x - 3)$$
$$2x - 3 = 3x - 9$$
$$x = 6 \text{ वर्ष}$$

अतः, अनिल की वर्तमान आयु = $2x = 6 \times 2 = 12$ वर्ष

44. अमेजोन.कॉम और जीमेल.कॉम बेवसाइट का उपयोग मेलिंग के लिए होता है। ई-बे बेवसाइट का उपयोग आनलाइन सोपिंग के लिए होता है। जबकि ट्विटर एक सोशल नेट्वर्किंग साइट है।

पिछले प्रश्न-पत्र (हल सहित)

यू.जी.सी. NET (JRF) परीक्षा

प्रश्न-पत्र-I, जून, 2013

नोटः इस प्रश्न-पत्र में **साठ** (60) बहुविकल्पीय प्रश्न हैं। प्रत्येक प्रश्न के **दो** (2) अंक हैं। अभ्यर्थी को **पचास** (50) प्रश्नों के उत्तर देने हैं। यदि **पचास** (50) से अधिक प्रश्नों के उत्तर दिये तो प्रथम **पचास** (50) प्रश्न ही जाँचे जायेंगे।

1. 'डब्लू डब्लू डब्लू' से तात्पर्य है :
A. वर्क विद् वैब B. वर्ड वाइड वैब
C. वर्ल्ड वाइड वैब D. वर्थ व्हाइल वैब

2. एक हार्ड डिस्क ट्रेक्स में विभाजित होती है, जिसे निम्नलिखित में और उपविभाजित किया जाता है :
A. कलस्टर्स B. सैक्टर्स
C. वैक्टर्स D. हैड्ंस

3. ऐसा कंप्यूटर प्रोग्राम, जो किसी प्रोग्राम को वक्तव्य वार मशीनी भाषा में अनूदित करता है, उसे कहते हैं :
A. कंपाइलर B. सिमुलेटर
C. ट्रांसलेटर D. इन्टरप्रैटर

4. एक गिगाबाइट निम्नलिखित के बराबर होता है :
A. 1024 मैगाबाइट्स B. 1024 किलोबाइट्स
C. 1024 टेराबाइट्स D. 1024 बाइट्स

5. कम्पाइलर एक ऐसा सॉफ्टवेयर होता है, जो निम्नलिखित परिवर्तन करता है :
A. करेक्टर्स से बिट्स
B. उच्च स्तरीय भाषा से मशीनी भाषा
C. मशीनी भाषा से उच्च स्तरीय भाषा
D. वर्ड्स से बिट्स

6. वास्तविक मैमरी है :
A. अति विस्तृत मुख्य मेमोरी
B. अति विस्तृत उपप्रधान मेमोरी
C. अति विस्तृत मुख्य मेमोरी का भ्रम
D. मेमोरी का एक प्रकार, जिसका उपयोग सुपर कंप्यूटर में किया जाता है

7. ''आम व्यक्तियों की त्रासदी'' कहावत निम्न में से किसके संदर्भ में है?
A. जहरीली गैस फैलने के कारण हुए नुकसान से संबंधित दुःखद घटना
B. गरीब लोगों की दुःखद स्थिति
C. नवीकरणीय निःशुल्क उपलब्ध संसाधनों का क्षय
D. जलवायु परिवर्तन

8. क्योटो प्रोटोकॉल किससे संबंधित है?
A. ओजोन अवक्षय B. खतरनाक अपशिष्ट
C. जलवायु परिवर्तन D. नाभिकीय ऊर्जा

9. निम्नलिखित में से पृष्ठीय ओजोन की प्रदूषक के रूप में संभावित विरचना का उत्सर्जन स्रोत कौन-सा है?
A. परिवहन क्षेत्र
B. प्रशीतन और वातानुकूलन
C. वेट लेंड्स
D. उर्वरक

10. भारत के शहरों में धूम में मुख्यतः शामिल होते हैं :
A. सल्फर के ऑक्साइड्स
B. नाइट्रोजन के ऑक्साइड्स और अनजले हाइड्रोकार्बन
C. कार्बन मोनोक्साइड और एस.पी.एम.
D. सल्फर के ऑक्साइड और ओजोन

11. निम्नलिखित में से किस प्रकार के प्राकृतिक खतरों से मनुष्य को नुकसान पहुँचने की सबसे अधिक संभावना होती है?
A. भूकम्प B. जंगल में आग
C. ज्वालामुखी उद्भेदन D. अकाल और बाढ़

12. भारत में विद्युत उत्पादन में नवीकरणीय ऊर्जा स्रोतों का प्रतिशत भाग है :

A. 2-3% B. 22-25%

C. 10-12% D. <1%

13. वर्ष 2010-11 में उच्च शिक्षा में निम्न में से किस श्रेणी के विद्यार्थियों का नामांकन निर्धारित आरक्षित श्रेणी के प्रतिशत से अधिक था?

A. अन्य पिछड़े वर्ग के विद्यार्थी

B. अनुसूचित जाति के विद्यार्थी

C. अनुसूचित जनजाति के विद्यार्थी

D. महिला विद्यार्थी

14. विश्वविद्यालय अनुदान आयोग के संबंध में निम्नलिखित में से कौन-सा एक कथन सत्य नहीं है?

A. इसे 1956 में संसद के एक अधिनियम द्वारा स्थापित किया गया था।

B. इसे उच्च शिक्षा की उन्नति और समन्वय का कार्य सौंपा गया है।

C. इसे केंद्र सरकार से योजनागत और गैर-योजनागत निधियाँ प्राप्त होती हैं।

D. राज्य विश्वविद्यालयों के लिए इसे राज्य सरकारों से निधियाँ प्राप्त होती हैं।

15. निम्नलिखित कथन पर विचार करें जिसके संबंध में दो तर्क (I) और (II) दिए गए हैं :

कथन : क्या भारत को द्विदल पद्धति अपना लेनी चाहिए?

तर्क : (I) हाँ, इससे सरकार में स्थिरता आएगी।

(II) नहीं, इससे मतदाताओं की पसन्द सीमित हो जाएगी।

A. केवल तर्क (I) प्रबल है।

B. केवल तर्क (II) प्रबल है।

C. दोनों तर्क प्रबल हैं।

D. दोनों में से कोई तर्क प्रबल नहीं है।

16. निम्नलिखित कथन तथा दिए गए तर्क (I) और (II) पर विचार करें :

कथन : क्या आपराधिक पृष्ठभूमि के व्यक्तियों का चुनाव में भाग लेने पर प्रतिबंध लगाना चाहिए?

तर्क : (I) हाँ, यह राजनीति के अपराधीकरण को रोकेगा।

(II) नहीं, इससे शासित दल को अपने राजनैतिक विरोधियों के विरुद्ध तुच्छ मामले फाइल करने में प्रोत्साहन मिलेगा।

A. केवल तर्क (I) प्रबल है।

B. केवल तर्क (II) प्रबल है।

C. दोनों तर्क प्रबल हैं।

D. दोनों में से कोई तर्क प्रबल नहीं है।

17. भारत के उच्चतम न्यायालय के न्यायाधीश के संबंध में निम्नलिखित में से कौन-से अभिकथन सत्य हैं?

1. उच्चतम न्यायालय के न्यायाधीश की नियुक्ति भारत के राष्ट्रपति द्वारा की जाती है।
2. वह राष्ट्रपति के प्रसाद पर्यन्त पद धारण करता है।
3. किसी भी जाँच के लम्बित रहने तक उसे निलम्बित किया जा सकता है।
4. उसे दुर्व्यवहार सिद्ध होने या अक्षमता के कारण हटाया जा सकता है।

नीचे दिए गए कोड से सही उत्तर का चयन कीजिए :

कूटः

A. 1, 2 और 3 B. 1, 3 और 4

C. 1 और 3 D. 1 और 4

18. पूर्वता अधिपत्र में लोकसभा अध्यक्ष किसके बाद आती है?

A. राष्ट्रपति B. उपराष्ट्रपति

C. प्रधानमंत्री D. कैबिनेट मंत्री

19. शिक्षक द्वारा ब्लैक बोर्ड का सर्वोत्तम उपयोग किसके लिए किया जाता है?

A. शिक्षण सामग्री को श्वेत-श्याम रूप में लिखना।

B. विद्यार्थियों को एकाग्र-चित्त बनाना।

C. महत्वपूर्ण तथा उल्लेखनीय बिन्दु लिखना।

D. शिक्षक द्वारा स्वयं को प्रदर्शित करना।

20. वर्तमान में अध्ययन की अत्यधिक प्रभावी विधि है :

A. स्वतः अध्ययन B. आमने-सामने अध्ययन

C. ई-लर्निंग D. मिश्रित अध्ययन

21. प्राथमिक विद्यालय के स्तर पर अधिकतर शिक्षक महिलाएँ होनी चाहिए क्योंकि वे :

A. बच्चों को पुरुषों से बेहतर पढ़ा सकती हैं।

B. पुरुषों से बेहतर मूल विषय-वस्तु की जानकारी होती है।

C. कम वेतन पर उपलब्ध हो जाती हैं।

D. बच्चों से प्यार और स्नेह से व्यवहार कर सकती हैं।

22. अध्ययन का उच्चतम स्तर कौन-सा है?

A. श्रृंखला अध्ययन

B. समस्या-समाधान अध्ययन
C. उद्दीपन-अनुक्रिया अध्ययन
D. सशर्त-प्रतिवर्त अध्ययन

23. एक व्यक्ति शिक्षण को व्यवसाय के रूप में अपनाकर आनंदित होता है, जब :
A. उसका विद्यार्थियों पर नियन्त्रण हो।
B. विद्यार्थियों से आदर प्राप्त करता है।
C. अपने सहयोगियों की अपेक्षा अधिक योग्य होता है।
D. उच्च प्राधिकारियों के बहुत समीप होता है।

24. "एक रेखाचित्र में 1000 से अधिक शब्द निहित होते हैं।" इसका अभिप्राय है कि शिक्षक को :
A. पढ़ाते समय रेखाचित्रों का प्रयोग करना चाहिए।
B. कक्षा में अधिक से अधिक बोलना चाहिए।
C. कक्षा में शिक्षण-उपकरणों का प्रयोग करना चाहिए।
D. कक्षा में अधिक नहीं बोलना चाहिए।

25. एक शोध-पत्र :
A. किसी विषय पर सूचनाओं का संकलन होता है।
B. लेखक द्वारा माना गया मूल शोध निहित होता है।
C. समकक्षी पुनरीक्षित मूल शोध या अन्य द्वारा किए गए शोध का मूल्यांकन निहित होता है।
D. एक से अधिक पत्रिकाओं में प्रकाशित किया जा सकता है।

26. निम्नलिखित में से कौन-सा अच्छी 'शोध नैतिकता' की श्रेणी से संबंधित है?
A. सम्पादकों को बताए बगैर एक ही शोध-पत्र को दो शोध पत्रिकाओं में प्रकाशित कराना।
B. साहित्य की समीक्षा करना जिसमें संगत क्षेत्र के अन्य व्यक्तियों या प्रासंगिक पूर्व कार्यों का योगदान हो।
C. किसी शोधपत्र में अपने तर्कों पर चर्चा किए बिना ही आँकड़ों से रूपरेखा को व्यवस्थित करना।
D. शोधपत्र में किसी भी सहयोगी को उससे कृपा दृष्टि पाने हेतु लेखक के रूप में शामिल करना भले ही उस सहयोगी ने शोध-पत्र में कोई बड़ा योगदान न दिया हो।

27. निम्नलिखित प्रतिदर्श प्रणालियों में से कौन-सी संभाव्यता पर आधारित नहीं है?
A. सरल यादृच्छिक प्रतिदर्श
B. स्तरबद्ध प्रतिदर्श
C. कोटा प्रतिदर्श
D. समूह प्रतिदर्श

28. निम्नलिखित में से कौन-सा संदर्भ आधुनिक भाषा संघ (एम.एल.ए.) फार्मेट के अनुसार लिखा गया है?
A. हॉल, डोनाल्ड. फन्डामेन्टल्स ऑफ इलेक्ट्रॉनिक्स, नई दिल्लीः प्रेनटिस हॉल ऑफ इंडिया, 2005
B. हॉल, डोनाल्ड, फन्डामेन्टल्स ऑफ इलेक्ट्रॉनिक्स, नई दिल्लीः प्रेनटिस हॉल ऑफ इंडिया, 2005
C. हॉल, डोनाल्ड, फन्डामेन्टल्स ऑफ इलेक्ट्रॉनिक्स नई दिल्ली—प्रेनटिस हॉल ऑफ इंडिया, 2005
D. हॉल, डोनाल्ड. फन्डामेन्टल्स ऑफ इलेक्ट्रॉनिक्स, नई दिल्लीः प्रेनटिस हॉल ऑफ इंडिया, 2005

29. एक कार्यशाला होती है :
A. किसी विषय पर चर्चा के लिए सम्मेलन।
B. किसी विषय पर चर्चा के लिए बैठक।
C. किसी कॉलेज या विश्वविद्यालय में कक्षा, जहाँ अध्यापक और विद्यार्थी किसी विषय पर चर्चा करते हैं।
D. एक छोटे ग्रुप के लिए संक्षिप्त गहन पाठ्यक्रम जिसमें किसी विशेष समस्या के समाधान के लिए कौशल या तकनीक के विकास पर बल दिया गया हो।

30. कार्यकारी प्राक्कल्पना होती है :
A. किसी तर्क के लिए प्रमाणित प्राक्कल्पना
B. परीक्षण अपेक्षित न हो।
C. आगे और अधिक शोध के लिए अनन्तिम रूप से स्वीकार्य प्राक्कल्पना।
D. एक वैज्ञानिक सिद्धान्त।

निर्देश (प्र.स. 31 से 36)ः *निम्नलिखित अनुच्छेद को ध्यानपूर्वक पढ़कर प्रश्नों के उत्तर दीजिएः*

ताजमहल विश्व के ज्ञात सर्वोत्तम स्मारकों में से एक है। सफेद संगमरमर के गुम्बद का यह ढाँचा चार चौकोर बागों के दक्षिणी छोर पर एक चबूतरे पर स्थित है। 305 × 549 मीटर नाप की दीवारों के अंदर बने ये बाग जन्नत लगते हैं। मुमताज़ाबाद नामक क्षेत्र में दीवारों के बाहर नौकर-चाकरों के रहने के क्वार्टर, बाजार, सराय और स्थानीय व्यापारियों और अभिजात लोगों द्वारा बनाई गई अन्य दुकानें आदि हैं। मुमताज़ाबाद के

गुम्बद-परिसर और अन्य शाही भवनों की देखभाल, गुम्बद की सहायता के लिए विशेष रूप से दिए गए तीस गाँवों की आय से की जाती थी। मुगल इतिहास में ताजमहल नाम का उल्लेख नहीं है, लेकिन इसका प्रयोग भारत के तत्कालीन यूरोपीय लोगों ने किया था। उनका कहना था कि यह इस गुम्बद का प्रचलित नाम था। तत्कालीन पुस्तकों आदि में सामान्यतः इसे केवल प्रकाशित गुम्बद (रौज़ा-ए-मुनव्वरा) कहा गया था।

वर्ष 1631 में अपने चौदहवें बच्चे को जन्म देने के बाद ही मुमताज़ महल की मृत्यु हो गई थी। मुगल दरबार तब बुरहानपुर में था। शोक-संतप्त बादशाह ने उनके शव को ताप्ति नदी के किनारे स्थित ज़ईनाबाद नामक विशाल बाग में दफ़नाया था। छह माह बाद उनके शव को आगरा लाया गया, जहाँ मकबरे के लिए तय की गई जमीन में इसे दफनाया गया। यह जमीन जमुना नदी के किनारे पर मुगल शहर के दक्षिण में स्थित थी। यह जमीन राजा मानसिंह के समय से कछवाह राजाओं की थी और तत्कालीन राजा जयसिंह से खरीदी गई थी। हालांकि तत्कालीन इतिहासकारों ने इस बात का उल्लेख किया है कि जयसिंह ने स्वेच्छा से यह लेन-देन किया था, लेकिन उपलब्ध फरमानों (शाही आदेश) से पता चलता है कि मकबरा बनाने का कार्य शुरू किए जाने के लगभग दो वर्ष तक भी अंतिम कीमत तय नहीं हो पाई थी, जयसिंह का और सहयोग वर्ष 1632 और 1637 के बीच जारी किए गए उन शाही आदेशों के जरिए सुनिश्चित किया गया था, जिनमें मांग की गई थी कि वह अपने ''पूर्वजों की रियासत'' के अंदर पड़ने वाले मकराना की खानों से आगरा तक राजमिस्त्री और संगमरमर ले जाने वाली बैलगाड़ियाँ मुहैया करवाएगा, जहाँ ताजमहल और आगरे के किले का शाहजहां द्वारा किया जाने वाला परिवर्धन संबंधी निर्माण-कार्य साथ-साथ किया जा रहा था।

इस मकबरे का कार्य वर्ष 1632 के आरंभ में शुरू किया गया था। लिखित सबूतों से पता चलता है कि अधिकांश गुम्बद वर्ष 1636 तक पूरा हो गया था। वर्ष 1643 में जब शाहजहां ने मुमताज महल का उर्स समारोह बहुत धूम-धाम से मनाया था, यह संपूर्ण परिसर वास्तव में पूरा हो गया था।

31. ताजमहल के निर्माण के लिए प्रयोग किया जाने वाला मार्बल पत्थर राजा जयसिंह की पैतृक रियासत से लाया गया था। उस स्थान का नाम जहाँ मार्बल की खान पाई जाती है, क्या है?

A. बुरहानपुर B. मकराना
C. आम्बेर D. जयपुर

32. प्रचलित नाम ताजमहल किसके द्वारा दिया गया था?

A. शाहजहां B. पर्यटकों
C. जनता D. यूरोपियन यात्रियों

33. निम्नलिखित में से सही कथन कौन-सा है?

A. संगमरमर का प्रयोग ताजमहल के निर्माण के लिए नहीं किया गया था।
B. ताजमहल परिसर में रेडसेन्ड पत्थर दिखाई नहीं देता है।
C. ताजमहल के चारों ओर 'चार बाग' नामक चार-चौकोर बाग हैं।
D. ताजमहल का निर्माण मुमताज़ महल के लिए 'उर्स समारोह' मनाने के लिए किया गया था।

34. समकालीन ग्रन्थों में ताजमहल किस नाम से जाना जाता है?

A. मुमताज़ाबाद B. मुमताज़ महल
C. ज़ैनाबाद D. रोज़ा-ए-मुनव्वरा

35. ताजमहल का निर्माण कार्य किस अवधि में पूरा किया गया था?

A. 1632-1636 ए.डी. B. 1630-1643 ए.डी.
C. 1632-1643 ए.डी. D. 1636-1643 ए.डी.

36. ताजमहल के निर्माण की भूमि के स्वामित्व संबंधी प्रलेखों को कहते हैं :

A. फरमान B. विक्रय विलेख
C. विक्रय-क्रय विलेख D. उपर्युक्त में से कोई नहीं

37. संप्रेषण प्रक्रिया में निम्नलिखित में से कौन-सा कालक्रमानुसार है :

A. संप्रेषक, माध्यम, रिसीवर, प्रभाव, सन्देश
B. माध्यम, संप्रेषक, सन्देश, रिसीवर, प्रभाव
C. संप्रेषक, सन्देश, माध्यम, रिसीवर, प्रभाव
D. सन्देश, संप्रेषक, माध्यम, रिसीवर, प्रभाव

38. भारत का प्रथम अखबार बंगाल गज़ट 1780 में किसके द्वारा आरम्भ किया गया?

A. डॉ. एनी. बेसेन्ट B. जेम्स ऑगस्ट्स हिकी
C. लार्ड क्रिप्सन D. ए.ओ. ह्यूम

39. भारत में प्रेस सेन्सरशीप किस प्रधानमंत्री के समय अधिरोपित की गई?

A. राजीव गांधी B. नरसिंहा राव
C. इन्दिरा गांधी D. दैवगौड़ा

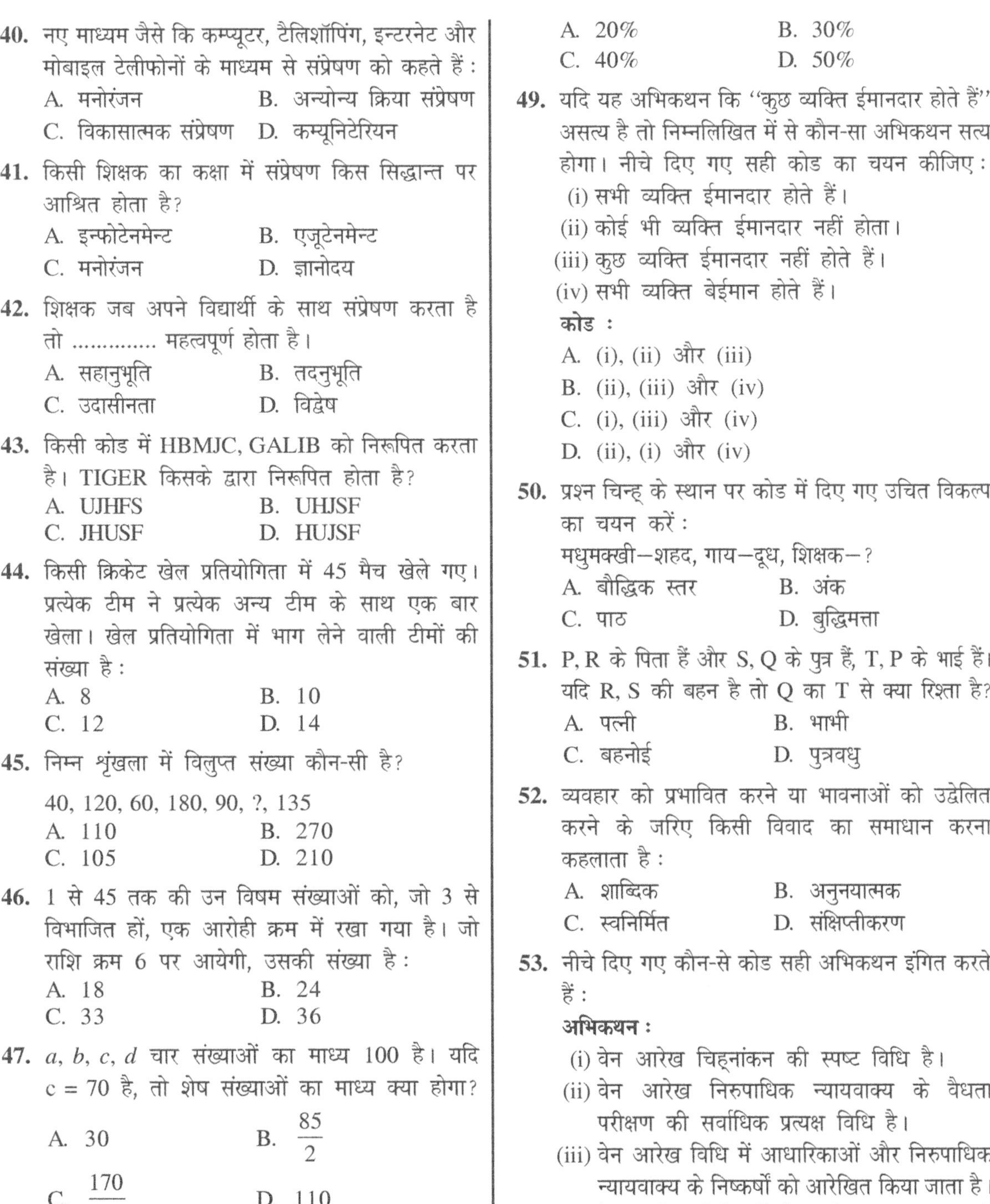

40. नए माध्यम जैसे कि कम्प्यूटर, टैलिशॉपिंग, इन्टरनेट और मोबाइल टेलीफोनों के माध्यम से संप्रेषण को कहते हैं :

A. मनोरंजन B. अन्योन्य क्रिया संप्रेषण
C. विकासात्मक संप्रेषण D. कम्यूनिटेरियन

41. किसी शिक्षक का कक्षा में संप्रेषण किस सिद्धान्त पर आश्रित होता है?

A. इन्फोटेनमेन्ट B. एजूटेनमेन्ट
C. मनोरंजन D. ज्ञानोदय

42. शिक्षक जब अपने विद्यार्थी के साथ संप्रेषण करता है तो .... महत्वपूर्ण होता है।

A. सहानुभूति B. तदनुभूति
C. उदासीनता D. विद्वेष

43. किसी कोड में HBMJC, GALIB को निरूपित करता है। TIGER किसके द्वारा निरूपित होता है?

A. UJHFS B. UHJSF
C. JHUSF D. HUJSF

44. किसी क्रिकेट खेल प्रतियोगिता में 45 मैच खेले गए। प्रत्येक टीम ने प्रत्येक अन्य टीम के साथ एक बार खेला। खेल प्रतियोगिता में भाग लेने वाली टीमों की संख्या है :

A. 8 B. 10
C. 12 D. 14

45. निम्न शृंखला में विलुप्त संख्या कौन-सी है?

40, 120, 60, 180, 90, ?, 135

A. 110 B. 270
C. 105 D. 210

46. 1 से 45 तक की उन विषम संख्याओं को, जो 3 से विभाजित हों, एक आरोही क्रम में रखा गया है। जो राशि क्रम 6 पर आयेगी, उसकी संख्या है :

A. 18 B. 24
C. 33 D. 36

47. a, b, c, d चार संख्याओं का माध्य 100 है। यदि $c = 70$ है, तो शेष संख्याओं का माध्य क्या होगा?

A. 30 B. $\frac{85}{2}$
C. $\frac{170}{3}$ D. 110

48. यदि एक वृत्त की त्रिज्या 50% तक बढ़ जाती है तो उस वृत्त की परिधि किस सीमा तक बढ़ेगी?

A. 20% B. 30%
C. 40% D. 50%

49. यदि यह अभिकथन कि "कुछ व्यक्ति ईमानदार होते हैं" असत्य है तो निम्नलिखित में से कौन-सा अभिकथन सत्य होगा। नीचे दिए गए सही कोड का चयन कीजिए :

(i) सभी व्यक्ति ईमानदार होते हैं।
(ii) कोई भी व्यक्ति ईमानदार नहीं होता।
(iii) कुछ व्यक्ति ईमानदार नहीं होते हैं।
(iv) सभी व्यक्ति बेईमान होते हैं।

कोड :

A. (i), (ii) और (iii)
B. (ii), (iii) और (iv)
C. (i), (iii) और (iv)
D. (ii), (i) और (iv)

50. प्रश्न चिन्ह् के स्थान पर कोड में दिए गए उचित विकल्प का चयन करें :

मधुमक्खी–शहद, गाय–दूध, शिक्षक–?

A. बौद्धिक स्तर B. अंक
C. पाठ D. बुद्धिमत्ता

51. P, R के पिता हैं और S, Q के पुत्र हैं, T, P के भाई हैं। यदि R, S की बहन है तो Q का T से क्या रिश्ता है?

A. पत्नी B. भाभी
C. बहनोई D. पुत्रवधु

52. व्यवहार को प्रभावित करने या भावनाओं को उद्वेलित करने के जरिए किसी विवाद का समाधान करना कहलाता है :

A. शाब्दिक B. अनुनयात्मक
C. स्वनिर्मित D. संक्षिप्तीकरण

53. नीचे दिए गए कौन-से कोड सही अभिकथन इंगित करते हैं :

अभिकथन :

(i) वेन आरेख चिह्नांकन की स्पष्ट विधि है।
(ii) वेन आरेख निरुपाधिक न्यायवाक्य के वैधता परीक्षण की सर्वाधिक प्रत्यक्ष विधि है।
(iii) वेन आरेख विधि में आधारिकाओं और निरुपाधिक न्यायवाक्य के निष्कर्षों को आरेखित किया जाता है।
(iv) वेन आरेख विधि में निरुपाधिक न्यायवाक्य के परीक्षण के लिए तीन आधिव्याप्त वृत्त बनाए जाते हैं।

कोड :

A. (i), (ii) और (iii) B. (i), (ii) और (iv)
C. (ii), (iii) और (iv) D. (i), (iii) और (iv)

54. आगमनात्मक तर्क निम्नलिखित में से किसका पूर्वानुमान है :

A. मानव स्वभाव में एकता
B. मानव स्वभाव में सत्यनिष्ठा
C. मानव स्वभाव में एकरूपता
D. मानव स्वभाव में सौहार्द्र

निर्देश (प्र.स. 55 से 60) : *नीचे दी गई सारणी को पढ़ें और निम्न प्रश्नों के उत्तर दें :*

प्रमुख बागबानी फसलों के अन्तर्गत क्षेत्रफल
(लाख हेक्टेयर में)

वर्ष	*फल*	*सब्जियाँ*	*फूल*	*कुल बागबानी क्षेत्रफल*
2005-06	53	72	1	187
2006-07	56	75	1	194
2007-08	58	78	2	202
2008-09	61	79	2	207
2009-10	63	79	2	209

55. निम्नलिखित में से किन दो वर्षों में कुल बागबानी के कुल क्षेत्रफल में उच्चतम वृद्धि दर दर्ज की गई :

A. 2005-06 और 2006-07
B. 2006-07 और 2008-09
C. 2007-08 और 2008-09
D. 2006-07 और 2007-08

56. कुल बागबानी के अन्तर्गत क्षेत्रफल में फूलों, सब्जियों और फलों के लिए क्षेत्र का भाग है—क्रमशः

A. 1, 38 और 30 प्रतिशत
B. 30, 38 और 1 प्रतिशत
C. 38, 30 और 1 प्रतिशत
D. 35, 36 और 2 प्रतिशत

57. वर्ष 2005-06 से 2009-10 के दौरान क्षेत्रफल में निम्नलिखित में से किसमें उच्चतम वृद्धि दर दर्ज की गई?

A. फल B. सब्जियाँ
C. फूल D. कुल बागबानी

58. वर्ष 2005-06 से 2009-10 तक किस बागबानी फसल के अन्तर्गत क्षेत्रफल में लगभग 10 प्रतिशत की वृद्धि दर्ज हुई है?

A. फल B. सब्जियाँ
C. फूल D. कुल बागबानी

59. वर्ष 2007-08 में कुल बागबानी के अन्तर्गत क्षेत्रफल में फलों, सब्जियों और फूलों के क्षेत्र का क्या भाग है?

A. 53 प्रतिशत B. 68 प्रतिशत
C. 79 प्रतिशत D. 100 प्रतिशत

60. किस वर्ष फलों के क्षेत्रफल में उच्चतम वृद्धि दर दर्ज की गई?

A. 2006-07 B. 2007-08
C. 2008-09 D. 2009-10

उत्तरमाला

1	**2**	**3**	**4**	**5**	**6**	**7**	**8**	**9**	**10**
C	B	A	A	B	C	D	C	B	C
11	**12**	**13**	**14**	**15**	**16**	**17**	**18**	**19**	**20**
A	C	B	D	C	D	B	B	C	C
21	**22**	**23**	**24**	**25**	**26**	**27**	**28**	**29**	**30**
D	B	B	A	C	B	C	*	D	C
31	**32**	**33**	**34**	**35**	**36**	**37**	**38**	**39**	**40**
B	D	D	D	C	A	C	B	C	B
41	**42**	**43**	**44**	**45**	**46**	**47**	**48**	**49**	**50**
B	B	A	B	B	C	D	D	D	D
51	**52**	**53**	**54**	**55**	**56**	**57**	**58**	**59**	**60**
B	B	A	A	D	A	D	B	B	A,C

* सारे विकल्प एक समान हैं।

कुछ चुने हुए प्रश्नों के व्याख्यात्मक उत्तर

43. 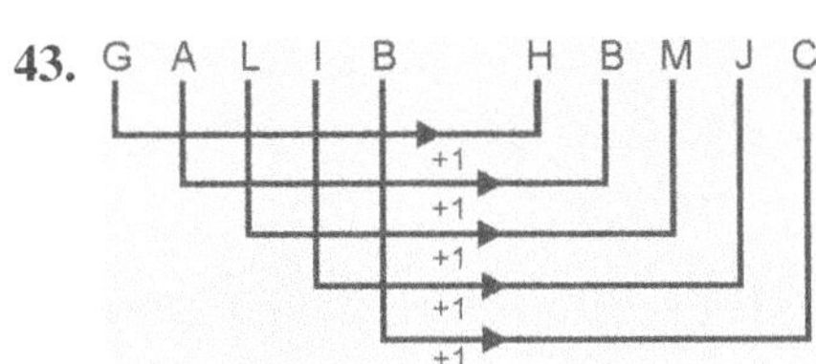

इस प्रकार,

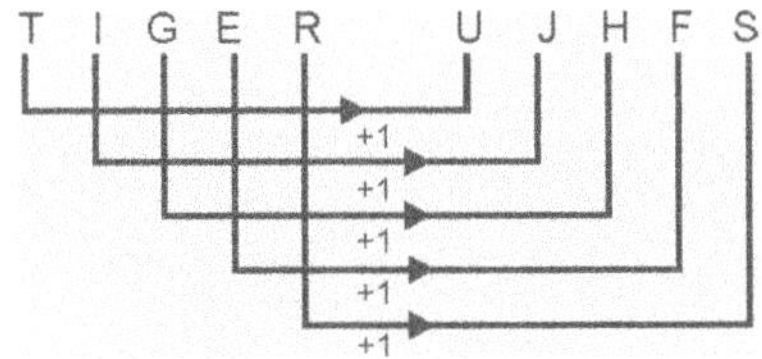

44. माना कि प्रतियोगिता में भाग लेने वाली टीमों की संख्या x है।
पहली टीम का अन्य टीमों के साथ खेले गये कुल खेलों की संख्या $(x - 1)$ है।
दूसरी टीम का अन्य टीमों के साथ खेले गये कुल खेलों की संख्या $(x - 2)$ है।
इस प्रकार अंतिम से ठीक पहले टीम का बाकी बचे टीम के साथ खेले गये खेलों की संख्या 1 है।
प्रश्नानुसार,
$(x - 1) + (x - 2) + (x - 3) + ... + 1 = 45$
इसे हम इस प्रकार भी समझ सकते हैं, कुल x टीमों में से कोई 2 टीमों के चुनने का तरीका,

i.e. $x_{c_2} = 45$

$$\frac{x(x-1)}{2} = 45$$

$$x(x - 1) = 90$$

$$x^2 - x - 90 = 0$$

$$(x - 10)(x + 9) = 0$$

$$\Rightarrow \quad x = 10$$

अतः, टीमों की संख्या = 10.

45. 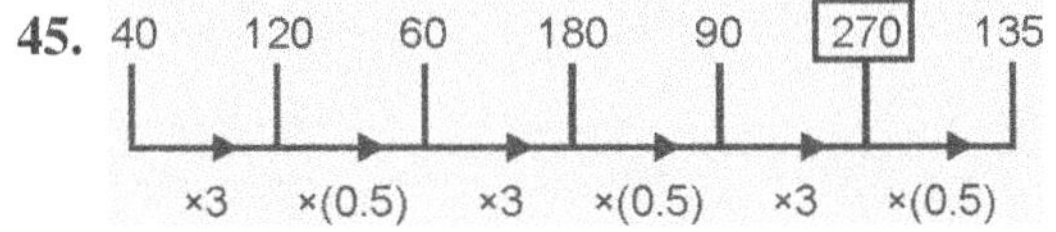

46. 1 से 45 तक, 3 से पूर्णतः विभाजित होने वाली विषम संख्या निम्नलिखित है।

3, 9, 15, 21, 27, [33], 39, 45

6वीं संख्या 33 है।

47. a, b, c, d का माध्य $= \dfrac{a+b+c+d}{4} = 100$

या $a + b + c + d = 400$

$$a + b + d + 70 = 400$$

$$a + b + d = 330$$

a, b और d का माध्य $= \dfrac{330}{3} = 110.$

48. वृत्त की परिधि $P = 2 \times \pi \times r$

जहाँ r = वृत्त की त्रिज्या है।

जब r 50 % से बढ़ जाता है।

$$r' = r + r \times \frac{50}{100}$$

$$= \frac{3r}{2}$$

इसलिए $p' = 2\pi r'$

$$= 2\pi.\frac{3}{2}r$$

$$= 3\pi r$$

परिधि में कुल बढ़त $p' - p = 3\pi r - 2\pi r = \pi r$

परिधि में वृद्धि का प्रतिशत $= \dfrac{p'-p}{p} \times 100$

$$= \frac{\pi r}{2\pi r} \times 100 = 50\%$$

49. यदि "कुछ व्यक्ति ईमानदार होते हैं" असत्य है, इसका अर्थ है कि या तो "सभी व्यक्ति ईमानदार होते हैं", या "कोई भी व्यक्ति ईमानदार नहीं होता"।

50. जिस प्रकार मधुमक्खी से हमें शहद और गाय से दूध मिलता है, उसी प्रकार शिक्षक से हमें बुद्धिमता प्राप्त होता है।

51. 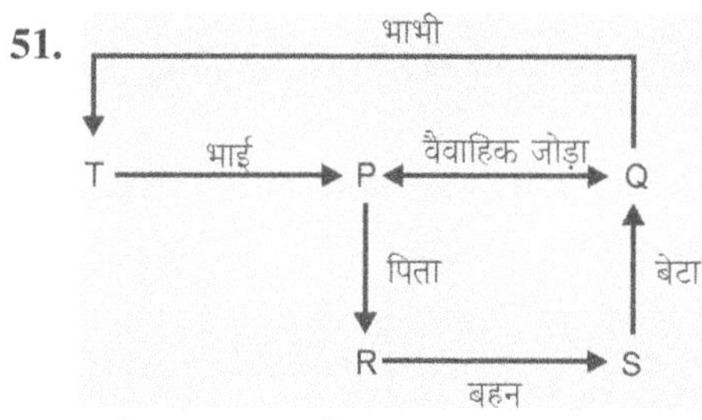

55. वर्ष 2005-06 से 2006-07 तक कुल बागवानी के क्षेत्रफल में वृद्धि की दर

194 – 187 = 7 लाख हेक्टे.

वर्ष 2006-07 से 2007-08 तक क्षेत्रफल में वृद्धि की दर

202 – 194 = 8 लाख हेक्टे.

वर्ष 2007-08 से 2008-09 तक क्षेत्रफल में वृद्धि की दर

207 – 202 = 5 लाख हेक्टे.

वर्ष 2008-09 से 2009-10 तक क्षेत्रफल में वृद्धि की दर

209 – 207 = 2 लाख हेक्टे.

क्षेत्रफल में उच्चतम वृद्धि दर दर्ज करने का वर्ष 2006-07 और 2007-08 है।

56. फूलों के अन्तर्गत क्षेत्रफल = 1 + 1 + 2 + 2 + 2 = 8

कुल बागबानी क्षेत्रफल = 999

फूलों के अन्तर्गत क्षेत्रफल का प्रतिशत = $\frac{8}{999} \times 100$

$\cong 0.8\%$

$\cong 1\%$

सब्जियों के अन्तर्गत क्षेत्रफल = 383

सब्जियों के अन्तर्गत क्षेत्रफल का प्रतिशत $\frac{383}{999} \times 100$

$\cong 38\%$

फलों के अन्तर्गत क्षेत्रफल = 291

फलों के अन्तर्गत क्षेत्रफल का प्रतिशत = $\frac{291}{999} \times 100$

$\cong 30\%$

57. वर्ष 2005-06 से 2009-10 तक क्षेत्रफल में वृद्धि की दर

फलों के अन्तर्गत = $\frac{63-53}{5} = 2$

सब्जियों के अन्तर्गत = $\frac{79-72}{5} = \frac{7}{5} = 1.4$

फूलों के अन्तर्गत = $\frac{2-1}{5} = \frac{1}{5} = 0.2$

कुल बागवानी के क्षेत्रफल के अन्तर्गत = $\frac{209-187}{5}$

$= \frac{22}{5} = 4.4$

अतः, कुल बागवानी के अन्तर्गत क्षेत्रफल में अधिकतम वृद्धि की दर दर्ज हुआ।

58. वर्ष 2005-06 से 2009-10 तक क्षेत्रफल में वृद्धि की दर

फलों के अन्तर्गत = $\frac{63-53}{53} \times 100$

$= \frac{10}{53} \times 100$

$= 18.89\% \cong 20\%$

सब्जियों के अन्तर्गत = $\frac{79-72}{72} \times 100$

$= \frac{7}{72} \times 100$

$= 9.77\% \cong 10\%$

फूलों के अन्तर्गत = $\frac{2-1}{1} \times 100 = 100\%$

कुल बागवानी के अन्तर्गत = $\frac{209-187}{187} \times 100$

$= \frac{22}{187} \times 100$

$= 11.7\% \cong 12\%$

अतः, सही विकल्प B है।

59. वर्ष 2007-08 में, फलों, सब्जियों और फूलों के अन्तर्गत क्षेत्रफल का योग = 138

कुल बागबानी के अन्तर्गत क्षेत्रफल = 202

प्रतिशत भाग = $\frac{138}{202} \times 100 = 68.33\%$.

60. फलों के अन्तर्गत क्षेत्रफल में वृद्धि की दर

वर्ष 2006-07 में = $\frac{56-53}{1} = 3$

वर्ष 2007-08 में = $\frac{58-56}{1} = 2$

वर्ष 2008-09 में = $\frac{61-58}{1} = 3$

वर्ष 2009-10 में = $\frac{63-61}{1} = 2$

पिछले प्रश्न-पत्र (हल सहित)

यू.जी.सी. NET (JRF) परीक्षा

प्रश्न-पत्र-I, दिसम्बर, 2012

नोट : इस प्रश्न-पत्र में **साठ (60)** बहुविकल्पीय प्रश्न हैं। प्रत्येक प्रश्न के **दो (2)** अंक हैं। अभ्यर्थी को कोई भी **पचास (50)** प्रश्नों के उत्तर देने हैं। यदि **पचास (50)** से अधिक प्रश्नों के उत्तर दिए तो प्रथम **पचास (50)** प्रश्न ही जाँचे जाएंगे।

1. अंग्रेजी शब्द 'कम्यूनिकेशन' की किन शब्दों से व्युत्पत्ति हुई है?
A. कम्यूनिस और कम्यूनिकेयर
B. कम्यूनिस्ट और कम्यून
C. कम्यूनिज्म और कम्यूनेलिज्म
D. कम्यूनियन और कॉमन सेंस

2. चीनी सांस्कृतिक क्रान्ति नेता माओ जेदांग द्वारा जन-समूह से बातचीत किए जाने वाले संप्रेषण (कम्यूनिकेशन) के प्रकार को कहते हैं :
A. मास-लाइन कम्यूनिकेशन
B. ग्रुप कम्यूनिकेशन
C. पार्टिसिपेटरी कम्यूनिकेशन
D. डायलॉग कम्यूनिकेशन

3. आत्माओं और पूर्वजों से बातचीत करने को कहते हैं:
A. ट्रांसपर्सनल कम्यूनिकेशन
B. इन्ट्रापर्सनल कम्यूनिकेशन
C. इन्टरपर्सनल कम्यूनिकेशन
D. फेस-टू-फेस कम्यूनिकेशन

4. निम्नलिखित में से कौन-सा अधिकतम प्रसारित दैनिक अखबार है?
A. द टाइम्स ऑफ इंडिया B. द इंडियन एक्सप्रेस
C. द हिन्दू D. द डेकन हेराल्ड

5. भारत में मूक फीचर फिल्म के प्रथम पथ-प्रदर्शक थे :
A. के.ए. अब्बास B. सत्यजीत रे
C. बी.आर. चोपड़ा D. दादा साहेब फाल्के

6. शिक्षक का कक्षा में संप्रेषण किस सिद्धान्त पर निर्भर होता है?
A. इनफोटेनमेन्ट B. एजुटेनमेन्ट
C. एन्टरटेनमेन्ट D. पॉवर इक्वेशन

7. निम्नलिखित शृंखला में विलुप्त संख्या क्या है?
0, 6, 24, 60, 120, ?, 336
A. 240 B. 220
C. 280 D. 210

8. 6 बालकों और 4 बालिकाओं में से 7 सदस्यों का एक ग्रुप तैयार किया जाना है जिसमें बालकों की संख्या अधिक हो। ग्रुप कितने प्रकार से तैयार किया जा सकता है?
A. 80 B. 100
C. 90 D. 110

9. एक ग्रुप में प्रेक्षणों की संख्या 40 है। पहले 10 सदस्यों का औसत 4.5 है और शेष 30 सदस्यों का औसत 3.5 है। पूरे ग्रुप का औसत क्या है?
A. 4 B. 15/2
C. 15/4 D. 6

10. यदि MOHAN का कूट KMFYL है, तो COUNT का कूट होगा :
A. AMSLR B. MSLAR
C. MASRL D. SAMLR

11. दो व्यक्तियों A और B की आयु का जोड़ 50 है। 5 वर्ष पूर्व उनकी आयु का अनुपात 5/3 था। A और B की वर्तमान आयु है :
A. 30, 20 B. 35, 15
C. 38, 12 D. 40, 10

12. यदि a का अर्थ घटाना (–) है, b का अर्थ (×) द्वारा गुणा है, C का अर्थ (÷) द्वारा विभक्त करना और D का अर्थ जमा (+) है, तो 90 D 9 a 29 C 10 b 2 का मूल्य है :
A. 8 B. 10
C. 12 D. 14

13. कृपया अभिकथन-I और अभिकथन-II पर विचार करें और नीचे दिए गए सही कूट का चयन कीजिए :

अभिकथन-I : बैंक लॉकर भी सुरक्षित नहीं हैं, चोर उन्हें तोड़कर आपकी सम्पत्ति ले जा सकते हैं लेकिन चोर स्वर्ग में नहीं जा सकते। अतः आपको अपनी सम्पत्ति स्वर्ग में रखनी चाहिए।

अभिकथन-II : मनुष्यों के शरीर के रंग में अन्तर सूर्य से दूरी के कारण होता है, किसी चिर-स्थायी विशेषता के कारण नहीं। शरीर का रंग शरीर पर सूर्य और उसकी किरणों की प्रतिक्रिया का परिणाम है।

कूट :

A. अभिकथन-I और II दोनों ही तर्क हैं।
B. अभिकथन-I तर्क है, किन्तु अभिकथन-II नहीं है।
C. अभिकथन-II तर्क है, किन्तु अभिकथन-I नहीं है।
D. दोनों ही अभिकथन तथ्यों का स्पष्टीकरण हैं।

14. निम्नलिखित में से कौन-सा कथन इस कथन के विपरीत है कि 'कुछ व्यक्ति ईमानदार नहीं होते'?

A. सभी व्यक्ति ईमानदार होते हैं।
C. कुछ व्यक्ति ईमानदार होते हैं।
B. कोई व्यक्ति ईमानदार नहीं होता।
D. उपर्युक्त सभी

15. एक स्वनिर्मित परिभाषा होती है :

A. सदैव सत्य
B. सदैव असत्य
C. कभी सत्य कभी असत्य
D. न सत्य और न ही असत्य

16. प्रश्नचिह्न के स्थान पर कूट में दिए गए उचित विकल्प का चयन कीजिए।

परीक्षक – परीक्षार्थी, अधिवक्ता – मुवक्किल, गुरु – ?

A. ग्राहक B. अन्वेषक
C. बोधक D. शिष्य

17. यदि इस कथन को सत्य माना जाए कि 'अधिकतर विद्यार्थी आज्ञाकारी होते हैं' तो निम्नलिखित में से कौन-से एक कथन युग्म को सही माना जा सकता है?

I. सभी आज्ञाकारी व्यक्ति विद्यार्थी होते हैं।
II. सभी विद्यार्थी आज्ञाकारी होते हैं।
III. कुछ विद्यार्थी आज्ञाकारी होते हैं।
IV. कुछ विद्यार्थी अवज्ञाकारी नहीं होते हैं।

कूट :

A. I और II B. II और III
C. III और IV D. II और IV

18. सही कूट का चयन कीजिए :

निगमन (डिडक्टिव) तर्क यह दावा करता है कि :

I. निष्कर्ष आधार में निहित किसी भी वस्तु से अधिक का दावा नहीं करता है।
II. निष्कर्ष अन्तिम रूप से आधार/आधारों द्वारा पुष्ट होता है।
III. यदि निष्कर्ष असत्य है तो आधार या तो सत्य होगा/होंगे या असत्य।
IV. यदि आधार/आधार का संयोजन सत्य है, तो निष्कर्ष सत्य होगा।

कूट :

A. I और II B. I और III
C. II और III D. उपर्युक्त सभी

निर्देश (प्र.सं. 19 से 25) : *निम्नलिखित तालिका में दिए गए आंकड़ों के आधार पर प्रश्नों के उत्तर दीजिए :*

समाज सेवाओं पर सरकारी व्यय (कुल व्यय का प्रतिशत)

क्रम संख्या	मदें	2007-08	2008-09	2009-10	2010-11
	समाज सेवाएँ	11.06	12.94	13.06	14.02
(a)	शिक्षा, खेल तथा युवा कार्य	4.02	4.04	3.96	4.46
(b)	स्वास्थ्य तथा परिवार कल्याण	2.05	1.91	1.90	2.03
(c)	जल आपूर्ति, आवास आदि	2.02	2.31	2.20	2.27
(d)	सूचना तथा प्रसारण	0.22	0.22	0.20	0.22
(e)	अनुसूचित जाति/जनजाति एवं पिछड़े वर्ग का कल्याण	0.36	0.35	0.41	0.63
(f)	श्रम तथा रोजगार	0.27	0.27	0.22	0.25
(g)	समाज कल्याण तथा पोषण	0.82	0.72	0.79	1.06
(h)	उत्तर-पूर्वीय क्षेत्र	0.00	1.56	1.50	1.75
(i)	अन्य समाज सेवाएँ	1.29	1.55	1.87	1.34
	कुल सरकारी व्यय	100.00	100.00	100.00	100.00

19. समाज सेवाओं में ऐसे कितने कार्य-कलाप हैं जिनमें वर्ष 2008-09 में समाज सेवाओं पर हुए कुल खर्च का 5 प्रतिशत से कम खर्च हुआ है?

A. एक B. तीन

C. पाँच D. उपर्युक्त सभी

20. समाज सेवाओं पर व्यय किस वर्ष में उच्चतम दर पर बढ़ा है?

A. 2007-08 B. 2008-09

C. 2009-10 D. 2010-11

21. व्यय में हिस्से की दृष्टि से निम्नलिखित में से कौन-से कार्य लगभग स्थिर रहे हैं?

A. उत्तर-पूर्वी क्षेत्र

B. अनु. जाति/जनजाति और अन्य पिछड़े वर्ग का कल्याण

C. सूचना तथा प्रसारण

D. समाज कल्याण तथा पोषण

22. निम्नलिखित में से कौन-सी मद का व्यय का हिस्सा दिए गए वर्षों में शेष तीन मदों के लगभग बराबर है?

A. सूचना तथा प्रसारण

B. अनु. जाति/जनजाति और अन्य पिछड़े वर्ग का कल्याण

C. श्रम और रोजगार

D. समाज कल्याण और पोषण

23. समाज सेवाओं की निम्नलिखित में से कौन-सी मदों में वर्ष 2007-08 से 2010-11 के दौरान व्यय में अधिकतम वृद्धि दर पाई गई है?

A. शिक्षा, खेल तथा युवा कार्य

B. अनुसूचित जाति/जनजाति और अन्य पिछड़े वर्ग का कल्याण

C. समाज कल्याण और पोषण

D. समग्र समाज सेवाएँ

24. निम्नलिखित में से कौन-सी मदों में वर्ष 2007-08 से 2009-10 के दौरान व्यय में अधिकतम गिरावट दर पाई गई है?

A. श्रम और रोजगार

B. स्वास्थ्य और परिवार कल्याण

C. समाज कल्याण और पोषण

D. शिक्षा, खेल और युवा कार्य

25. ए.एल.यू. का अर्थ है :

A. अमेरिकन लॉजिक यूनिट

B. आल्टरनेट लोकल यूनिट

C. आल्टरनेटिंग लॉजिक यूनिट

D. अरिथमेटिक लॉजिक यूनिट

26. एक व्यक्तिगत कम्प्यूटर के जिस सर्किट बोर्ड पर बहुत सारे चिप्स लगे होते हैं, उसे कहते हैं :

A. माइक्रोप्रोसेसर B. सिस्टम बोर्ड

C. डॉटर बोर्ड D. मदर बोर्ड

27. कम्प्यूटर वायरस है :

A. हार्डवेयर B. बैक्टेरिया

C. सॉफ्टवेयर D. इनमें से कोई भी नहीं

28. इनमें से कौन-सा एक सही है?

A. $(17)_{10} = (17)_{16}$

B. $(17)_{10} = (17)_{8}$

C. $(17)_{10} = (10111)_{2}$

D. $(17)_{10} = (10001)_{2}$

29. एम.एस. वर्ड ऑफिस 2007 का फाइल एक्सटेंशन होता है :

A. .pdf B. .doc

C. .docx D. .txt

30. ......एक उपसंधि (प्रोटोकॉल) है जो ई-मेल ग्राहकों को आपके कम्प्यूटर में ई-मेल के डाउनलोड करने के लिए इस्तेमाल होता है।

A. TCP B. FTP

C. SMTP D. POP

31. निम्नलिखित में से कौन-सा मीथेन का स्रोत है?

A. आर्द्र-स्थल (वैटलेण्ड्स) B. फोम उद्योग

C. तापीय विद्युत संयंत्र D. सीमेंट उद्योग

32. जापान में 'मिनामाता आपदा' किसके प्रदूषण के कारण हुई थी?

A. सीसा B. पारा

C. कैडमियम D. जिंक

33. जैव-आवर्धन का तात्पर्य किसकी वृद्धि से होता है?

A. जीवित जीवों में प्रदूषकों की सांद्रता

B. जाति (स्पीशीज़) की संख्या

C. जीवित जीवों का आमाप (साइज़)

D. बायोमास

34. नागोया उपसंधि (प्रोटोकॉल) किससे संबंधित है?
A. जलवायु परिवर्तन B. ओजोन क्षय
C. खतरनाक अपशिष्ट D. जैव-विविधता

35. भारत की ऊर्जा आवश्यकता में जीवाश्मी ईंधन (फॉसिल फ्यूल) के बाद योगदान करने वाला दूसरा सबसे महत्त्वपूर्ण स्रोत है :
A. सौर ऊर्जा
C. नाभिक ऊर्जा
B. जल ऊर्जा (हाइड्रो पावर)
D. पवन ऊर्जा

36. भूकम्पों के सन्दर्भ में रिक्टर स्केल पर परिणाम 1 की वृद्धि का अर्थ है :
A. भूकम्पी तरंगों के आयाम में दस-गुना वृद्धि
B. भूकम्पी तरंगों की ऊर्जा में दस-गुना वृद्धि
C. भूकम्पी तरंगों के आयाम में दो-गुना वृद्धि
D. भूकम्पी तरंगों की ऊर्जा में दो-गुना वृद्धि

37. निम्नलिखित में से कौन-सा मानव विकास सूचकांक का मापक नहीं है?
A. साक्षरता दर B. सकल नामांकन
C. लिंग अनुपात D. आयु प्रत्याशा

38. निम्न में से किसके बाद भारत में कॉलेज में सर्वाधिक छात्र हैं?
A. यू.के. B. यू.एस.ए.
C. ऑस्ट्रेलिया D. कनाडा

39. भारत के महान्यायवादी के संबंध में निम्न में से कौन-सा/से कथन सही नहीं हैं?
1. राष्ट्रपति उस व्यक्ति को भारत का महान्यायवादी नियुक्त करते हैं जो उच्च न्यायालय का न्यायाधीश बनने के योग्य हो।
2. उनको देश के सभी न्यायालयों में प्रस्तुत होने का अधिकार प्राप्त है।
3. उनको लोक सभा और राज्य सभा की कार्यवाही में भाग लेने का अधिकार है।
4. उनकी निश्चित अवधि होती है।

नीचे दिए गए कूट के प्रयोग से सही उत्तर का चयन कीजिए :

कूट :
A. 1 और 4 B. 2, 3 और 4
C. 3 और 4 D. केवल 3

40. राष्ट्रपति प्रणब मुखर्जी भारतीय उच्चाधिकारियों से परस्पर बातचीत करते समय तथा सरकारी टिप्पण आदि में निम्नलिखित में से कौन-से पूर्व नियोजन का प्रयोग समाप्त करना चाहते हैं?
1. हिज़ एक्सीलेन्सी 2. महामहिम
3. माननीय 4. श्री/श्रीमती

नीचे दिए गए कूट के प्रयोग से सही उत्तर का चयन कीजिए :

कूट :
A. 1 और 3 B. 2 और 3
C. 1 और 2 D. 1, 2 और 3

41. वित्तीय आपात स्थिति में निम्नलिखित में से क्या किया जा सकता है?
1. राज्य विधानसभाओं को समाप्त किया जा सकता है।
2. केन्द्र सरकार, राज्यों के बजट और व्यय को अपने नियन्त्रण में ले सकती है।
3. उच्च न्यायालयों और उच्चतम न्यायालय के न्यायाधीशों के वेतन को कम किया जा सकता है।
4. संवैधानिक उपचारों के अधिकारों को निलंबित किया जा सकता है।

नीचे दिए गए कूट के प्रयोग से सही उत्तर का चयन कीजिए :

कूट :
A. 1, 2 और 3 B. 2, 3 और 4
C. 1 और 2 D. 2 और 3

42. सूची-I को सूची-II के साथ सुमेलित कीजिए और नीचे दिए गए कूट के प्रयोग से सही उत्तर का चयन कीजिए :

सूची-I	सूची-II
(a) निर्धनता कम करो कार्यक्रम	(i) मिड-डे मील
(b) मानव विकास योजना	(ii) इन्दिरा आवास योजना (आई.ए.वाई.)
(c) सामाजिक सहायता योजना	(iii) राष्ट्रीय वृद्धावस्था पेंशन (एन.ओ.ए.पी.)
(d) न्यूनतम आवश्यकता योजना	(iv) मनरेगा

कूट :

	(a)	(b)	(c)	(d)
A.	(iv)	(i)	(iii)	(ii)
B.	(ii)	(iii)	(iv)	(ii)
C.	(iii)	(iv)	(i)	(ii)
D.	(iv)	(iii)	(ii)	(i)

43. प्रभावी और स्थायी शिक्षा ग्रहण के लिए शिक्षा ग्रहणकर्ता के पास होना चाहिए :

A. केवल शिक्षा प्राप्त करने की योग्यता

B. केवल उत्प्रेरक का अपेक्षित स्तर

C. केवल शिक्षा ग्रहण के अवसर

D. योग्यता और प्रेरणा का वांछित स्तर

44. कक्षा संप्रेषण होना चाहिए :

A. शिक्षक केन्द्रिक B. छात्र केन्द्रिक

C. सामान्य केन्द्रिक D. पाठ्य पुस्तक केन्द्रित

45. अध्यापन की सर्वोत्तम प्रणाली है :

A. जानकारी प्रदान करना।

B. छात्रों से पुस्तकें पढ़ने के लिए कहना।

C. अच्छी सन्दर्भ सामग्री का सुझाव देना।

D. चर्चा प्रारम्भ करने की पहल करना और उसमें भाग लेना।

46. कक्षा में परस्पर संवाद से क्या उभरकर आना चाहिए?

A. तर्क-वितर्क B. सूचना

C. विचार D. विवाद

47. "दंड न देकर बच्चे को बिगाड़ना' से अभिप्राय है :

A. कक्षा में दंड पर रोक लगा देनी चाहिए।

B. शारीरिक दंड स्वीकार्य नहीं है।

C. अवांछित व्यवहार पर दंड दिया जाना चाहिए।

D. बच्चों को छड़ी से पीटा जाना चाहिए।

48. कक्षा में शिक्षक के संप्रेषण को कहते हैं :

A. अन्तर्वैयक्तिक

B. जन-संचार

C. सामूहिक संप्रेषण

D. आमने-सामने संप्रेषण

49. किसी शोध पत्रिका की गुणवत्ता का निम्नलिखित में से कौन सूचक है?

A. प्रभाव गुणक B. एच-इंडैक्स

C. जी-इंडैक्स D. i10-इंडैक्स

50. बेहतर 'शोध नैतिकता' से अभिप्राय है :

A. अपनी शोध प्रायोजित कम्पनी में धारित शेयरों/स्टॉकों को प्रकट न करना।

B. केवल किसी पीएच.डी./शोध छात्र को ही विशेष शोध समस्या सौंपना।

C. किसी शैक्षिक पत्रिका की समीक्षा करने के लिए शोध पत्र से गोपनीय आंकड़ों पर अपने सहयोगियों से चर्चा करना।

D. एक ही शोध पांडुलिपि को एक से अधिक पत्रिकाओं में प्रकाशित होने के लिए प्रस्तुत करना।

51. निम्नलिखित में से कौन-सी प्रतिदर्श प्रणाली संभाव्यता पर आधारित है?

A. सुविधानुसार प्रतिदर्श B. कोटा प्रतिदर्श

C. निर्णय प्रतिदर्श D. स्तरबद्ध प्रतिदर्श

52. निम्नलिखित में से कौन-से सन्दर्भ अमेरिकी मनोवैज्ञानिक संघ (ए.पी.ए.) के अनुसार लिखे गए हैं?

A. शर्मा, वी. (2010). फण्डामेन्टल्स ऑफ कम्प्यूटर साइन्स.
नई दिल्ली : टाटा मैग्रा हिल

B. शर्मा, वी. 2010. फण्डामेन्टल्स ऑफ कम्प्यूटर साइन्स.
नई दिल्ली : टाटा मैग्रा हिल

C. शर्मा, वी. 2010. फण्डामेन्टल्स ऑफ कम्प्यूटर साइन्स.
नई दिल्ली : टाटा मैग्रा हिल

D. शर्मा, वी. (2010), फण्डामेन्टल्स ऑफ कम्प्यूटर साइन्स,
नई दिल्ली : टाटा मैग्रा हिल

53. शोध की निम्नलिखित अवस्थाओं को सही क्रम में व्यवस्थित करें :

1. शोध समस्या का निर्धारण
2. शोध उद्देश्य को सूचीबद्ध करना
3. डाटा संग्रहण
4. कार्यप्रणाली
5. डाटा विश्लेषण
6. परिणाम और चर्चा

A. 1 – 2 – 3 – 4 – 5 – 6

B. 1 – 2 – 4 – 3 – 5 – 6

C. 2 – 1 – 3 – 4 – 5 – 6

D. 2 – 1 – 4 – 3 – 5 – 6

54. **असत्य** कथन की पहचान कीजिए :

A. आगे और अन्वेषण किए जाने के लिए प्रारम्भिक रूप से सीमित साक्ष्य के आधार पर परिकल्पना की जाती है।

B. परिकल्पना सत्य की किसी मान्यता के बिना तर्क का आधार होती है।

C. परिकल्पना किसी घटना का प्रस्तावित स्पष्टीकरण है।

D. वैज्ञानिक परिकल्पना एक वैज्ञानिक सिद्धान्त है।

निर्देश (प्र.सं. 55 से 60) : *निम्नलिखित अनुच्छेद को ध्यान से पढ़ें और प्रश्नों का उत्तर दें :*

विकासशील देशों में और नगरीकरण प्रक्रिया से शहरों का प्रचलित दृष्टिकोण कुछ इस प्रकार का होता है कि तमाम सुख और सुविधाएँ प्राप्त होने के बावजूद इन शहरों के आविर्भाव से पर्यावरणीय अपकर्ष, गन्दी बस्तियों और आबादियों का बसना, नगरीय गरीबी, बेरोजगारी, अपराध, अराजकता और यातायात अव्यवस्था के संकेत मिलते हैं। लेकिन वास्तविकता क्या है? वास्तव में यह आश्चर्यजनक है कि विकासशील देशों में पिछले 50 वर्षों में शहरी जनसंख्या में वर्ष 1950 से 300 मिलियन से वर्ष 2000 तक 2 बिलियन तक की अभूतपूर्व रूप से वृद्धि होने के बाद भी विश्व ने बुरी तरह नहीं बल्कि कितनी अच्छी तरह से इसका सामना किया है।

सामान्य रूप से शहरी जीवन की गुणवत्ता में जल की उपलब्धता और सफाई के प्रबन्ध, बिजली, स्वास्थ्य और शिक्षा, संचार और परिवहन व्यवस्था की दृष्टि से सुधार हुआ है। उदाहरणतः एशियाई विशाल देशों जैसे कि चीन, भारत, इंडोनेशिया और फिलीपीन्स के शहरी क्षेत्रों में अधिकांश निवासियों को उन्नत जल सुविधाएँ उपलब्ध करा दी गई हैं। इसके बावजूद 20वीं शताब्दी के पिछले दशक के दौरान कुल शहरी जनसंख्या की प्रतिशतता के अनुसार उन्नत जल व्यवस्था की उपलब्धता में कमी आई है। हालांकि इस असीम संख्या में से लाखों अतिरिक्त शहरी निवासियों को उन्नत जल सुविधाएँ उपलब्ध करा दी गई हैं। इन देशों ने स्वच्छता सेवाओं में महत्त्वपूर्ण रूप से प्रगति की है, साथ ही एक दशक में (1990-2000) 293 मिलियन से अधिक नागरिकों के अतिरिक्त जनसमूह के लिए भी सेवाएँ उपलब्ध कराई हैं। इन सुधारों के विषय में तेजी से बढ़ती हुई शहरी जनसंख्या के पृष्ठ-पट, राजकोषीय चरमराहट और क्लिष्ट मानव संसाधनों तथा गुणवत्ता-उन्मुख लोक-प्रबन्धन के मद्देनज़र विचार किया जाना चाहिए।

55. विकासशील देशों में शहरीकरण प्रक्रिया का प्रचलित दृष्टिकोण है :

A. सकारात्मक
B. नकारात्मक
C. तटस्थ
D. अनिर्दिष्ट

56. विकासशील देशों में 1950 से 2000 ए.डी. तक शहरी नागरिकों की औसत आगमन वृद्धि किसके करीब थी?

A. 30 मिलियन
B. 40 मिलियन
C. 50 मिलियन
D. 60 मिलियन

57. शहरीकरण की वास्तविकता प्रतिबिम्बित होती है :

A. स्थिति को कितनी अच्छी तरह से व्यवस्थित किया गया है।

B. स्थिति कितनी बुरी तरह से नियन्त्रण से बाहर हो गई है।

C. शहरीकरण की रफ्तार कितनी तेज रही है।

D. पर्यावरण में कितनी तेज़ी से गिरावट आई है।

58. निम्नलिखित में से किसको शहरी जीवन की गुणवत्ता का सूचक नहीं माना जाता है?

A. शहरीकरण की गति
B. मूल सेवाओं का प्रावधान
C. सामाजिक सुख-सुविधाओं तक पहुँच
D. उपर्युक्त सभी

59. लेखक ने इस अनुच्छेद में किस विषय पर केन्द्रित करने का प्रयास किया है?

A. ज्ञान का विस्तार
B. पर्यावरणीय चेतना
C. विश्लेषणात्मक तार्किकता
D. वर्णनात्मक अभिकथन

60. उपर्युक्त अनुच्छेद में लेखक क्या अभिव्यक्त करना चाहता है?

A. शहरी जीवन की कठिनाइयाँ
B. शहरी जीवन की व्यथा
C. मानव प्रगति की जागरूकता
D. विकास की सीमाएँ

उत्तरमाला

1	2	3	4	5	6	7	8	9	10
A	D	A	A	D	B	D	B	C	A
11	**12**	**13**	**14**	**15**	**16**	**17**	**18**	**19**	**20**
A	D	A	A	D	C	C	D	D	D
21	**22**	**23**	**24**	**25**	**26**	**27**	**28**	**29**	**30**
C	D	D	B	D	D	C	D	B	D
31	**32**	**33**	**34**	**35**	**36**	**37**	**38**	**39**	**40**
A	B	A	D	C	A	C	B	D	C
41	**42**	**43**	**44**	**45**	**46**	**47**	**48**	**49**	**50**
C	A	D	B	D	C	C	C	A	A
51	**52**	**53**	**54**	**55**	**56**	**57**	**58**	**59**	**60**
D	A	B	D	B	A	A	A	D	D

कुछ चुने हुए प्रश्नों के व्याख्यात्मक उत्तर

7. 0, 6, 24, 60, 120, x, 336.

माना कि विलुप्त संख्या x है

अब,

$$\frac{0}{6}, \frac{6}{24}, \frac{24}{60}, \frac{60}{120}, \frac{120}{x}, \frac{x}{336}$$

$$= 0, \frac{1}{4}, \frac{2}{5}, \frac{3}{6}, \frac{120}{x}, \frac{x}{336}$$

दिए गए प्रकार के अनुसार,

$$\frac{120}{x} \rightarrow \frac{4}{7}$$

अतः, $\frac{120}{x} = \frac{4}{7}$ अथवा, $x = 210$.

8. 4, 5 या 6 लड़के तथा 3, 2 या 1 लड़कियों के समूह बनाने पर संचय के अभीष्ट तरीकों की संख्या है

जब 4 लड़के तथा 3 लड़कियों का समूह बनता है तो इसके संचयों की संख्या ${}^6C_4 \times {}^4C_3$ होती है।

जब 5 लड़के तथा 2 लड़कियों का समूह लिया जाता है तो संचयों की संख्या ${}^6C_5 \times {}^4C_2$ होती है।

जब 6 लड़के तथा 1 लड़की का समूह बनता है तब इस संचय की संख्या ${}^6C_6 \times {}^4C_1$ होती है।

कुल तरीकों की संख्या

$= {}^6C_4 \times {}^4C_3 + {}^6C_5 \times {}^4C_2 + {}^6C_6 \times {}^4C_1$

$= 15 \times 4 + 6 \times 6 + 1 \times 4$

$= 60 + 36 + 4 = 100.$

9. प्रथम 10 सदस्यों के प्रेक्षणों की संख्या

$= 4.5 \times 10 = 45$

अंतिम 30 सदस्यों के प्रेक्षणों की संख्या

$= 3.5 \times 30 = 105$

40 सदस्यों द्वारा किए गए कुल प्रेक्षणों की संख्या

$= 45 + 105 = 150$

औसत प्रेक्षण $= \frac{150}{40} = \frac{15}{4}$.

11. माना कि A की वर्तमान आयु x और B की y है।

दिए गए प्रश्न के अनुसार,

$$x + y = 50 \qquad ...(i)$$

5 वर्ष पूर्व उनकी औसत उम्र

$$\frac{x-5}{y-5} = \frac{5}{3}$$

$$3(x-5) = 5(y-5)$$

अथवा, $3x - 5y = -10$ ...(*ii*)

समीकरण (*i*) एवं (*ii*) से

$$8x = 250 - 10$$

$$x = \frac{240}{8} = 30$$

$$y = 20$$

A की वर्तमान आयु = 30 वर्ष

B की वर्तमान आयु = 20 वर्ष

12. $(90 + 9 - 29) \div 10 \times 2$

$= (99 - 29) \div 10 \times 2$

$= 70 \div 10 \times 2$

$= 7 \times 2 = 14.$

28. $(10001)_2 = 1 \times 2^4 + 0 \times 2^3 + 0 \times 2^2 + 0 \times 2^1 + 1 \times 2^0$

$= 16 + 0 + 0 + 0 + 1 = 17$

अतः, $(17)^{10} = (10001)_2$.

पिछले प्रश्न-पत्र (हल सहित)

यू.जी.सी. NET (JRF) परीक्षा

प्रश्न-पत्र-I, जून, 2012

नोट: इस प्रश्न-पत्र में **साठ (60)** बहुविकल्पीय प्रश्न हैं। प्रत्येक प्रश्न के **दो (2)** अंक हैं। अभ्यर्थी को **पचास (50)** प्रश्नों के उत्तर देने हैं। यदि **पचास (50)** से अधिक प्रश्नों के उत्तर दिये तो प्रथम **पचास (50)** प्रश्न ही जाँचे जायेंगे।

1. वीडियो कॉन्फ्रेसिंग को निम्न प्रकार के संचार में वर्गीकृत किया जा सकता है :

A. दृश्य एक तरफा B. दृश्य-श्रव्य एक तरफा
C. दृश्य-श्रव्य दो तरफा D. दृश्य दो तरफा

2. एम.सी. राष्ट्रीय पत्रकारिता एवं संचार विश्वविद्यालय कहाँ पर स्थित है?

A. लखनऊ B. भोपाल
C. चेन्नई D. मुम्बई

3. आकाशवाणी किस वर्ष में प्रसारण को नाम दिया गया?

A. 1926 B. 1936
C. 1946 D. 1956

4. भारत में टेलीविजन कार्यक्रमों के प्रसारण के लिए किस पद्धति को अपनाया जाता है?

A. NTCS B. PAL
C. NTSE D. SECAM

5. डी.ए.वी.पी. का पूर्ण रूप है:

A. डाइरेक्टोरेट ऑफ एडवर्टाइजिंग एण्ड वॉकेल पब्लीसिटी
B. डिवीजन ऑफ ऑडियो-विज्युअल पब्लीसिटी
C. डिपार्टमेन्ट ऑफ ऑडियो-विज्युअल पब्लीसिटी
D. डाइरेक्टोरेट ऑफ एडवर्टाइजिंग एण्ड विज्युअल पब्लीसिटी

6. 'TRP' पद जो टी.वी. शोज से सम्बन्धित है, उसका अर्थ है:

A. टोटल रेटिंग पॉईंट्स
B. टाईम रेटिंग पॉईंट्स
C. थीमेटिक रेटिंग पॉईंट्स
D. टेलीविजन रेटिंग पॉईंट्स

7. इस शृंखला में कौन-सी संख्या आगे आयेगी?

2, 6, 12, 20, 30, 42, 56, ...

A. 60 B. 64
C. 72 D. 70

8. YVSP .... शृंखला के लिए अगला अक्षर क्या है?

A. N B. M
C. O D. L

9. कूट भाषा में ये प्रदत्त है कि, '645' का अर्थ है 'गरम दिन है'; '42' का अर्थ है 'गरम वसन्त' और '634' का अर्थ है 'वसन्त धूपमयी है'।
निम्नलिखित में से कौन-सा अंक 'धूपमयी' को प्रदर्शित करता है?

A. 3 B. 2
C. 4 D. 5

10. निम्न वर्गीकरण का आधार है :
'भारत के प्रथम राष्ट्रपति', 'गोदान' के लेखक, 'मेरे ग्रंथालय में किताबें', 'नीली चीजें', और 'विद्यार्थी जो कड़ी-मेहनत करते हैं'।

A. सर्वसामान्य नाम
B. व्यक्तिवाचक नाम
C. वर्णनात्मक संक्षिप्त वाक्य
D. अनिश्चित वर्णन

11. 'कोई चीज अपने से बड़ी नहीं होती'—इस अभिव्यक्ति में 'अपने से बड़ी है' यह संबंध है:

A. सम्मित विरोधी B. असम्मितीय
C. अकर्मक D. अनिजवाचक

12. **कथन (A) :** पहले की तुलना में आजकल की कानूनी किताबों में कहीं अधिक कानून है, और पहले की तुलना में कहीं अधिक अपराध होते हैं।

कारण (R) : क्योंकि, अपराध कम करने के लिए हमें कानूनों को समाप्त करना होगा।

निम्नलिखित में से सही उत्तर चुनिये :

A. (A) सत्य है, (R) शंकास्पद है और (R), (A) की सही व्याख्या नहीं है।

B. (A) असत्य है, (R) सत्य है और (R), (A) की सही व्याख्या है।

C. (A) शंकास्पद है, (R) शंकास्पद है और (R), (A) की सही व्याख्या नहीं है।

D. (A) शंकास्पद है, (R) सत्य है और (R), (A) की सही व्याख्या नहीं है।

13. यदि कथन ''सभी लोग नाशवंत हैं'' सच है, तो निम्नलिखित अनुमानों में से कौन-सा अनुमान सही है? निम्नलिखित कोड में से चयन करें :

1. 'सभी लोग नाशवंत है।' यह सच है।
2. 'कुछ लोग नाशवंत है।' यह गलत है।
3. 'कोई आदमी नाशवंत नहीं है।' यह शंकास्पद है।
4. 'सभी लोग नाशवंत हैं।' यह गलत है।

कोड :

A. 1, 2 और 3   B. 2, 3 और 4

C. 1, 3 और 4   D. 1 और 3

14. निम्नलिखित परिभाषा की प्रकृति निर्धारित कीजिए : ''भ्रूणहत्या'' का अर्थ है निर्दोष लोगों की निर्मम हत्या।

A. पदसंबंधी   B. विश्वासोत्पादक

C. स्वनिर्दिष्ट   D. सैद्धांतिक

15. निम्नलिखित युक्तियों में से कौन-सी युक्ति नहीं है?

A. देवदत्त दिन में भोजन नहीं करता है, इसीलिये वह रात में भोजन करता है।

B. यदि देवदत्त मोटा होता है, और यदि वह दिन भर भोजन नहीं करता है, वह रात में भोजन करेगा।

C. देवदत्त रात में भोजन करता है, इसीलिए वह दिन में भोजन नहीं करता है।

D. चूँकि देवदत्त दिन में भोजन नहीं करता है, वह रात में भोजन करता होगा।

16. वेन डायग्राम इस प्रकार का डायग्राम है, जोः

A. संवाक्य-सम्बन्धी न्यायिकी आकार के प्राथमिक अनुमानों की वैधता का प्रतिनिधित्व और मूल्यांकन करना।

B. न्यायिकी आकार के प्राथमिक अनुमानों की वैधता का प्रतिनिधित्व करना, परन्तु मूल्यांकन नहीं करना।

C. न्यायिकी आकार के प्राथमिक अनुमानों की सत्यता का प्रतिनिधित्व और मूल्यांकन करना।

D. न्यायिकी आकार के प्राथमिक अनुमानों की सत्यता का मूल्यांकन करना, परन्तु प्रतिनिधित्व नहीं करना।

17. साम्यानुमान से तर्क करने से–

A. निश्चितता प्राप्त होती है।

B. सुस्पष्ट निष्कर्ष निकलता है।

C. भविष्यसूचक अनुमान लग सकता है।

D. निसंशय

18. निम्नलिखित कथनों में से कौन-से कथन असत्य हैं? निम्नलिखित कूट में से चुनें :

1. आगमनात्मक युक्तियाँ सदैव विशेष से सामान्य की ओर जाती हैं।
2. युक्त युक्ति आगमनात्मक दृष्टि से मजबूत होगी।
3. वैध युक्ति का गलत पूर्वावयव और गलत निष्कर्ष हो सकते हैं।
4. युक्ति को उचित रूप से 'सच' या 'गलत' कह सकते हैं।

कूटः

A. 2, 3 और 4   B. 1 और 3

C. 2 और 4   D. 1 और 2

19. छः व्यक्ति A, B, C, D, E और F एक वृत्त में खड़े हैं। F और C के बीच B है, E और D के बीच A है, और F, D के बाएँ है। A और F के बीच कौन है?

A. B   B. C

C. D   D. E

20. पेट्रोल की कीमत में 25% वृद्धि होती है। ग्राहक को अपना उपभोग किस प्रतिशत में कम करना चाहिए जिससे कि पेट्रोल का पहला बिल बदले नहीं?

A. 20%   B. 25%

C. 30%   D. 33.33%

21. यदि राम जानता है कि y 2 से बड़ा और 7 से कम पूर्णांक है और हरि जानता है कि y 5 से बड़ा और 10 से कम पूर्णांक है, तो फिर वे ठीक-ठीक निष्कर्ष पर पहुँच सकते हैं कि:

A. y को ठीक-ठीक निर्धारित किया जा सकता है।
B. y दो मूल्यों में से एक हो सकता है।
C. y तीन मूल्यों में से एक हो सकता है।
D. y का कोई मूल्य नहीं है जो इन शर्तों को संतुष्ट करे।

22. एक कुंड को चार पाइप 15, 20, 30 और 60 घंटों में क्रमशः भर सकते हैं। पहले को 6 AM पर खोला गया, दूसरे को 7 AM पर, तीसरे को 8 AM और चौथे को 9 AM पर खोला गया। कुंड कब भरेगा?

A. 11 AM B. 12 Noon
C. 1 PM D. 1.30 PM

एक देश में कुल विद्युत उत्पादन 97 GW है। विभिन्न ऊर्जा स्रोतों का योगदान प्रतिशत रूप में नीचे दिये पाई चार्ट में इंगित किया गया है :

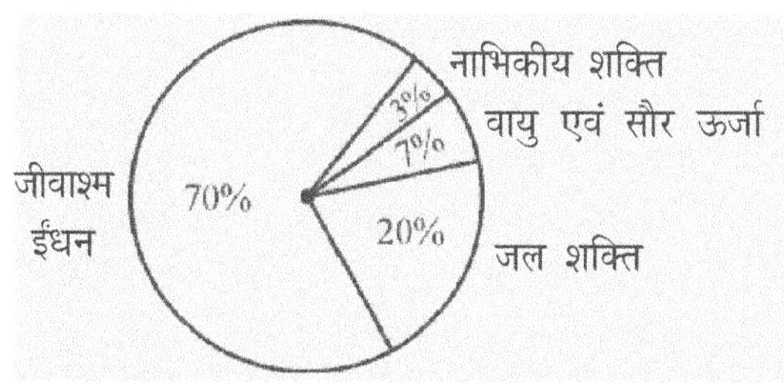

23. विद्युत उत्पादन में वायु एवं सौर शक्ति का योगदान सुनिश्चित रूप से क्या है?

A. 6.79 GW B. 19.4 GW
C. 9.7 GW D. 29.1 GW

24. विद्युत उत्पादन में नवीकरणीय ऊर्जा स्रोतों का योगदान सुनिश्चित रूप से क्या है?

A. 29.1 GW B. 26.19 GW
C. 67.9 GW D. 97 GW

25. TCP/IP आवश्यक है यदि एक को निम्नलिखित से संबद्ध किया जाता है :

A. फोन लाइन B. LAN
C. इंटरनेट D. सर्वर

26. कम्प्यूटर के कीबोर्ड पर प्रत्येक कैरेक्टर का ASCII मूल्य/मान होता है जिसका अर्थ होता है:

A. अमेरिकन स्टॉक कोड फॉर इन्फोर्मेशन इंटरचेंज
B. अमेरिकन स्टैन्डर्ड कोड फॉर इन्फोर्मेशन इंटरचेंज
C. अफ्रीकन स्टैन्डर्ड कोड फॉर इन्फोर्मेशन इंटरचेंज
D. एडैपटेबल स्टैन्डर्ड कोड फॉर इन्फोर्मेशन इंटरचेंज

27. निम्नलिखित में से कौन-सी प्रोग्रामिंग भाषा नहीं है?

A. पासकल B. माइक्रोसोफ्ट ऑफिस
C. जावा D. C++

28. कोई 3 अंक दशमलव संख्या का संग्रह (स्टोर) करने के लिये बिट्स (द्वयंक) की न्यूनतम संख्या किसके बराबर है?

A. 3 B. 5
C. 8 D. 10

29. इंटरनेट अन्वेषक किस प्रकार का है?

A. प्रचालक पद्धति B. कम्पाइलर
C. ब्राउजर D. IP पता (एड्रेस)

30. POP3 तथा IMAP ई-मेल अकाउंट हैं जिसमें:

A. एक अपने आप ही प्रतिदिन अपनी मेल पाता है।
B. एक को अपनी मेल पढ़ने के लिये सर्वर से सम्बन्धित होना पड़ता है।
C. एक को ई-मेल भेजने तथा प्राप्त करने के लिये केवल सर्वर से सम्बन्धित होना पड़ता है।
D. एक को किसी टेलीफोन लाइन की जरूरत नहीं है।

31. नेत्रों में जलन किस प्रदूषक वस्तु के कारण होती है?

A. सल्फर डाई-ऑक्साइड B. ओजोन
C. PAN (पैन) D. नाइट्रस ऑक्साइड

32. क्लोरोफ्लूरोकार्बनूस का स्रोत कौन-सा है?

A. तापीय शक्ति संयंत्र
B. स्वचालित वाहन
C. प्रशीतन एवं वातानुकूलन
D. उर्वरक

33. निम्नलिखित में से कौन-सा नवीकरणीय प्राकृतिक संसाधन नहीं है?

A. स्वच्छ वायु B. उपजाऊ मृदा
C. ताजा जल D. लवण

34. निम्नांकित में से कौन-सा प्राचल जल में प्रदूषण संकेतक के रूप में उपयोग नहीं किया जाता है?
A. कुल विघटित ठोस पदार्थ
B. कॉलिफार्म काऊंट
C. विघटित ऑक्सीजन
D. घनत्व

35. S एवं P तरंगें किसके साथ सम्बन्धित हैं?
A. बाढ़ B. वायु ऊर्जा
C. भूकम्प D. ज्वारीय ऊर्जा

36. सूची-I और सूची-II को सुमेलित कीजिये और नीचे दिये कूटों से सही उत्तर का चयन कीजिये :

सूची-I	**सूची-II**
(*i*) ओजोन छिद्र	(*a*) सुनामी
(*ii*) हरितगृह प्रभाव	(*b*) UV विकिरणें
(*iii*) प्राकृतिक आपदाएँ	(*c*) मिथेन (गैस)
(*iv*) धारणीय विकास	(*d*) पारिस्थितिकीय-केंद्रवाद

कूट :

	(*i*)	(*ii*)	(*iii*)	(*iv*)
A.	(*b*)	(*c*)	(*a*)	(*d*)
B.	(*c*)	(*b*)	(*a*)	(*d*)
C.	(*d*)	(*c*)	(*a*)	(*b*)
D.	(*d*)	(*b*)	(*c*)	(*a*)

37. भारतीय उच्च अध्ययन संस्थान कहाँ स्थित है?
A. धर्मशाला B. शिमला
C. सोलन D. चंडीगढ़

38. राष्ट्रीय अध्यापक शिक्षा परिषद् (NCTE) के क्षेत्रीय कार्यालयों की संख्या बताइये।
A. 04 B. 05
C. 06 D. 08

39. डॉ. बी.आर. अम्बेडकर ने निम्न अधिकारों में से किसे भारतीय संविधान का 'हृदय और आत्मा' कहा था?
A. अभिव्यक्ति की स्वतंत्रता
B. समानता का अधिकार
C. धार्मिक स्वतंत्रता का अधिकार
D. संवैधानिक उपचारों का अधिकार

40. निम्नलिखित में से किसने भारत में जिला कलेक्टर का पद सृजित किया?
A. लॉर्ड कार्नवालिस
B. वारेन हैस्टिंग्ज
C. द रॉयल कमीशन ऑन डिसेन्ट्रेलाइजेशन
D. सर चार्ल्स मेटकॉफ

41. एक नागरिक के मूल कर्त्तव्यों में सम्मिलित हैं :
1. संविधान, राष्ट्रीय ध्वज व राष्ट्रगान का सम्मान
2. वैज्ञानिक मनःस्थिति का विकास
3. सरकार के प्रति सम्मान
4. वन्य जीवों की रक्षा

निम्नलिखित कूट में से सही उत्तर चुनिये :

कूटः
A. 1, 2 व 3 B. 1, 2 व 4
C. 2, 3 व 4 D. 1, 3, 4 व 2

42. भारत का राष्ट्रपति शपथ लेता है–
A. भारत की प्रभुसत्ता और अखण्डता को बनाए रखने की।
B. भारत के संविधान में सत्यनिष्ठा और विश्वास की।
C. देश के संविधान और कानून को बनाए रखने की।
D. देश के संविधान और कानून को संरक्षित, सुरक्षित एवं प्रतिरक्षित करने की।

43. यदि आपको सामान्य विद्यार्थियों के साथ-साथ दृष्टिहीन विद्यार्थी को पढ़ाने का अवसर मिले, तो आप कक्षा में किस प्रकार उसके साथ व्यवहार करना चाहेंगे?
A. अतिरिक्त ध्यान नहीं देना क्योंकि अधिकांश को हानि उठानी पड़ सकती है।
B. कक्षा में सहानुभूति से उसकी देखरेख करना।
C. आप सोचेंगे कि अन्धापन उसका भाग्य है और इसलिये आप कुछ नहीं कर सकते हैं।
D. आगे की पंक्ति में सीट की व्यवस्था करना और उसके लिये सुविधाजनक गति से पढ़ाने की कोशिश करना।

44. निम्नलिखित में से क्या उत्तम उपलब्धि परीक्षण की विशेषता नहीं है?
A. विश्वसनीयता B. वस्तुनिष्ठता
C. अस्पष्टता D. वैधता

45. निम्नलिखित में से क्या प्रक्षेपित साधन में नहीं आता है?
A. ओवरहैड प्रोजेक्टर
B. ब्लैकबोर्ड

C. छाया क्षेपित्र (एपिडाइस्कोप)
D. स्लाइड प्रोजेक्टर

46. एक अध्यापक के लिए, ब्लैकबोर्ड पर लिखने के लिए निम्नलिखित में से कौन-सी पद्धति सही है?
A. तेजी से तथा जहाँ तक सम्भव हो स्पष्ट लिखना
B. सर्वप्रथम विषयवस्तु को लिख देना तथा फिर विद्यार्थियों को उसे पढ़ने के लिये कहना
C. सर्वप्रथम विद्यार्थियों से प्रश्न पूछना और फिर उत्तर को बिल्कुल वैसे ही लिखना
D. मुख्य बातों को जहाँ तक सम्भव हो स्पष्टता से लिखना

47. एक अध्यापक सफल हो सकता है यदि वहः
A. विद्यार्थियों को बेहतर नागरिक बनने में मदद करता है।
B. विद्यार्थियों को विषय का ज्ञान देता है।
C. विद्यार्थियों को परीक्षा में उत्तीर्ण होने के लिये तैयार करता है।
D. विषयवस्तु को सुव्यवस्थित ढंग से पेश करता है।

48. अध्यापन के प्रति गत्यात्मक उपागम का तात्पर्य हैः
A. अध्यापन सशक्त तथा प्रभावशाली होना चाहिये।
B. अध्यापकों को ऊर्जावान तथा गतिशील होना चाहिये।
C. अध्यापन के प्रकरण स्थैतिक नहीं गतिशील होने चाहिए।
D. विद्यार्थियों से गतिविधियों के माध्यम सीखने की अपेक्षा करनी चाहिये।

49. जो शोध तात्कालिक अनुप्रयुक्ति का लक्ष्य करता है वह कहलाता है :
A. क्रियात्मक शोध   B. आनुभविक शोध
C. प्रत्ययात्मक शोध   D. मौलिक शोध

50. जब दो या ज्यादा उत्तरोत्तर फुटनोट (पादटिप्पणियाँ) एक ही कृति का संकेत देते हैं तो निम्नलिखित में से एक अभिव्यक्ति का उपयोग किया जाता है :
A. ibid   B. et.al
C. op.cit :   D. loc.cit.

51. नौ वर्षीय बच्चे सात वर्षीय बच्चों से ज्यादा लम्बे होते हैं। यह निम्नलिखित से लिये संदर्भ का उदाहरण है :
A. ऊर्ध्वाकार अध्ययन
B. प्रतिनिध्यात्मक (क्रॉस-सेक्शनल) अध्ययन
C. समय श्रेणी अध्ययन
D. प्रयोगात्मक अध्ययन

52. सम्मेलन किसके लिये होते हैं?
A. बहु लक्ष्यांक समूह
B. समूह चर्चाएँ
C. नवीन शोध प्रदर्शित करना
D. उपर्युक्त सभी

53. कार्योत्तर शोध का अर्थ हैः
A. घटना के बाद शोध किया जाता है।
B. घटना के पूर्व शोध किया जाता है।
C. घटना के घटने के साथ-साथ शोध किया जाता है।
D. घटना की सम्भावनाओं को ध्यान में रखते हुए शोध किया जाता है।

54. शोध नैतिकता किसे शामिल नहीं करती है?
A. ईमानदारी   B. व्यक्तिपरकता
C. न्यायनिष्ठा   D. वस्तुनिष्ठता

निर्देश (प्र.स. 55 से 60) : *निम्नलिखित परिच्छेद को ध्यानपूर्वक पढ़कर प्रश्नों के उत्तर दीजिए :*

जेम्स मैडिसन ने कहा "जो लोग स्वयं को अपना नियंत्रक समझते हैं उन्हें ज्ञान से प्राप्त शक्ति से अपने को सुसज्जित कर लेना चाहिए।" भारत में शासकीय गोपनीयता अधिनियम, 1923 जन साधारण को सूचना की सार्वजनिक मनाही का सुविधाजनक धूम्रावरण था। पारम्परिक रूप से, सार्वजनिक कार्यकरण को गोपनीय रखा जाता रहा। परन्तु, लोकतन्त्र में, जहाँ लोग ही अपने को शासित करते हैं, ज्यादा खुलापन रखना आवश्यक है। सूचना का अधिकार हमारे लोकतंत्र को परिपक्व होने की प्रक्रिया को आगे बढ़ाने का एक प्रमुख सोपान है। यह निर्णय लेने की उस प्रक्रिया, जो उनके जीवन को गम्भीर रूप से प्रभावित करती है, में पूर्णतया भागीदारी प्रदान करता है। लोकसभा में प्रधानमंत्री का भाषण इसी सन्दर्भ में महत्त्वपूर्ण है। उन्होंने कहा, "मैं सिर्फ यह देखना चाहूँगा कि प्रत्येक व्यक्ति, विशेष रूप से हमारे लोक सेवक, विधेयक को सकारात्मक भावना से देखें न कि सरकार को अशक्त (गतिहीन) करने वाले क्रूर कानून के रूप में। बल्कि, वे विधेयक को सरकार-नागरिक अन्तराफलक सम्बन्धों को सुधारने के ऐसे उपकरण के रूप में देखें जो लोगों को एक मित्रवत, देखभाल करने वाली तथा लोगों की भलाई करने वाली सरकार के रूप में परिणत हो।" उन्होंने

आगे और कहा, "यह नवाचारी विधेयक है जिसमें उसके कार्यकरण के अनुभव के बाद पुनरावलोकन की गुंजाइश रहेगी। अतः, यह विधि व्यवस्था का ऐसा अंश है, जिसकी कार्यशीलता को सतत पुनरावलोकन के अन्तर्गत रखा जायेगा।" आयोग ने, अपनी रिपोर्ट में, कार्यपालिका विभाग, विधानमण्डल और न्यायपालिका में सूचना अधिकार की अनुप्रयुक्ति के सम्बन्ध में चर्चा की है। अधिनियम को उसकी मूल भावना के अनुरूप अक्षरशः क्रियान्वित करने में न्यायपालिका अग्रणी हो सकती है क्योंकि अधिकांश कार्य, जो न्यायपालिका करती है, सार्वजनिक छानबीन के लिए खुला रहता है।

भारत सरकार ने न्यायपालिका के लिए ₹ 700 करोड़ की ई-शासन योजना को मंजूरी दी है जिससे इसके अभिलेखों का व्यवस्थित वर्गीकरण, मानकीकरण एवं श्रेणीकरण हो सकेगा। यह न्यायपालिका को अधिनियम के अन्तर्गत उसके अधिदेश को पूरा करने में सहायता करेगा। इसी तरह का क्षमता निर्माण अन्य सभी लोक प्राधिकरणों में अपेक्षित होगा। अपारदर्शिता से पारदर्शिता एवं सार्वजनिक जवाबदेयता में रूपान्तरण राज्य के सभी तीनों अंगों का उत्तरदायित्व है।

55. एक व्यक्ति शक्ति प्राप्त करता हैः
A. ज्ञान अर्जित करके
B. शासकीय गोपनीयता अधिनियम, 1923 से
C. ज्यादा खुलापन लाने से
D. लोक सूचना मना करने से

56. सूचना का अधिकार क्या करने का मुख्य अग्र सोपान है?
A. नागरिकों को निर्णय लेने की प्रक्रिया में पूर्णतया भागीदारी करने योग्य बनाने में
B. लोगों को अधिनियम के प्रति जागरूक बनाने के लिए
C. प्रशासन का ज्ञान प्राप्त करने के लिए
D. लोगों को सरकार के प्रति मित्रवत बनाने के लिए

57. प्रधानमंत्री ने विधेयक को क्या समझा?
A. लोक सेवकों को शक्ति प्रदान करेगा।
B. सरकार-नागरिकों के अन्तराफलक सम्बन्धों को सुधारने का उपकरण जो कि मित्रवत, देखभाल करने वाली तथा प्रभावपूर्ण सरकार लायेगा।
C. शासकीय कर्मचारियों के विरुद्ध क्रूर कानून के रूप में।
D. लोगों को परेशान करने से रोकना।

58. आयोग ने विधेयक को कैसे प्रभावशील बनाया?
A. कार्यकारी प्राधिकारियों को शक्ति हस्तांतरित करके
B. कार्यकारी तथा विधायी शक्ति को मिश्रित करके
C. न्यायपालिका को अधिनियम की मूल भावना के अनुरूप अक्षरशः क्रियान्वित करने में अग्रणी मानकर
D. अधिनियम के क्रियान्वयन से पूर्व लोगों को शिक्षित करके

59. प्रधानमंत्री ने अधिनियम को नवोन्मेषकारी समझा और आशा की किः
A. उसकी कार्यकारिता के अनुभव के आधार पर उसका पुनरावलोकन किया जा सकेगा।
B. लोक सेवक विधेयक को सकारात्मक भावना से देखेंगे।
C. इसे सरकार को अशक्त (गतिहीन) करने का क्रूर कानून न समझा जाये।
D. उपर्युक्त सभी

60. पारदर्शिता और जवाबदेयता राज्य के तीन अंगों का उत्तरदायित्व है। राज्य के ये तीन अंग हैंः
A. लोकसभा, राज्यसभा और न्यायपालिका
B. लोकसभा, राज्यसभा और कार्यपालिका
C. न्यायपालिका, व्यवस्थापिका और आयोग
D. व्यवस्थापिका, कार्यपालिका और न्यायपालिका

उत्तरमाला

1	2	3	4	5	6	7	8	9	10
C	B	B	B	D	A	C	B	A	C
11	**12**	**13**	**14**	**15**	**16**	**17**	**18**	**19**	**20**
D	A	B	B	B	A	C	C	C	A
21	**22**	**23**	**24**	**25**	**26**	**27**	**28**	**29**	**30**
A	C	A	B	C	B	B	D	C	C

31	32	33	34	35	36	37	38	39	40
C	C	D	D	C	A	B	A	D	B
41	**42**	**43**	**44**	**45**	**46**	**47**	**48**	**49**	**50**
B	D	D	C	B	D	A	D	A	A
51	**52**	**53**	**54**	**55**	**56**	**57**	**58**	**59**	**60**
B	D	A	B	A	A	B	C	D	D

कुछ चुने हुए प्रश्नों के व्याख्यात्मक उत्तर

1. वीडियो कॉन्फ्रेंसिंग दूरसंचार प्रौद्योगिकी का एक माध्यम है। इसके तहत दो या दो से अधिक स्थानों पर बैठे व्यक्तियों में दृश्य (Video) और श्रव्य (Audio) प्रसारण से संवाद करने की सुविधा एक TV सेट द्वारा संभव हो पाती है।
2. मखनलाल चतुर्वेदी राष्ट्रीय पत्रकारिता एवं संचार विश्व विद्यालय, आधिकारिक तौर पर एम.सी. राष्ट्रीय पत्रकारिता एवं संचार विश्वविद्यालय के रूप में जाना जाता है। मध्य प्रदेश के भोपाल में स्थित इस विश्व-विद्यालय की स्थापना सन् 1990 में मध्य प्रदेश विधानसभा के अधिनियम 15 द्वारा किया गया था। इसका उद्‌घाटन तत्कालीन उपराष्ट्रपति शंकर दयाल शर्मा द्वारा 16 जनवरी, 1990 को किया गया था।
3. रेडियो क्लब ऑफ बॉम्बे के द्वारा प्रथम रेडियो कार्यक्रम का प्रसारण जून 1923 में किया गया। इसके पश्चात् प्रसारण सेवा की स्थापना तत्कालीन भारत सरकार एवं एक निजी कंपनी इंडिया ब्रॉडकास्टिंग कंपनी (IBC) लिमिटेड के समझौते के अंतर्गत हुई। जिससे 23 जुलाई, 1927 को मुंबई एवं कलकता में एक साथ प्रायोगिक आधार पर प्रसारण की शुरूआत हुई। जब यह कंपनी 1930 में विघटित हुई तो प्रसारण नियंत्रक के विभाग के अंतर्गत इंडियन स्टेट ब्रॉडकास्टिंग सर्विस का गठन किया गया और 1935 में लियोनेल फेल्डेन भारत के प्रसारण नियंत्रक नियुक्त हुए। इंडियन स्टेट ब्रॉडकास्टिंग सर्विस का नाम बदलकर जनवरी 1936 में आल इंडिया रेडियो कर दिया गया।
4. PAL (Phase Alternating Line) एक एनलॉग TV रंगीन एन्कोडिंग प्रणाली है। इसका प्रयोग कई देशों में टेलीविजन प्रणाली के प्रसारण के रूप में होता है। NTSC (National Television System Committee) और SECAM (Sequential Couleur Avec Memorie) कुछ सामान्य एनलॉग टेलीविजन प्रणालियां हैं।
उत्तरी अमेरिका, दक्षिण अमेरिका, जापान, दक्षिण कोरिया और ताइवान में NTSC को अपनाया गया है जबकि पश्चिम यूरोप, भारत, आइसलैंड, आस्ट्रेलिया, अफ्रीका में PAL को अपनाया गया है। इसी तरह फ्रांस, पूर्वी यूरोप और अफ्रीका के कुछ हिस्सों में SECAM को अपनाया गया है।
5. विज्ञापन और दृश्य प्रचार निदेशालय (The Directorate of Advertising & Visual Publicity- DAVP) भारत सरकार की एक प्रमुख मल्टीमीडिया विज्ञापन एजेंसी है। सरकार नीतियों और कार्यक्रमों को विभिन्न माध्यमों से प्रचारित करने वाली यह सिंगल-विंडो एजेंसी है। इन माध्यमों में समाचार पत्र विज्ञापन, मुद्रित प्रचार सामग्री, बाहरी प्रचार, दृश्य-श्रव्य प्रचार और प्रदर्शनियां शामिल हैं। DAVP का मुख्यालय दिल्ली में है। इसके बंगलुरु तथा गुवाहाटी में दो क्षेत्रीय कार्यालय हैं और देश भर में इसकी 32 क्षेत्रीय प्रदर्शनी इकाइयां हैं।

7. 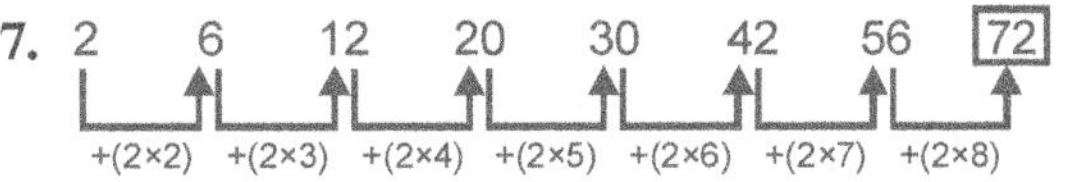

8. Y V S P M
−3 −3 −3 −3

14. **प्रेरक परिभाषाएं** (Persuasive Definitions): प्रेरक परिभाषा का उद्देश्य यह विश्वास पैदा करना है कि कुछ मामला है जो हमें उसके अनुसार कार्य करने के लिए और हमें समझाने के लिए है। प्रेरक की परिभाषा स्वतंत्रता, लोकतंत्र और साम्यवाद के समान ही है।

उदाहरणार्थ–कराधन वह साधन है जिसके द्वारा लोग नौकरशाहों के समान जीवन जी रहे हैं। इसे अन्य प्रकार से भी समझा जा सकता है- कुछ परिभाषाएं भावनात्मक रूप से भी उपयोगी हो सकती है। अतः हमें उनसे बचने के लिए तार्किक होने का प्रयास करना चाहिए।

सैद्धांतिक परिभाषाएं (Theoretical Definitions): इस प्रकार की परिभाषाओं का निर्माण विशेष प्रकार के सिद्धांतों की व्याख्या करने के लिए किया जाता है। मोटे तौर पर सिद्धांत यह है कि क्या जो वह कर रहे हैं का एक अभिन्न हिस्सा सही है।

न्यूटन का प्रमुख सूत्र "F = ma" (Force = mass × acceleration) सैद्धांतिक परिभाषा का अच्छा उदाहरण है।

अनुबंधित परिभाषाएं (Stipulative Definitions): ऐसी परिभाषाओं का उपयोग हम जटिल विचारों के अभिव्यक्ति के लिए करते हैं। किंतु परेशानी तब होती है जब आसानी से जटिल विचारों को व्यक्त करने के लिए कोई शब्द नहीं मिल पाता है।

शाब्दिक परिभाषाएं (Lexical Definitions): अनुबंधित परिभाषाओं के विपरीत शाब्दिक परिभाषाएं एक शब्द का वास्तविक अर्थ को पकड़ने का प्रयास करती हैं चाहे वह सही हो अथवा गलत

16. वेन डायग्राम का आविष्कार वेन द्वारा 1881 में किया गया। इसका अविष्कार प्राथमिक Inferences के प्रतिनिधित्व और वैधता के आकलन के लिए किया गया था। यह आकलन या तो युक्तिक तर्क के रूप में या वर्गों के बूलियन बीजगणित के रूप में किया जाता है। युक्तिक तर्क के रूप का आकलन करने के लिए एक वेन डायग्राम में तीन वृत्त हैं S,M और P। वृत्त का छायांकित क्षेत्र यह संकेत करता है कि कौन सा संयोजन खाली है और क्रॉस (X) यह संकेत करता है कि कौन एक सदस्य है। जबकि दो वर्गों के बीच सीमा पर एक वर्ग यह प्रतिनिधत्व करने के लिए है कि कम से एक वर्ग सदस्य है। इसलिए क्रॉस (X) वहाँ नहीं हो सकता है और इसे P क्षेत्र में संचालित किया जा सकता है। इससे यह पता चलता है कि कुछ S और P युक्तिक इसीलिए वैध है। वेन विधियों को सामान्यीकृत करता है। चार पदों के शामिल वर्गों को बीजगणित में बयान करने के लिए ellipses तैयार किया जा सकता है। लेकिन यह विधि बोझिल हो जाती है। स्ट्रिप्स और विभिन्न प्रकार के चार्ट का 19वीं और 20वीं सदी में आविष्कार किया गया ताकि इस तरह की समस्याओं का ग्राफिक्स निरूपण हो सके।

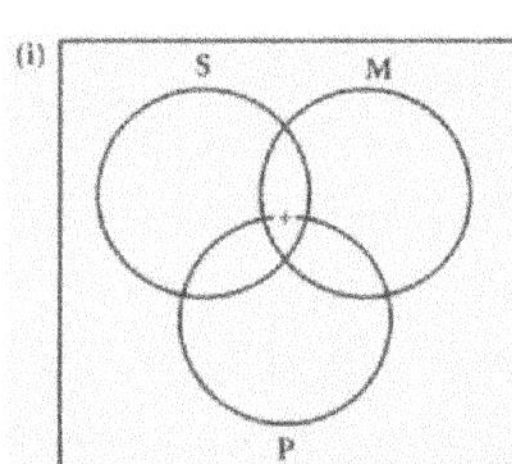

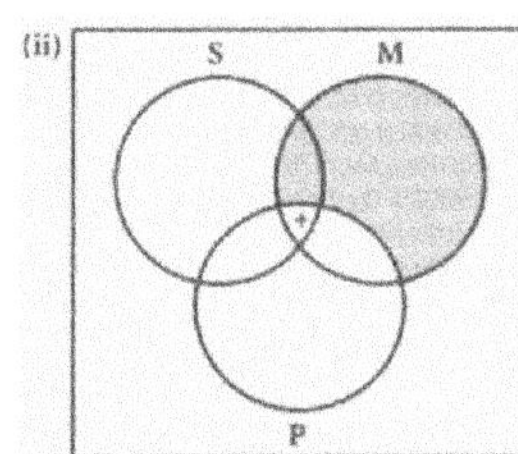

18. एक वैध तर्क यह है कि सच्चे निष्कर्ष के लिए सच्चे परिसर की आवश्यकता होती है।

(i) सभी Unicomes सुंदर हैं।

(ii) डेव (Dev) एक तांगावाला है।

एक आगमनात्मक तर्क एक परिसर और निष्कर्ष के बीच संभावित संबंधों पर आधारित है।

मजबूत आगमनात्मक (Strong Inductive): यदि हम सच परिसर हैं तो हमारे निष्कर्ष शायद सच हैं।

उदाहरणः

(*i*) लगभग सभी लोगों को चॉकलेट पसंद है।

(*ii*) मैं तुम्हें कुछ चॉकलेट देता हूं।

इस प्रकार, आप शायद चॉकलेट पसंद करेंगे।

कमजोर आगमनात्मक (Weak Inductive): यदि तर्क कमजोर हो तो निष्कर्ष शायद परिसर का पालन नहीं करता है।

उदाहरणः

(*i*) जब पानी में मैंने एक माचिस रखा तो वह बाहर चला गया।

(*ii*) पेट्रोल पानी की तरह है।

जब मैंने पेट्रेल में एक माचिस रखा, उसे शायद बाहर जाना होगा।

आगमनात्मक तर्क में ठोस है अगर यह मजबूत है और तर्क में सभी परिसर सच हैं। अन्यथा यह uncogent है।

उदाहरणः

(i) अधिकांश लोगों को लगता है कि मजे के लिए लोगों को तड़पाना नैतिक रूप से गलत है।

(*ii*) मिस्टर Gaey मजा के लिए लोगों को तड़पाता है। इस तरह, अधिकांश लोगों को लगता है कि मिस्टर Gaey ने गलत कार्य किया है।

20. पेट्रोल की कीमत प्रति लीटर 100 रु. हो।
उपयोगकर्त्ता द्वारा 1 लीटर पेट्रोल का उपयोग
∴ उपयोगकर्त्ता द्वारा पेट्रोल का खर्च 100×1=100 रु.
अब पेट्रोल की कीमत में 25% की बढ़ोत्तर हो जाती है
∴ पेट्रोल की नई कीमत = 125 रु.
इस तरह उपयोगकर्ता को अपने पेट्रोल व्यय को बनाए रखने के लिए उसे पेट्रोल पर 100 रु. खर्च करने होंगे।

माना कि 'x' नई कीमत पर पेट्रोल लीटर की संख्या में उपयोग करेगा।

इसलिए,

$$125 \times x = 100$$

$$\Rightarrow x = \frac{100}{125} = \frac{4}{5} = 0.8 \text{ लीटर}$$

वह अपने पेट्रोल के उपभाग में कटौती करता है

$$0.2 \text{ लीटर} = \frac{0.2}{1} \times 100 = 20\%$$

22. 9AM तक पहला पाइप 3 घंटे तक कार्य किया दूसरा पाइप 2 घंटे तक कार्य किया और तीसरा पाइप 1 घंटे तक कार्य किया।

∴ 9 AM तक कुंड का भरा भाग

$$= 3 \times \frac{1}{15} + 2 \times \frac{1}{20} + \frac{1}{30}$$

$$= \frac{1}{5} + \frac{1}{10} + \frac{1}{30} = \frac{1}{3}$$

9 AM तक कुंड का नहीं भरा भाग $= 1 - \frac{1}{3} = \frac{2}{3}$

9 AM से आगे सभी चार पाइप कार्य कर रहे हैं। 1 PM से कुंड के भरे गए भाग (चारों पाइपों द्वारा)

$$= \frac{1}{15} + \frac{1}{20} + \frac{1}{30} + \frac{1}{60} = \frac{1}{6}$$

∴ $\frac{2}{3}$ कुंड का भाग भरेगा $6 \times \frac{3}{3} = 4$ घंटा

9 AM से 4 घंटे तक गिनती करने पर कुंड 1 PM तक भर जाएगा।

23. वायु और सौर ऊर्जा का कुल विद्युत उत्पादन में योगदान

$$= 97 \times \frac{7}{100} = 6.79 \text{ GW}$$

24. नवीकरणीय ऊर्जा स्रोतों का कुल विद्युत उत्पादन में योगदान

$$= \frac{97 \times 27}{100} = 26.19 \text{ GW}$$

25. TCP/IP (Transmission Control Protocol/ Internet Protocol): यह कंप्यूटर के बीच संचार के लिए Internet पर एक संचार प्रोटोकॉल है।
TCP/IP - यह परिभाषित करता है कि किस प्रकार इलेक्ट्रॉनिक उपकरणों को Internet से जुड़ा होना चाहिए और दोनों के बीच Data प्रोषित होना चाहिए।

26. ASCII-American Standard Code for Information Interchange
ASCII 60 के दशक में बनाया गया था। इसका निर्माण teleprinters और tapedrives जैसे कंप्यूटर और हार्डवेयर उपकरणों के लिए मानक अक्षर समूह के रूप में किया गया था।
ASCII 7 bit का एक अक्षर समूह हैं जिसमें 128 अक्षर होते हैं। इसके तहत 0–9 तक अपरकेस और लोअरकेस शामिल होते हैं। साथ ही इसमें अंग्रेजी अक्षरों के A से Z तक और कुछ विशेष अक्षर शामिल होते हैं।
आधुनिक कंप्यूटर, HTML और इंटरनेट में प्रयुक्त सभी अक्षर समूह ASCII पर आधारित हैं।

29. Internet Explorer, Microsoft से संबद्ध निःशुल्क वेब ब्राउजर है। Internet Explorer 1955 में जारी किया गया था और यह आज सबसे लोकप्रिय ब्राउजरों में से एक है।

30. POP3- Post office protocol verssion 3.
POP3 उपयोगकर्त्ताओं के E-mail संदेशों को पुनः प्राप्ति के लिए, जब वे E-mail सर्वर से जुड़े होते हैं कि अनुमति देने के लिए बनाया गया है।

31. पैन (PANs – Peroxyacyl nitrates) यह श्वसन और आंखों में परेशानी पैदा करने वाला तत्त्व है जो photochemical smog में पाया जाता है।

35. S एवं P भूकंपीय तरंगे हैं। ये लहरें/तरंगें भूकंपीय घटनाओं के दौरान पैदा होती है। इन दोनों लहरों को निम्न प्रकार स्पष्ट किया जा सकता है-

S तरंगें: ये धरातलीय (Surface) तरंगें हैं तथा इनका भ्रमण पथ पृथ्वी का धरातलीय भाग होता है। ये तरंगें पृथ्वी का पूरा चक्कर लगाकर अधिकेंद्र (Epicentre) पर पहुंचती है। धरातलीय लहरों की गति 3 km/ सेकेण्ड होती है।

P तरंगें: ये प्राथमिक (Primary) तरंगे हैं तथा इन तरंगों में ध्वनिगत कणों की गति लहर की सीध में होती है। इन तरंगों की गति सर्वाधिक होती है। इन तरंगों की औसत गति 8km/ सेकेण्ड होती है।

37. भारतीय उच्च अध्ययन संस्थान (Indian Institute of Advanced Study–IIAS) की स्थापना 1965 में शिमला में हुई थी। यह मानविकी (Humanities), समाज विज्ञान (Social Sciences) और प्राकृतिक विज्ञान (Natural Sciences) के क्षेत्र में उच्चत्तर शोध के लिए आवासीय (Residential) सुविधायुक्त केंद्र है। यह ज्ञान के क्षेत्र में संलगन विद्धानों का एक ऐसा समूह है, जो समकालीन प्रासंगिक प्रश्नों के वैचारिक विकास और उसके अंतर विषयी दृष्टिकोण पर दृष्टि रखते हैं।

38. राष्ट्रीय अध्यापक शिक्षा परिषद (National Council of Teacher Education- NCTE) के चार क्षेत्रीय कार्यालय (Regional offices) हैं जो निम्न प्रकार से हैं -

(1) पूर्वी क्षेत्रीय समिति (ERC)– भुवनेश्वर (ओडिशा)

(2) दक्षिण क्षेत्रीय समिति (SRC)– बंगलुरु (कर्नाटक)

(3) पश्चिमी क्षेत्रीय समिति (WRC)– भोपाल (मध्य प्रदेश)

(4) उत्तरी क्षेत्रीय समिति (NRC)– जयपुर (राजस्थान)

39. अनुच्छेद 32 के तहत वर्णित संवैधानिक उपचारों के अधिकार को डॉ. बी. आर. अम्बेडकर ने भारतीय संविधान का हृदय और आत्मा कहा है।

45. प्रक्षेपित साधन (Projected Aid): वह दृश्य शिक्षण उपकरण जो प्रक्षेपण के माध्यम से दिखाया जाता है प्रक्षेपित साधन कहलाता है। उदाहरणार्थ - स्लाइड, Filmstrip, मूक फिल्में, कार्टून आदि।

गैर-प्रक्षेपित साधन (Non–Projected Aid): वह दृश्य शिक्षण उपकरण जो बिना किसी प्रक्षेपण माध्यम से दिखाया जाए गैर-प्रक्षेपित साधन कहलाता है। उदाहरणार्थ- ब्लैक बोर्ड और चार्ट आदि।

50. Ibid एक लैटिन शब्द है जिसका अर्थ होता है संकुचन। इस शब्द का विद्वानों द्वारा सर्वाधिक प्रयोग 'footnoting' के लिए किया जाता है। लेखक अपने ग्रंथों में किसी चीज का हवाला देते समय लंबा शीर्षक देने के बजाए ibid कहना ज्यादा उपयुक्त समझते हैं।

53. कार्योत्तर शोध (*Ex-post Facto research*) एक व्यवस्थित अनुभवजन्य जांच है जिसमें वैज्ञानिक स्वतंत्र चरों पर सीधा नियंत्रण नहीं करते। ऐसा इसलिए होता है क्योंकि वह (वैज्ञानिक) इस बात को पहले ही अभिव्यक्त कर चुके होते हैं।

पिछले प्रश्न-पत्र (हल सहित)

यू.जी.सी. NET (JRF) परीक्षा

प्रश्न-पत्र-I, दिसम्बर, 2011

> **नोट:** इस प्रश्न-पत्र में **साठ (60)** बहुविकल्पीय प्रश्न हैं। प्रत्येक प्रश्न के दो अंक हैं। अभ्यर्थी को **पचास (50)** प्रश्नों के उत्तर देने हैं।
>
> यदि **पचास (50)** से अधिक प्रश्नों के उत्तर दिये तो प्रथम **पचास (50)** प्रश्न ही जाँचे जायेंगे।

1. फोटो ब्लीडिंग का अर्थ है
A. फोटो क्रोपिंग
B. फोटो स्थापन
C. फोटो कटिंग
D. फोटो रंगों का समायोजन

2. संचार रणनीति बनाते समय पुनर्निवेशन अध्ययन किसके द्वारा किया जाता है?
A. श्रोता
B. संचारक
C. सैटेलाइट
D. संचार माध्यम

3. किस भाषाई समाचार पत्रों का सबसे अधिक वितरण है?
A. अंग्रेजी   B. हिन्दी
C. बंगाली   D. तमिल

4. टी.बी. के पर्दे का पक्ष अनुपात है
A. 4 : 3   B. 3 : 4
C. 2 : 3   D. 2 : 4

5. आत्म-संप्रेषण को कहते हैं
A. संगठनात्मक संप्रेषण
B. अफवाह संप्रेषण
C. अंतर्वैयक्तिक संप्रेषण
D. अंतःवैयक्तिक संप्रेषण

6. 'SITE' पद का पूर्ण रूप है
A. सैटलाइट इंडियन टेलीविजन एक्सपेरीमेन्ट
B. सैटलाइट इन्टरनेशनल टेलीविजन एक्सपेरीमेन्ट
C. सैटलाइट इन्सट्रक्शनल टेलीविजन एक्सपेरीमेन्ट
D. सैटलाइट इन्सट्रक्शनल टीचर्स एजुकेशन

7. इस शृंखला में अगली कौन सी संख्या आयेगी?
2, 5, 9, 19, 37,
A. 76   B. 74
C. 75   D. 50

8. MPSV ..... इस शृंखला का आगामी अक्षर क्या होगा?
A. X   B. Y
C. Z   D. A

9. एक प्रदत्त कूट में यदि '367' का अर्थ है 'मैं प्रसन्न हूँ'; '748' का अर्थ है 'आप उदास हैं' और '469' का अर्थ है 'प्रसन्न और उदास'।
तो निम्नलिखित में से इस कूट में 'और' किससे प्रदर्शित होगा?
A. 3   B. 6
C. 9   D. 4

10. निम्नलिखित वर्गीकरण का आधार है:
'पशु', 'आदमी', 'घर', 'किताब' और 'विद्यार्थी'
A. निश्चित वर्णन
B. व्यक्तिवाचक नाम
C. वर्णनात्मक संक्षिप्त वाक्य
D. सर्वसामान्य नाम

11. **कथन (A):** अगली बार उछाले जाने पर सिक्का पट्ट (tails) पड़ेगा।
कारण (R): क्योंकि एक साथ पाँच बार पहले उछाले जाने पर सिक्का प्रत्येक बार चित्त (heads) पड़ेगा।

निम्न में से सही उत्तर चुनियेः

A. (A) और (R) दोनों सत्य हैं और (R), (A) की सही व्याख्या है।

B. (A) और (R) दोनों असत्य हैं और (R), (A) की सही व्याख्या है।

C. (A) शंकास्पद है, (R) सत्य है, और (R) (A) की सही व्याख्या नहीं है।

D. (A) शंकास्पद है, (R) असत्य है, और (R) (A) की सही व्याख्या है।

12. संबंध 'जो उनकी बहन है' है

A. बिन-सममितीय

B. सममितीय

C. असममितीय

D. सकर्मक

13. ''शाकाहारी मांसाहारी नहीं होते।'' यदि यह कथन असत्य है, तो निम्नलिखित अनुमानों में से कौन से सही हैं?

निम्न कूट से सही उत्तर चुनियेः

1. ''कुछ शाकाहारी मांसाहारी होते हैं।'' यह सत्य है।
2. ''सभी शाकाहारी मांसाहारी होते हैं।'' यह शंकास्पद है।
3. ''कुछ शाकाहारी मांसाहारी नहीं होते हैं।'' यह सत्य है।
4. ''कुछ शाकाहारी मांसाहारी नहीं होते।'' यह शंकास्पद है।

A. 1, 2 और 3

B. 2, 3 और 4

C. 1, 3 और 4

D. 1, 2 और 4

14. निम्नलिखित परिभाषा का स्वरूप है

'गरीब का अर्थ है वे लोग जिनकी वार्षिक आय रु. 10,000' है।

A. विश्वासोत्पादक B. निश्चित

C. पदसंबंधी D. स्वनिर्दिष्ट

15. निम्नलिखित युक्तियों में से कौन सी युक्ति नहीं है?

A. यदि आज मंगलवार है, तो कल बुधवार होगा।

B. चूँकि आज मंगलवार है, कल बुधवार होगा

C. राम ने मुझे अपमानित किया, इसीलिए मैंने उसके नाक पर हमला बोला।

D. राम घर पर नहीं है, इसीलिए वो शहर गया होगा।

16. वॅन डायेग्राम इस प्रकार का डायेग्राम है, जो

A. वर्गों के बुलियन एलजीब्रा की मदद से प्राथमिक अनुमानों की सत्यता का प्रतिनिधित्व और मूल्यांकन करता है।

B. वर्गों के बुलियन एलजीब्रा की मदद से प्राथमिक अनुमानों की वैधता का प्रतिनिधित्व और मूल्यांकन करता है।

C. वर्गों के बुलियन एलजीब्रा की मदद से प्राथमिक अनुमानों की वैधता का प्रतिनिधित्व करता है, परन्तु मूल्यांकन नहीं करता।

D. वर्गों के बुलियन एलजीब्रा की मदद से प्राथमिक अनुमानों की वैधता का मूल्यांकन करता है, परन्तु प्रतिनिधित्व नहीं करता।

17. आगमनात्मक तर्कशास्त्र, युक्तिवाक्य किस प्रकार

A. निष्कर्ष का समर्थन और उसके अनुगमन करने का अध्ययन करता है।

B. निष्कर्ष का समर्थन नहीं करता, अपितु उसके अनुगमन करने का अध्ययन करता है।

C. निष्कर्ष का ना तो समर्थन करता है, ना ही उसके अनुगमन करने का अध्ययन करता है।

D. निष्कर्ष का समर्थन करता है किन्तु उसके अनुगमन करने का अध्ययन नहीं करता।

18. निम्न सूचित कथनों में से कौन से कथन सत्य हैं? निम्न सूचित कूट में से चुनें।

1. कुछ युक्तियाँ जो पूर्णतः वैध नहीं हैं, वो अधिकतर वैध हैं।
2. ठोस युक्ति अवैध हो सकती है।
3. निश्चायक युक्ति में संभवतः गलत निष्कर्ष हो सकता है।
4. विधान सत्यात्मक अथवा असत्यात्मक हो सकता है।

कूटः

A. 1 और 2 B. 1, 3 और 4

C. केवल 4 D. 3 और 4

19. यदि वर्ग की भुजा में 40% वृद्धि होती है, तो वर्ग का क्षेत्रफल बढ़ता है

A. 60%　　B. 40%
C. 196%　　D. 96%

20. एक हॉल में 10 लैम्प हैं। उनमें से प्रत्येक को अलग से प्रज्ज्वलित किया जा सकता है। हाल को कितने तरीकों से प्रदीप्त किया जा सकता है?
A. 10^2　　B. 1023
C. 2^{10}　　D. 10!

21. 100 और 300 के बीच कितनी संख्याएँ 2 के साथ प्रारम्भ या समाप्त होती हैं?
A. 100　　B. 110
C. 120　　D. 180

22. एक कॉलेज में 300 छात्र हैं। प्रत्येक छात्र 5 समाचार पत्र पढ़ता है और प्रत्येक समाचार पत्र 60 छात्रों द्वारा पढ़ा जाता है। समाचार पत्रों की कितनी संख्या आवश्यक है?
A. कम से कम 30　　B. ज्यादा से ज्यादा 20
C. पूरे 25　　D. पूरे 5

विभिन्न क्षेत्रों से कुल CO_2 उत्सर्जन 5 mmt है। नीचे दिये पाई चार्ट में, विभिन्न क्षेत्रों से CO_2 उत्सर्जन के प्रति प्रतिशत योगदान इंगित किया गया है।

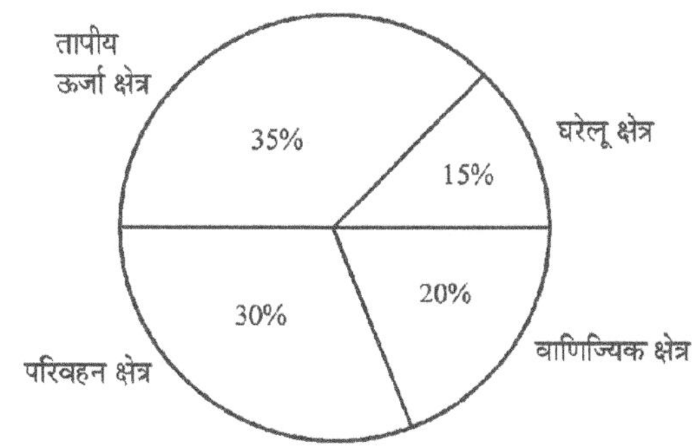

23. बताइये घरेलू क्षेत्र से कुल CO_2 उत्सर्जन कितना है?
A. 1.5 mmt　　B. 2.5 mmt
C. 1.7 mmt　　D. 0.75 mmt

24. तापीय ऊर्जा तथा परिवहन क्षेत्र दोनों से इकट्ठा कुल CO_2 उत्सर्जन कितना है?
A. 3.25 mmt　　B. 1.5 mmt
C. 2.5 mmt　　D. 4 mmt

25. मोबाइल फोन पर निम्नलिखित में से कौन सी प्रचालन पद्धति उपयोग की जाती है?
A. विंडो विस्टा
B. एण्ड्रॉयड
C. विंडोस XP
D. उपर्युक्त सभी

26. यदि बेस x में $(y)_x$ संख्या y निरुपित करता है, तो निम्नलिखित में से कौन सा सबसे लघुत्तम है?
A. $(1111)_2$　　B. $(1111)_8$
C. $(1111)_{10}$　　D. $(1111)_{16}$

27. उच्च स्तरीय प्रोग्रामिंग भाषा को निम्नांकित में से किसका उपयोग करके मशीन भाषा में बदला जा सकता है?
A. ओरैकल　　B. कॅम्पाइलर
C. मैट लैब　　D. ॲसेम्बलर

28. HTML (एच.टी.एम.एल.) का उपयोग क्या बनाने के लिये किया जाता है?
A. मशीन भाषा प्रोग्राम　　B. उच्च स्तर का प्रोग्राम
C. वेब पेज　　D. वेब सर्वर

29. DNS (डी. एन. एस.) पद का तात्पर्य है
A. डोमेन नेम सिस्टम
B. डिफेंस न्यूक्लियर सिस्टम
C. डाऊनलोडेबल न्यू सॉफ्टवेयर
D. डिपेंडेंट नेम सर्वर

30. IPv4 और IPv6 पते (एड्रेस) हैं, जिनका उपयोग इंटरनेट पर कम्प्यूटरों को पहचान करने के लिए किया जाता है। निम्नलिखित में से सही कथन ज्ञात कीजिये:
A. IPv4 के लिये अपेक्षित बिट्स की संख्या IPv6 एड्रेस के लिये अपेक्षित बिट्स की संख्या से ज्यादा है।
B. IPv4 एड्रेस के लिये अपेक्षित बिट्स की संख्या IPv6 एड्रेस के लिये अपेक्षित बिट्स की संख्या के जितनी है।
C. IPv4 एड्रेस के लिये अपेक्षित बिट्स की संख्या IPv6 एड्रेस के लिये अपेक्षित बिट्स की संख्या से कम होती है।
D. IPv4 एड्रेस के लिये अपेक्षित बिट्स 64 होते हैं।

31. निम्नलिखित में से कौन सा प्रदूषक मानव के श्वसन मार्ग को प्रभावित करता है?

A. कार्बन मोनो-ऑक्साइड
B. नाइट्रिक ऑक्साइड
C. सल्फर डाइऑक्साइड
D. एरोसोल्स

32. निम्नलिखित में से कौन सी प्रदूषित करने वाली वस्तु परिवहन क्षेत्र से नहीं उत्सर्जित की जाती?

A. ऑक्साइड्स ऑफ नाइट्रोजन
B. क्लोरोफ्लूरोकार्बन्स
C. कार्बन मोनो-ऑक्साइड
D. पॉलि एरोमैटिक हाइड्रोकार्बन्स

33. ऊर्जा के निम्नलिखित स्रोतों में से कौन सा भारत में अधिकतम सम्भाव्य (शक्य) रखता है?

A. सौर ऊर्जा
B. वात (वायु) ऊर्जा
C. समुद्री तापीय ऊर्जा
D. ज्वारीय ऊर्जा

34. मृदा में प्रदूषण का स्रोत निम्नलिखित में से कौन सा नहीं है?

A. परिवहन क्षेत्र
B. कृषि क्षेत्र
C. तापीय ऊर्जा संयंत्र
D. हाइड्रो पावर प्लांट्स

35. निम्नलिखित में से कौन सी प्राकृतिक आपदा नहीं है?

A. भूकम्प B. सुनामी
C. आकस्मिक-बाढ़ D. नाभिकीय दुर्घटना

36. पारिस्थितिकीय पदचिह्न क्या निरूपित करता है?

A. संसाधनों की आवश्यकताओं को पूरा करने के लिए उत्पादक भूमि तथा जल का क्षेत्र
B. ऊर्जा खपत
C. प्रति व्यक्ति CO_2 उत्सर्जन
D. वन क्षेत्र

37. मूल्य शिक्षा का उद्देश्य विद्यार्थियों के मन में अन्तर्निविष्ट करना है

A. नैतिक मूल्यों का
B. सामाजिक मूल्यों का
C. राजनीतिक मूल्यों का
D. आर्थिक मूल्यों का

38. भारत में विश्वविद्यालय अनुदान आयोग के क्षेत्रीय कार्यालय की संख्या बताइये:

A. 10 B. 07
C. 08 D. 09

39. भारत में एक रुपये की मुद्रा पर किसके हस्ताक्षर होते हैं?

A. भारत के राष्ट्रपति
B. भारत के वित्त मंत्री
C. भारतीय रिजर्व बैंक के गवर्नर
D. भारत सरकार के वित्त सचिव

40. सूची – I को सूची– II से मिलाते हुए दिये हुए कूट में से सही उत्तर का चयन कीजिए:

सूची – I (आयोग व समितियाँ)	सूची – II (वर्ष)
(a) प्रथम प्रशासनिक सुधार आयोग	(i) 2005
(b) पॉल एच. एप्पलबी समिति I	(ii) 1962
(c) के. सन्थानम समिति	(iii) 1966
(d) द्वितीय प्रशासनिक सुधार आयोग	(iv) 1953

कूट:

	(a)	(b)	(c)	(d)
(A)	(i)	(iii)	(ii)	(iv)
(B)	(iii)	(iv)	(ii)	(i)
(C)	(iv)	(ii)	(iii)	(i)
(D)	(ii)	(i)	(iv)	(iii)

41. संवैधानिक रूप से राजनीतिक दलों के पंजीकरण और मान्यता का कार्य निष्पादन निम्न में से किसके द्वारा किया जाता है?

A. सम्बन्धित राज्यों के राज्य निर्वाचन आयोग द्वारा
B. भारत सरकार के विधि मंत्रालय द्वारा

C. भारत के निर्वाचन आयोग द्वारा
D. राज्य सरकारों के निर्वाचन विभाग द्वारा

42. ग्राम सभा के सदस्य होते हैं
A. सरपंच, उपसरपंच एवं सभी निर्वाचित पंच
B. सरपंच, उपसरपंच एवं ग्राम स्तरीय कार्यकर्ता
C. सरपंच, ग्राम सेवक एवं निर्वाचित पंच
D. ग्राम पंचायत के पंजीकृत मतदाता

43. विद्यार्थियों का सही मूल्यांकन निम्नलिखित पद्धतियों में से किससे किया जा सकता है?
A. पाठ्यक्रम के अन्त में मूल्यांकन
B. वर्ष में दो बार मूल्यांकन
C. सतत मूल्यांकन
D. निर्माणात्मक मूल्यांकन

44. मान लें कि एक विद्यार्थी अपनी समस्याओं को अपने अध्यापक के साथ बाँटना चाहता है और इसके लिये वह अध्यापक के घर जाता है तो अध्यापक को
A. विद्यार्थी के माता-पिता से सम्पर्क करके उसकी समस्या का समाधान करना चाहिये।
B. उसे बताये कि वो उसके घर कभी न आये।
C. उसे बताये कि वो प्रधानाध्यापक से मिले और समस्या का हल करे।
D. उसे युक्ति संगत सहायता दे और उसके मनोबल को प्रोत्साहित करे।

45. जब कुछ विद्यार्थी शरारत करके कक्षा के अनुशासन को जानबूझ कर भंग करने की चेष्टा कर रहे हों तो एक अध्यापक के रूप में आपकी भूमिका क्या होगी?
A. उन विद्यार्थियों को विद्यालय से निकालना।
B. उन विद्यार्थियों को पृथक रखना।
C. अपनी सत्ता के साथ उस समूह का सुधार करना।
D. उन्हें आत्मपरीक्षण का अवसर देना और उनके व्यवहार में सुधार लाना।

46. निम्नलिखित में से कौन सा प्रक्षेपित साधन का है?
A. ब्लैकबोर्ड
B. त्रिविम प्रदर्श (डायोरमा)
C. छाया- क्षेपित्र (एपिडाइस्कोप)
D. ग्लोब

47. अध्यापक को प्रश्न पूछने में अनिरूद्ध (धारावाही) माना जाता है, यदि वह निम्नलिखित प्रश्न पूछ सकता है:
A. अर्थपूर्ण प्रश्न
B. जितना ज्यादा सम्भव हो उतने प्रश्न
C. निश्चित समय में प्रश्नों की अधिकतम संख्या
D. निश्चित समय में बहुत से अर्थपूर्ण प्रश्न

48. अध्यापक के लिये निम्नलिखित विशेषताओं (गुण) में से कौन सी सर्वाधिक अनिवार्य है?
A. वह विद्वान व्यक्ति होना चाहिये।
B. वह सुवेशभूषा में होना चाहिये।
C. उसमें धैर्य होना चाहिये।
D. वह अपने विषय में निपुण होना चाहिये।

49. एक प्राक्कल्पना है
A. कानून B. अभिनियम
C. अभ्युपगम D. अन्वितार्थ

50. मान लें कि आप किसी राष्ट्रीयकृत बैंक की कार्यकारी क्षमता की जाँच करना चाहते हैं तो आप निम्नलिखित में से किस तरीके को अपनायेंगे?
A. क्षेत्र प्रतिचयन
B. बहु-अवस्था प्रतिचयन
C. आनुक्रमिक प्रतिचयन
D. नियतांश (कोटा प्रतिचयन)

51. नियन्त्रित समूह शर्त निम्नलिखित में से किसमें प्रयुक्त होती है?
A. सर्वेक्षण शोध
B. ऐतिहासिक शोध
C. प्रयोगात्मक शोध
D. विवरणात्मक शोध

52. कार्यशालाएँ किसके लिये आयोजित की जाती हैं?
A. व्याख्यान देने
B. बहु-लक्ष्यांक समूह
C. नये सिद्धान्त प्रदर्शित करने
D. प्रशिक्षण/ अनुभव प्रदान करने

53. शोध का उपकरण निम्नांकित में से क्या है?
A. रेखाचित्र (ग्राफ)
B. दृष्टान्त

C. प्रश्नावली

D. आरेख

54. शोध को नैतिक नहीं समझा जाता है यदि वह

A. एक विशेष बात को सिद्ध (प्रमाणित) करने की चेष्टा करता है।

B. उत्तरदाता की गोपनीयता तथा अज्ञातता सुनिश्चित नहीं करता है।

C. आँकड़े की वैज्ञानिक तौर पर छानबीन नहीं करता है।

D. बहुत उच्च मानक का नहीं है।

निर्देशः *निम्नलिखित परिच्छेद को ध्यानपूर्वक पढ़कर प्रश्न सं 55 से 60 तक के उत्तर दीजिएः*

बीसवीं शताब्दी का उत्प्रेरक तथ्य अनियन्त्रित विकास, उपभोगवादी समाज, राजनीतिक भौतिकवाद तथा आध्यात्मिक अवमूल्यन है। इस अस्वाभाविक विकास ने पवित्र बोध की लोकोत्तर 'द्वितीय वास्तविकता' की ओर प्रवृत्त किया है कि जैविक के रूप से, लोकोत्तरता मानवीय जीवन का ही हिस्सा है। शताब्दी के अंत में यह अत्यावश्यक बल के साथ स्पष्ट हुआ कि प्रबुद्ध बुद्धिवाद की 'प्रथम वास्तविकता' तथा लोकोत्तर की 'द्वितीय वास्तविकता' का मनुष्य की श्रेष्ठ स्थिति में संश्लेषण किया जाना चाहिये। यथातथ्य मूल्य हमारा विवरण देते हैं, वे हमारी नैतिकता के 'है' का चित्रण करते हैं, वे एस्ट मूल्य हैं (लैटिन भाषा में एस्ट का अर्थ 'है' होता है।)। आदर्श मूल्य हमें यह बताते हैं कि हमें क्या होना चाहिये, वे एस्टो मूल्य हैं (लैटिन भाषा में एस्टो का अर्थ है जो होना चाहिए)। दोनों को हमारी चेतना के उतार-चढ़ाव का भाग होना चाहिये। नित्य नया विज्ञान तथा प्रौद्योगिकी और शाश्वत विश्वास एक ही निश्चयात्मकता के दो रूप हैं, यानि, वे मानव की सम्पूर्णता, उसकी जीवटता का साहस और पारमार्थिक सत्ता में उसकी भागीदारी है।

विज्ञान के भौतिक आधार धराशायी हो गये हैं। विज्ञान ने स्वयं सिद्ध कर दिया है कि द्रव्य ही ऊर्जा है, तथ्यों के समान ही प्रक्रियाएँ वैध हैं, और उसने यह भी सिद्ध कर दिया है कि ब्रहाण्ड अ-भौतिक है। नई शताब्दी में वैज्ञानिक और मानवीय 'दोनों संस्कृतियाँ' साधारण दृष्टिकोण को पुनः स्थापित करेगी और वैज्ञानिक समझ की आधारशिला बनेंगी। उससे इस पौराणिक मत को एक नया अर्थ मिलेगा कि प्रकृति का आधार गुणात्मक और मात्रात्मक है। मानवीय उद्यम मानवीय सरोकारों के प्रति गैर जिम्मेदार नहीं हो सकते हैं।

55. परिच्छेद में चर्चित समस्या समग्र रूप से किस पर विचार करती है?

A. उपभोक्तावाद

B. भौतिकवाद

C. आध्यात्मिक अवमूल्यन

D. असाधारण विकास

56. परिच्छेद में '*यथातथ्य*' मूल्यों का अभिप्राय है

A. क्या है

B. क्या होना चाहिये

C. क्या हो सकता है

D. कहाँ है

57. परिच्छेद के अनुसार 'प्रथम वास्तविकता' में क्या सम्मिलित होता है?

A. आर्थिक समृद्धता

B. राजनीतिक विकास

C. पावन बोध

D. प्रबुद्ध बुद्धिवाद

58. वैज्ञानिक तथा मानवीय दो संस्कृतियों के मेल का तात्पर्य है

A. सामान्य दृष्टिकोण की पुनर्स्थापना।

B. बह्माण्ड भौतिक तथा अ-भौतिक दोनों है।

C. मानव, प्रकृति की तुलना में उत्कृष्ट है।

D. प्रकृति में मात्रा तथा गुण की सह-विद्यमानता

59. परिच्छेद की विषयवस्तु

A. विवरणात्मक है। B. निर्देशात्मक है।

C. स्वतः सिद्ध है। D. वैकल्पिक है।

60. परिच्छेद इंगित करता है कि विज्ञान ने सिद्ध किया है कि

A. ब्रह्माण्ड भौतिक है।

B. द्रव्य ऊर्जा है।

C. प्रकृति में बहुलता है।

D. मानव गैर जिम्मेदार होते हैं।

उत्तरमाला

1	2	3	4	5	6	7	8	9	10
A	B	B	A	D	C	C	B	C	D
11	**12**	**13**	**14**	**15**	**16**	**17**	**18**	**19**	**20**
C	B	A	B	A	B	D	D	D	B
21	**22**	**23**	**24**	**25**	**26**	**27**	**28**	**29**	**30**
B	C	D	A	B	A	C	A	A	C
31	**32**	**33**	**34**	**35**	**36**	**37**	**38**	**39**	**40**
A	B	B	D	D	A	A	B	D	B
41	**42**	**43**	**44**	**45**	**46**	**47**	**48**	**49**	**50**
C	D	D	D	D	C	D	C	D	B
51	**52**	**53**	**54**	**55**	**56**	**57**	**58**	**59**	**60**
C	D	C	B	C	A	D	A	A	B

कुछ चुने हुए प्रश्नों के व्याख्यात्मक उत्तर

7.
$$2 \times 2 + 1 = 5$$
$$5 \times 2 - 1 = 9$$
$$9 \times 2 + 1 = 19$$
$$19 \times 2 - 1 = 37$$
$$\therefore \; 37 \times 2 + 1 = \boxed{75}$$

8. M → P → S → V → Y (+2, +2, +2, +2)

9. मैं प्रसन्न हूं $\Rightarrow$ 367 ... (*i*)
आप उदास हैं $\Rightarrow$ 748 ... (*ii*)
प्रसन्न और उदास $\Rightarrow$ 469 ... (*iii*)
समीकरण (*i*) और (*iii*) से
उदास = 4
$\therefore$ और = 9 होगा।

19. माना कि वर्ग की भुजा 100 मी. है।
$\therefore$ क्षेत्रफल = भुजा^{2} = 100 × 100
= 10000 वर्ग मीटर
वृद्धि के बाद भुजा = 100 + 40 = 140 मीटर
$\therefore$ क्षेत्रफल = 140 × 140 = 19600 वर्ग मीटर

$$\therefore \text{ प्रतिशत वृद्धि} = \frac{19600 - 10000}{10000} \times 100$$
$$= \frac{9600 \times 100}{10000} = 96\%$$

21. अभीष्ट संख्याएं = 200 से 299 तक की संख्या एवं 102, 112, 122, 132, 142, 152 162, 172, 182, 192
अतः अभीष्ट कुल संख्या = 100 + 10 = 110

23. घरेलू क्षेत्र से कुल CO_2 उत्सर्जन $= 5\text{mmt} \times \frac{15}{100}$
= 0.75 mmt

24. तापीय ऊर्जा तथा परिवहन क्षेत्र से कुल CO_2
उत्सर्जन $= 5\text{mmt} \times \frac{35+30}{100} = 3.25$ mmt

27. कंप्यूटर (Computer) में प्रयुक्त उच्च स्तरीय प्रोग्रामिंग भाषा को कॅम्पाइलर के सहारे मशीन भाषा में बदला जाता है।

29. DNS इंटरनेट (Internet) क्षेत्र में प्रयुक्त होता है। इसका पूरा रूप - Domain Name System (DNS) होता है।

31. कार्बन मोनो-ऑक्साइड (CO) मोटर वाहनों के धुएं के साथ निकलता है। यह हानिकारक होता है जो हवा के साथ श्वसन के सहारे मनुष्य के खून में पहुँचकर मानव के स्वास्थ्य को नुकसान पहुँचाता है।

32. क्लोरोफ्लूरोकार्बनूस (CFC) मुख्यतः रेफ्रिजरेटर (Refrigerator) और एयर कंडीसन (AC) से निकलने वाली हानिकारक गैस है। यह वायुमंडल के ओजोन परत को नुकसान पहुंचाती है। फलतः वायुमंडल के ताप में वृद्धि होती है जिससे यहां निवास करने वाले जीव-जंतुओं के स्वास्थ्य को नुकसान होता है।

पिछले प्रश्न-पत्र (हल सहित)

यू.जी.सी. NET (JRF) परीक्षा

प्रश्न-पत्र-I, जून, 2011

नोट: इस प्रश्न-पत्र में साठ (60) बहुविकल्पीय प्रश्न हैं। प्रत्येक प्रश्न के दो अंक हैं। अभ्यर्थी को पचास (50) प्रश्नों के उत्तर देने हैं।
यदि पचास (50) से अधिक प्रश्नों के उत्तर दिये तो प्रथम पचास (50) प्रश्न ही जाँचे जायेंगे।

1. एक शोधपत्र शोधकार्य की रिपोर्ट होता है, जिसका आधार होता है
A. केवल प्राथमिक आँकड़ा
B. केवल द्वितीयक आँकड़ा
C. प्राथमिक और द्वितीयक आँकड़ा दोनों
D. उपर्युक्त में से कोई नहीं।

2. न्यूटन ने गति के नियम के तीन मूल सिद्धांत प्रस्तुत किये। उनके इस शोध को वर्गीकृत किया गया है
A. वर्णनात्मक शोध के रूप में।
B. प्रतिदर्श (नमूना) सर्वेक्षण के रूप में।
C. मूलभूत शोध के रूप में।
D. व्यावहारिक शोध के रूप में।

3. विशेषज्ञों का ज्ञान के एक विशिष्ट क्षेत्र से संबंधित वर्ग एक स्थान पर एक नए पाठ्यक्रम के पाठ्य विवरण तैयार करने के लिए एकत्रित हुआ। इस प्रक्रिया को कहा जा सकता है
A. संगोष्ठी (सेमिनार)　B. कार्यशाला
C. सम्मेलन (कॉन्फरेंस)　D. गोष्ठी (सिम्पोजियम)

4. शोधकार्य करने की प्रक्रिया में परिकल्पना को सूत्रबद्ध करने के पश्चात् आता है
A. उद्देश्यों का कथन
B. आँकड़ों की व्याख्या
C. शोध उपकरण का चयन
D. आँकड़ों का एकत्रीकरण

निर्देश : नीचे दिया गया परिच्छेद ध्यानपूर्वक पढ़िये और परिच्छेद के बारे में अपनी समझ के आधार पर नीचे दिये गये प्रश्नों (5 से 10) का उत्तर दीजिये :

सभी इतिहासकार ग्रन्थ चाहे वो निजी पत्र, सरकारी अभिलेख या पल्ली जन्म सूचियाँ या कुछ भी हों, के निर्वचक होते हैं। अधिकांश प्रकार के इतिहासकारों के लिये, स्वयं ग्रन्थों को छोड़कर अन्य किसी को समझने का यह सिर्फ आवश्यक माध्यम है, जैसे कि राजनीतिक कार्रवाई या ऐतिहासिक प्रवृत्ति। जबकि, बौद्धिक इतिहासकार के लिये, उसके चयनित ग्रन्थ को ही पूर्णतया समझना पूछताछ का लक्ष्य होता है। निस्संदेह, बौद्धिक इतिहास, अन्य विषयों, जो अपने ही उद्देश्यों के लिये ग्रन्थों का आदतन निर्वचन कर रहे हैं और तर्कणा जो निष्कर्ष को दिखावटी रूप से क्षेत्र के साथ जोड़ती है, पर फोकस करके निष्कर्ष निकालने को विशेषतः प्रवृत्त होता है। इसके अतिरिक्त, सम्बन्धित उप-विषय क्षेत्रों के साथ सीमाएँ बदल या खिसक रही हैं और अस्पष्ट हैं: कला का इतिहास और विज्ञान का इतिहास दोनों कुछ स्वायत्तता का दावा करते हैं, आंशिक रूप से इसलिये क्योंकि उन्हें विशेषित तकनीकी कौशलों की जरूरत है। परन्तु दोनों को व्यापक बौद्धिक इतिहास के भाग के रूप में भी देखा जा सकता है, जैसा कि स्पष्ट होता है जब हम ब्रह्माण्डकीय धारणाओं अथवा कालिक नैतिक आदर्शों के बारे में ज्ञान के सर्वसामान्य स्टॉक के बारे में विचार करते हैं।

सभी इतिहासकारों की तरह से, बौद्धिक इतिहासकार ''विधियों'' का उत्पादक होने के बजाय उनका उपभोक्ता होता है। उसकी विशिष्टता विगतकाल के उस पहलू जिस पर वह प्रकाश डालने की कोशिश कर रहा है, में स्थित है और प्रमाण के समूह या तकनीकों के समूह पर एकमात्र स्वामित्व होने में स्थित नहीं है। यह कह लेने के बाद, यह जरूर प्रतीत होता है कि ''बौद्धिक इतिहास'' का नाम गलतफहमी के अनानुपातिक भाग को आकर्षित करता है।

यह कहा जाता है कि बौद्धिक इतिहास किसी ऐसी चीज का इतिहास है जिसे कभी महत्त्व नहीं दिया जाता था। राजनीतिक इतिहासकारों के ऐतिहासिक स्वामित्व पर दीर्घकालीन प्रभुत्व एक प्रकार की विषयासक्ति (फिलिस्तिनिज्म), अनकही धारणा की सत्ता और उसके प्रयोग का ही वास्तव में महत्त्व था, को जन्म देता है। इस दावे से पूर्वाग्रह संबलित हुआ कि राजनीतिक कार्रवाई वास्तव में कभी भी उन सिद्धान्तों या विचारों जो ''ज्यादा फ्लैपडुडल'' थे का परिणाम नहीं थी। इस धारणा की बपौती अभी भी इन अपेक्षित विचारों की प्रवृत्ति में दृष्टिगोचर होती है, कि इससे पहले कि राजनीतिक वर्ग को बौद्धिक सत्कार के योग्य समझा जा सके उसे अनुज्ञापत्र प्राप्त हो, मानो इसके कुछ कारण हैं कि क्यों कला या विज्ञान, दर्शनशास्त्र या साहित्य का इतिहास दलों या संसदों के इतिहास की तुलना में दिलचस्पी और महत्त्व का है। शायद हाल ही के वर्षों में इस विषयासक्ति (Philistinism) की दर्पण-प्रतिच्छाया इस दावे में ज्यादा सर्वसामान्य रही है कि किसी के विचार विधिवत अभिव्यक्ति के अथवा दुनियादारी के हैं का कोई महत्त्व नहीं है, मानो वह सिर्फ अल्पसंख्यक वर्ग के विचार हैं।

निम्नलिखित प्रश्नों के उत्तर दीजिए :

5. बौद्धिक इतिहासकार का लक्ष्य निम्नलिखित में से किसे समझने का होता है?

A. उसके अपने विशेष ग्रन्थ

B. राजनीतिक कार्रवाइयाँ

C. ऐतिहासिक प्रवृत्तियाँ

D. उसकी पूछताछ

6. बौद्धिक इतिहासकार किसके एकमात्र स्वामित्व का दावा नहीं करता है?

A. निष्कर्ष

B. प्रमाण का कोई भी संग्रह

C. विशिष्टता

D. आदतन निर्वचन

7. बौद्धिक इतिहास के बारे में गलतफहमियाँ किससे उत्पन्न होती हैं?

A. तकनीकों का समूह

B. ज्ञान का सामान्य स्टॉक

C. राजनीतिक इतिहासकारों का प्रभुत्व

D. ब्रह्माण्डकीय धारणाएँ

8. विषयासक्तिवाद (Philistinism) क्या है?

A. पूर्वाग्रह का पुनर्बलित होना

B. कारणों को गढ़ना

C. भूस्वामियों का प्रभाव

D. यह धारणा कि सत्ता और उसके प्रयोग का महत्त्व होता है।

9. ब्रह्माण्डकीय धारणाओं या कालिक नैतिक विचारों का ज्ञान किसके रूप में निकाला जा सकता है?

A. साहित्यिक आलोचना

B. विज्ञान का इतिहास

C. दर्शनशास्त्र का इतिहास

D. बौद्धिक इतिहास

10. विधिवत अभिव्यक्ति के बारे में किसी के विचारों का कोई महत्त्व नहीं है, मानो वो विचार अल्पसंख्यक वर्ग के हैं, यह दावा किसके लिये है?

A. अनुज्ञापत्र प्राप्त राजनीतिक वर्ग

B. राजनीतिक कार्रवाई

C. साहित्य का दर्शन

D. फिलिस्तिनिज्म की दर्पण-प्रतिच्छाया

11. लोक संचार सहज हो जाता है

A. ज्यादा जटिल संरचना के अन्दर

B. ज्यादा राजनीतिक संरचना के अन्दर

C. ज्यादा सुविधाजनक संरचना के अन्दर

D. ज्यादा औपचारिक संरचना के अन्दर

12. सोच, विचारों तथा संदेशों को वाचिक तथा अवाचिक चिह्नों (प्रतीकों) में रूपान्तरित करना क्या कहलाता है?

A. चैनलीकरण (प्रणालकरण)

B. मध्यस्थता

C. कूटलेखन

D. कूटवचन

13. प्रभावपूर्ण संचार को कैसा सहायक वातावरण चाहिये?

A. आर्थिक वातावरण

B. राजनीतिक वातावरण

C. सामाजिक वातावरण

D. बहु-सांस्कृतिक वातावरण

14. संचार की प्रक्रिया में संज्ञानात्मक आँकड़े के प्रेषण में मुख्ये रुकावट होती है

A. व्यक्तित्व

B. अपेक्षा

C. सामाजिक दर्जा

D. कूटबद्ध करने की योग्यता

15. प्रेषित होने पर, सांस्थानिक रूढ़िबद्ध धारणाएँ बन जाती हैं

A. मिथक B. कारण

C. अनुभव D. विश्वास या दृढ़ धारणा

16. जन संचार में, चयनात्मक अवबोधन प्रापक की .... पर निर्भर करता है।

A. निपुणता B. प्रवणता

C. ग्रहणशीलता D. नृजातीयता

17. शब्दों के युग्म, अंश : हर के बीच सम्बन्ध निर्धारित करें और फिर निम्नलिखित में से शब्दों के युग्म का चयन करें जिसका उपर्युक्त जैसा सम्बन्ध है।

A. भाग (या अंश) : दशमलव

B. भाजक : भागफल

C. शिखर : तल (अथवा निचला भाग)

D. भाज्य : भाजक

18. निम्नलिखित अनुक्रम में गलत संख्या ज्ञात करें :

125, 127, 130, 135, 142, 153, 165

A. 130 B. 142

C. 153 D. 165

19. यदि हॉबी (HOBBY) को आइओबी (IOBY) के रूप में कूटबद्ध किया गया है और लॉबी (LOBBY) को मॉबी (MOBY) के रूप में; तो बॉबी (BOBBY) को कूटबद्ध किया है

A. BOBY B. COBY

C. DOBY D. OOBY

20. प्रथम समुच्चय में अक्षरों का एक निश्चित सम्बन्ध है। इस सम्बन्ध के आधार पर दूसरे समुच्चय के लिये सही चयन करें :

K/T : 11/20 : : J/R : ?

A. 10/8 B. 10/18

C. 11/19 D. 10/19

21. यदि A = 5, B = 6, C = 7, D = 8 इत्यादि है, तो निम्नलिखित अंक किसके लिये हैं?

17, 19, 20, 9, 8

A. समतल (Plane)

B. मोपेड (Moped)

C. मोटर ((Motor)

D. टाँगा (Tanga)

22. तेल की कीमत में 25% की वृद्धि हुई है। यदि खर्चा नहीं बढ़ाया जा सकता है, तो उपभोग में कमी और मूल उपभोग के बीच अनुपात है

A. 1 : 3 B. 1 : 4

C. 1 : 5 D. 1 : 6

23. निम्न अनुक्रम में ऐसे कितने 8 के अंक हैं जिनके पहले 5 का अंक हो तथा बाद में 3 का अंक न हो?

5 8 3 7 5 8 6 3 8 5 4 5 8 4 7 6 5 5 8 3 5 8 7 5 8 2 8 5

A. 4 B. 5

C. 7 D. 3

24. यदि आयत को वृत्त कहा जाये, वृत्त को बिन्दु, बिन्दु को त्रिभुज तथा त्रिभुज को वर्ग कहा जाये तो चक्र का आकार

A. आयत होगा। B. वृत्त होगा।

C. बिन्दु होगा। D. त्रिभुज होगा।

25. भारत में फसलों के मानकीकृत वर्गीकरण मे विभिन्न फसलों के वितरण के मानचित्रण के लिए निम्न में से कौन सी विधि सर्वोचित है?

A. पाई चित्र

B. जीव वितरण-वर्णीय तकनीक

C. आइसोप्लैथ तकनीक

D. डॉट विधि

26. निम्न में से कौन सा आँकड़ों के वर्गीकरण की विधि में सम्मिलित नहीं है?

A. गुणात्मक B. मानकीय

C. स्थानिक D. संख्यात्मक

27. निम्न में से कौन सा आँकड़ों का स्रोत नहीं है?

A. प्रशासनिक दस्तावेज B. जनगणना

C. जी. आई. एस. D. न्यादर्श सर्वेक्षण

28. यदि कथन 'कुछ व्यक्ति निर्दयी होते हैं।' सही नहीं है तो निम्न में से कौन सा/से कथन सही है?
(*i*) सभी व्यक्ति निर्दयी हैं।
(*ii*) कोई व्यक्ति निर्दयी नहीं है
(*iii*) कुछ व्यक्ति निर्दयी नहीं है।
A. (*i*) तथा (*iii*) B. (*i*) तथा (*ii*)
C. (*ii*) तथा (*iii*) D. केवल (*iii*)

29. एक अष्टकांक निकाय में निम्न चिह्न होते हैं :
A. 0 – 7
B. 0 – 9
C. 0 – 9, A – F
D. उपरोक्त में से कोई नहीं

30. चिह्नित परिमाण प्रणाली में $(-19)_{10}$ का द्वि-आधारी समतुल्य है
A. 11101100
B. 11101101
C. 10010011
D. उपरोक्त में से कोई नहीं

31. इन्टरनेट की भाषा में DNS का अर्थ है
A. डायनामिक नेम सिस्टम
B. डोमेन नेम सिस्टम
C. डिस्ट्रीब्यूटेड नेम सिस्टम
D. कोई भी नहीं

32. एच टी एम एल (HTML) इंगित करता है
A. हाइपर टेक्सूट मार्कअप लैंग्विज
B. हाइपर टेक्सूट मैनिपुलेशन लैंग्विज
C. हाइपर टेक्सूट मैनेजिंग लिंक्स
D. हाइपर टेक्सूट मैनिपुलेटिंग लिंक्स

33. निम्न में से कौनसा LAN का प्रकार है?
A. इथरनेट B. टोकन रिंग
C. एफ डी डी आई D. उपर्युक्त सभी

34. निम्नलिखित कथनों में से कौन सा सही है?
A. स्मार्ट कार्डों को प्रचालन-प्रणाली की आवश्यकता नहीं।
B. स्मार्ट कार्ड तथा पी.सी. किसी प्रकार की प्रचालन प्रणाली का प्रयोग करते हैं।
C. COS एक स्मार्ट कार्ड प्रचालन प्रणाली है।
D. प्रवाचक तथा कार्ड के मध्य संचार सम्पूर्ण द्विस्तरी विधि के रूप में होता है।

35. गंगा कार्य योजना प्रारंभ की गई थी
A. 1986 में B. 1988 में
C. 1990 में D. 1992 में

36. भारत के शक्ति खण्ड में भाग की दृष्टि से ऊर्जा के स्रोतों का सही क्रम है :
A. तापीय > न्यूक्लीय > जलीय > वायु
B. तापीय > जलीय > न्यूक्लीय> वायु
C. जलीय > न्यूक्लीय > तापीय > वायु
D. न्यूक्लीय > जलीय > वायु > तापीय

37. पेयजल में उचित से अधिक मात्रा में होने पर क्रोमियम एक संदूषक के रूप में कारक होता है
A. कंकाल-क्षति का
B. गैस्ट्रोइन्टेस्टाइन संबंधी समस्या का
C. चर्म/स्नायु संबंधी समस्या का
D. यकृत/गुर्दा संबंधी समस्या का

38. शीतकालीन धू-कोहरा (Smong) के प्रमुख पुरोगामी होते हैं
A. NO_2 एवं हाइड्रोकार्बन
B. NO_x एवं हाइड्रोकार्बन
C. SO_2 एवं हाइड्रोकार्बन
D. SO_2 एवं ओजोन

39. तात्क्षणिक बाढ़ (Flash Flood) घटित होती है जब वायुमण्डल
A. संवहनिक दृष्टि (कन्वेक्टिवली) से अस्थिर होता है तथा उसमें यथेष्ट वायु प्रतिबल (शियर) होता है।
B. स्थिर होता है।
C. संवहनिक दृष्टि (कन्वेक्टिवली) अस्थिर होता है एवं वायु प्रतिबल नहीं होता है।
D. वायु अपचयी (कैटेबोलिक) होती हैं।

40. भारत के महानगरों में वायु का प्रमुख स्रोत है
A. परिवहन खण्ड (सेक्टर)
B. तापीय शक्ति
C. म्यूनिसिपल अपशिष्ट
D. वाणिज्यिक खण्ड (सेक्टर)

41. भारत का पहला खुला विश्वविद्यालय किस राज्य में स्थापित हुआ?
A. आन्ध्र प्रदेश B. दिल्ली
C. हिमाचल प्रदेश D. तमिलनाडु

42. भारत में अधिकतर विश्वविद्यालयों का वित्तपोषण
A. केन्द्र सरकार द्वारा होता है।
B. राज्य सरकारों द्वारा होता है।
C. विश्वविद्यालय अनुदान आयोग द्वारा होता है।
D. निजी संस्थाओं तथा व्यक्तियों द्वारा होता है।

43. निम्न में से कौन-सा संगठन भारत में तकनीकी तथा प्रबन्ध-शिक्षा की गुणवत्ता की देख-रेख करता है?
A. NCTE B. MCI
C. AICTE D. CSIR

44. नीचे दिये गये कथनों को पढ़िये। उस कथन को पहचानिये जिसमें प्राकृतिक न्याय निहित है।
A. न्यायालय प्राकृतिक न्याय के सिद्धान्त का अनुसरण करते हैं।
B. न्याय में देरी न्याय से वंचित रखने के समान है।
C. प्राकृतिक न्याय एक नागरिक का अभिन्न अधिकार है।
D. सुने जाने का उचित अवसर दिया जाये।

45. भारत का राष्ट्रपति
A. राज्य का मुखिया है।
B. सरकार का मुखिया है।
C. राज्य तथा सरकार दोनों का मुखिया है।
D. इनमें से कोई नहीं।

46. निम्न में से कौन भारत के राष्ट्रपति की इच्छापर्यन्त पद पर रहता है?
A. मुख्य निर्वाचन अधिकारी
B. भारत का नियंत्रक महालेखा परीक्षक
C. संघ लोक सेवा आयोग का अध्यक्ष
D. राज्य का राज्यपाल

प्रश्न संख्या 47 से 49 तक निम्न चित्र पर आधारित हैं, जिसमें तीन वृत्त A, P तथा S एक दूसरे को काटते हैं। ये वृत्त A कलाकारों, वृत्त P प्राध्यापकों तथा वृत्त S खिलाड़ियों को प्रदर्शित करते हैं। चित्र में सभी क्षेत्रों को a से f तक चिह्नित किया गया है।

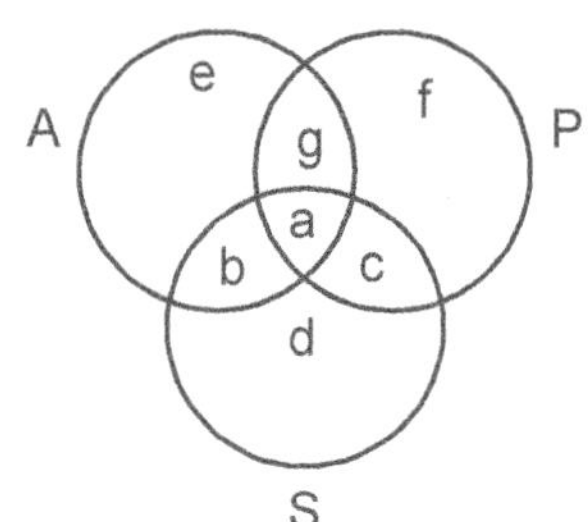

47. कौन सा क्षेत्र उन कलाकारों को प्रदर्शित करता है जो न तो खिलाड़ी हैं और न ही प्राध्यापक है?
A. d B. e
C. b D. g

48. कौन सा क्षेत्र उन प्राध्यापकों को प्रदर्शित करता है जो कलाकार तथा खिलाड़ी भी हैं?
A. a B. c
C. d D. g

49. कौन सा क्षेत्र उन प्राध्यापकों को प्रदर्शित करता है जो खिलाड़ी तो हैं किन्तु कलाकार नहीं?
A. e B. f
C. c D. g

प्रश्न संख्या 50 से 52 तक निम्न आँकड़ों पर आधारित हैं।

किसी चर X का मापन 10 बजे से 10:20 बजे तक प्रत्येक मिनट के अन्तराल के बाद किया गया तथा ये आँकड़े प्राप्त हुये :

X : 60, 62, 65, 64, 63, 61, 66, 65, 70, 68
63, 62, 64, 69, 65, 64, 66, 67, 66, 64

50. X का वह मान ज्ञात करिये जिसके ऊपर मापन की अवधि में 10% समय के लिये X के मान हैं।
A. 69 B. 68
C. 67 D. 66

51. X का वह मान ज्ञात करिये जिसके ऊपर मापन की अवधि में 90% समय के लिये X के मान हैं।
A. 63 B. 62
C. 61 D. 60

52. X का वह मान ज्ञात करिये जिसके ऊपर मापन की अवधि में 50% समय के लिये X के मान हैं।
A. 66 B. 65
C. 64 D. 63

53. कक्षा में प्रभावी अनुशासन के लिए अध्यापक को चाहिए कि
A. छात्रों को जो चाहे करने दे।
B. छात्रों के साथ कठोर व्यवहार करे।
C. छात्रों को कुछ समस्यायें हल करने दे।
D. उनसे नरमी के साथ दृढ़ता बरते।

54. प्रभावी शिक्षण-सहायक सामग्री वह है, जो
A. रंग-बिरंगी तथा देखने में अच्छी हो।
B. सभी ज्ञानेन्द्रियों को सक्रिय करती हो।
C. सभी छात्रों को दिखाई देती हो।
D. बनाने तथा प्रयोग करने में आसान हो।

55. छात्रों में वे अध्यापक लोकप्रिय होते हैं, जो
A. उनके साथ निकटता बना लेते हैं।
B. उनकी समस्याओं के समाधान में सहायक होते हैं।
C. अच्छे अंक प्रदान करते हैं।
D. उन्हें अतिरिक्त शुल्क पर ट्यूशन पढ़ाते हैं।

56. एक प्रभावी कक्षा-कक्ष (class room) के वातावरण का मूल तत्त्व है
A. शिक्षण सामग्री की विविधता।
B. शिक्षक-छात्रों की सजीव अन्तःक्रिया।
C. सम्पूर्ण शान्ति
D. सख्त (कठारे) अनुशासन

57. यदि कक्षा के पहले दिन छात्र किसी अध्यापक को स्वयं का परिचय देने के लिए कहे तो अध्यापक को चाहिये कि वह
A. उन्हें कक्षा के बाद मिलने के लिए कहे।
B. संक्षेप में अपने बारे में बताये।
C. इस माँग की उपेक्षा करे तथा पढ़ाना शुरू करे।
D. इस प्रकार की अनिष्ट माँग के लिए उन्हें डाँटे।

58. नैतिक मूल्यों का प्रभावी रूप से विकास किया जा सकता है, यदि अध्यापक
A. बार-बार मूल्यों की बात करें।
B. स्वयं उन पर आचरण करें।
C. महान व्यक्तियों की कहानी सुनायें।
D. देवी-देवताओं की बात करें।

59. एक शोधार्थी के आवश्यक गुण होते हैं
A. स्वतंत्र परिप्रश्न की प्रवृत्ति
B. अवलोकन एवं प्रमाण पर निर्भरता
C. ज्ञान का व्यवस्थितीकरण अथवा सिद्धांतीकरण
D. उपर्युक्त सभी

60. शोध किया जाता हैः
I. नये ज्ञान के सृजन के लिए
II. सिद्धान्त विकसित न करने के लिए
III. शोध उपाधि प्राप्ति के लिए
IV. विद्यमान ज्ञान की पुनर्व्याख्या के लिए
उपर्युक्त में से कौन सही हैं?
A. I, III एवं II
B. III, II एवं IV
C. II, I एवं III
D. I, III एवं IV

उत्तरमाला

1	2	3	4	5	6	7	8	9	10
C	C	B	C	A	B	C	D	D	D
11	**12**	**13**	**14**	**15**	**16**	**17**	**18**	**19**	**20**
D	C	D	C	D	B	D	D	B	B
21	**22**	**23**	**24**	**25**	**26**	**27**	**28**	**29**	**30**
B	C	A	C	A	B	A	B	A	D
31	**32**	**33**	**34**	**35**	**36**	**37**	**38**	**39**	**40**
B	A	D	C	A	B	D	C	A	A
41	**42**	**43**	**44**	**45**	**46**	**47**	**48**	**49**	**50**
A	C	C	D	B	D	B	A	C	C
51	**52**	**53**	**54**	**55**	**56**	**57**	**58**	**59**	**60**
B	D	D	B	B	B	B	B	D	D

कुछ चुने हुए प्रश्नों के व्याख्यात्मक उत्तर

18. 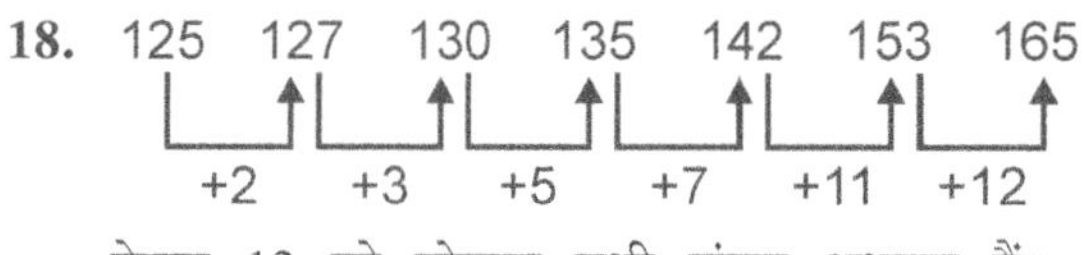

केवल 12 को छोड़कर सभी संख्या अभाज्य हैं।

19. 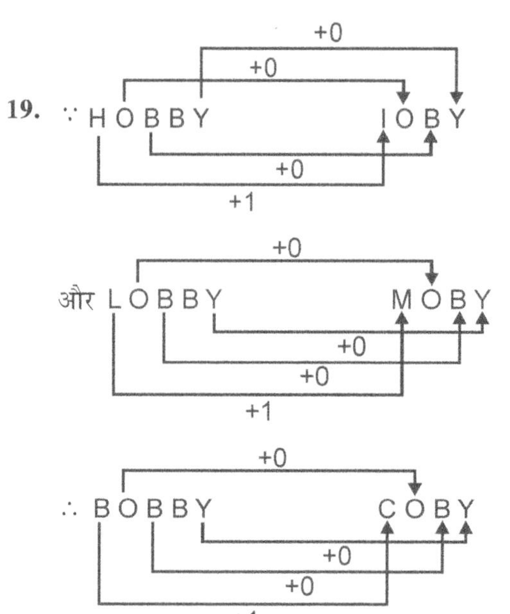

20.

A	B	C	D	E	F	G	H	I	J
1	2	3	4	5	6	7	8	9	10
K	L	M	N	O	P	Q	R	S	T
11	12	13	14	15	16	17	18	19	20
U	V	W	X	Y	Z				
21	22	23	24	25	26				

∵ K → 11
और T → 20
∴ J → 10
R → 18

21. ∵ A = 5, B = 6, C = 7, D = 8,
∴ E = 9, F = 10, G = 11, H = 12, I = 13, J = 14, K = 15, L = 16, M = 17, N = 18, O = 19, P = 20, Q = 21, R = 22, S = 23 ....

अतः, 17 = M
19 = O
20 = P
9 = E
8 = D

23. नीचे दिए गए अनुक्रम में से चार 8 के अंक ऐसे हैं जिनके पहले 5 का अंक है लेकिन बाद में 3 का अंक नहीं है।

24. अब

□ → ○ → · → △ → □
आयत वृत्त बिंदु त्रिभुज वर्ग

∴ चक्र का आकार बिंदु होगा।

29. एक अष्टकांक निकाय (Octal number) में नीचे दिए गए आठ संकेतों में से कोई भी हो सकता है– 0, 1, 2, 3, 4, 5, 6 एवं 7।

प्रश्न संख्या 47 से 49 तक के लिए निर्देश :

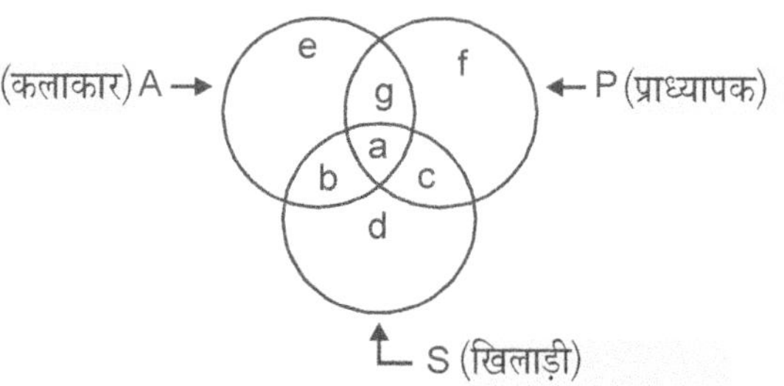

47. 'e' कलाकारों को प्रदर्शित करता है जो न तो खिलाड़ी हैं और न ही प्राध्यापक हैं।

48. 'a' प्राध्यापक को प्रदर्शित करता है जो कलाकार एवं खिलाड़ी दोनों हैं।

49. 'c' प्राध्यापक को प्रदर्शित करता है जो खिलाड़ी भी हैं किन्तु कलाकार नहीं हैं।

पिछले प्रश्न-पत्र (हल सहित)

यू.जी.सी. NET (JRF) परीक्षा

प्रश्न-पत्र-I, दिसम्बर, 2010

नोट: इस प्रश्न-पत्र में साठ (60) बहुविकल्पीय प्रश्न हैं। प्रत्येक प्रश्न के दो अंक हैं। अभ्यर्थी को पचास (50) प्रश्नों के उत्तर देने हैं।
यदि पचास (50) से अधिक प्रश्नों के उत्तर दिये तो प्रथम पचास (50) प्रश्न ही जाँचे जायेंगे।

1. निम्नलिखित चरों में से किसे परिमाणात्मक रूप में अभिव्यक्त नहीं किया जा सकता?

A. सामाजिक-आर्थिक स्तर
B. वैवाहिक स्थिति
C. संख्यात्मक अभिक्षमता
D. पेशेवर अभिवृत्ति

2. एक चिकित्सक ने डेंगू बुखार की दो औषधियों की सापेक्षिक प्रभावशीलता का अध्ययन किया। उसके शोध को वर्गीकृत किया जाएगा

A. वर्णनात्मक सर्वेक्षण के रूप में।
B. प्रयोगात्मक शोध के रूप में।
C. वैयक्तिक अध्ययन के रूप में।
D. नृजाति वर्णन के रूप में।

3. दृश्यप्रपंचशास्त्र (फिनॉमिनॉलॉजी) शब्द निम्नलिखित की प्रक्रिया से सम्बन्धित है

A. गुणात्मक शोध की
B. प्रसरण के विश्लेषण की
C. सहसम्बन्ध के अध्ययन की
D. संभाविता के प्रतिचयन की

4. 'सोसियोग्राम' तकनीक का प्रयोग किया जाता है

A. व्यावसायिक रुचि के अध्ययन के लिए।
B. पेशेवर क्षमता के अध्ययन के लिए।
C. मानवीय संबंध के अध्ययन के लिए।
D. उपलब्धि प्रेरणा के अध्ययन के लिए।

निर्देश : नीचे दिया गया परिच्छेद पढ़िये और परिच्छेद की अपनी समझ के आधार पर आगे नीचे दिये प्रश्नों (5 से 10) का उत्तर दीजिये :

यह स्मरण रखना चाहिये कि सभी राष्ट्रवादी आन्दोलनों की तरह से भारत में राष्ट्रवादी आन्दोलन अनिवार्य तौर पर मध्यवर्गीय (बूर्जुआ) आन्दोलन था। यह विकास की स्वाभाविक ऐतिहासिक अवस्था को निरूपित करता है, और इसे श्रमजीवी वर्ग आन्दोलन समझना अथवा ऐसा सोच कर उसकी आलोचना करना गलत है। गांधीजी इस आन्दोलन का, और इस आन्दोलन के सम्बन्ध में भारतीय जनता का प्रतिनिधित्व सर्वोच्च श्रेणी तक करते हैं, और वे उस सीमा तक भारतीय लोगों की आवाज बन गए। भारत और भारतीय जनता के प्रति गांधीजी का मुख्य योगदान उन शक्तिशाली आन्दोलनों, जो कि उन्होंने राष्ट्रीय कांग्रेस के जरिये चलाये, के माध्यम से था। गांधीजी ने राष्ट्रव्यापी कार्रवाई के जरिये करोड़ों लोगों को गढ़ने (अथवा बदल डालने) की चेष्टा की, और उन्हें बदलने में सामान्य तौर पर सफल हुए। वे हतोत्साहित, भीरु और निराश लोगों, भयाभिभूत और प्रत्येक प्रबल हित द्वारा परास्त और विरोध करने में अक्षम लोगों को आत्म-सम्मान युक्त, आत्म-निर्भर, तानाशाही के विरोधी, और संयुक्त कार्रवाई तथा ज्यादा बड़े लक्ष्य के लिये बलिदान करने वाले लोगों में बदलने में काफी हद तक सफल हुए।

गांधीजी ने लोगों को राजनीतिक और आर्थिक मुद्दों पर सोचने के लिए प्रेरित किया और प्रत्येक गाँव और प्रत्येक बाजार नये विचारों तथा नई आशाओं, जो लोगों में मर गई थीं, पर तर्क एवं बहस के साथ गूँजने लगा। यह सब अद्भुत मनोवैज्ञानिक परिवर्तन था। निस्संदेह, इसके लिये समय आ चुका था और परिस्थितियों तथा विश्व की स्थितियों ने इस

परिवर्तन के लिये कार्य किया। परन्तु परिस्थितियों तथा स्थितियों का लाभ उठाने के लिये महान नेता आवश्यक है। गांधीजी वो नेता थे, और उन्होंने बहुत से वो बन्धन खोल दिये जिसने हमारे दिमाग को कैद और विकलांग किया हुआ था। हम भारतीय लोगों में जिस किसी ने भी इसका अनुभव किया है वह मुक्ति और उल्लास की उस महान अनुभूति को कभी भी नहीं भुला सकता है।

गांधीजी ने भारत में अत्यधिक महत्त्वपूर्ण क्रान्तिकारी भूमिका अदा की है, क्योंकि वे जानते थे कि किस प्रकार वस्तुनिष्ठ स्थितियों का सर्वाधिक लाभ उठाया जाए तथा किस प्रकार जनता के दिलों तक पहुँचा जाये। जबकि ज्यादा उन्नत विचारधारा के समूहों ने सामान्यतया हवा में ही कार्य किया, क्योंकि वो उन स्थितियों के साथ ठीक-ठीक तरह से जम नहीं सके और इसलिये जन साधारण में यथेष्ठ प्रतिक्रिया नहीं जागृत कर सके।

यह पूर्णतया सत्य है कि गांधीजी राष्ट्रवादी स्तर पर कार्य करते रहे और उन्होंने वर्गों के संघर्ष के बारे में नहीं सोचा और उनके आपसी भेदों को शान्त करने की कोशिश की। परन्तु उन्होंने लोगों को जिस कार्य में लगाया और जो शिक्षा दी उसने जनचेतना को अनिवार्यतः आश्चर्यजनक रूप से जगा दिया, और सामाजिक मुद्दों को सजीव बना दिया। गांधीजी और कांग्रेस को उनके द्वारा अपनाई गई नीतियों एवं उनकी कार्यवाही के आधार पर समझना चाहिये। परन्तु इसके पीछे, व्यक्तित्व मायने रखता है और उन नीतियों और गतिविधियों को रंजित करता है। गांधीजी जैसे प्रत्येक असाधारण व्यक्ति के मामले में उन्हें समझने और उसका मूल्यांकन करने के लिये व्यक्तित्व का प्रश्न विशेष रूप से महत्त्वपूर्ण बन जाता है। हमारे लिये वे भारत की आत्मा और प्रतिष्ठा तथा उसके विषादग्रस्त करोड़ों लोगों की अपने अनन्त कष्टों से मुक्त होने की उत्कण्ठा का प्रतिनिधित्व करते हैं, और ब्रिटिश सरकार अथवा अन्य द्वारा उनका अपमान भारत और उसके लोगों का अपमान है।

5. प्रदत्त परिच्छेद के बारे में निम्नलिखित में से कौन-सा कथन सत्य है?
- A. परिच्छेद स्वतन्त्रता के लिये भारतीय आन्दोलन में गांधीजी की भूमिका की समीक्षा है।
- B. परिच्छेद भारत के स्वतन्त्रता आन्दोलन में गांधीजी की भूमिका का अभिवादन करता है।
- C. लेखक भारत के स्वतन्त्रता आन्दोलन में गांधीजी की भूमिका पर तटस्थ है।
- D. यह श्रमजीवी वर्ग आन्दोलन के प्रति इंडियन नेशनल कांग्रेस के समर्थन का विवरण है।

6. गांधीवादी आन्दोलन द्वारा भारतीय जनता में लाए जाने वाले परिवर्तन थे
- A. भौतिक
- B. सांस्कृतिक
- C. प्रौद्योगिकीय
- D. मनोवैज्ञानिक

7. राष्ट्रवादी आन्दोलन को श्रमजीवी वर्ग आन्दोलन समझना और ऐसा समझ कर उसकी आलोचना करना गलत है, क्योंकि यह
- A. ऐतिहासिक आन्दोलन था।
- B. भारतीय जनता की आवाज था।
- C. बूर्जुआ (मध्यवर्गीय) आन्दोलन था।
- D. ऐसा आन्दोलन था जिसका प्रतिनिधित्व गांधीजी ने किया।

8. गांधीजी ने भारत में क्रान्तिकारी भूमिका अदा की, क्योंकि वे
- A. नैतिकता का प्रचार कर सकते थे।
- B. भारतीयों के दिलों तक पहुँच सकते थे।
- C. वर्गों के संघर्ष देख सकते थे।
- D. भारतीय नेशनल कांग्रेस का नेतृत्व कर सकते थे।

9. उन्नत विचारधारा के समूह हवा में कार्य करते रहे, क्योंकि वे निम्नलिखित के साथ ठीक-ठीक जम नहीं सके
- A. जनसाधारण की वस्तुनिष्ठ स्थितियाँ
- B. गांधीवादी विचारधारा
- C. लोगों की वर्ग चेतना
- D. जनता के बीच भेद

10. लेखक ने परिच्छेद का समापन किया है
- A. भारतीय जनसाधारण की आलोचना कर के
- B. गांधीवादी आन्दोलन द्वारा
- C. गांधीजी के व्यक्तित्व का महत्त्व बता कर
- D. करोड़ों भारतीयों की व्यथा पहचान कर

11. संचार की अंतर्सम्बन्धित शृंखला में विद्यमान मीडिया में बिन्दुओं का किस रूप में जिक्र किया जाता है?
- A. नेटवर्क्ड मीडिया
- B. संयोजी मीडिया
- C. ग्रन्थिल मीडिया
- D. बहु मीडिया

12. जन संचार के सूचना कार्य का वर्णन किस रूप में किया जाता है?
- A. विसरण
- B. प्रचार
- C. निगरानी
- D. विचलन

13. अतुल्यकालिक (असिन्क्रोनॅस) माध्यम का उदाहरण कौन-सा है?

A. रेडियो B. टेलीविजन

C. फिल्म D. समाचार-पत्र

14. संचार में, गुणार्थक शब्द कौन-से हैं?

A. सुस्पष्ट B. अमूर्त

C. सरल D. सांस्कृतिक

15. संदेश के नीचे संदेश को क्या नाम दिया जाता है?

A. अंतःस्थापित ग्रन्थ B. आन्तरिक ग्रन्थ

C. अंतःग्रन्थ D. उप-ग्रन्थ

16. अनुरूप जन संचार में कहानियाँ

A. स्थैतिक होती हैं।

B. गत्यात्मक होती हैं।

C. अन्योन्यक्रियात्मक होती हैं।

D. अन्वेषणात्मक होती हैं।

17. शब्द युग्म ALWAYS : NEVER में सम्बन्ध को समझो तथा निम्न में से उस शब्द-युग्म को पहचानो जिनमें वही सम्बन्ध हो

A. अकसर : विरले

B. बहुधा : यदा-कदा

C. सदा : बहुधा

D. सविराम : यों ही (संयोग से)

18. निम्न श्रेणी में त्रुटिपूर्ण संख्या को पहचानो

52, 51, 48, 43, 34, 27, 16

A. 27 B. 34

C. 43 D. 48

19. एक सांकेतिक प्रणाली में PAN को 31 लिखा जाता है तथा PAR को 35 लिखा जाता है, तो PAT को लिखा जायेगा

A. 30 B. 37

C. 39 D. 41

20. दिये गये पहले अक्षर-युग्मों में एक विशेष सम्बन्ध है। इस सम्बन्ध के आधार पर दूसरे अक्षर-युग्मों के लिए निम्न में से उचित चयन कीजिए

AF : IK : : LQ : ?

A. MO B. NP

C. OR D. TV

21. यदि 5472 = 9, 6342 = 6, 7584 = 6 है तो 9236 क्या है?

A. 2 B. 3

C. 4 D. 5

22. एक परीक्षा में कुल में से 35% छात्र हिन्दी में, 45% अंग्रेजी में तथा 20% दोनों में फेल हुए। दोनों विषयों में पास होने वालों का प्रतिशत है

A. 10 B. 20

C. 30 D. 40

23. नीचे दिए गए दो कथनों I और II द्वारा दो निष्कर्ष (a) तथा (b) निकाले जा सकते हैं। यह मानते हुए कि दोनों कथन सही हैं, नीचे दिए गए में से कौन-सी बात तर्कसंगत है?

कथन : I. कुछ फूल लाल होते हैं।

II. कुछ फूल नीले होते हैं।

निष्कर्ष : (a) कुछ फूल न तो लाल न ही नीले होते हैं।

(b) कुछ फूल लाल तथा नीले दोनों रंग के होते हैं।

A. केवल (a) तर्कसंगत है।

B. केवल (b) तर्कसंगत है।

C. (a) तथा (b) दोनों तर्कसंगत हैं।

D. (a) तथा (b) दोनों तर्कसंगत नहीं हैं।

24. यदि कथन ''सभी छात्र बुद्धिमान हैं'' सत्य है, तो निम्न में से कौन-से कथन सही नहीं हैं?

(*i*) कोई छात्र बुद्धिमान नहीं है।

(*ii*) कुछ छात्र बुद्धिमान हैं।

(*iii*) कुछ छात्र बुद्धिमान नहीं हैं।

A. (*i*) तथा (*ii*) B. (*i*) तथा (*iii*)

C. (*ii*) तथा (*iii*) D. केवल (*i*)

25. ऐसा तर्क जिसमें हम किसी विशिष्ट कथन से प्रारम्भ करके एक सार्वभौमिक कथन के साथ समाप्त करते हैं, को कहते हैं

A. निगमनिक तर्क B. आगमनिक तर्क

C. असामान्य तर्क D. अनुभवातीत तर्क

26. निम्न परिस्थिति में कम-से-कम कितनी बतखें तैर सकती हैं — एक बतख के आगे दो बतख, एक बतख के पीछे

दो बतख तथा एक बतख के आगे तथा पीछे एक-एक बतख?

A. 5 B. 7
C. 4 D. 3

27. श्रीमान A, मिस B, श्रीमान C और मिस D एक मेज के इर्द-गिर्द बैठे हैं और अपने कारोबार के बारे में चर्चा कर रहे हैं।

(*i*) श्रीमान A रसोइये के सामने बैठे हैं।
(*ii*) मिस B नाई के दायीं ओर बैठी हैं।
(*iii*) धोबी नाई के दाहिने बैठा है।
(*iv*) मिस D श्रीमान C के सामने बैठी हैं।

A और B के व्यवसाय क्या हैं?

A. दर्जी और नाई B. नाई और रसोइया
C. दर्जी और रसोइया D. दर्जी और धोबी

28. दो चरों के बीच सहसम्बन्ध मापने के लिये निम्नलिखित में से कौन-सा तरीका काम आता है?

A. विकीर्ण आरेख
B. बारंबारता बंटन
C. दो-तरफा तालिका
D. कोटि सहसम्बन्ध का गुणांक

29. निम्नलिखित में से कौन-सा इंटरनेट सर्विस प्रोवाइडर (ISP) नहीं है?

A. MTNL (एम. टी. एन. एल.)
B. BSNL (बी. एस. एन. एल.)
C. एरनेट इंडिया (ई. आर. एन. ई. टी. इंडिया)
D. इन्फोटेक इंडिया लिमिटेड

30. षोडश आधारी अंकन पद्धति में कौन-से चिन्ह शामिल होते हैं?

A. 0 – 7 B. 0 – 9, A – F
C. 0 – 7, A – F D. कोई भी नहीं

31. $(-15)_{10}$ का दोहरा तुल्यमान (2′ की पूरक पद्धति का उपयोग किया है) है

A. 11110001 B. 11110000
C. 10001111 D. कोई भी नहीं

32. 1 GB बराबर है

A. 2^{30} बिट्स के B. 2^{30} बाइट्स के
C. 2^{20} बिट्स के D. 2^{20} बाइट्स के

33. कम्प्यूटर के हार्डवेयर/सॉफ्टवेयर को संचालित करने वाले कम्प्यूटर प्रोग्रामों का समुच्चय क्या कहलाता है?

A. कॉम्पाइलर सिस्टम B. ऑपरेशन सिस्टम
C. ऑपरेटिंग सिस्टम D. कोई भी नहीं

34. इंटरनेट प्रौद्योगिकी में S/MIME का तात्पर्य है

A. सिक्योर मल्टीपरपज इंटरनेट मेल एक्सटेंशन
B. सिक्योर मल्टीमीडिया इंटरनेट मेल एक्सटेंशन
C. सिम्पल मल्टीपरपज इंटरनेट मेल एक्सटेंशन
D. सिम्पल मल्टीमीडिया इंटरनेट मेल एक्सटेंशन

35. भारत सरकार की जलवायु कार्य योजना के अन्तर्गत 8 लक्ष्यों में निम्नलिखित में से कौन सम्मिलित नहीं है?

A. सौर शक्ति
B. अपशिष्ट से ऊर्जा रूपान्तरण
C. वनीकरण
D. नाभिकीय ऊर्जा

36. पेयजल में कुल द्रवीभूत ठोस पदार्थ का सांद्रण निम्नलिखित से अधिक नहीं होना चाहिए

A. 500 mg/L से B. 400 mg/L से
C. 300 mg/L से D. 200 mg/L से

37. 'चिपको' आन्दोलन सर्वप्रथम आरंभ किया गया था

A. अरुंधती राय द्वारा B. मेधा पाटकर द्वारा
C. इला भट्ट द्वारा D. सुन्दरलाल बहुगुणा द्वारा

38. आँख में जलन के लिये उत्तरदायी प्रकाश रसायन (फोटोकेमिकल) युक्त धूम-कोहरे के घटक हैं

A. SO_2 एवं O_3 B. SO_2 एवं NO_2
C. HCHO एवं PAN D. SO_2 एवं SPM

39. **कथन (A) :** कुछ कार्बनिक एयरोसॉल कैन्सरजन (कार्सिनजेन) हो सकते हैं।

कारण (R) : उनमें बहुचक्रीय एरोमेटिक हाइड्रोकार्बन हो सकते हैं।

A. (A) तथा (R) दोनों सही हैं एवं (R), (A) की सही व्याख्या है।
B. (A) तथा (R) दोनों सही हैं, परंतु (R), (A) की सही व्याख्या नहीं है।
C. (A) सही है, परंतु (R) गलत है।
D. (A) गलत है, परंतु (R) सही है।

40. ज्वालामुखी उद्‌गार प्रभावित करते हैं
A. वायुमण्डल एवं जलमण्डल को
B. जलमण्डल एवं जैवमण्डल को
C. स्थलमण्डल, जैवमण्डल एवं वायुमण्डल को
D. स्थलमण्डल, जलमण्डल एवं वायुमण्डल को

41. भारत का सबसे पहला प्रतिरक्षा विश्वविद्यालय किस राज्य में है?
A. हरियाणा B. आन्ध्र प्रदेश
C. उत्तर प्रदेश D. पंजाब

42. भारत में अधिकतर विश्वविद्यालय
A. केवल शिक्षण तथा शोधकार्य करते हैं।
B. महाविद्यालयों को सम्बद्ध करते हैं तथा परीक्षा कराते हैं।
C. शिक्षण/शोध करते हैं तथा परीक्षा कराते हैं।
D. केवल शोध को प्रोत्साहन देते हैं।

43. निम्न में से कौन-सी संवैधानिक संस्था नहीं है?
A. निर्वाचन आयोग
B. वित्त आयोग
C. संघ लोक सेवा आयोग
D. योजना आयोग

44. निम्न में से कौन-सा एक कथन सत्य नहीं है?
A. भारत में संसद सर्वोपरि है।
B. भारत के सर्वोच्च न्यायालय को न्यायिक जाँच का अधिकार है।
C. केन्द्र तथा राज्यों में शक्तियों का बंटवारा है।
D. राष्ट्रपति को सलाह देने के लिए मंत्रि परिषद् है।

45. निम्न में से कौन-सा कथन भारतीय लोकतंत्र के गणतान्त्रिक स्वरूप को दर्शाता है?
A. लिखित संविधान।
B. राज्य का कोई धर्म नहीं।
C. स्थानीय निकायों को शक्तियों का स्थानान्तरण।
D. चयनित राष्ट्रपति तथा सीधे या परोक्ष रूप से चयनित संसद।

46. राज्यपाल द्वारा नियुक्त निम्न में से किसको केवल राष्ट्रपति द्वारा हटाया जा सकता है?
A. राज्य का मुख्यमंत्री
B. राजकीय लोक सेवा आयोग का सदस्य
C. एडवोकेट जनरल
D. राज्य विश्वविद्यालय का कुलपति

47. यदि दो छोटे वृत्त क्रमशः 'पुरुष वर्ग' तथा 'वनस्पति वर्ग' को प्रदर्शित करें तथा एक बड़ा वृत्त 'मृत्यु' (नश्वर) को प्रदर्शित करे, तो निम्न में से कौन-सा चित्र यह प्रदर्शित करता है कि "सभी पुरुष नश्वर है"?
A. B.
C. D.

निम्नलिखित तालिका में इलेक्ट्रॉनिक वस्तुएँ बनाने वाली एक फैक्ट्री द्वारा टी.वी. तथा एल.सी.डी. के उत्पादन का वर्ष 2006 से 2010 तक का ब्यौरा प्रस्तुत किया गया है। तालिका को ध्यान से पढ़िये तथा प्रश्नों **48** से **52** तक के उत्तर दीजिए :

वर्ष	2006	2007	2008	2009	2010
टी.वी.	6000	9000	13000	11000	8000
एल.सी.डी.	7000	9400	9000	10000	12000

48. किस वर्ष में इलेक्ट्रॉनिक वस्तुओं का उत्पादन सबसे अधिक रहा?
A. 2006 B. 2007
C. 2008 D. 2010

49. वर्ष 2006 से 2010 तक टी.वी. तथा एल.सी.डी. के उत्पादन के मध्यमानों का अन्तर क्या है?
A. 3000 B. 2867
C. 3015 D. इनमें से कोई नहीं

50. वह कौन-सा वर्ष है जिसमें टेलीविजन का उत्पादन 2010 में उत्पादित एल.सी.डी. के उत्पादन का आधा हुआ?
A. 2007 B. 2006
C. 2009 D. 2008

51. 2008 एवं 2010 में एल.सी.डी. उत्पादन का अनुपात क्या है?
A. 4 : 3 B. 3 : 4
C. 1 : 3 D. 2 : 3

52. 2006 एवं 2007 में टेलीविजन उत्पादन का अनुपात क्या है?

A. 6 : 7 B. 7 : 6
C. 2 : 3 D. 3 : 2

53. कक्षा में कुछ छात्र बहुत अधिक अधिगम-जिज्ञासा प्रदर्शित करते हैं। यह इसलिए हो सकता है कि छात्र

A. प्रतिभाशाली हैं।
B. धनी परिवारों के हैं।
C. बनावटी व्यवहार करते हैं।
D. कक्षा में उद्दण्डता पैदा करना चाहते हैं।

54. एक अध्यापक की सबसे महत्त्वपूर्ण विशेषता है

A. विषय का गूढ़ ज्ञान।
B. अच्छी सम्प्रेषण क्षमता।
C. छात्र-कल्याण की चिन्ता।
D. प्रभावी नेतृत्व के गुण।

55. शिक्षक-छात्र सम्बन्धों के सन्दर्भ में निम्न में से कौन-सी बात सही है?

A. बहुत अनौपचारिक तथा निकट
B. कक्षा-कक्ष तक सीमित
C. सद्‌भावपूर्ण तथा सम्मानपूर्ण
D. उदासीन

56. छात्रों की शैक्षिक निष्पत्ति में सुधार लाया जा सकता है यदि उनके माँ-बाप को प्रेरित किया जाये

A. अपने बालकों के कार्य के निरीक्षण के लिए।
B. अतिरिक्त ट्यूशन की व्यवस्था करें।
C. इसके बारे में चिन्ता न करें।
D. बार-बार अध्यापक के साथ अंतःक्रिया करें।

57. एक सजीव कक्षा की स्थिति में यह हो सकता है कि

A. समय-समय पर हँसी के फव्वारे उड़ें।
B. सम्पूर्ण शान्ति रहे।
C. बार-बार शिक्षक-छात्र वार्तालाप हो।
D. छात्रों में जोर-जोर से वाद-विवाद हो।

58. यदि कोई अभिभावक अपने बालक की परीक्षा में किसी प्रकार का भेदभाव अथवा पक्षपात करने के लिए कहे, तो अध्यापक को चाहिए कि

A. उसकी सहायता करने का प्रयत्न करे।
B. उससे कहे कि वह फिर कभी ऐसा न कहे।
C. नम्रता तथा दृढ़ता के साथ ऐसा करने से मना करे।
D. कठोरता से उसे वहाँ से चले जाने के लिए कहे।

59. एक प्रक्रिया के रूप में शोध का अर्थ स्पष्ट करने के लिए निम्नलिखित सूक्तियों में से कौन-सी प्रासंगिक नहीं है?

A. क्रमबद्ध क्रिया
B. वस्तुनिष्ठ अवलोकन
C. प्रयोग एवं त्रुटि
D. समस्या समाधान

60. निम्नलिखित में से कौन एक सतत चर का उदाहरण नहीं है?

A. परिवार का आकार B. प्रज्ञा (बुद्धि)
C. ऊँचाई D. भाव

उत्तरमाला

1	2	3	4	5	6	7	8	9	10
D	B	A	C	B	D	C	B	A	C
11	**12**	**13**	**14**	**15**	**16**	**17**	**18**	**19**	**20**
A	C	D	D	D	A	A	B	B	D
21	**22**	**23**	**24**	**25**	**26**	**27**	**28**	**29**	**30**
A	B	C	D	B	A	C	D	D	B
31	**32**	**33**	**34**	**35**	**36**	**37**	**38**	**39**	**40**
D	B	C	A	D	A	D	B	A	D
41	**42**	**43**	**44**	**45**	**46**	**47**	**48**	**49**	**50**
A	C	D	B	D	B	C	C	D	B
51	**52**	**53**	**54**	**55**	**56**	**57**	**58**	**59**	**60**
B	C	A	B	C	D	C	C	C	C

कुछ चुने हुए प्रश्नों के व्याख्यात्मक उत्तर

18. 52 → 51 → 48 → 43 → 34 → 27 → 16

(–1, –3, –5, –9, –7, –11)

9 को छोड़कर अन्य सभी अभाज्य संख्याएं हैं।

19. ∵

A	B	C	D	E	F	G	H	I
1	2	3	4	5	6	7	8	9
J	K	L	M	N	O	P	Q	R
10	11	12	13	14	15	16	17	18
S	T	U	V	W	X	Y	Z	
19	20	21	22	23	24	25	26	

∵ PAN ⇒ 16 + 1 + 14 = 31

PAR ⇒ 16 + 1 + 18 = 35

∴ PAT ⇒ 16 + 1 + 20 = $\boxed{37}$

21. ∵ 5472 ⇒ 5 + 4 + 7 + 2 = 18 ⇒ 1 + 8 = 9

6342 ⇒ 6 + 3 + 4 + 2 = 15 ⇒ 1 + 5 = 6

7584 ⇒ 7 + 5 + 8 + 4 = 24 ⇒ 2 + 4 = 6

∴ 9236 ⇒ 9 + 2 + 3 + 6 = 20 ⇒ 2 + 0 = 2

पिछले प्रश्न-पत्र (हल सहित)

यू.जी.सी. NET (JRF) परीक्षा

प्रश्न-पत्र-I, जून, 2010

नोटः इस प्रश्न-पत्र में साठ (60) बहुविकल्पीय प्रश्न हैं। प्रत्येक प्रश्न के दो अंक हैं। अभ्यर्थी को पचास (50) प्रश्नों के उत्तर देने हैं।

यदि पचास (50) से अधिक प्रश्नों के उत्तर दिये तो प्रथम पचास (50) प्रश्न ही जाँचे जायेंगे।

1. निम्नलिखित में से अच्छा अध्यापक होने के लिए कौन सा गुण सबसे महत्त्वपूर्ण है?

A. समय की पाबन्दी और गांभीर्य
B. विषय में निपुणता
C. विषय में निपुणता और प्रतिक्रियाशील
D. विषय में निपुणता और सामाजिकता

2. अध्यापक के समन्वय का प्राथमिक उत्तरदायित्व किसका है?

A. बालकों का B. प्रिंसिपल का
C. स्वयं अध्यापक का D. समुदाय का

3. एन सी टी ई के प्रतिमानों के अनुसार बी.एड. स्तर के एक यूनिट जिसमें 100 विद्यार्थी हों, वहाँ स्टाफ की संख्या क्या होनी चाहिए?

A. 1 + 7 B. 1 + 9
C. 1 + 10 D. 1 + 5

4. अन्वेषणों ने यह दर्शाया है कि अध्यापकों के स्नायुतन्त्र में अस्थिरता के प्राप्य प्रायः लक्षण है

A. पाचनक्रिया का बिगड़ना
B. विस्फोटक व्यवहार
C. थकावट
D. चिन्ता

5. निम्नलिखित कथनों में से कौन सा सही है?

A. पाठ्यक्रम (सिलेबस) पाठ्यचर्या का परिशिष्ट है।
B. पाठ्यचर्या सभी शैक्षिक संस्थानों में समान रहती है।
C. पाठ्यचर्या में औपचारिक एवं अनौपचारिक शिक्षा दोनों शामिल होती हैं।
D. पाठ्यचर्या में मूल्यांकन के ढंग शामिल नहीं होते।

6. एक सफल अध्यापक वह है, जो

A. संवेदनशील और अनुशासनप्रिय हो
B. शान्त और प्रतिक्रियाशील हो
C. सहनशील और प्रभुत्वकारी हो
D. निष्क्रिय और सक्रिय हो

निम्नलिखित गद्यांश को ध्यानपूर्वक पढ़िए और प्रश्न 7 से 12 तक के उत्तर दीजिएः

यह उक्ति ''यह किस जैसा है?'' मूल विचार प्रक्रिया में आती है कि कोई व्यक्ति किस प्रकार इस धरती के खण्डों में व्याप्त वस्तुओं और घटनाओं का अवलोकन एवं विवरण देता है। इस धरती पर असीम गोचरीय विविधता है मगर कोई व्यक्ति इस बात का निर्णय कैसे करे कि क्या देखा जाए? धरती या इसके किसी खण्ड के सम्पूर्ण विवरण जैसी कोई वस्तु नहीं है, क्योंकि धरती की इस सतह का प्रत्येक सूक्ष्मदर्शी बिन्दु हर वैसे ही अन्य बिन्दु से भिन्न है। अनुभव दर्शाता है कि अवलोकित वस्तुएँ जानी-पहचानी होती हैं, क्योंकि वह उन गोचरीय घटनाओं जैसी होती हैं जो घर पर घटित होती हैं अथवा क्योंकि अमूर्त बिम्बों एवं आदर्शों, जो मानवीय मस्तिष्क में विकसित होते हैं, से मिलते-जुलते हैं।

अमूर्त बिम्बों का निर्माण कैसे होता है? जानवरों में से केवल मानव को ही भाषा प्राप्त हुई है। उनके शब्द विशेष वस्तुओं का ही नहीं, बल्कि वस्तुओं की कोटियों के मानसिक बिम्बों का प्रतीक बनते हैं। मनुष्य उस वस्तु को याद रख सकता है। जिसे उसने देखा अथवा अनुभव किया हो, क्योंकि वह उसके साथ किसी शब्द का प्रतीक जोड़ देता है।

इस धरती पर मानव के प्राकृतिक निवास के सम्बन्ध में अधिक से अधिक ज्ञान-प्राप्ति की शृंखला के दौरान वस्तुओं और घटनाओं में निरन्तर अन्तर-क्रिया चलती रही

है। इन्द्रियों द्वारा प्रत्यक्ष अवलोकन को प्रत्यक्ष ज्ञान कहा जाता है और मानसिक बिम्ब को अवधारणा। प्रत्यक्ष ज्ञान को कुछ लोग यथार्थता कहते हैं जबकि इसके प्रतिकूल मानसिक बिम्ब सैद्धान्तिक होते हैं जिसका भावार्थ है कि ये अवास्तविक होते हैं।

प्रत्यक्ष ज्ञान और अवधारणा के बीच का सम्बन्ध इतना सरल नहीं जितना इस परिभाषा से दिखायी देता है। यह अब पूर्णतया स्पष्ट हो गया है कि भिन्न-भिन्न संस्कृतियों के मानव अथवा समान संस्कृतियों वाले व्यक्ति भी यथार्थता के प्रति विभिन्न मानसिक बिम्बों को विकसित कर सकते हैं, और जिसका उन्हें प्रत्यक्ष बोध होता है वह उनकी पूर्वअवधारणा की झलक होती है। इस धरती पर वस्तुओं और घटनाओं के प्रत्यक्ष ज्ञान के सम्बन्ध में अवलोकनकर्ता का यह कर्तव्य है कि वह मानसिक बिम्बों को देखते हुए यथार्थता के प्रति पुनर्विचार करे।

अवलोकनकर्ता का प्रत्यक्ष ज्ञान उसकी अवधारणा का निर्धारण करता है, परन्तु पिछले प्रत्यक्ष ज्ञान के साधारणीकरण से अवधारणा का उद्गम होता है। वस्तु स्थिति यह है कि शिक्षित अवलोकनकर्ता को सिखाया जाता है कि वह किन्हीं अवधारणाओं को स्वीकार करे और इन अवधारणाओं को वह अपने व्यावसायिक जीवन के दौरान उन्हें तीव्रता अथवा परिवर्तित करता है। विद्वता के किसी क्षेत्र में किसी समय पर दिया व्यावसायिक मत यह निर्धारित करता है कि कौन सी अवधारणाएँ अथवा प्रक्रियाएँ स्वीकार्य हैं, और ये विद्वत्ता व्यवहार के आदर्श की स्थापना करते हैं।

7. गद्यांश में वर्णित समस्या में किसकी झलक है?
A. विचार प्रक्रिया B. मानवीय व्यवहार
C. सांस्कृतिक प्रत्यक्ष ज्ञान D. व्यावसायिक राय

8. गद्यांश के अनुसार ज्यादातर मानव-मन में यह होता है:
A. वस्तुओं का अवलोकन
B. मानसिक बिम्बों को बनाना
C. भाषा द्वारा अभिव्यक्ति
D. ज्ञान जुटाना

9. अवधारणा से भाव है
A. एक मानसिक बिम्ब
B. एक यथार्थता
C. भाषा के रूप में अभिव्यक्त विचार
D. उपरोक्त सभी

10. प्रत्यक्ष ज्ञान का अवधारणा से सम्बन्ध है
A. सकारात्मक B. नकारात्मक
C. प्रतिबिम्बित D. सम्पूर्ण

11. इस गद्यांश में धरती को माना गया है
A. ग्लोब B. मानवीय निवास
C. आकाशीय पिण्ड D. एक नक्षत्र

12. प्रत्यक्ष ज्ञान से भाव है
A. इंद्रियों द्वारा प्रत्यक्ष अवलोकन
B. एक कल्पित विचार
C. प्रतिबिम्ब के सिरे
D. एक अमूर्त बिम्ब

13. क्रियानिष्ठ शोध का भाव है
A. देशान्तरीय शोध
B. व्यावहारिक शोध
C. एक शोध जिसे किसी जरूरी समस्या के समाधान के लिए प्रारम्भ किया गया हो
D. सामाजिक-आर्थिक ध्येय से की गई शोध

14. शोध है
A. बार-बार खोज करना
B. किसी समस्या का समाधान ढूँढ़ना
C. किसी समस्या के सम्बन्ध में वैज्ञानिक ढंग से सत्य को ढूँढ़ने के लिए कार्य करना
D. उपरोक्त में से कोई नहीं

15. अनुसंधान (अन्वेषण) में एक सामान्य परीक्षण में प्राथमिकता दी जाती है
A. विश्वसनीयता को B. प्रयोग को
C. वस्तुनिष्ठता को D. उपर्युक्त सभी

16. निम्नलिखित में से शोध-प्रक्रिया प्रारम्भ करने का प्रथम चरण कौन सा है?
A. समस्या का निर्धारण करने के लिए सूचना के स्रोतों की खोज
B. सम्बन्धित साहित्य का सर्वेक्षण
C. समस्या की पहचान
D. समस्या का समाधान ढूँढ़ना

17. यदि कोई शोधकर्ता इस आशय से शोध करता है कि कौन सा प्रबन्धकीय ढंग ज्यादा संगठनात्मक प्रभावशाली होगा, तब यह किस शोध का उदाहरण होगा?
A. आधारभूत शोध B. क्रियानिष्ठ शोध
C. व्यावहारिक शोध D. उपरोक्त में से कोई नहीं

18. सामान्य (नॉर्मल) प्रायिक वक्र रेखा को होना चाहिए
A. सकारात्मक रूप से विषम
B. नकारात्मक रूप से विषम
C. तुंगककुदी विषम
D. शून्य विषम

19. निम्नलिखित में से संचार के अन्तर्गत कौन सा संदेश ग्रहण करने में प्रमुख अवरोधक है?
A. श्रोताओं का दृष्टिकोण
B. श्रोताओं का ज्ञान
C. श्रोताओं की शिक्षा
D. श्रोताओं की आय

20. उत्तर-आधुनिकतावाद सम्बन्धित है
A. समाचार-पत्र से B. पत्रिकाओं (मैग्जीन) से
C. रेडियों से D. टेलीविजन से

21. उपदेशात्मक संचार है
A. अन्तःवैयक्तिक B. अन्तर-वैयक्तिक
C. संगठनात्मक D. सम्बन्धसूचक

22. संचार में भाषा है
A. अमौखिक कूट B. मौखिक कूट
C. प्रतीकात्मक कूट D. चित्रात्मक कूट

23. निम्नलिखित में से सही क्रम की पहचान कीजिएः
A. स्रोत, माध्यम, संदेश, संदेशग्राही
B. स्रोत, संदेशग्राही, माध्यम, संदेश
C. स्रोत, संदेश, संदेशग्राही, माध्यम
D. स्रोत, संदेश, माध्यम, संदेशग्राही

24. **अभिकथन (A):** संचार-माध्यम समाज में हिंसा की संस्कृति को प्रोत्साहित करते हैं।

तर्क (R): क्योंकि बाजार में हिंसा की बिक्री है, क्योंकि लोग स्वयं हिंसावृत्ति के हैं।
A. (A) और (R) दोनों सही हैं और (A) का (R) सही स्पष्टीकरण है।
B. (A) और (R) दोनों सही हैं, परन्तु (A) का (R) सही स्पष्टीकरण नहीं है।
C. (A) सही है, परन्तु (R) गलत है।
D. (A) और (R) दोनों गलत हैं।

25. एक वर्ग की लम्बाई में 1% की गलती है, तो उस वर्ग के क्षेत्रफल में गलती की प्रतिशतता क्या होगी?
A. 0 B. 1/2
C. 1 D. 2

26. 12 जनवरी, 1980 को शनिवार था। 12 जनवरी, 1979 को कौन सा दिन था?
A. गुरुवार B. शुक्रवार
C. शनिवार D. रविवार

27. यदि जल खाद्यान्न है, खाद्यान्न वृक्ष है, वृक्ष को यदि धरती, धरती को संसार, तो फल इनमें से किसमें लगेंगे?
A. जल B. वृक्ष
C. संसार D. धरती

28. E पुत्र है A का, D पुत्र है B का, E विवाहित है C से और C पुत्री है B की। D का E से क्या रिश्ता है?
A. भ्राता B. चाचा
C. ससुर D. साला

29. यदि इंश्योरेंस (INSURANCE) का कूट एक्नारूसनी (ECNARUSNI) है, तो हिंडरेंस (HINDRANCE) का कूट क्या होगा?
A. CADNIHWCE B. HANODEINR
C. AENIRHDCN D. ECNARDNIH

30. 2, 5, 10, 17, 26, 37, 50 की शृंखला में अगली संख्या क्या होगी?
A. 63 B. 65
C. 67 D. 69

31. निम्नलिखित में से चक्रिक युक्ति का उदाहरण कौन-सा है?
A. परमात्मा ने मनुष्य को अपने रूप में बनाया और मनुष्य ने परमात्मा को अपना रूप दिया।
B. परमात्मा धार्मिक ग्रंथ का स्रोत है और धार्मिक ग्रंथ परमात्म सम्बन्धी हमारे ज्ञान का स्रोत है।
C. कुछ भारतीय महान हैं, क्योंकि भारत महान है।
D. राम महान हैं, क्योंकि वह राम हैं।

32. लक्ष्मण नैतिक रूप से अच्छा व्यक्ति है, क्योंकि
A. वह धार्मिक है B. वह शिक्षित है
C. वह धनी है D. वह विवेकी है

33. नीचे दो कथन I और II दिये जा रहे हैं और उसके पश्चात दो निष्कर्ष (a) और (b) दिये जा रहे हैं। इन कथनों को सत्य मानते हुए, निम्नलिखित में से तर्क की दृष्टि से कौन सा निष्कर्ष निकल सकता है?

I. कुछ धार्मिक व्यक्ति नैतिक रूप से सामान्यतः अच्छे हैं।

II. कुछ धार्मिक व्यक्ति विवेकी होते हैं।

निष्कर्षः

(a) विवेक की दृष्टि से धार्मिक व्यक्ति नैतिक रूप से अच्छे होते हैं।

(b) गैर-विवेकी धार्मिक व्यक्ति नैतिक रूप से अच्छे नहीं होते।

A. केवल (a) निष्कर्ष है।
B. केवल (b) निष्कर्ष है।
C. (a) और (b) दोनों निष्कर्ष हैं।
D. न (a) और न ही (b) निष्कर्ष है।

34. निश्चितता है

A. एक वस्तुगत तथ्य
B. भावनात्मक रूप से सन्तुष्टिदायक
C. तार्किक
D. सात्त्विक

प्रश्न **35** और **36** नीचे दिए हुए रेखांकन (डायाग्राम) पर आधारित हैं जिसमें I, S और P तीन चक्र S वैज्ञानिकों के लिए और चक्र P राजनीतिज्ञों के लिए रखा गया है। इस चित्र में भिन्न को a से g तक दर्शाया गया है:

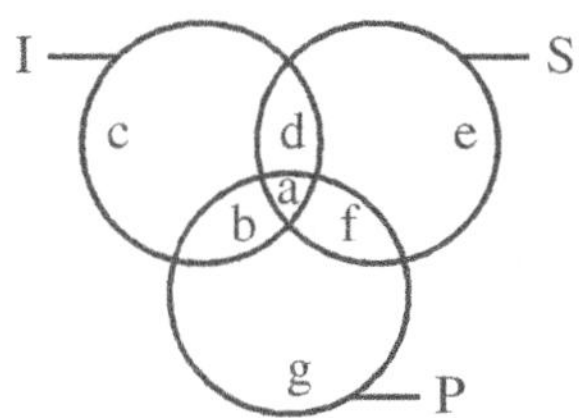

35. वह क्षेत्र जो ऐसे गैर-भारतीय वैज्ञानिकों का प्रतिनिधित्व करता है जो राजनीतिज्ञ हैं

A. f   B. d
C. a   D. c

36. वह क्षेत्र जो ऐसे राजनीतिज्ञों का प्रतिनिधित्व करता है जो भारतीय भी हैं और वैज्ञानिक भी।

A. b   B. c
C. a   D. d

37. नीचे किसी नगर की जनसंख्या को समय (वर्ष) के साथ ग्राफ के रूप में रेखांकित किया गया है:

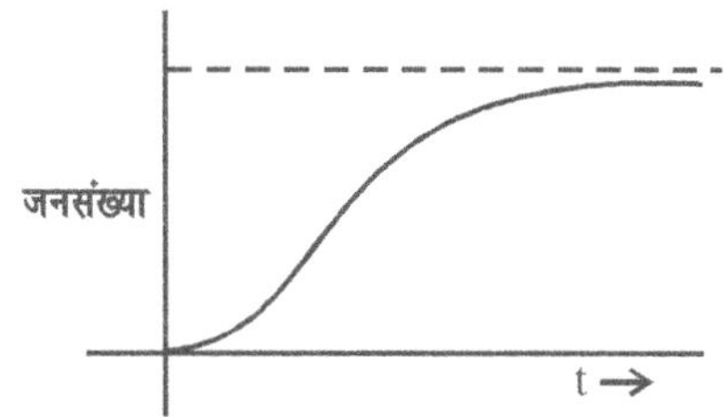

उपरोक्त रेखांकन से कौन-सा निष्कर्ष निकाला जा सकता है?

A. जनसंख्या घातीय रूप से बढ़ती है।
B. जनसंख्या एकेंद्रिय ढंग से बढ़ती है।
C. जनसंख्या प्रारम्भ में रेखीय ढंग से बढ़ती है और फिर स्थिर हो जाती है।
D. जनसंख्या प्रारम्भ में घातीय रूप से बढ़ती है और फिर स्थिर हो जाती है।

निम्नलिखित चार्ट में, लकड़ी के लट्ठों की कीमत को प्रति क्यूबिक मीटर के हिसाब से दिखाया गया है, और प्लाइवुड एवं आरा लकड़ी की कीमत को प्रति टन के हिसाब से। चार्ट का अध्ययन कीजिए और प्रश्न **38, 39** और **40** के उत्तर दीजिए:

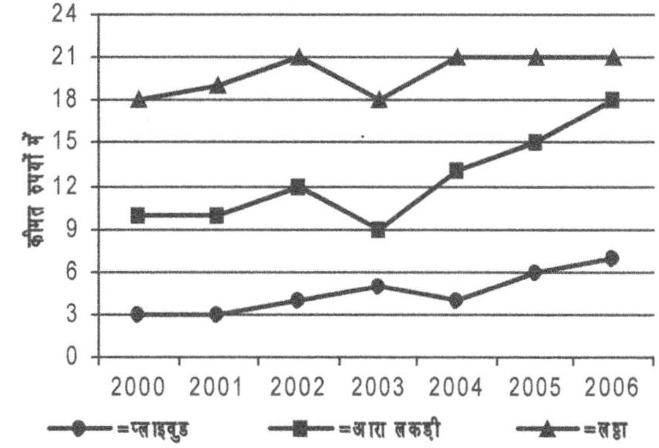

38. किस उत्पाद की कीमत में, पिछले समय के दौरान, बढ़ने की अधिकतम प्रतिशतता देखने में आई है?

A. आरा लकड़ी   B. प्लाइवुड
C. लट्ठा   D. उपरोक्त में से कोई नहीं

39. लकड़ी के लट्ठे के प्रति क्यूबिक मीटर की कीमत में अधिकतम बढ़ोत्तरी की प्रतिशतता क्या होगी?

A. 6 B. 12
C. 18 D. इनमें से कोई नहीं

40. किस वर्ष में प्रथम दो उत्पादों के मूल्य में वृद्धि हुई है, और तृतीय उत्पाद की कीमत में वृद्धि कब हुई?

A. 2000 B. 2002
C. 2003 D. 2006

41. निम्नलिखित में से भारत में पुरालेखों सम्बन्धी आँकड़े प्रदान करने वाला पुरातनतम स्रोत कौन सा है?

A. नेशनल सैम्पल सर्वे B. कृषि सम्बन्धी आँकड़े
C. जनगणना D. आवश्यक आँकड़े

42. सामान्य बंटन का अनुसरण करने वाले एक बृहद यादृच्छिक आँकड़ों के समुच्चय में माध्य ± मानक विचलन के विस्तार में आँकड़ा बिन्दुओं की संख्या का संपूर्ण आँकड़ा बिन्दुओं की संख्या के साथ अनुपात (%) होता है

A. ~50% B. ~67%
C. ~97% D. ~47%

43. एक विशिष्ट 32-बिट कम्प्यूटर में प्रायः किस संख्या विधि का अनुसरण किया जाता है?

A. 2 B. 8
C. 10 D. 16

44. निम्नलिखित में से परिचालन विधि (ओपरेटिंग सिस्टम) का उदाहरण कौन सा है?

A. माइक्रोसॉफ्ट वर्ड B. माइक्रोसॉफ्ट एक्सल
C. माइक्रोसॉफ्ट एक्सेस D. माइक्रोसॉफ्ट विंडोज

45. निम्नलिखित में से कौन-सा दशमलव संख्या 23 का दोहरा समानार्थी (बाइनरी इक्विवेलेंट) है?

A. 01011 B. 10111
C. 10011 D. उपरोक्त में से कोई नहीं

46. निम्नलिखित में से कौन-सा अन्य से भिन्न है?

A. गूगल B. विंडोज
C. लाइनेक्स D. मैक

47. एक कम्प्यूटर अपने डाटा में कहाँ पर कुछ जोड़ता है और उसकी तुलना करता है?

A. सी पी यू B. मेमोरी
C. हार्ड डिस्क D. फ्लॉपी डिस्क

48. इण्टरनेट वाले कम्प्यूटरों की पहचान किससे होती है?

A. ई-मेल एड्रेस B. स्ट्रीट एड्रेस
C. आई पी एड्रेस D. उपरोक्त में से कोई नहीं

49. सूचना का अधिकार अधिनियम, 2005 प्रावधान करता है:

A. किसी भी व्यक्ति को सभी लोक अधिकारियों द्वारा, सभी प्रकार की सूचनाओं का प्रसार
B. केन्द्रीय, राज्यीय एवं जिला स्तरों पर सूचना आयोगों की अपीलीय अधिकरण के रूप में स्थापना
C. लोक अधिकारियों में पारदर्शिता एवं जवाबदेयता
D. उपर्युक्त सभी

50. कौन-सा प्राकृतिक प्रकोप सम्पत्ति और जीवन को अधिकतम नुकसान पहुँचाता है?

A. जल प्रकोप B. जल-मौसमी प्रकोप
C. भू-वैज्ञानिक प्रकोप D. भू-रासायनिक प्रकोप

51. डायोक्सिन किससे उत्सर्जित होता है?

A. बंजर धरती B. बिजली-यन्त्र
C. चीनी के कारखाने D. प्लास्टिक दहन

52. "प्रत्येक बालक के लिए एक पेड़" का नारा किस आशय से गढ़ा गया?

A. सामाजिक वन कार्यक्रम
B. स्वच्छ वायु कार्यक्रम
C. भूमि संरक्षण कार्यक्रम
D. पर्यावरण सुरक्षा कार्यक्रम

53. निम्नलिखित में से बायो-गैस का प्रमुख तत्त्व कौन-सा है?

A. मीथेन और कार्बन डाइऑक्साइड
B. मीथेन और नाइट्रिक ऑक्साइड
C. मीथेन, हाइड्रोजन और नाइट्रिक ऑक्साइड
D. मीथेन और सल्फर डाइऑक्साइड

54. **अभिकथन (A) :** संसार में समग्र रूप से, पिछले कई दशकों में पर्यावरण बिगड़ा है।

तर्क (R): संसार की जनसंख्या में महत्त्वपूर्ण बढ़ोत्तरी हो रही है।

A. (A) सही है; (R) सही है और (A) का (R) सही स्पष्टीकरण है।
B. (A) सही है; (R) सही है और (A) का (R) सही स्पष्टीकरण नहीं है।

C. (A) सही है, परन्तु (R) गलत है।
D. (A) गलत है, परन्तु (R) सही है।

55. मौसम का परिवर्तन किस पर प्रभावी होता है?
1. भूमि की नमी
2. वन-अग्नि
3. बायो-डाइवरसिटी (जैव विविधता)
4. भूमिगत जल

कोड के आधार पर सही युग्म की पहचान कीजिए:
कोडः

A. 1 और 3 B. 1, 2 और 3
C. 1, 3 और 4 D. 1, 2, 3 और 4

56. राष्ट्रीय मूल्यांकन एवं अधिस्वीकृति परिषद (एन.ए.ए.सी.) राष्ट्रीय अधिस्वीकृति बोर्ड (एन.बी.ए.) से इन बातों में भिन्न हैः
A. दोनों द्वारा पढ़ाये जाने वाले विषयों में समानता होते हुए भी प्रयासों में दोहरापन है।
B. एक का दृष्टिकोण कोटि-निर्धारण है तथा दूसरे का कार्यक्रम की कोटि आधारित दृष्टिकोण।
C. एन.बी.ए. अथवा एन.ए.ए.सी. से एक बार अधिस्वीकृति प्राप्त करने के पश्चात संस्था को कोटि के नवीनीकरण कराने से स्वतन्त्र है, यह एक प्रगतिशील निर्णय नहीं है।
D. यह अधिस्वीकृति सम्बन्धित संस्था में शिक्षा की गुणवत्ता के न्यूनतम मानकों की स्वीकृति के समान है।

57. निम्नलिखित में से कौन-सा विकल्प सही ***नहीं*** है?
A. विज्ञान और तकनीकी क्षेत्र के राष्ट्रीय प्रतिष्ठा प्राप्त अधिकांश संस्थान संघीय सूची की 64वीं प्रविष्टि के अन्तर्गत आते हैं।
B. 42वें संविधान संशोधन अधिनियम, 1976 से सामान्यतः, शिक्षा समवर्ती सूची का विषय है।
C. शिक्षा पर केन्द्रीय परामर्शदात्री मण्डल (सी.ए.बी.ई.) की प्रथम बार स्थापना 1920 में की गई थी।
D. भारत ने 2002 में 86वें संविधान संशोधन अधिनियम के माध्यम से अनिवार्य और मुफ्त प्राथमिक शिक्षा के अधिकार को लागू कर दिया है।

58. भारत के "राष्ट्रीय शिक्षा दिवस" के बारे में कौन सा अभिमत सही ***नहीं*** है?
A. यह प्रतिवर्ष 5 सितम्बर को मनाया जाता है।
B. यह प्रतिवर्ष 11 नवम्बर को मनाया जाता है।
C. इसे भारत के प्रथम शिक्षा मंत्री डॉ. अबुल कलाम आजाद की स्मृति में मनाया जाता है।
D. इसे 2008 से मनाया जा रहा है।

59. सूची-I को सूची-II से मिलाते हुए, दिये गये कोड का प्रयोग करते हुए सही उत्तर दीजिएः

सूची-I (संविधान के अनुच्छेद)	***सूची-II (संस्थाएँ)***
(*a*) अनुच्छेद 280	(*i*) प्रशासनिक न्यायाधिकरण
(*b*) अनुच्छेद 324	(*ii*) भारत का निर्वाचन आयोग
(*c*) अनुच्छेद 323	(*iii*) संघीय स्तर पर वित्त आयोग
(*d*) अनुच्छेद 315	(*iv*) संघ लोक सेवा आयोग

कोडः

	(*a*)	(*b*)	(*c*)	(*d*)
A.	(*i*)	(*ii*)	(*iii*)	(*iv*)
B.	(*iii*)	(*ii*)	(*i*)	(*iv*)
C.	(*ii*)	(*iii*)	(*iv*)	(*i*)
D.	(*ii*)	(*iv*)	(*iii*)	(*i*)

60. यू.जी.सी. द्वारा यू.जी.सी. अधिनियम, 1956 धारा 3 के अन्तर्गत मानित विश्वविद्यालयों को यह आज्ञा नहीं हैः
A. उच्च शिक्षा के कार्यक्रमों को चलाना और उनमें डिग्री प्रदान करना।
B. किसी उच्च शिक्षा के संस्थान को सम्बद्ध करना।
C. यू.जी.सी. की आज्ञा के बिना कैम्पस के बाहर किसी भी जगह देश में या विदेशों में कैम्पस खोलना।
D. दूरस्थ शिक्षा परिषद की अनुमति के बिना दूरस्थ कार्यक्रमों को चलाना।

उत्तरमाला

1	2	3	4	5	6	7	8	9	10
B	C	C	B	C	A	C	A	A	C
11	**12**	**13**	**14**	**15**	**16**	**17**	**18**	**19**	**20**
B	A	C	C	D	C	C	D	C	D
21	**22**	**23**	**24**	**25**	**26**	**27**	**28**	**29**	**30**
B	B	D	D	D	B	C	D	D	B
31	**32**	**33**	**34**	**35**	**36**	**37**	**38**	**39**	**40**
B	A	D	C	A	C	D	C	D	B
41	**42**	**43**	**44**	**45**	**46**	**47**	**48**	**49**	**50**
C	B	A	D	B	B	A	C	D	C
51	**52**	**53**	**54**	**55**	**56**	**57**	**58**	**59**	**60**
D	D	A	B	D	C	A	A	B	B

कुछ चुने हुए प्रश्नों के व्याख्यात्मक उत्तर

29. चूंकि

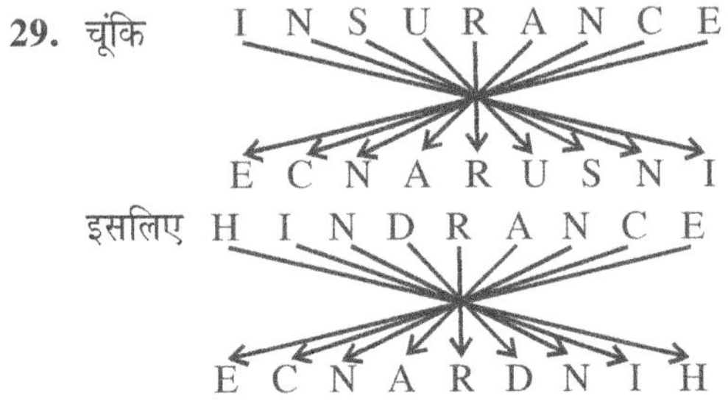

30. 2 5 10 17 26 37 50 [65]

+3 +5 +7 +9 +11 +13 +15

48. इण्टरनेट वाले कम्प्यूटरों की पहचान आई.पी. एड्रेस से होती है।

53. बायो-गैस का प्रमुख तत्त्व मीथेन और कार्बन डाइऑक्साइड है।

पिछले प्रश्न-पत्र (हल सहित)

यू.जी.सी. NET (JRF) परीक्षा

प्रश्न-पत्र-I, दिसम्बर, 2009

नोट: इस प्रश्न-पत्र में साठ (60) बहुविकल्पीय प्रश्न हैं। प्रत्येक प्रश्न के दो अंक हैं। अभ्यर्थी को पचास (50) प्रश्नों के उत्तर देने हैं।
यदि पचास (50) से अधिक प्रश्नों के उत्तर दिये तो प्रथम पचास (50) प्रश्न ही जाँचे जायेंगे।

1. निम्नलिखित में से कौन सा विश्वविद्यालय है जो अपने निजी चैनल से अन्तर क्रिया सम्बन्धी शैक्षिक कार्यक्रम दर्शाता है?
A. उस्मानिया यूनिवर्सिटी
B. यूनिवर्सिटी ऑफ पूणे
C. अन्नामलाइ यूनिवर्सिटी
D. इंदिरा गाँधी नेशनल ओपन यूनिवर्सिटी (इग्नो)

2. निम्नलिखित में से कौन सी कार्यकुशलता है जो आज के अध्यापक के लिए कक्षा-अध्यापन में समायोजन करने में प्रभावशाली सिद्ध होती है?
1. प्रौद्योगिकी का ज्ञान
2. अध्यापन अधिगम में प्रौद्योगिकी का प्रयोग
2. विद्यार्थियों की आवश्यकताओं का ज्ञान
3. विषय पर अधिकार
A. 1 और 3 B. 2 और 3
C. 2, 3 और 4 D. 2 और 4

3. निम्नलिखित में से किसने भारत की अध्यापक शिक्षा संस्थानों से अधिस्वीकृति के लिए समझौता-पत्र पर हस्ताक्षर किये हैं?
A. एन.ए.ए.सी. और यू.जी.सी
B. एन.सी.टी.ई. और एन.ए.ए.सी.
C. यू.जी.सी. और एन.सी.टी.ई.
D. एन.सी.टी.ई. और आई.जी.एन.ओ.यू. (इग्नो)

4. अध्यापक का प्रारम्भिक कार्य है
A. विद्यार्थियों के बौद्धिक स्तर को ऊँचा करना
B. विद्यार्थियों के शारीरिक स्तर को ऊँचा करना
C. विद्यार्थियों के सर्वपक्षीय विकास में सहायता पहुँचाना
D. विद्यार्थियों में मूल्य-पद्धति भरना

5. सूक्ष्म (माइक्रो) अध्यापन अधिक प्रभावशाली है
A. अध्यापन-अभ्यास की तैयारी के दौरान
B. अध्यापन-अभ्यास के दौरान
C. अध्यापन-अभ्यास के बाद
D. प्रत्येक समय

6. विद्यार्थी अध्यापक में किस गुण को सबसे अधिक पसन्द करते हैं?
A. आदर्शवादी दर्शन B. करुणा
C. अनुशासन D. मनोरंजक

7. एक रद्द परिकल्पना (Null Hypothesis) है
A. जब चरों के बीच कोई भिन्नता न हो।
B. शोध-परिकल्पना के समान
C. प्रकृति में व्यक्ति निष्ठ
D. जब चरों के बीच भिन्नता हो।

8. उस शोध को, जो अतीत के अध्ययन द्वारा नए तथ्यों की खोज करती है, क्या कहेंगे?
A. दार्शनिक शोध B. ऐतिहासिक शोध
C. मिथिहासिक शोध D. विषय विश्लेषण

9. क्रिया-निष्ठ शोध है
A. एक व्यावहारिक शोध
B. शोध जिसे तात्कालिक समस्याओं को हल करने के लिए किया जाए
C. अनुदैर्घ्यात्मक शोध
D. अनुरूप-शोध

10. प्रयोगात्मक शोधों में किस प्रक्रिया की आवश्यकता नहीं है?

A. अवलोकन
B. जोड़-तोड़
C. नियन्त्रण
D. विषय विश्लेषण

11. जोड़-तोड़ सदैव किसका भाग होता है?

A. ऐतिहासिक शोध
B. मूलभूत शोध
C. विवरणात्मक शोध
D. प्रयोगात्मक शोध

12. निम्नलिखित में से कौन सा सह-सम्बन्धित गुणांक सर्वोत्तमता से सृजनात्मकता और बुद्धिमता के आपसी सम्बन्ध का स्पष्टीकरण है?

A. 1.00
B. 0.6
C. 0.5
D. 0.3

निम्नलिखित गद्यांश को पढ़िए और प्रश्न 13 से 18 तक का उत्तर दीजिएः

ब्रिटिश नीति में निर्णयात्मक परिवर्तन वास्तव में जन-समूह के दबाव के कारण 1945-46 के पतझड़ एवं शीत के महीनों में आया जब पैरड्रल मून 'वेवल जर्नल' का सम्पादन कर रहे थे। उन्होंने प्रत्यक्षतया इस स्थिति को 'अत्यन्त विस्फोटक' बतलाया था। प्रारम्भ में, अत्यन्त मूर्खता से, ब्रिटिश सरकार ने 20,000 आई.एन.ए. कैदियों पर खुला मुकदमा चलाने (कम से कम 7000 को सेवा-मुक्त करने और बिना मुकदमा चलाये बंदी बनाने) का निर्णय लिया। उन्होंने इस मूर्खता पर और मूर्खता तब की जब उन्होंने नवम्बर 1945 को दिल्ली के लाल किला में इस मुकदमे की प्रथम सुनाई शुरू की जब एक हिंदू, एक मुस्लिम और एक सिख (पी.के. सहगल, शाहनवाज, गुरबख्श सिंह ढिल्लों) को कटघरे में खड़ा किया गया। भूलाभाई देसाई, तेजबहादुर सप्रू और नेहरू बचाव-पक्ष के वकील बने। नेहरू ने तो वकीलों के परिधान को 25 वर्ष के पश्चात पहना था। मुस्लिम लीग भी देश भर में हुए रोष-प्रदर्शनों में शामिल हुई। 20 नवम्बर को गुप्तचर ब्यूरो की एक टिप्पणी में यह स्वीकार किया गया कि इससे पूर्व ऐसा कोई अन्य मामला नहीं हुआ जिसने इतनी दिलचस्पी, यह कहना भी उपयुक्त होगा कि सहानुभूति, आकर्षित की हो। विशेष प्रकार की ऐसी सहानुभूति साम्प्रदायिक अवरोधों को लांघ जाती है। एक पत्रकार (बी. शिवाराव) ने उसी दिन लाल किले के बन्दियों से मुलाकात के बाद यह रिपोर्ट किया—'उनमें हिंदू अथवा मुस्लिम होने का लेश मात्र भी भाव नहीं है....... लाल किले में मुकदमे की प्रतीक्षा कर रहे लोगों में से बहुसंख्या मुसलमानों की थी और उनमें से कुछ लोग व्यथित हो रहे थे कि जिन्ना पाकिस्तान सम्बन्धी द्वन्द्व को जीवित रखे हुए हैं।' ब्रिटिश सरकार अत्यन्त अधीर हो उठी कि कहीं आई.एन.ए. के भाव भारतीय सेना में न फैल जाएं। और जनवरी में पंजाब के गर्वनर ने रिपोर्ट भेजी थी कि आई.एन.ए. के मुक्त किये गए सैनिकों के स्वागत-समारोह में वर्दीधारी सैनिकों ने भाग लिया था।

13. इस गद्यांश के लिए निम्नलिखित में से कौन सा शीर्षक उपयुक्त होगा?

A. वेवल का जर्नल
B. मुस्लिम लीग की भूमिका
C. आई.एन.ए. के मुकदमे की सुनवाई
D. लाल किले के बंदी

14. पी.के. सहगल, शाहनवाज और गुरुबख्श सिंह ढिल्लों का मुकदमा किसका प्रतीक बना?

A. साम्प्रदायिक समरसता
B. सभी धार्मिक व्यक्तियों के लिए धमकी
C. स्वतन्त्रता के लिए जूझ रहे व्यक्तियों के लिए धमकी
D. देशवासियों के विरुद्ध ब्रिटिश प्रतिक्रिया

15. आई.एन.ए. से भाव है

A. इण्डियन नेशनल असेम्बली
B. इण्डियन नेशनल एसोसिएशन
C. इण्टर-नेशनल एसोसिएशन
D. इण्डियन नेशनल आर्मी

16. इससे पूर्व किसी अन्य मामले ने इतनी दिलचस्पी, यह कहना भी उपयुक्त होगा कि सहानुभूति, आकर्षित नहीं की थी। यह सहानुभूति उस कोटि की थी जो साम्प्रदायिक अवरोधों को लांघ जाती है।

इसमें किसकी सहानुभूति किससे है और यह सहानुभूति किसके विरुद्ध है?

A. मुसलमानों ने ब्रिटिश सरकार के विरुद्ध शाहनवाज से सहानुभूति जतलाई।
B. हिन्दुओं ने ब्रिटिश सरकार के विरुद्ध पी.के. सहगल से सहानुभूति जतलाई।
C. सिखों ने ब्रिटिश सरकार के विरुद्ध गुरबख्श सिंह ढिल्लों से सहानुभूति जतलाई।
D. भारतीयों ने उन व्यक्तियों से सहानुभूति की जिन पर मुकदमा चल रहा था।

17. लाल किले के बाहर खड़े लोगों की बहुसंख्या, जो मुकदमे की सुनवाई की प्रतीक्षा कर रही थी, जो जिन्ना की आलोचना कर रही थी वह कौन थे?

A. हिन्दू B. मुस्लिम

C. सिख D. हिंदू और मुस्लिम दोनों

18. आई.एन.ए. के मुक्त किये गए कैदियों के साथ भारतीय वर्दीधारी सैनिकों की सहानुभूति किस बात का संकेत है?

A. राष्ट्रवाद एवं भ्रातृभाव की भावना

B. भारतीय सैनिकों की विप्लवी प्रकृति

C. स्वागत-समारोह में भाग लेना

D. उपरोक्त में से कोई नहीं

19. निम्नलिखित में से किस देश से सबसे अधिक वितरण वाले दो समाचार पत्र प्रकाशित होते हैं?

A. ग्रेट ब्रिटेन B. यूनाइटेड स्टेट्स

C. जापान D. चीन

20. अमौखिक संचार का कालानुक्रम होता है

A. संकेत, प्रतीक, कूट, रंग

B. प्रतीक, कूट, संकेत, रंग

C. रंग, संकेत, कूट, प्रतीक

D. कूट, रंग, प्रतीक, संकेत

21. संचार के साथ निम्नलिखित में से कौन सा कथन संबंधित *नहीं* है?

A. संदेश माध्यम है।

B. विश्व एक इलेक्ट्रोनिक कॅकून है।

C. सूचना शक्ति है।

D. टेलीपैथी प्रौद्योगिकी है।

22. संचार वृत्ताकार हो जाता है जब

A. डिकोडर एनकोडर बन जाता है।

B. प्रतिपुष्टि का अभाव होता है।

C. स्रोत विश्वसनीय होता है।

D. चैनल निर्बाध होता है।

23. निम्नलिखित में से किस साइट ने 2008 में मुंबई में हुए आतंकवादी हमले (26/11) में प्रमुख भूमिका निभाई थी?

A. ऑर्कुट B. फेसबुक

C. अमेजन.कॉम D. ट्विटर

24. **अभिकथन (A) :** कक्षा में प्रभावशील संचार के लिए कई बार प्रोजेक्शन प्रौद्योगिकी का उपयोग करना वांछनीय होता है।

कारण (R) : प्रोजेक्शन प्रौद्योगिकी के उपयोग से पाठ्यक्रम की विषय-वस्तु का व्यापक समावेश होता है।

A. (A) तथा (R) दोनों सही हैं तथा (R) सही व्याख्या है।

B. (A) तथा (R) दोनों सही हैं, परंतु (R) सही व्याख्या नहीं है।

C. (A) सही है, परंतु (R) गलत है।

D. (A) गलत है, परंतु (R) सही है।

25 1 जनवरी, 1995 को रविवार था। 1 जनवरी, 1996 को कौन सा दिन था?

A. रविवार B. सोमवार

C. बुधवार D. शनिवार

26. जब एक समकोण की लम्बाई और चौड़ाई में एक प्रतिशत की भूल हो तो उस समकोण के क्षेत्रफल में भूल की प्रतिशतता क्या होगी?

A. 0 B. 1

C. 2 D. 4

27. 2, 5, 9, 19, 37, ? की शृंखला में अगली संख्या कौन सी होगी?

A. 74 B. 75

C. 76 D. उपरोक्त में से कोई नहीं

28. एक परीक्षा में 10 प्रश्न सही-गलत के हैं, इन्हें कितने तरीकों से हल किया जा सकता है?

A. 20 B. 100

C. 240 D. 1024

29. निम्नलिखित में से अगला पद (टर्म) कौन सा होगा?

डी सी एक्स डब्ल्यू, एफ ई वी यू, एच जी टी एस,?

A. ए के पी ओ B. ए बी वाई जैड

C. जे आई आर क्यू D. एल एम आर एस

30. तीन व्यक्तियों X, Y, Z ने एक कार मिल कर किराये पर ली और कार वाले को 1,040 रुपए की अदायगी की। उन्होंने कार को क्रमशः 7, 8, 11 घण्टों के लिए प्रयोग किया। Y द्वारा कितना किराया अदा किया गया?

A. 290 रुपए B. 320 रुपए

C. 360 रुपए D. 440 रुपए

31. निगमनात्मक तर्क में सम्मिलित है
A. पर्याप्त साक्ष्य
B. आलोचनात्मक विचार
C. तार्किक सम्बन्ध देखना
D. पुनः पुनः अवलोकन

32. आगमनात्मक बौद्धिकता आधारित है या पूर्वापेक्षा करती है।
A. प्रकृति की एकरूपता
B. विश्व को ईश्वर ने बनाया
C. प्रकृति की एकता
D. प्रकृति के नियम

33. समालोचनात्मक चिन्तन होने के लिए होना चाहिए
A. व्यावहारिक B. सामाजिक संगतता
C. वैयक्तिक संतोष D. विश्लेषणात्मक

34. निम्न में से कौन सा समानार्थक वक्तव्य है?
A. मनुष्य ईश्वर की तरह है।
B. ईश्वर महान है।
C. गाँधी जी राष्ट्र के पिता हैं।
D. मनुष्य एक बौद्धिक प्राणी है।

प्रश्न संख्या 35-36 नीचे दिये गये डायग्राम पर आधारित हैं। इस डायग्राम में तीन प्रतिच्छेदी वृत्त हैं। H दि हिन्दू का प्रतिनिधित्व करता है, I इंडियन एक्सप्रेस का प्रतिनिधित्व करता है तथा T दि टाइम्स ऑफ इंडिया का प्रतिनिधित्व करता है। कुल मिला कर 50 व्यक्तियों का सर्वेक्षण किया गया तथा वेन डायग्राम में दी गई संख्या संबंधित समाचार-पत्र को पढ़ने वाले व्यक्तियों की संख्या इंगित करती है।

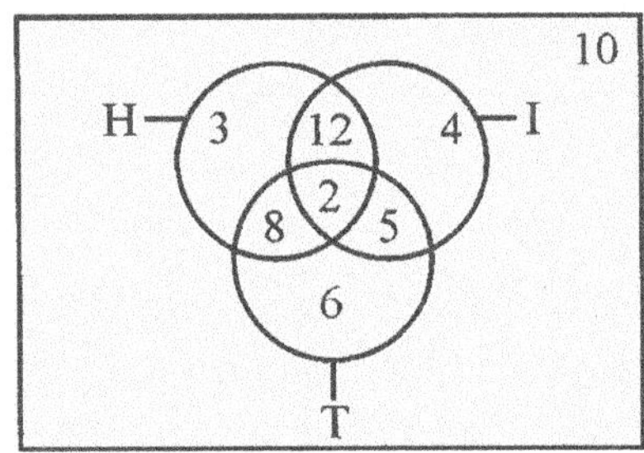

35. कितने व्यक्ति कम से कम दो समाचार पत्र पढ़ते हैं?
A. 23 B. 25
C. 27 D. 29

36. कितने व्यक्ति अधिक से अधिक दो समाचार पत्र पढ़ते हैं?
A. 23 B. 25
C. 27 D. 48

37. निम्नलिखित ग्राफों में से कौन-सा नियमित (आवधिक) चर के व्यवहार f(t) का प्रतिनिधित्व नहीं करता?

1.
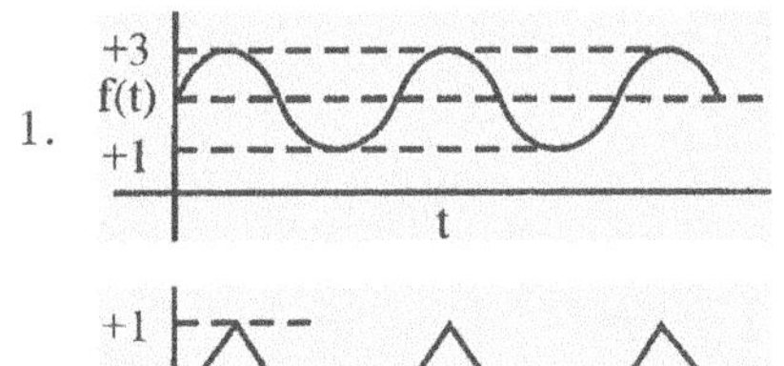

2.
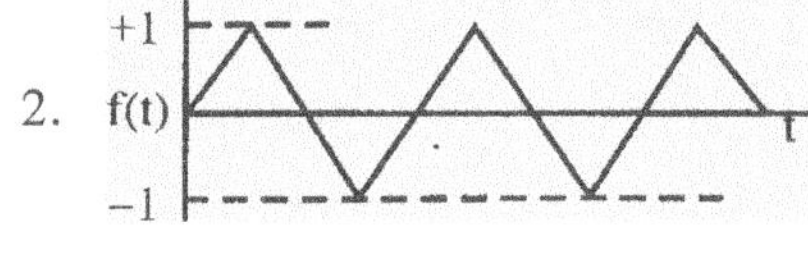

3.
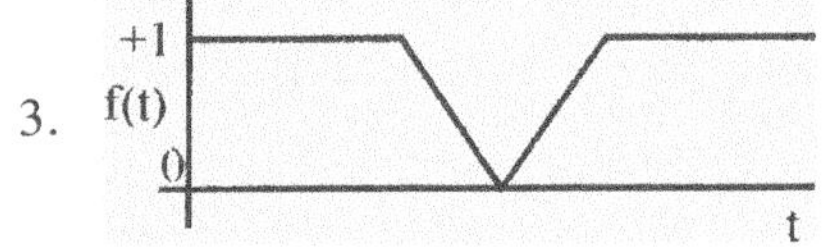

4.
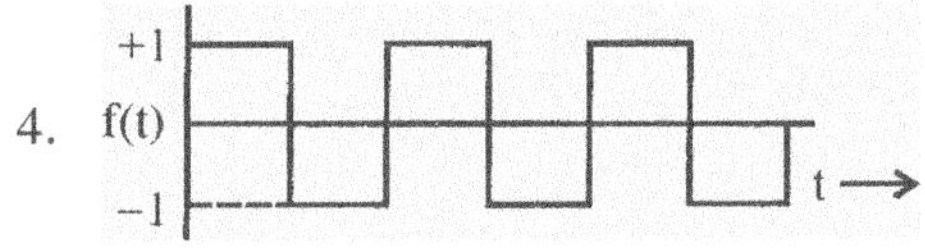

A. 1 B. 2
C. 3 D. 4

निम्नलिखित ग्राफ का अध्ययन कीजिए और प्रश्न 38 से 40 तक का उत्तर दीजिए:

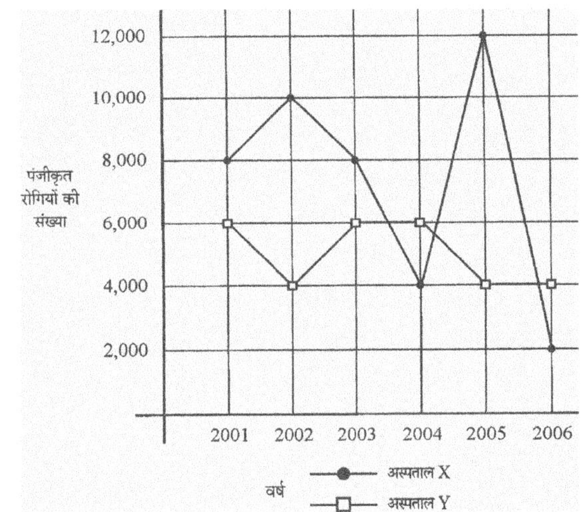

38. किस वर्ष में अस्पताल X और अस्पताल Y में पंजीकृत रोगियों की संख्या अधिकतम थी?

A. 2003 B. 2004

C. 4000 D. 2006

39. एक वर्ष में दोनों अस्पतालों में पंजीकृत रोगियों का अधिकतम विसर्जन क्या है?

A. 8000 B. 6000

C. 4000 D. 2000

40. किस वर्ष में अस्पाताल X में रोगियों के पंजीकरण में अधिकतम कमी आई?

A. 2003 B. 2004

C. 2005 D. 2006

41. निम्नलिखित आँकड़ा-स्रोतों में से कौन सा प्रारम्भिक आँकड़ा संग्रहण पर आधारित नहीं है?

A. भारत की जनगणना

B. राष्ट्रीय सैंपल सर्वेक्षण

C. भारत के आँकड़ा सार

D. राष्ट्रीय परिवार स्वास्थ्य सर्वेक्षण

42. निम्नलिखित चार आँकड़ा-विन्यासों में ज्यादा विसर्जन किसमें है?

A.	88	91	90	92	89	91
B.	0	1	1	0	–1	–2
C.	3	5	2	4	1	5
D.	0	5	8	10	–2	–8

43. निम्न में से कौन सा इन्टरनेट की सूचना सुरक्षा से सम्बन्धित *नहीं* है?

A. डेटा एन्क्रिप्सन B. वाटर मार्किंग

C. डाटा हाइडिंग D. इंफार्मेशन रिट्राइवल

44. निम्न में से भण्डारण की सबसे बड़ी इकाई कौन सी है?

A. टेरा बाइट B. मेगा बाइट

C. किलो बाइट D. गिगा बाइट

45. bit का तात्पर्य है

A. बाइनरी इंफार्मेशन टर्म B. बाइनरी डिजिट

C. बाइनरी ट्री D. बायवेरिएट थ्योरी

46. निम्नलिखित में से कौन-सी रैखिक डेटा संरचना *नहीं* है?

A. एरे B. बाइनरी ट्री

C. क्यू D. स्टेक

47. निम्नलिखित में से कौन-सी नेटवर्क उपकरण *नहीं* है?

A. राउटर B. स्विच

C. हब D. सी.पी.यू

48. एक कम्पाइलर का प्रयोग निम्न को ऑबजैक्ट कोड में बदलने के लिए किया जाता है?

A. उच्च स्तरीय भाषा B. निम्न स्तरीय भाषा

C. असैम्बली भाषा D. प्राकृतिक भाषा

49. महान भारतीय सोहन चिड़िया (ग्रेट इंडियन बस्टर्ड चिड़िया) कहाँ पायी जाती है?

A. राजस्थान का थार रेगिस्तान

B. भारत के तटीय क्षेत्र

C. मालाबार तट

D. डेल्टा क्षेत्र

50. किस पर्वतीय शिखर के पारिस्थितिकी तंत्र के संरक्षण के लिये सागरमंथन राष्ट्रीय उद्यान की स्थापना हुई है?

A. कंचनजंगा B. ऐवरेस्ट पर्वत

C. अन्नपूर्णा D. धौलावीरा

51. सबसे अधिक कज्जल (कालिख) किससे निकलता है?

A. पेट्रोल वाहन B. सी एन जी वाहन

C. डीजल वाहन D. तापीय शक्ति संयन्त्र

52. सतही ओजोन किससे उत्पन्न होती है?

A. परिवहन क्षेत्र B. सीमेंट संयन्त्र

C. वस्त्र उद्योग D. रासायनिक उद्योग

53. निम्नलिखित गैर पारम्परिक ऊर्जा स्रोतों में से किसका अति मितव्यायिता के साथ दोहन किया जा सकता है?

A. सौर

B. पवन

C. भू-तापीय

D. समुद्री तापीय ऊर्जा संपरिवर्तन

54. भारत में सबसे अधिक होने वाली प्राकृतिक आपदा कौन-सी है?

A. भूकम्प B. बाढ़

C. भूस्खलन D. ज्वालामुखी

55. राष्ट्रीय ज्ञान आयोग द्वारा 1500 विश्वविद्यालयों को स्थापित करने की सिफारिशों का आशय क्या है?

A. ज्यादा अध्यापन के पदों को बनाना

B. उच्च शिक्षा में विद्यार्थियों के दाखिले को यकीनी बनाना।

C. निजी उच्च शिक्षा संस्थानों के स्थान पर सरकारी संस्थानों को स्थापित करना।

D. ग्रामीण क्षेत्रों के विद्यार्थियों को शहरी क्षेत्रों के संस्थानों में तीव्र गति से लाना।

56. भारत के संविधान के अनुच्छेद 120 के अनुसार संसद की कार्यवाही का संचालन होता है?

A. केवल अंग्रेजी में

B. केवल हिन्दी में

C. हिन्दी व अंग्रेजी में

D. संविधान के अष्टम परिशिष्ट में सम्मिलित सभी भाषाओं में

57. निम्न में से कौन सा अधिक अन्तर्क्रियात्मक और विद्यार्थी-उन्मुख (केन्द्रिक) है?

A. संगोष्ठी B. वर्कशॉप

C. व्याख्यान D. समूह चर्चा

58. भारत की संसद गठित होती है

A. लोक सभा व राज्यसभा से

B. लोक सभा, राज्य सभा व उपराष्ट्रपति से

C. लोक सभा, राज्य सभा व राष्ट्रपति से

D. लोक सभा, राज्य सभा व दोनों के सचिवालय सहित

59. भारत में उच्च शिक्षा में पंजीकरण में शिक्षा की दोनों प्रणालियों—औपचारिक प्रणाली व दूरस्थ शिक्षा प्रणाली का योगदान होता है। दूरस्थ शिक्षा प्रणाली योगदान करती है

A. औपचारिक प्रणाली का 50 प्रतिशत

B. औपचारिक प्रणाली का 25 प्रतिशत

C. औपचारिक प्रणाली का 10 प्रतिशत

D. उच्च शिक्षा में पंजीकरण के आँकड़ों पर विचार करते समय दूरस्थ शिक्षा के योगदान पर विचार ही नहीं किया जाता

60. **अभिकथन (A) :** विश्वविद्यालय अनुदान आयोग के अकादमिक स्टाफ कॉलेज शिक्षकों की गुणवत्ता को श्रेष्ठ बनाने के लिए अस्तित्व में आए।

कारण (R) : विश्वविद्यालय और महाविद्यालय शिक्षकों को शिक्षण प्रशिक्षण प्राप्त करना होता है।

A. (A) व (R) दोनों सही हैं और (R) उसका सही स्पष्टीकरण है।

B. (A) व (R) दोनों सही हैं किन्तु (R), (A) का सही स्पष्टीकरण नहीं है।

C. (A) सही है, (R) गलत है।

D. (A) गलत है, (R) सही है।

उत्तरमाला

1	2	3	4	5	6	7	8	9	10
D	C	B	C	B	C	A	B	B	B
11	**12**	**13**	**14**	**15**	**16**	**17**	**18**	**19**	**20**
C	B	C	A	D	D	B	A	C	A
21	**22**	**23**	**24**	**25**	**26**	**27**	**28**	**29**	**30**
D	A	A	A	B	C	B	D	C	B
31	**32**	**33**	**34**	**35**	**36**	**37**	**38**	**39**	**40**
C	A	B	A	C	D	C	C	A	D
41	**42**	**43**	**44**	**45**	**46**	**47**	**48**	**49**	**50**
C	D	D	A	B	B	D	A	A	B
51	**52**	**53**	**54**	**55**	**56**	**57**	**58**	**59**	**60**
D	A	A	B	B	C	D	C	B	A

कुछ चुने हुए प्रश्नों के व्याख्यात्मक उत्तर

27. 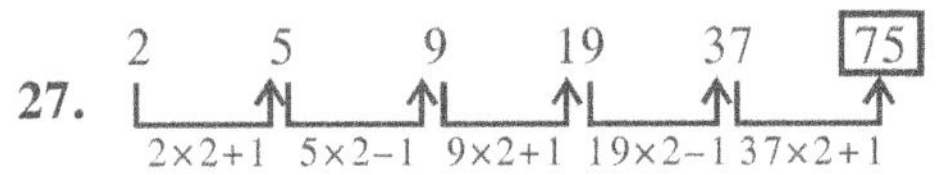

44. किलो बाइट < मेगा बाइट < गिगा बाइट < टेरा बाइट

49. ग्रेट इंडियन बस्टर्ड चिड़िया राजस्थान के थार रेगिस्तान में पायी जाती है।

58. भारत की संसद लोकसभा, राज्यसभा व राष्ट्रपति से मिलकर बनती है।

पिछले प्रश्न-पत्र (हल सहित)

यू.जी.सी. NET (JRF) परीक्षा

प्रश्न-पत्र-I, दिसम्बर, 2008

नोटः इस प्रश्न-पत्र में पचास (50) बहु-विकल्पीय प्रश्न हैं। प्रत्येक प्रश्न के दो (2) अंक हैं। सभी प्रश्नों के उत्तर दीजिए।

1. स्वामी विवेकानन्द के अनुसार शिक्षक की सफलता निर्भर करती हैः
   A. अपने निजी हितों का परित्याग और दूसरों की सेवा
   B. उसका व्यावसायिक प्रशिक्षण और सृजनात्मकता
   C. उसका अपने कार्य के प्रति संकेन्द्रण और ईश्वर के प्रति आज्ञा पालन की भावना
   D. उसका विषय पर अधिकार तथा विद्यार्थियों को नियंत्रित करने की क्षमता

2. निम्नांकित में कौनसा शिक्षक अधिक पसंद किया जायेगाः
   A. उच्च आदर्श दृष्टिकोण वाला शिक्षक
   B. एक स्नेही शिक्षक
   C. एक अनुशासित शिक्षक
   D. एक शिक्षक जो प्रायः विद्यार्थियों को खुश रखता है

3. एक शिक्षक के लिए सर्वाधिक चुनौतीपूर्ण हैः
   A. विद्यार्थियों को गृह कार्य करने के लिए तैयार करना
   B. शिक्षण व सीखनें की प्रक्रिया को आनन्ददायक बनाना
   C. कक्षा में अनुशासन बनाए रखना
   D. प्रश्न पत्र तैयार करना

4. मूल्य शिक्षण का तात्पर्य हैः
   A. विद्यार्थी को स्वस्थ बनाना
   B. विद्यार्थी को नौकरी प्राप्त करने के लिए तैयार करना
   C. गुणों का विकास करना
   D. व्यक्तित्व का बहु-आयामी विकास

5. जब कोई सामान्य विद्यार्थी कक्षा में अनियंत्रित व्यवहार करे तो आपः
   A. विद्यार्थी को उसी जगह, उसी समय खड़ा कर देंगे
   B. कक्षा के बाहर विद्यार्थी से बात करेंगे
   C. विद्यार्थी को कक्षा छोड़ने के लिए कहेंगे
   D. विद्यार्थी की उपेक्षा करेंगे

6. शोध सदैव है–
   A. पूर्व ज्ञान का सत्यापन
   B. नूतन ज्ञान की गवेषणा
   C. ज्ञान के अन्तराल की पूर्ति
   D. उपर्युक्त सभी

7. एक शोध जिसमें क्षेत्रीय अध्ययन के समय समस्या के प्रति अधिक से अधिक स्पष्ट विचार के लिए नियमों को लागू करते हैं उसे कहा जाता हैः
   A. व्यावहारिक शोध   B. क्रियात्मक शोध
   C. प्रयोगात्मक शोध   D. उपर्युक्त में से कोई नहीं

8. जब कोई शोध समस्या विषय जनसंख्या से सम्बन्धित हो तब सर्वाधिक उपर्युक्त प्रतिदर्श पद्धति होगीः
   A. समूह प्रतिदर्श
   B. यादृच्छिक (स्ट्रेटिफाइड प्रतिदर्श)
   C. सुविधाजनक प्रतिदर्श
   D. लाटरी पद्धति

9. प्रयोगात्मक शोध में जो प्रक्रिया आवश्यक नहीं है, उसे कहा जाता हैः
   A. अवलोकन   B. परिचालन एवं प्रतिकृति
   C. नियंत्रित   D. संदर्भ एकत्रण

10. एक शोध समस्या तब व्यवहार्य नहीं है जब–
   A. यह शोध करने योग्य है।
   B. वह नई हो और ज्ञान में कुछ वृद्धि करती है।
   C. वह स्वतंत्र और गैर स्वतंत्र चरों से युक्त हो।
   D. इसकी उपयोगिता व प्रांसगिकता हो।

निम्नांकित परिच्छेद को ध्यान से पढ़िए और नीचे दिए गए प्रश्नों (11 से 15) उत्तर दीजिएः

आमूल रूप से बदल रहे मानसून प्रारूप, शीत ऋतु की धान की उपज और श्वास रोगों में काफी वृद्धि सभी पर्यावरणीय

कयामत परिदृश्यका हिस्सा है जिस का दक्षिण एशिया में बाजा बज रहा है। संयुक्त राष्ट्र पर्यावरण कार्यक्रम (UNEP) रिपोर्ट के अनुसार, राख, अम्ल, वायु धुन्ध एवं अन्य कणों से युक्त प्रदूषण के घातक तीन कि.मी. लम्बे गहन आवरण के भयानक कॉकटेल ने इस क्षेत्र को आच्छादित किया हुआ है। भारत, जो पहले ही सूखे की स्थिति से जूझ रहा है, के लिए इस का निहितार्थ सर्वनाश ही है और फसल की और विफलता का अर्थ बहुत से भारतीयों के लिए जीवन एवं मौत के समान होगा। अपरिपक्व मौतों में वृद्धि के प्रतिकूल सामाजिक व आर्थिक प्रभाव होंगे और रूग्णता (रोगों) वृद्धि हमारी जीर्ण स्वास्थ्य व्यवस्था पर असहनीय भार डालेगी। इसके लिए हम अपने सिवाय किसी अन्य को दोषारोपित नहीं कर सकते हैं। सरकारी एवं कॉरपोरेट भारत दोनों ही स्वच्छ प्रौद्योगिकी के किसी भी जिक्र के प्रति हमेशा से एलर्जिक रहें हैं। अधिकांश यांत्रिक द्वि-पहिया वाहन, प्रदूषण नियन्त्रण की उचित व्यवस्था के बिना ही ऐसम्बली लाईन से बन कर निकलते हैं। सरल प्रौद्योगिकीयाँ, जो लोगों के जीवन एवं पर्यावरण में मार्मिक परिवर्तन ला सकती हैं, पर आ एवं डी (R & D) के लिए कम प्रयत्न किया जाता है।

तथापि, जबकि इससे कोई इन्कार नहीं कि दक्षिण एशिया को अपने कृत्य को स्वच्छ करना चाहिए, शंकाशील लोग हेज रिपोर्ट के समय के बारे में प्रश्न खड़ा कर सकते हैं। जलवायु परिवर्तन पर क्योटो अधिवेशन के होने में सिर्फ दो हफ्ते ही रह गए हैं और विकासशील विश्व एवं पश्चिम, विशेष रूप से संयुक्त राज्य अमेरिका के बीच प्रायिक युद्ध के लिए स्थिति तैयार हो गई है। राष्ट्रपति श्री बुश ने किसी भी कच्चे मसौदे (प्रोटोकल) पर हस्ताक्षर करने से दृढ़ता से इन्कार कर दिया है, जब कि इसका अर्थ अमेरिका की शस्त्रशाला में स्थान प्राप्त कर सकेगी क्योंकि उसके संयन्त्र भारत और चीन नियन्त्रणों की ओर आरोपी अंगुली उठा रहें हैं। फिर भी, यू. एस.ए. करोबारी नियतांश (Quotas) समाप्त करने के मामले में अपनी संदिग्ध भूमिका से शायद ही इन्कार कर सकेगा।

धनी देश, गरीब देशों से आसानी से अत्याधिक ऋण खरीद सकते हैं और प्रदूषण जारी रख सकते हैं। बजाय इसके कि विकासशील देशों का ज्यादा अच्छा करने की कोशिश करें, जिन्होंने, बेशक पश्चिम के साथ चलने की अपनी कोशिश में पर्यावरणीय संक्षिप्त उपाय किए हैं, यू.एस.ए. को अपने देश में व्याप्त पर्यावरणीय दुराचार को देखना चाहिए। तेल की खोज के लिए अछूते क्षेत्रों को खोलनें से लेकर पेय जल के मानक शिथिल करने तक, श्री बुश की नीतियाँ वास्तव में लाभदेय नहीं हैं, अमेरिका के हितों के लिए भी नहीं। हमने समझ लिया कि इसमें हम सभी संलग्न हैं और किसी भी क्षेत्र में प्रदूषण हो वो वैश्विक सरोकार होना चाहिए अन्यथा गुफा के अन्त में सिर्फ ज्यादा गुफाएं की होंगी।

11. सरकारी एवं कॉरपोरेट भारत दोनों किसके प्रति एलर्जिक हैं?

A. मानसून की विफलता
B. निर्धनता एवं असमानता
C. औद्योगिक उत्पादन की मन्दगति
D. स्वच्छ प्रौद्योगिकी का जिक्र

12. यदि अपरिपक्व मृत्यु की दर बढ़ती है तो यहः

A. जीर्ण-शीर्ण अर्थव्यवस्था पर अतिरिक्त भार डालेगी
B. प्रतिकूल सामाजिक एवं आर्थिक प्रभाव डालेंगी
C. जनसंख्या नियन्त्रण के हमारे प्रयत्न पर सकारात्मक प्रभाव डालेगी
D. समाज में नौकरी के उम्मीदवार कम होंगे

13. परिच्छेद के अनुसार द्वि-पहिया उद्योग किसके बारे में पर्याप्त सरोकार नहीं रखता हैः

A. सड़कों पर यात्रियों की सुरक्षा
B. वाहन स्वामी का जीवन सुरक्षा बीमा
C. वाहन में प्रदूषण नियन्त्रण व्यवस्था
D. द्वि-पहिया वाहन की बढ़ती लागत

14. क्योटो अधिवेशन के बिल्कुल पहले ही हेज रिपोर्ट के समय निर्धारण के पीछे क्या कारण होगा?

A. संयुक्त राष्ट्र यू.एस.ए. के साथ मिलकर कार्य कर रहा है।
B. आगामी अधिवेशन के संयोजनक/संचालक यू.एस.ए. को पाठ पढ़ाना चाहते हैं।
C. पर्यावरण अवनति के विध्वंसकारी प्रभावों की ओर विश्व का ध्यान खींचना।
D. आगामी अधिवेशन में, यू.एस.ए. इसे विकासशील देशों के विरुद्ध अवसर के रूप में उपयोग करना चाहता है।

15. दक्षिण एशिया में पर्यावरणीय अवनति का संकेत निम्नांकित में से कौन-सा है?

A. सामाजिक एवं आर्थिक असमानता

B. जीर्ण हो रही स्वास्थ्य देखभाल व्यवस्था
C. अपर्याप्त प्रदूषण नियंत्रण व्यवस्था
D. आमूल रूप से बदल रहा मानसून पैटर्न

16. सामुदायिक रेडियो एक प्रकार की वह सेवा है जो रूचि पैदा करती है; (के लिए):
A. स्थानीय श्रोतागण B. शिक्षा
C. मनोरंजन D. समाचार

17. अरकूट (Orcut) एक भाग है:
A. अन्तरंग व्यक्तिगत संचारण
B. जन संचार
C. सामूहिक संचार
D. अन्तर्वैयक्तिक संचार

18. **सूची-I** को **सूची-II** से मिलाते हुऐ दिये गये कोड का प्रयोग करते हुए सही उत्तर दीजिए:

सूची-I (कलाकार)	**सूची-II (कला)**
(a) अमृता शेरगिल	*(i)* बांसुरी
(b) टी. स्वामीनाथन पिल्लई	*(ii)* शास्त्रीय गीत
(c) भीमसेन जोशी	*(iii)* चित्रकला
(d) पद्मा सुब्रमन्यम्	*(iv)* भरतनाट्यम

कोड:

	(a)	*(b)*	*(c)*	*(d)*
A.	*(iii)*	*(i)*	*(ii)*	*(iv)*
B.	*(ii)*	*(iii)*	*(i)*	*(iv)*
C.	*(iv)*	*(ii)*	*(iii)*	*(i)*
D.	*(i)*	*(iv)*	*(ii)*	*(iii)*

19. नवीनतम प्रचालित संचार पुरस्कार में कौन सा सही नहीं है:
A. सलमान रूशदी–बुकर पुरस्कार–जुलाई 20, 2008
B. दिलीप संघवी–बिजनिस स्टैण्डर्ड सी.ई.ओ. अवार्ड जुलाई 22, 2008
C. तपन सिन्हा–दादा साहब फाल्के अवार्ड जुलाई 21, 2008
D. गौतम घोष–ओसियन्स लाइफटाइम एचीवमेन्ट अवार्ड, जुलाई 11, 2008

20. फायरवाल्स व्यवस्था निम्न में से किसे सुरक्षा प्रदान करने के लिए उपयोग में लिया जाता है?
A. अनधिकृत प्रहार B. वायरस प्रहार
C. डाटा ड्राइवर प्रहार D. अग्नि प्रहार

21. निम्नांकित में से लुप्त संख्या को भरियेः
$\frac{2}{3}, \frac{4}{7}, ?, \frac{11}{21}, \frac{16}{31}$
A. $\frac{10}{8}$ B. $\frac{6}{10}$
C. $\frac{5}{10}$ D. $\frac{7}{13}$

22. GAMESMAN को किसी कोड में AGMEMSAN लिखा जाता है। DISCLOSE को उसी कोड में कैसे लिखा जायेगा?
A. IDSCOLSE B. IDCSOLES
C. IDSCOLES D. IDSCLOSE

23. प्रथम सैट के अक्षरों में कुछ सम्बन्ध है। इसी आधार पर दूसरे सैट के अक्षरों का सही सम्बन्ध स्थापित करें:
AST : BRU : : NQV : ?
A. ORW B. MPU
C. MRW D. OPW

24. अप्रैल 1994 में किन तारीखों में रविवार पड़ा था?
A. 2, 9, 16, 23, 30 B. 3, 10, 17, 24
C. 4, 11, 18, 25 D. 1, 8, 15, 22, 29

25. निम्न क्रम में से गलत संख्या को खोजियेः
125, 127, 130, 135, 142, 153, 165
A. 130 B. 142
C. 153 D. 165

26. A, B, C, D और E पाँच पुस्तकें हैं। C पुस्तक D के ऊपर है। E पुस्तक D के ऊपर है। E पुस्तक A के नीचे तथा B पुस्तक E के नीचे है। कौन सी पुस्तक सबसे नीचे है?
A. E B. B
C. A D. C

27. तार्किक युक्ति का आधार है:
A. संबंधित आधार वाक्यों की सत्यता
B. संबंधित आधार वाक्यों का वैध संबंध
C. प्रतिकात्मक भाषा का प्रयोग
D. साधारण भाषा का प्रयोग

28. दो तर्कवाक्य जिनके उद्देश्य और विधेयपद समान हैं लेकिन गुण भिन्न हैं वे–

A. व्याघातक हैं।
B. विरूद्ध हैं।
C. गौण हैं।
D. तादात्म्यक हैं।

29. वैध निगमनात्मक तर्क के आधार वाक्यः
A. निष्कर्ष के लिये कुछ साक्ष्य देते हैं।
B. निष्कर्ष के लिये कोई साक्ष्य नहीं देते हैं।
C. निष्कर्ष के लिये अप्रासंगिक हैं।
D. निष्कर्ष के लिये निर्णायक साक्ष्य देते हैं।

30. न्याययुक्ति (Syllogism) होती है।
A. निगमनात्मक
B. आगमनात्मक
C. प्रयोगात्मक
D. प्राक्कल्पनात्मक

नीचे दिए गए अवतरण को पढ़िए तथा 31 से 35 तक के प्रश्नों का उत्तर दीजिएः

आधुनिक महिलाओं ने तुरंत ही लेखकों की भूमिका अदा करनी शुरू कर दी है तथा सुधार की वकालत की। एक मुखर महिला राजसी शासक, भोपाल की बेगम, सिर से पैर तक एक परिधान, जिसे 'बुरका' कहते हैं, से ढकी रहती थी, ने बालिकाओं की शिक्षा को प्रोत्साहित करने के लिए दूर-दूर तक यात्राएं की। पंडिता रामाबाई (1858-1922) जिन्होंने संस्कृत शास्त्रों की गूढ़ शिक्षा प्राप्त की थी, महिलाओं की शिक्षा तथा सामाजिक सुधारों की वकालत करने के लिए पूरे भारत का भ्रमण किया तथा अपने विचारों के समर्थन के लिए लघु पत्रिकाएँ लिखीं। 25 वर्ष की आयु में विधवा होने के बाद, अंग्रेजी का अध्ययन करने के लिए उन्होंने इंग्लैंड की यात्राएं की तथा चिकित्सा के क्षेत्र में अपना अध्ययन आगे जारी रखा तथा धर्म परिवर्तन कर ईसाई बनी तथा इसकी अपने ढंग से व्याख्या की। 1888 में उन्होंने बंबई में विधवाओं के लिए एक होम स्कूल की स्थापना की, जिसकी दूसरी शाखा पूना में खुली। एक दक्षिण ब्राह्मण महिला, गंगाबाई ने कलकत्ता में 1893 में महाकाली पाठशाला ('ग्रेट काली स्कूल') नाम की महिलाओं की अत्यंत सफल संस्था स्थापित की। इसका उद्देश्य हिंदू धर्म तथा नैतिक सिद्धान्तों की पैठ कराना था। इस स्कूल का संरक्षक एक धनी जमींदार दरभंगा का महाराजा था। एक बंगाली मुस्लिम, बेगम रुकइया सखावत हुसैन ने (1880-1932) बालिकाओं के लिए स्कूल स्थापित किए तथा उन्हें अत्यन्त पृथक रूप से रखने की भर्त्सना की तथा इसके बारे में व्यपक रूप से लिखा, जिसमें सुल्तान का स्वप्न (सुल्ताना' का ड्रीम) (1905) महान व्यंग्य शामिल है। इसमें पुरुषों एवं महिलाओं की भूमिकाएं प्रतिवर्तित कर दी गई हैं। इस काल्पनिक संसार में, महिला बुद्धिमत्ता; स्वच्छन्दता सुधार की ऐसी युक्तियाँ सुझाती है जैसे सौर ऊर्जा, वायु मशीनें। इनसे जनता पूरी तरह से संतुष्ट थी। इसमें जंग का कोई प्रश्न नहीं था, तथा पुरुष को 'जनाना' में स्थान दिया।

31. आधुनिक महिलाएं इन श्रेणी में से थी।
A. अध्यापिकाएं
B. राजकुमारियां
C. लेखिकाएं
D. गृहणियाँ

32. एक महिला जो सिर से पैर तक परिधान धारण किए, जिसे 'बुर्का' कहते हैं, जिसने दूर-दूर यात्रा करके प्रोत्साहित कियाः
A. बालिकाओं की आजादी के लिए
B. अपने अधिकारों के लिए संघर्ष करने के लिए
C. पाठशाला भेजने के लिए
D. बालिकाओं की शिक्षा के लिए

33. एक महिला जिसने इंग्लैंड में शिक्षा प्राप्त की और वह ईसाई हो गई थीः
A. भोपाल की बेगम
B. बेगम रुकइया सखावत हुसैन
C. गंगा बाई
D. पंडिता रामाबाई

34. बेगम रुकइया सखावत हुसैन ने 'सुल्ताना का ड्रीम' की रचना की, यह व्यंग व्यक्त करता हैः
A. प्रभुत्वकारी महिला
B. महिला और पुरुष की प्रतिवर्तित भूमिकाएं
C. प्रभुत्वकारी पुरुष
D. पुरुष और महिलाएं जनाना में

35. विधवाओं के लिए दो पाठशालाएँ स्थापित की गई।
A. बंबई और पूना
B. बंबई और कलकत्ता
C. कलकत्ता और दरभंगा
D. कलकत्ता और पूना

36. अकाउन्टिंग सोफ्टवेयर 'टेली' निम्नलिखित में से किसके द्वारा विकसित किया गयाः
A. एच.सी.एल.
B. टी.सी.एस.
C. इन्फोसिस
D. विप्रो

37. कम्प्यूटर प्रोग्रामों में त्रुटियों को कहा जाता है:

A. फोलिज B. मिस्टेक

C. बग्स D. स्पाम

38. एच. टी. एम. एल. का उपयोग मूलतः निम्न में से किसके अभिकल्प के लिए किया जाता है:

A. वेब-पेज

B. वेब-साइट

C. ग्राफिक

D. टेबिल एवं फ्रेम्स (सारिणी एवं ढांचा)

39. 'सूक्ष्म प्रक्रिया' निम्नलिखित में से किसके लिए बनी है:

A. कम्प्यूटर B. डिजीटल सिस्टम

C. केलकुलेटर D. इलैक्ट्रिक गुड्स

40. ग्राफिक्स, मूलपाठ, ध्वनि वीडियो एवं सजीवता से युक्त सूचना को कहा जाता है :

A. मल्टी प्रोग्राम B. मल्टी फेसेट

C. मल्टी मीडिया D. मल्टी प्रोसिस

41. निम्नलिखित अस्पताल अवशिष्ट के विशिष्ट प्रकार के युग्मों में से कौन सा सही नहीं है?

A. प्लास्टिक - 9-12%

B. धातु - 1-2%

C. मृतिका - 8-10%

D. जैव-अवक्रमित - 35-40%

42. स्वच्छ जल अधिकतम घनत्व प्राप्त करता है पर-

A. –4° से. ग्रे. B. 0° से. ग्रे.

C. 4° से. ग्रे. D. –2.5° से. ग्रे.

43. निम्नलिखित में से कौनसा भूकम्प से सम्बन्धित नहीं है?

A. केन्द्र B. अधिकेन्द्र

C. भूकम्पलेखी D. उभरना/बढ़ना

44. विश्व में सबसे बड़े पेड़ किस प्रदेश में पाये जाते हैं।

A. भूमध्यरेखीय प्रदेश

B. शीतोष्ण प्रदेश

C. मानसून प्रदेश

D. भूमध्यसागरीय प्रदेश

45. **सूची-I** को **सूची-II** से मिलाते हुए दिये गये कोड का प्रयोग करके सही उत्तर दीजिए।

सूची-I (कलाकार)	**सूची-II (कला)**
(*a*) पेरियार	(*i*) उड़ीसा
(*b*) नन्दन कानन	(*ii*) केरल
(*c*) कार्बेट राष्ट्रीय उद्यान	(*iii*) राजस्थान
(*d*) सरिस्का बाघ रक्षित क्षेत्र	(*iv*) उत्तराखण्ड

कोडः

	(*a*)	(*b*)	(*c*)	(*d*)
A.	(*ii*)	(*i*)	(*iv*)	(*iii*)
B.	(*i*)	(*ii*)	(*iv*)	(*iii*)
C.	(*iii*)	(*ii*)	(*i*)	(*iv*)
D.	(*i*)	(*ii*)	(*iii*)	(*iv*)

46. राधाकृष्णन आयोग के अनुसार उच्च शिक्षा का उद्देश्य है:

A. लोकतांत्रिक मूल्यों एवं शांति व सौहार्द्र का विकास करना

B. राजनीति, प्रशासन, उद्योग तथा वाणिज्य में योगदान देने वाले महत्वपूर्ण व्यक्तित्वों का निर्माण

C. (A) एवं (B) दोनों

D. उपर्युक्त में से कोई नहीं

47. नई दिल्ली स्थित राष्ट्रीय संग्रहालय सम्बद्ध है :

A. दिल्ली विश्वविद्यालय

B. एक सम विश्वविद्यालय

C. जे.एन.यू. का अधीनस्थ कार्यालय

D. पर्यटन एवं संस्कृति मंत्रालय का भाग

48. **सूची-I** को **सूची-II** से मिलाते हुए दिये गये कोड का प्रयोग करके सही उत्तर दीजए :

सूची-I (संस्थाएं)	**सूची-II (उनका स्थान)**
(a) राष्ट्रीय विधि संस्थान	(*i*) शिमला
(b) भारतीय उच्च अध्ययन संस्थान	(*ii*) भोपाल
(c) राष्ट्रीय न्यायिक अकादमी	(*iii*) हैदराबाद
(d) राष्ट्रीय बचत संस्थान	(*iv*) नागपुर

कोडः

	(*a*)	(*b*)	(*c*)	(*d*)
A.	(*iii*)	(*ii*)	(*iv*)	(*i*)
B.	(*i*)	(*ii*)	(*iii*)	(*iv*)
C.	(*iv*)	(*iii*)	(*i*)	(*ii*)
D.	(*iii*)	(*i*)	(*ii*)	(*iv*)

49. ग्रामीण और नगरीय संस्थाओं के चुनावों का आयोजन और अन्तिम पर्यवेक्षण किया जाता है?
A. भारत का निर्वाचन आयोग
B. राज्य निर्वाचन आयोग
C. जिला कलेक्टर एवं जिला मजिस्ट्रेट
D. सम्बन्धित रिटर्निंग आफिसर

50. निम्नलिखित में से कौन-सा अभिमत सही नहीं है?
A. शिक्षा, भारत के संविधान की सातवीं अनुसूची की समवर्ती सूची का विषय है
B. विश्वविद्यालय अनुदान आयोग एक सांविधिक निकाय है
C. एकस्व अधिकार, आविष्कार प्रतिलिप्याधिकार और ट्रेडमार्क समवर्ती सूची के विषय हैं
D. समाज विज्ञान में शोध से सम्बन्धित 'भारतीय सामाजिक विज्ञान शोध परिषद' एक सांविधिक निकाय है

उत्तरमाला

1	**2**	**3**	**4**	**5**	**6**	**7**	**8**	**9**	**10**
D	C	B	C	B	D	A	B	D	B
11	**12**	**13**	**14**	**15**	**16**	**17**	**18**	**19**	**20**
D	B	C	C	D	A	D	A	B	A
21	**22**	**23**	**24**	**25**	**26**	**27**	**28**	**29**	**30**
D	A	D	B	D	B	B	A	D	A
31	**32**	**33**	**34**	**35**	**36**	**37**	**38**	**39**	**40**
C	D	D	B	A	B	C	A	A	C
41	**42**	**43**	**44**	**45**	**46**	**47**	**48**	**49**	**50**
D	C	D	B	A	C	D	D	B	C

कुछ चुने हुए प्रश्नों के व्याख्यात्मक उत्तर

21. चूंकि $\frac{2}{3} = \frac{2}{2 \times 2 - 1}$

$\frac{4}{7} = \frac{4}{4 \times 2 - 1}$

$\frac{11}{21} = \frac{11}{11 \times 2 - 1}$

और $\frac{16}{31} = \frac{16}{16 \times 2 - 1}$

इसलिए $\frac{7}{13} = \frac{7}{7 \times 2 - 1}$

22. चूंकि

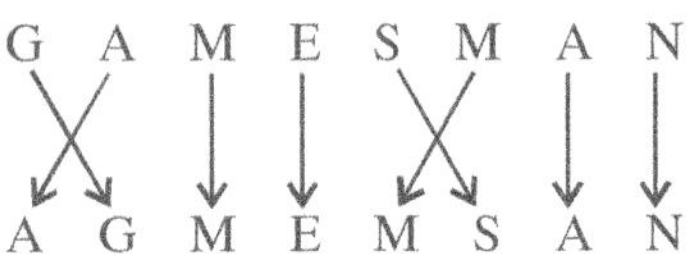

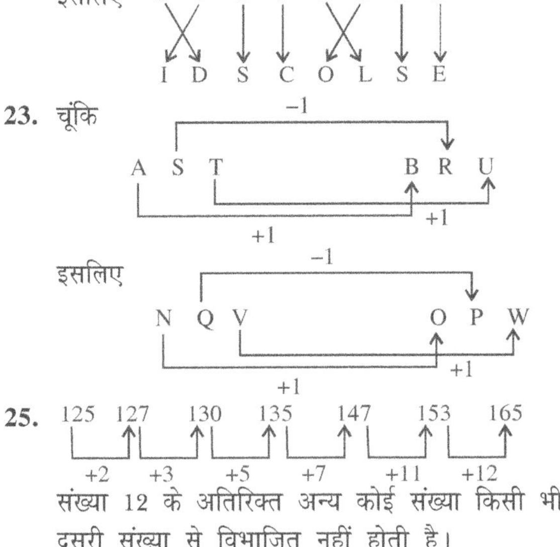

संख्या 12 के अतिरिक्त अन्य कोई संख्या किसी भी दूसरी संख्या से विभाजित नहीं होती है।

पिछले प्रश्न-पत्र (हल सहित)

यू.जी.सी. NET (JRF) परीक्षा

प्रश्न-पत्र-I, जून, 2008

नोटः इस प्रश्न-पत्र में पचास (50) बहु-विकल्पीय प्रश्न हैं। प्रत्येक प्रश्न के दो (2) अंक हैं। सभी प्रश्नों के उत्तर दीजिए।

11. अध्यापक को 'मित्र, दार्शनिक एवं मार्गदर्शक' की अभिव्यक्ति से गौरवान्वित किया गया है, इसका कारण है:

A. उसे समाज में महत्वपूर्ण भूमिका अदा करनी है।
B. वह छात्रों को मानवता के महान मूल्यों को हस्तांतरित करता है।
C. वह महान समाज सुधारक होता है।
D. वह महान देशभक्त होता है।

2. अध्यापक की असफलता का सबसे बड़ा कारणः

A. अन्तर्वैयक्तिक संबंध
B. विषय के ऊपर पर्याप्त नियंत्रण न होना
C. भाषिक दक्षता
D. छात्रों के प्रति कठोरता का व्यवहार

3. अध्यापक अपने छात्रों के साथ निम्नलिखित में से किसके द्वारा सामंजस्य स्थापित कर सकता है?

A. विषय का प्राधिकृत विद्वान
B. अपने ज्ञान एवं कौशल से छात्रों को प्रभावित करके
C. मार्गदर्शक की भूमिका अदा करके
D. छात्रों का मित्र बनकर

4. शिक्षा निम्नलिखित में से किसका एक शक्तिशाली साधन है?

A. सामाजिक रूपांतरण का
B. व्यक्तिगत रूपांतरण का
C. सांस्कृतिक रूपांतरण का
D. उपरोक्त सभी का

5. विद्यार्थी की अधिकतम आत्मोपलब्धि (self-realization) में अध्यापक का योगदान निम्नलिखित में किसके द्वारा होता है?

A. छात्रों की आवश्यकता की अनवरत पूर्ति द्वारा
B. कक्षा में छात्र के क्रियाकलापों पर कठोर नियंत्रण द्वारा
C. छात्रों की आवश्यकताओ, लक्ष्यों एवं उद्देश्यों के प्रति संवेदनशीलता द्वारा
D. शैक्षिक स्तर का कठोरता से क्रियान्वयन

6. अनुसंधान की समस्या का चुनाव निम्नलिखित में से किस दृष्टिकोण से होता है?

A. शोधार्थी की रूचि
B. आर्थिक सहायता
C. सामाजिक प्रासंगिकता
D. सम्बन्धित साहित्य की उपलब्धता

7. निम्नलिखित में से कौन अ-संभाव्यता प्रतिचयन कहलाता है?

A. समूह प्रतिचयन
B. कोटा प्रतिचयन
C. व्यवस्थित प्रतिचयन
D. स्तरीकृत यादृच्छिक प्रतिचयन

8. प्राक्कल्पना का निरूपण निम्नलिखित में अपेक्षित *नहीं* है:

A. सर्वेक्षण पद्धति B. ऐतिहासिक अध्ययन
C. प्रायोगिक अध्ययन D. आदर्शात्मक अध्ययन

9. क्षेत्र-कार्य आधृत शोध को निम्नलिखित वर्ग में रखा जाता है:

A. इंद्रियानुभवपरक शोध B. ऐतिहासिक शोध
C. प्रयोगात्मक शोध D. आत्मकथात्मक शोध

10. भारत में पुरुष एवं महिलाओं में व्याप्त एड्स के 1976, 1986, 1996 तथा 2006 में किए गये अध्ययन में निम्नलिखित में से कौन-सी प्रतिचयन पद्धति उपयुक्त है:

A. क्लस्टर प्रतिचयन
B. व्यवस्थित प्रतिचयन
C. कोटा प्रतिचयन
D. स्तरीकृत यादृच्छिक प्रतिचयन

निम्नलिखित गद्यांश को पढ़िए और प्रश्न 11 से 15 तक के उत्तर दीजिएः

मूल सिद्धांत यह है कि धारा 14 वर्ग आधृत विधि-निर्माण को वर्जित करती है, किन्तु विधि निर्माण के उद्देश्य से, तर्कसंगत वर्गीकरण की अनुमति देती है, जो उन व्यक्तियों और वस्तुओं के बीच भेद करती है; जिन्हें एक वर्ग में रखा गया है, जो उसके विपरीत हैं और इन वर्गों के बीच का भेद का एक तर्कसंगत अभिबंध (nexus) होना चाहिए, जिस कानून (statute) को बनाकर यह उद्देश्य पूरा होता है। धारा 14 का बल इस बात पर है, कि कानून के समक्ष प्रत्येक नागरिक समानता एवं कानूनी संरक्षण का हकदार है। नैसर्गिक रूप से समाज में असमानता है एक कल्याणकारी राज्य को विधायी एवं कार्यकारी रूप से समाज के कम भाग्यशाली (कमजोर) वर्ग के लोगों की दशा सुधारने के लिए प्रयत्न करना होगा ताकि समाज में सामाजिक एवं आर्थिक असमानता की खाई पाटी जा सके। इससे उन नागरिकों की दशा सुधारने के लिए विधि निर्माण की आवश्यकता होगी, जो इस सकारात्मक कार्रवाई का उद्देश्य है। वर्गीकरण के सिद्धांत के अभाव में, इस प्रकार के विधान का धारा 14 में वर्णित समानता के सिद्धांत का भटक जाना संभव है। यथार्थ रूप से सामाजिक एवं आर्थिक असमानताओं को समझते हुए संविधान के भाग IV में वर्णित जिन दिशा निर्देशों को ध्यान में रखते हुए राज्यों के लिए जो कार्रवाई अनिवार्य है, न्यायालय ने उसके लिए वर्गीकरण के सिद्धांत विकसित किए हैं। यह सिद्धांत समाज के कमजोर तथा दूसरे जरूरतमंद तबकों के लिए कानून बनाने तथा सकारात्मक कार्रवाई को सुदृढ़ करने के लिए विकसित किया गया था। इस प्रकार की विधायी तथा कार्यपालिका की कार्रवाई को तभी पुष्ट किया जा सकता है, यदि वह तर्कसंगत वर्गीकरण तथा उद्देश्य प्राप्ति के बीच के सहसंबंध के युगल सिद्धांतों के परीक्षण पर खरा उतरता हो।

कानून के समक्ष समानता की संकल्पना/अवधारणा में, मनुष्यों के बीच सम्पूर्ण रूप से समानता शामिल नहीं है जो भौतिक रूप से असंभव है। धारा 14 में जिस बात की गारंटी दी गई है वह है विशिष्ट का भेदन करके सबके साथ समान व्यवहार कानून के समक्ष समानता का अर्थ है। समान नियम के समक्ष सभी (नागरिक) समान हैं और उनको सभी पर समान रूप से लागू होना चाहिए। कानून के समक्ष समानता का अर्थ यह नहीं है जो चीजे भिन्न हैं वे भी समान हैं। वास्तव में इसका अर्थ है जन्म, जाति और अन्य किसी आधार पर विशेषाधिकारों का निषेध। विधायिका तथा शासक सरकार को, मानव संबंधों से उत्पन्न कई प्रकार की समस्याओं का समाधान करते समय, विशेष नियम बनाने का अधिकार होना चाहिए ताकि वह किसी विशेष उद्देश्य को प्राप्त कर सके तथा उसकी प्राप्ति के लिए उसे व्यक्तियों व वस्तुओं को वर्गीकृत कर सके, जिन पर ऐसे नियम लागू होने हैं।

11. संविधान में प्रतिज्ञापित मौलिक अधिकारों में समानता का अधिकार किसके अंतर्गत आता हैः
A. धारा 12 का भाग III
B. धारा 13 का भाग III
C. धारा 14 का भाग III
D. धारा 15 का भाग III

12. समानता के अधिकार का मुख्य जोर यह है कि, वह अनुमति देता हैः
A. वर्ग विधायन को
B. कानून के समक्ष समानता और समान कानूनी संरक्षण को
C. संपूर्ण समानता को
D. जन्म के आधार पर विशेषाधिकार को

13. समाज में सामाजिक एवं आर्थिक असमानता को दूर किया जा सकता हैः
A. कार्यपालिका और विधायी कार्रवाई द्वारा
B. सार्वभौमिक मताधिकार द्वारा
C. समान व्यवहार द्वारा
D. उपरोक्त में कोई नहीं

14. वर्गीकरण का सिद्धान्त निम्नलिखित उद्देश्य से विकसित किया गया हैः
A. समाज के कमजोर वर्गों की सहायता के लिये
B. पूर्ण समानता के लिये
C. समान व्यवहार के लिये
D. उपरोक्त में से कोई नहीं

15. अनेक प्रकार के मानव संबंधों से जुड़ी समस्याओं का समाधान करते समय सरकार कोः
A. कई प्रकार के दृष्टिकोण रखने का अधिकार होना चाहिए।
B. कई प्रकार के दृष्टिकोण रखने का अधिकार नहीं होना चाहिए।
C. समान अधिकार वापस लेने का अधिकार होना चाहिए।
D. उपरोक्त में से काई नहीं।

16. आत्म-संप्रेषण को कहते हैं:
A. वर्ग संप्रेषण
B. अफवाह संप्रेषण
C. अंतर्वैयक्तिक संप्रेषण
D. अंतः वैयक्तिक संप्रेषण

17. भारत में कौन सी प्रसारण प्रणाली का अनुसरण होता है?
A. एन.टी.एस.ई. (NTSE)
B. पी.ए.एल. (PAL)
C. एस.ई.सी.ए.एम. (SECAM)
D. एन.टी.सी.एस. (NTCS)

18. 1936 से पहले ऑल इंडिया रेडियो को .... कहते थे।
A. इंडियन रेडियो ब्राडकास्टिंग
B. ब्राडकास्टिंग सर्विस आफ इंडिया
C. इंडियन ब्राडकास्टिंग सर्विस
D. आल इंडिया ब्राडकास्टिंग सर्विस

19. भारत का सबसे बड़ा समाचार अभिकरण (एजेन्सी) है:
A. पी.टी.आइ. B. यू.एन.आइ.
C. एन.ए.एन.ए.पी. D. समाचार भारती

20. प्रसार भारती का गठन निम्नलिखित वर्ष में किया गया था।
A. 1995 B. 1997
C. 1999 D. 2001

21. संपूर्ण जनसंख्या पर आधारित सांख्यिकी माप को प्राचल (पैरामीटर) कहते हैं। प्रतिचलन (सैंपल) पर आधारित माप को क्या कहते हैं?
A. प्रतिचयन प्राचल (सैंपल पैरामीटर)
B. अनुमिति
C. सांख्यिकी
D. उपरोक्त में कोई नहीं

22. सहसंबंधक गुणांक (कोरिलेशन कोएफिसेंट) का महत्व इसमें है किः
A. सहसंबंधक परिवर्तियों (कोरिलेटेड वैरिएबल्स) के बीच एक रेखीय (लीनियर) संबंध है।
B. यह सांख्यिकी का सर्वाधिक वैध माप है।
C. यह दो परिवर्तों के बीच के संसर्ग की मात्रा या शक्ति के निर्धारण की अनुमति देता है।
D. यह सांख्यिकी विश्लेषण की अप्राचलिक (non-parametric) विधि है।

23. एफ (F) टेस्टः
A. अनिवार्य रूप से द्विपुच्छ (two tailed) परीक्षण है।
B. अनिवार्य रूप से पुच्छ (one tailed) परीक्षण है।
C. प्राक्कलन (hypothesis) के अनुसार एक पुच्छ या द्विपुच्छ परीक्षण हो सकता है।
D. एक पुच्छ परीक्षण कभी नहीं हो सकता।

24. निम्नलिखित सीरीज में आगे कौन सा अक्षर आयेगा?
DCXW, FEVU, HGTS,__________
A. AKPO B. JBYZ
C. JIRQ D. LMRS

25. निम्नलिखित प्रश्न दिए गए चित्र पर आधारित है। अगर दो छोटे गोले औपचारिक कक्षा के कमरे तथा दूरस्थ शिक्षा के कमरे को दर्शाते हैं और बड़ा गोला विश्वविद्यालयी शिक्षा प्रणाली को दर्शाता है तो नीचे दिए गये चित्रों में विश्वविद्यालयी शिक्षा को कौन सा चित्र दर्शाता है?
A. 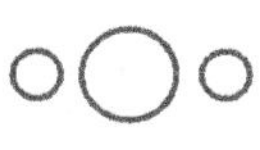 B. 
C. 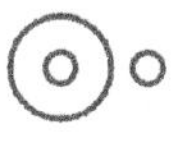 D.

26. *'अहिंसक होना अच्छा है'* किस तरह का निर्णय है:
A. नैतिक निर्णय है। B. यथातथ्य निर्णय है।
C. धार्मिक निर्णय है। D. मूल्यपरक निर्णय है।

27. **कथन (A):** मनुष्य तर्कशील प्राणी है।
कारण (R): मनुष्य सामाजिक प्राणी है।
A. (A) और (R) दोनों सही हैं और (R), (A) की सही व्याख्या है।

B. (A) और (R) दोनों सही हैं लेकिन (R), (A) की सही व्याख्या है।
C. (A) सही है लेकिन (R) गलत है।
D. (A) गलत है लेकिन (R) सही है।

28. मूल्यपरक निर्णय हैं:
A. तथ्यात्मक निर्णय B. सामान्य निर्णय
C. आदर्शपरक निर्णय D. जनमत की अभिव्यक्ति

29. निगमनात्मक तर्क उत्पन्न होता है:
A. सामान्य से विशेष की ओर
B. विशेष से सामान्य की ओर
C. एक सामान्य निष्कर्ष से दूसरे सामान्य निष्कर्ष की ओर
D. एक विशेष निष्कर्ष से दूसरे विशेष निष्कर्ष की ओर

30. AGARTALA को कोड में 14168171 लिखा गया है तो AGRA का कोड होगा:
A. 1641 B. 1416
C. 1441 D. 1461

31. निम्नलिखित में से कौन सा स्रोत जनसंख्या आंकड़े का सर्वाधिक सर्वसमावेशी स्रोत है?
A. राष्ट्रीय पारिवारिक स्वास्थ्य सर्वेक्षण
B. राष्ट्रीय सैंपल सर्वेक्षण
C. जनगणना
D. जनसांख्यिकी सर्वेक्षण

32. प्रतिचयन (सैम्पलिंग) में नीचे लिखे में से कौन-सा सिद्धांत लागू ***नहीं*** होता?
A. प्रतिचयन की इकाइयों को स्पष्ट रूप से व्याख्यायित किया जाना चाहिए
B. प्रतिचयन की इकाइयाँ एक दूसरे पर निर्भर होनी चाहिए।
C. संपूर्ण अध्ययन के दौरान प्रतिचयन की एक ही इकाइयों का उपयोग किया जाना चाहिए।
D. प्रतिचयन की इकाइयों को व्यवस्थापूर्वक तथा वस्तुपरक ढंग से चुना जाना चाहिए।

33. अगर जनवरी 1, 2007 सोमवार है, तो 1995 की जनवरी 1 को कौन सा बार (दिन) होगा?
A. रविवार B. सोमवार
C. शुक्रवार D. शनिवार

34. बीच में से लुप्त अंक को भरिए:
4 16 8 64 ? 256
A. 16 B. 24
C. 32 D. 20

35. अगर एक वस्तु को 11% की हानि से 178 रु. में बेचा गया है तो उसे 11% लाभ पाने के लिए किस कीमत पर बेचना होगा?
A. रु. 222.50 B. रु. 267
C. रु. 222 D. रु. 220

36. WYSIWYG-किसी दस्तावेज को इस प्रकार पर्दे पर दिखलाता है, मानों वह वस्तुतः मुद्रित किया जायेगा:
A. जो आप कहते हैं, वही आपको मिलता है।
B. आप जो देखते हैं, वही आपको मिलता है।
C. आप जो संचय करते हैं, वही आपको मिलता है।
D. आप जो सुझाते हैं, वही आपको मिलता है।

37. निम्नलिखित में कौन सी कम्प्यूटर भाषा ***नहीं*** है?
A. पास्कल-PASCAL
B. यूनिक्स-UNIX
C. फोरट्रान-FORTRAN
D. कोबाल-COBOL

38. एक की बोर्ड में कम से कम:
A. 91 कुंजी होती है।
B. 101 कुंजी होती है।
C. 111 कुंजी होती है।
D. 121 कुंजी होती है।

39. ई-मेल पता में कितने भाग होते हैं?
A. दो भाग B. तीन भाग
C. चार भाग D. पाँच भाग

40. Corel Draw एक लोकप्रिय:
A. चित्रण (Illustration) कार्यक्रम है।
B. प्रोग्रामिंग की भाषा है।
C. टेक्स्ट प्रोग्राम है।
D. उपरोक्त में से कोई भी नहीं।

41. मनुष्य का कान नीचे लिखे रेंज में किसमें सबसे अधिक संवेदनशील है?
A. 1 - 2 किलोहार्ट्ज B. 100 - 500 हार्ट्ज
C. 10 - 12 किलोहार्ट्ज D. 13 - 16 किलोहार्ट्ज

42. नीचे लिखी इकाइयों से आवाज की उच्चता मापने के लिए कौन सी इकाई प्रयुक्त होती है:

A. डेसिबल B. हार्ट्ज

C. फोन D. वाट्ज/मी.^{2}

43. यदि जनसंख्या की वृद्धि एक तार्किक वक्र (logistic curve) का अनुसरण करती है तो अधिकतम धारणीय (sustainable) प्राप्ति (yield):

A. वहन की क्षमता के आधी होगी।

B. वहन की क्षमता के बराबर होगी।

C. जनसंख्या की वृद्धि पर निर्भर करेगी।

D. आरंभिक जनसंख्या पर निर्भर करता है।

44. चट्टानों का रासायनिक अपक्षयण (weathering) निर्भर करता है:

A. उच्च तापमान पर

B. तेज हवाओं के प्रभाव पर

C. भारी वर्षा पर

D. हिमाच्छादन पर

45. पृथ्वी प्रणाली की संरचना निम्नलिखित से बनती है: ***सूची-I*** को ***सूची-II*** से मिलाते हुए सही उत्तर दीजिए:

सूची-I (जोन)	***सूची-II (रसायनिक लक्षण)***
(*a*) वातावरण	(*i*) निष्क्रिय गैसें
(*b*) जैव वातावरण	(*ii*) लवण, ताजा पानी, बर्फ और आइस
(*c*) आर्द्रता वातावरण (हाइड्रोस्फेयर)	(*iii*) सावयव पदार्थ, स्केलाटेन पदार्थ
(*d*) लिथोस्फेयर	(*iv*) लाइट सिलिकेट्स

कोड:

	(*a*)	(*b*)	(*c*)	(*d*)
A.	(*ii*)	(*iii*)	(*i*)	(*iv*)
B.	(*i*)	(*iii*)	(*ii*)	(*iv*)
C.	(*ii*)	(*i*)	(*iii*)	(*iv*)
D.	(*iii*)	(*i*)	(*ii*)	(*iv*)

46. एन ए ए सी किस स्वायत्त संस्था के अंतर्गत स्थापित हुई?

A. आइ.सी.एस.एस.आर B. सी.एस.आइ.आर

C. ए.आइ.सी.टी.ई D. यू.जी.सी

47. राष्ट्रीय महिला शिक्षा परिषद् किस वर्ष में स्थापित हुई?

A. 1958 B. 1976

C. 1989 D. 2000

48. नीचे लिखी संस्थाओं में से नई दिल्ली में कौन-सी संस्था स्थापित ***नहीं*** हैं?

A. भारतीय सांस्कृतिक अनुसंधान परिषद्

B. भारतीय वैज्ञानिक अनुसंधान परिषद्

C. राष्ट्रीय शैक्षणिक अनुसंधान एवं प्रशिक्षण परिषद्

D. भारतीय उच्च शिक्षा संस्थान

49. उच्च शिक्षा में स्वायत्तता का निहितार्थ है:

A. प्रशासन B. नीति निर्धारण

C. वित्त D. पाठचर्या विकसित करना

50. ***सूची-I*** को ***सूची-II*** से मिलाते हुए दिए गये कोडों की सहायता से उत्तर दीजिए:

सूची-I (संस्थायें)	***सूची-II (स्थान)***
(*a*) डा. हरिसिंह गौड़ विश्वविद्यालय	(*i*) मुंबई
(*b*) एस.एन.डी.टी विश्वविद्यालय	(*ii*) बड़ौदा
(*c*) एम.एस. यूनिवर्सिटी	(*iii*) जोधपुर
(*d*) जे.एन. व्यास यूनिवर्सिटी	(*iv*) सागर

कोड:

	(*a*)	(*b*)	(*c*)	(*d*)
A.	(*iv*)	(*i*)	(*ii*)	(*iii*)
B.	(*i*)	(*ii*)	(*iii*)	(*iv*)
C.	(*iii*)	(*i*)	(*ii*)	(*iv*)
D.	(*ii*)	(*iv*)	(*i*)	(*iii*)

उत्तरमाला

1	2	3	4	5	6	7	8	9	10
B	B	B	D	C	C	B	B	A	D
11	**12**	**13**	**14**	**15**	**16**	**17**	**18**	**19**	**20**
C	B	A	A	A	D	B	C	A	B

21	22	23	24	25	26	27	28	29	30
A	C	C	C	B	A	B	C	A	D
31	**32**	**33**	**34**	**35**	**36**	**37**	**38**	**39**	**40**
C	B	D	A	C	B	B	B	A	A
41	**42**	**43**	**44**	**45**	**46**	**47**	**48**	**49**	**50**
B	A	A	C	B	D	A	D	C	A

कुछ चुने हुए प्रश्नों के व्याख्यात्मक उत्तर

24. D → C (−1), X → W (−1)

F → E (−1), V → U (−1)

H → G (−1), T → S (−1)

∴ J → I (−1), R → Q (−1)

30. चूंकि

A G A R T A L A

↓ ↓ ↓ ↓ ↓ ↓ ↓ ↓

1 4 1 6 8 1 7 1

इसलिए

A G R A

↓ ↓ ↓ ↓

1 4 6 1

34. 4 16 8 64 [16] 256

(16 ×4 → 64, 64 ×4 → 256; 4 ×2 → 8, 8 ×2 → 16)

35. वि.मू. = क्र.मू. का 89%

$\Rightarrow$ 178 = क्र.मू. × $\frac{89}{100}$

$\Rightarrow$ क्र.मू. = $\frac{100 \times 178}{89}$ = 200

∴ 11% लाभ के लिए वि.मू. होगा

वि.मू. = 200 × $\frac{111}{100}$ = 222 रु.

पिछले प्रश्न-पत्र (हल सहित)

यू.जी.सी. NET (JRF) परीक्षा

प्रश्न-पत्र-I, दिसम्बर, 2007

1. मौखिक निर्देश क्या सीखने में बहुत कम प्रभावी होते हैं?

A. रुझान B. कौशल

C. अभिवृत्ति D. संबन्ध

2. अधिगम में, शिक्षक की भूमिकाओं का सबसे महत्वपूर्ण पक्ष क्या है?

A. आन्तरिक विकास करना, जो पर्याप्त निष्पादन के रचकों में परिणत हो जाए

B. आन्तरिक विकास करना, जिससे खतरों एवं किसी के जाल में फँसने से बचा जा सके

C. प्रोत्साहन एवं नैतिक सहारा देने का प्रबंध करना

D. सतत् निदान एवं उपचार सहायता का प्रबन्ध करना

3. अधिगम (सीखने) का सर्वाधिक उपयुक्त उद्देश्य है—

A. वैयक्तिक समायोजन

B. व्यवहार का रूपान्तरण

C. सामाजिक एवं राजनैतिक चेतना

D. अपने को रोजगार के लिये तैयार करना

4. जो छात्र कक्षा में सवाल पूछते रहते हैं:

A. उन्हें स्वतंत्र रूप से उत्तर प्राप्त करने के लिए प्रोत्साहित किया जाना चाहिए।

B. कक्षा के बाद अध्यापक से मिलने की सलाह दी जानी चाहिए।

C. उन्हें हमेशा सवाल पूछते रहने को प्रोत्साहित किया जाना चाहिए

D. व्याख्यान के बीच में बाधा न डालने की सलाह दी जानी चाहिए

5. छात्रों की अधिकतम प्रतिभागिता संभव है:

A. परिचर्चा विधि द्वारा

B. व्याख्यान विधि द्वारा

C. श्रव्य-दृश्य साधनों द्वारा

D. पाठ्य-पुस्तक विधि द्वारा

6. विचयन (Sample) के आधार पर निकाले गए निष्कर्ष जाने जाते हैं:

A. आधार सामग्री विश्लेषण तथा निर्वचन (interpretation)

B. प्राचल (Parameter) अनुमान

C. सांख्यिकी अनुमान

D. उपरोक्त सभी

7. प्रयोगात्मक अध्ययन .... के नियम पर आधारित होते हैं।

A. परिवर्तों (variables) में संयोजन

B. सैद्धांतिक पैरामीटर

C. शोध का प्रतिकृति (Replication)

D. साहित्य का सर्वेक्षण

8. वैज्ञानिक अनुसंधान के मुख्य अभिलक्षण हैं:

A. अनुभवाश्रित B. सैद्धांतिक

C. प्रायोगिक D. उपरोक्त सभी

9. अनुसंधान की खोज की प्रामाणिकता निर्भर करती है:

A. मौलिकता पर B. वैधता पर

C. वस्तुनिष्ठता पर D. उपरोक्त सभी

10. जब जनसंख्या सीमित (finite) हो तो कौन सी तकनीक अपनाई जाती है?

A. क्षेत्र प्रतिचयन तकनीक

B. सोद्देश्य प्रतिचयन तकनीक

C. क्रमबद्ध प्रतिचयन तकनीक

D. इनमें से कोई नहीं

नीचे लिखे गद्यांश को पढ़िए और 11 से 15 तक के प्रश्नों का उत्तर दीजिए।

गाँधीजी का सामाजिक व पर्यावरण दर्शन सर्वग्राही रूप से, मनुष्य क्या चाहते हैं पर आधारित न होकर, उनकी आवश्यकताओं पर आधारित है। जीवन के आरंभ में जैनियों, थियोसॉफिस्टों, ईसा के उपदेशों, रस्किन और टाल्सटाय और सबसे महत्वपूर्ण भगवद्गीता के परिचय ने उनकी सर्ववादी मानवता, प्रकृति उसके पर्यावरणीय अन्तःसंबंध के चिंतन पर गहरा प्रभाव डाला। साधनहीन ग्रामीण जनता के प्रति उनके मन में एक वैकल्पिक सामाजिक चिंतन का विचार पनपा, जो दूरदर्शी, स्थानीय और तात्कालिक था। गाँधीजी इस बात से पूरी तरह जागरुक थे कि प्राकृतिक संसाधनों की तुलना में, जनता के लिए भोजन जुटाने की मांग कहीं ज्यादा थी, और औद्योगीकरण ने इसे और जटिल बना दिया था। वह बात आज जितनी सामान्य और भोली लगती है लेकिन एक शताब्दी पहले यह उद्घोषणा धर्मद्रोह जैसी विरल थी। गाँधीजी आधुनिकतावादी, औपनिवेशिक षडयंत्र के अंतर्गत, पर्यावरण के प्रति संवेदनशील मौजूदा ढाँचे के विनाश की आशंका से चिंतित थे। इन मौजूदा ढाँचों में भरण-पोषण की पारंपरिक रीति से संपन्न बनाने की अपार संभावनाएँ थी विशेष रूप से ग्रामीण क्षेत्रों में; बजाय मानव आत्मा एवं शक्ति को दास बनानेवाली वैकल्पिक अंध ी पश्चिमी टेक्नोलाजी के।

शायद गाँधीजी का जो नैतिक सिद्धांत सबसे अधिक जाना जाता है, वह सक्रिय अहिंसा, दूसरे जीवों को दुःख न पहुँचाना, पारंपरिक नैतिक संयम से व्युत्पन्न। इस मूल्य की सर्वाधिक परिष्कृत अभिव्यक्ति महाभारत महाकाव्य (100 से 200 ई. पू.) में मिलती है जहाँ मानव जीवन की निरंतर स्वतंत्रताओं इच्छाओं और संग्रह के ऊपर नियंत्रण लगाने से नैतिक विकास होता है। मनुष्य के कार्यों का मूल्यांकन, दूसरों के ऊपर उसका क्या प्रभाव पड़ेगा इससे मापा जाता है। जैनियों ने इस सिद्धांत को समस्त चैतन्य तथा जीवजंतुओं पर समान रूप से लागू किया है। अग्रणी जैन मुनि और भिक्षुणियाँ जीवों व कृमियों की हत्या न हो इसलिए रास्ते को झाड़ू से बुहारते हैं। अहिंसा सार्वभौम आदेश है, जिस पर कोई समझौता नहीं हो सकता।

11. निम्नलिखित में से गाँधीजी की मानवता, प्रकृति और उसके पर्यावरण से अंतःसंबंधों की सर्ववादी विचारधारा के विकास के ऊपर किसका गहरा प्रभाव पड़ा है?
A. जैन शिक्षाओं का B. ईसाई प्रवचनों का
C. भगवद्गीता का D. रस्किन और टाल्सटाय का

12. गाँधीजी का सर्वग्राही सामाजिक व पर्यावरणीय दर्शन मनुष्यों की .... पर आधारित है।
A. आवश्यकतायें B. इच्छायें
C. धन D. कल्याण

13. गाँधीजी की साधनहीन लोगों, गरीबों एवं ग्रामीण जनता के प्रति गहरी चिंता से किस वैकल्पिक व्यवस्था का विचार पनपा?
A. ग्रामीण नीति B. सामाजिक चिंतन
C. शहरी नीति D. आर्थिक चिंतन

14. औपनिवेशिक नीति और आधुनिकीकरण ....
.को विनाश की ओर ले गई।
A. विशाल औद्योगिक आधारिक संरचना
B. सिंचाई आधारिक संरचना
C. शहरी आधारिक संरचना
D. ग्रामीण आधारिक संरचना

15. गाँधीजी की सक्रिय अहिंसा .... से व्युत्पन्न है।
A. दूसरे व्यक्ति को चोट न पहुँचाने का नैतिक निग्रह
B. स्वतंत्रता, इच्छायें और संप्राप्तियों का होना
C. कार्य करने की स्वतंत्रता
D. प्रकृति के विरुद्ध अंधी टेक्नोलॉजी तथा मानव आत्मा एवं शक्तियों को दास बनाना

16. डी.टी.एच. सेवा का आरंभ निम्न वर्ष में हुआ।
A. 2000 B. 2002
C. 2004 D. 2006

17. राष्ट्रीय प्रेस दिवस मनाया जाता हैः
A. 16 नवंबर को B. 19 नवंबर को
C. 21 नवंबर को D. 30 नवंबर को

18. प्रेस कॉउन्सिल ऑफ इंडिया में कुल सदस्य होते हैंः
A. 28 B. 14
C. 17 D. 20

19. सूचना देने और प्राप्त करने का अधिकार की गारंटी भारत के संविधान के धारा में दी गई हैः

A. 19 (2) (a) B. 19 (16)
C. 19 (2) D. 19 (1) (a)

20. उच्च शिक्षा में रेडियो का उपयोग निम्नलिखित पर आधारित है।
A. पाठचर्या पर आधारित अनुदेशों को पुष्ट करना।
B. अंततः अध्यापक को स्थानापन्न करना।
C. प्रत्येक के पास रेडियो सेट है।
D. अनुदेशों के दूसरे साधन पुराने पड़ चुके हैं।

21. नीचे दी गई सीरीज में प्रश्न वाचक (?) के स्थान पर सही अंक लिखिएः
4, 9, 17, 35, ?, 139
A. 149 B. 79
C. 49 D. 69

प्रश्न 22 से 24, नीचे लिखे चित्र पर आधारित हैं, जिनमें तीन परस्पर संबद्ध वृत्त (circle) 'I', 'S' और 'P' है, जिसमें वृत्त 'I' 'इंडियन' के लिए है, 'S' सांइन्टिस्ट के लिए और 'P' पॉलिटीशियन के लिए। विभिन्न क्षेत्र *a* से *f* द्वारा दर्शाये गए हैं।

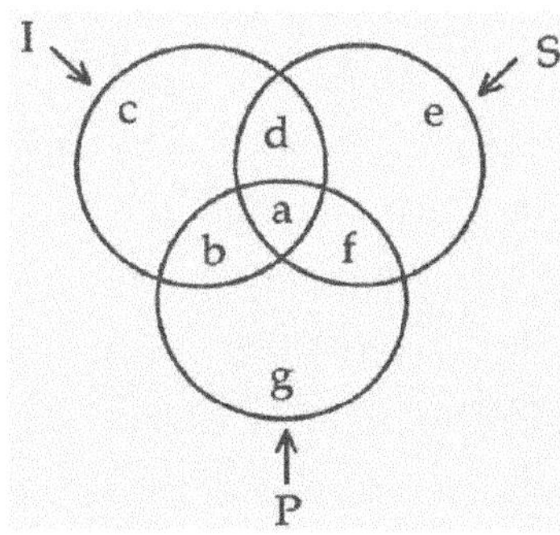

22. जो क्षेत्र गैर इंडियन (नॉन इंडियन) वैज्ञानिकों को दर्शाता है जो राजनीतिज्ञ हैंः
A. f B. d
C. a D. c

23. वह क्षेत्र जो, दिखलाता है कि वे न तो वैज्ञानिक हैं और न राजनीतिज्ञः
A. g B. c
C. f D. a

24. वह क्षेत्र जो, दिखलाता है जो इंडियन हैं और वैज्ञानिक भी हैंः
A. b B. c
C. a D. d

25. निम्नलिखित सीरीज में कौन सा अंक गायब है?
2, 5, 10, 17, 26, 37, 50, ?
A. 63 B. 65
C. 67 D. 69

26. माप के प्रकार्य में सम्मिलित हैंः
A. प्राग्ज्ञान (Prognosis) B. प्रागुक्ति (Prediction)
C. निदान (Diagnosis) D. उपर्युक्त सभी

27. तार्किक युक्ति आधारित हैंः
A. वैज्ञानिक तर्क पर B. प्रथागत तर्क पर
C. गणितीय तर्क पर D. न्याय वाक्यीय तर्क पर

28. लुप्त संख्या को भरिएः
4 : 17 : : 7 : ?
A. 48 B. 49
C. 50 D. 51

29. अनुपयुक्त शब्द चुनिएः
A. (भिक्षुणी) नन B. सरदार (नाइट)
C. मठाधीश (मुनि) D. पादरी

30. वर्ग में भिन्न संख्या को चुनियेः
A. 49 B. 63
C. 77 D. 81

31. संभाव्यता प्रतिचयन का आशय हैः
A. स्ट्रेटीफाईड यादृच्छिक प्रतिचयन
B. व्यवस्थित यादृच्छिक प्रतिचयन
C. सरल यादृच्छिक प्रतिचयन
D. उपरोक्त सभी

32. लुप्त अंकों को भरिएः

$\frac{36}{62}, \frac{39}{63}, \frac{43}{61}, \frac{48}{64}, ?$

A. $\frac{51}{65}$ B. $\frac{56}{60}$
C. $\frac{54}{65}$ D. $\frac{33}{60}$

33. 3 और 4 बजे के बीच घड़ी की सुइयाँ विरोधी दिशाओं में होंगी?

A. 3 बजकर 40 मिनट पर

B. 3 बजकर 45 मिनट पर

C. 3 बजकर 50 मिनट पर

D. 3 बजकर 55 मिनट पर

34. मेरी के तीन बच्चे हैं, इसकी क्या संभावना है कि उनमें से कोई भी लड़का नहीं है?

A. $\frac{1}{2}$ B. $\frac{1}{3}$

C. $\frac{3}{4}$ D. 1

35. यदि किसी वृत्त के अर्द्धव्यास को 50 प्रतिशत बढ़ा दिया जाय तो उसका क्षेत्र बढ़ जाता है:

A. 125 प्रतिशत B. 100 प्रतिशत

C. 75 प्रतिशत D. 50 प्रतिशत

36. सी.डी. रॉम (CD ROM) का अर्थ है:

A. कंप्यूटर डिस्क रीड ऑनली मेमोरी

B. कपैक्ट डिस्क रीड ओवर मेमोरी

C. कपैक्ट डिस्क रीड ओनली मेमोरी

D. कंप्यूटर डिस्क रीड ओवर मेमोरी

37. कंप्यूटर का मस्तिष्क जो परिधीय (Peripherals) को नियंत्रण में रखता है उसे कहते हैं:

A. कॉमन पावर यूनिट B. कॉमन प्रोसेसिंग यूनिट

C. सेन्ट्रल पावर यूनिट D. सेन्ट्रल प्रोसेसिंग यूनिट

38. डेटा को सुरक्षित स्टोर करने के लिए जिस माध्यम को इस्तेमाल करते हैं उसे कहते हैं:

A. कपैक्ट डिस्क रिकॉर्डेबल

B. कंप्यूटर डिस्क रिराइटेबल

C. कपैक्ट डिस्क रिराइटेबल

D. कंप्यूटर डेटा रिराइटेबल

39. रैम (RAM) का अर्थ है:

A. रैन्डम ऐक्सेस मेमोरी

B. रिजिड ऐक्सेस मेमोरी

C. रैपिड ऐक्सेस मेमोरी

D. रिवाल्विंग ऐक्सेस मेमारी

40. डब्लु डब्लु डब्लु का अर्थ है:

A. हू ह्वाट ऐण्ड ह्वेर B. वियर्ड वाइड वेब

C. वर्ड वाइड वेब D. वर्ल्ड वाइड वेब

41. हाल के दशकों में जंगलों के कटान का परिणाम निम्नलिखित हुआ है:

A. भू-क्षरण B. भू-स्खलन

C. जैवविविधता की क्षति D. सुनामी

42. नीचे लिखे प्राकृतिक खतरों में मनुष्यों के सर्वाधिक क्षति के लिए उत्तरदायी है।

A. भूकंप B. ज्वालामुखी का फूटना

C. बर्फीले तूफान D. सुनामी

43. नीचे लिखे में से प्राकृतिक आपदा से बचने के लिए कौन सबसे उपयुक्त है?

A. अंतर्राष्ट्रीय सहायता B. समय पर चेतावनी

C. पुनर्वास D. सामुदायिक सहभागिता

44. महानगरों में झुग्गी-झोपड़ियाँ किसका परिणाम है?

A. गाँवों से शहरों की ओर पलायन

B. शहरों के कुछ क्षेत्रों में गरीबी

C. शहरों में अभिरचना का अभाव

D. शहरी-अभिशासन

45. "ग्रेट इंडियन बस्टार्ड" पक्षी पाया जाता है:

A. भारत के थार मरुस्थल में

B. भारत के समुद्र तटीय क्षेत्रों में

C. हिमालय के समशीतोष्ण क्षेत्रों में

D. हिमालय की तराई क्षेत्रों में

46. भारत में शिक्षा के क्षेत्र में सेवा में प्रयुक्त पहला 'सेटालाइट' कौन है?

A. एस.ए.टी.ई.डी.यू. B. इन्सैट – बी

C. ई.डी.यू.एस.ए.टी. D. इन्सैट – सी

47. 'इग्नू' का एकमात्र टेलीविजन शैक्षिक चैनल का नाम है:

A. ज्ञान दर्शन B. ज्ञान वाणी

C. दूरदर्शन D. प्रसार भारती

48. महात्मा गाँधी अन्तर्राष्ट्रीय हिन्दी विश्वविद्यालय का मुख्यालय कहाँ स्थित है?

A. सेवाग्राम B. नई दिल्ली
C. वर्धा D. अहमदाबाद

49. सूची-**I** को सूची-**II** से मिलाते हुए दिये गये कोड का प्रयोग करके सही उत्तर दीजिए।

सूची-**I** (संस्थायें)	सूची-**II** (उनका स्थान)
(*a*) सेन्ट्रल इंस्टिट्यूट ऑफ इंग्लिश ऐण्ड फारन लैंग्वेज	(*i*) चित्रकूट
(*b*) ग्रामोदय विश्वविद्यालय	(*ii*) हैदराबाद
(*c*) सेन्ट्रल इंस्टिट्यूट ऑफ हायर तिबतन स्टडीज	(*iii*) राजस्थान
(*d*) इग्नू	(*iv*) धर्मशाला

कोडः

	(*a*)	(*b*)	(*c*)	(*d*)
A.	(*ii*)	(*i*)	(*iv*)	(*iii*)
B.	(*iii*)	(*ii*)	(*i*)	(*iv*)
C.	(*iii*)	(*iv*)	(*i*)	(*ii*)
D.	(*i*)	(*ii*)	(*iv*)	(*iii*)

50. शिक्षा के वृत्तीकरण (Vocationalization) का उद्देश्य कौन सा है?

A. छात्रों को ज्ञान के साथ व्यवसाय के लिए तैयार करना।
B. उदार शिक्षा को व्यावसायिक शिक्षा में बदलना।
C. सामान्य शिक्षा के बजाय व्यावसायिक शिक्षा पर ज्यादा जोर देना।
D. उदार शिक्षा को व्यवसायोन्मुखी बनाना।

उत्तरमाला

1	**2**	**3**	**4**	**5**	**6**	**7**	**8**	**9**	**10**
B	A	B	A	A	C	C	C	D	C
11	**12**	**13**	**14**	**15**	**16**	**17**	**18**	**19**	**20**
C	A	B	C	A	D	A	A	D	B
21	**22**	**23**	**24**	**25**	**26**	**27**	**28**	**29**	**30**
D	A	B	D	B	D	D	C	B	C
31	**32**	**33**	**34**	**35**	**36**	**37**	**38**	**39**	**40**
D	C	C	D	A	C	D	C	A	D
41	**42**	**43**	**44**	**45**	**46**	**47**	**48**	**49**	**50**
D	A	B	A	A	C	A	C	A	D

कुछ चुने हुए प्रश्नों के व्याख्यात्मक उत्तर

21. $4 \times 2 = 8 + 1 = 9$

$9 \times 2 = 18 - 1 = 17$

$17 \times 2 = 34 + 1 = 35$

$35 \times 2 = 70 - 1 = \boxed{69}$

$69 \times 2 = 138 + 1 = 139$

25. 2 5 10 17 26 37 50 65

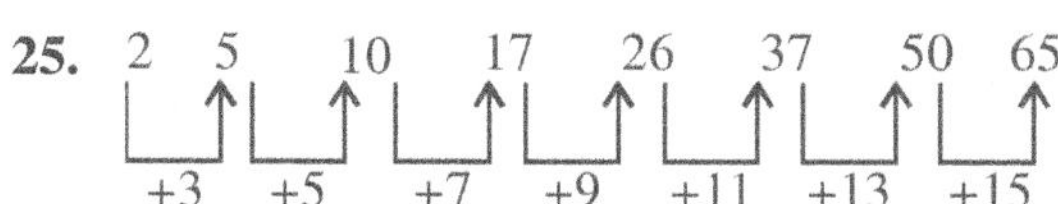

28. चूंकि 4 → 17

$4^2 + 1$

इसलिए

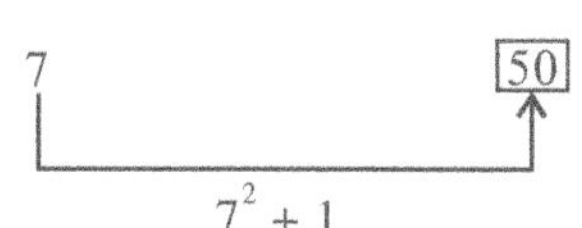

30. $49 = 4 + 9 = 13 = 1 + 3 = 4 = 2^2$
$63 = 6 + 3 = 9 = 3^2$
$77 = 7 + 7 = 14 = 4 + 1 = \boxed{5}$
$81 = 8 + 1 = 9 = 3^2$

पिछले प्रश्न-पत्र (हल सहित)

यू.जी.सी. NET (JRF) परीक्षा

प्रश्न-पत्र-I, जून, 2007

1. अध्यापक दृश्य साधनों का उपयोग अध्यापन को निम्नलिखित बनाने के लिए करता है:
A. सरल
B. अधिक ज्ञान के लिए
C. समय कम करने के लिए
D. रुचिकर बनाने के लिए

2. उच्च शिक्षा में अध्यापक की भूमिका का लक्ष्य है:
A. छात्रों को सूचना प्रदान करना
B. छात्रों में स्व-अध्ययन को प्रोत्साहित करना
C. छात्रों में स्वस्थ प्रतिस्पर्धा बढ़ाना
D. छात्रों को व्यक्तिगत समस्याओं के समाधान हेतु सहायता करना

3. नीचे लिखे गुणों वाला कौन अध्यापक आपको सबसे अच्छा लगता है?
A. समय का पाबंद
B. अनुसंधान की ओर प्रवृत
C. लोकप्रिय और आर्दशवादी दर्शन वाला
D. जो प्रायः छात्रों का मनोरंजन करता है

4. माइक्रोशिक्षण छात्र-अध्यापकों के लिए किस अवधि में सबसे प्रभावशाली होता है?
A. शिक्षण-अभ्यास के दौरान
B. शिक्षण-अभ्यास के बाद
C. शिक्षण-अभ्यास से पहले
D. उपरोक्त में कोई नहीं

5. अध्यापन में सबसे अनावश्यक कारक कौन है?
A. छात्रों को दण्ड देना
B. कक्षा में अनुशासन रखना
C. प्रभावशाली ढंग से व्याख्यान देना
D. ब्लैकबोर्ड पर चित्र और रेखाचित्र बनाना

6. एक अनुसंधानकर्ता रिक्त-प्राक्कल्पना (null hypothesis) के परीक्षण के लिए क्या करता है?
A. t टेस्ट B. अनोवा (ANOVA)
C. x^2 D. फैक्टोरियल विश्लेषण

7. अनुसंधान समस्या तभी साध्य होती है, जब :
A. वह उपयोगी और प्रासंगिक होती है
B. वह अनुसंधनीय होती है
C. वह नयी है तथा वह ज्ञान में वृद्धि करती है
D. उपर्युक्त सभी

8. अनुसंधान की रिपोर्ट में ग्रंथसूची:
A. शोधार्थी के व्यापक ज्ञान को दर्शाती है
B. जो भावी अनुसंधान में दिलचस्पी रखते हैं, उनकी सहायता करती है
C. अनुसंधान के लिये उसकी कोई प्रासंगिकता नहीं है
D. उपरोक्त सभी

9. मौलिक अनुसंधान किसकी योग्यता को दर्शाता है?
A. नये आदर्शों का संश्लेषण
B. नये सिद्धान्तों की स्थापना
C. अनुसंधान की विद्यमान सामग्री का मूल्यांकन
D. विद्यमान विभिन्न शीर्षकों पर उपलब्ध साहित्य पर अध्ययन

10. जिस अध्ययन में अनुसंधानकर्ता प्रभाव को खोजने का प्रयास करता है, उसे कहते हैं:
A. सर्वेक्षण अनुसंधान
B. 'एक्स-पोस्ट फैक्टो' अनुसंधान
C. ऐतिहासिक अनुसंधान
D. समेकित अनुसंधान

नीचे लिखे गद्यांश को पढ़िए और 11 से 15 तक के प्रश्नों का उत्तर दीजिए।

समस्त राजनैतिक प्रणालियों को वैयक्तिक संपत्ति और जनता की शक्ति के बीच के संबंधों में मध्यस्थता करने की

आवश्यकता होती है। जो इसमें असफल होते हैं उनकी सरकार पर धनी वर्ग के हितों के दबाव में आकर ठीक से काम न कर पाने का खतरा बना रहता है। भ्रष्टाचार इस असफलता का एक लक्षण है जिसमें व्यक्ति पैसे देने को (रिश्वत) तैयार रहता है और इससे सार्वजनिक हित का लक्ष्य पूरा नहीं होता। प्राइवेट व्यक्ति और वाणिज्य प्रतिष्ठान अपना दैनंदिन काम निकालने के लिए नौकरशाही के शीर्ष पर बैठे व्यक्ति को पैसा देते हैं। वे अपने टैक्स कम करने के लिए तथा सख्त कानूनों के बचाने के लिए रिश्वत देते हैं और ऊँची दरों पर ठेके प्राप्त करते हैं तथा प्राइवेट प्रतिष्ठानों को कम कीमत पर रियायतें प्राप्त करवाते हैं। यदि भ्रष्टाचार एक बीमारी बन चुका है तो नौकरशाह और जनप्रतिनिधि दोनों मिलकर जनता के हित के योजनाओं को व्यक्तिगत लाभ के लिए बदल सकते हैं जिसमें जनता का हित कम और व्यक्तिगत लाभ के अवसर अधिक होते हैं। वास्तव में रिश्वत, कमीशन और बड़े सौदों में हिस्सा सरकार की असफलता का एक प्रकार है। अच्छे अभिशासन के लिए प्रयास, भ्रष्टाचार विरोधी अभियान से अधिक व्यापक होना चाहिए। सरकारें ईमानदार किन्तु अकुशल हो सकती है जिसके कारण कर्मचारियों को उनकी उत्पादकता के कार्य के लिए कोई प्रोत्साहन नहीं मिलता और राज्य के छोटे अधिकारियों द्वारा नीति को बहुत अधिक प्रभावित करता है। रिश्वत सुस्त कामचोर को कठिन मेहनत करने को प्रेरित कर सकती है और जो भीतरी चौकड़ी में शामिल नहीं है उन्हें पैसे का लाभ प्राप्त करने का अवसर देती है। फिर भी इन मामलों में भी भ्रष्टाचार केवल इन 'काम के' (functional) क्षेत्रों तक सीमित नहीं किया जा सकता। जब भी वैयक्तिक लाभ सकारात्मक माना जायेगा, तो वहाँ प्रलोभन अवश्य रहेगा, यह कठोर वास्तविकता की तर्कसंगत अनुक्रिया (response) है लेकिन कालांतर में यह विकराल रूप धारण करेगी।

11. जो सरकारें व्यक्तिगत संपत्ति और सार्वजनिक शक्ति के भेद के ऊपर ध्यान केन्द्रित करने में असफल होती हैं, उनके निम्नलिखित बनने की संभावना होती है?
A. प्रकार्यात्मक
B. अपक्रियात्मक
C. सामान्य प्रकार्यात्मकता
D. अच्छा अभिशासन

12. बुरे अभिशासन का एक महत्वपूर्ण लक्षण है:
A. भ्रष्टाचार
B. उच्चतम कर
C. पेचीदे अधिनियम और विनियम
D. महंगाई

13. जब भ्रष्टाचार सर्वत्र व्याप्त हो तो सरकारी कर्मचारी हमेशा निम्नलिखित के लिए अवसरों की तलाश में रहते हैं:
A. सार्वजनिक हितों के लिए
B. सार्वजनिक लाभ के लिए
C. व्यक्तिगत लाभ के लिए
D. कम्पनी के मुनाफे के लिए

14. सार्वजनिक/व्यक्तिगत कर्मचारियों के लिए उत्पादकता से प्रोत्साहन को जोड़ा जाना निम्नलिखित का संकेतक है:
A. कार्यकुशल सरकार B. बुरा अभिशासन
C. अकुशल सरकार D. भ्रष्टाचार

15. बढ़ते हुए भ्रष्टाचार को रोकने का उपाय है:
A. व्यक्तिगत मुनाफा B. भ्रष्टाचार विरोधी अभियान
C. अच्छा अभिशासन D. कमीशन और हिस्सा देना

16. भारत की प्रेस परिषद कहाँ है?
A. चेन्नई B. मुंबई
C. कोलकाता D. दिल्ली

17. फोटो को टेक्निकल समायोजन के लिए काटना क्या कहलाता है?
A. फोटो कटिंग B. फोटो ब्लीडिंग
C. फोटो क्रॉपिंग D. फोटो एडजस्टमेंट

18. किसी संदेश का फीड-बैक किससे आता है?
A. सैटेलाइट B. मीडिया
C. श्रोतावर्ग D. सम्प्रेषण

19. संप्रेषण की युक्ति प्रचार करने से पहले सूचना एकत्र करना क्या कहलाता है?
A. फीड-बैक B. फीड-फारवर्ड
C. अनुसंधान अध्ययन D. अभिमत

20. टी.वी. के पर्दे का पक्ष अनुपात (The aspect ratio of TV screen) होता है:
A. 4 : 3 B. 4 : 2
C. 3 : 5 D. 2 : 3

21. निम्नलिखित अनुक्रम में बाद में कौन-सा अंक आता है?

9, 8, 8, 8, 7, 8, 6, ——

A. 5 B. 6
C. 8 D. 4

22. यदि किसी भाषा में TRIVANDRUM को कोड 2 5 9 5 3 5 4 7 5 8 है, तो MADRAS का क्या कोड होगा?

A. 8 3 4 5 3 6 B. 8 3 4 5 3 8
C. 8 3 4 5 3 0 D. 8 3 4 5 3 9

23. संख्यात्मक 'डाटा' के फैक्टोरियल विश्लेषण द्वारा, जिस प्रश्न का उत्तर दिया जाता है, वह निम्नलिखित की व्याख्या नहीं करताः

A. क्या 'X', 'Y' से संबंध रखता है?
B. 'X', 'Y' से किस प्रकार संबंधित है?
C. 'X' परिवर्तन किस प्रकार 'Y' परिवर्त को दूसरे स्वतंत्र परिवर्तों 'K' या 'M' के अलग स्तरों पर प्रभावित करता है?
D. 'X', 'K' के द्वारा 'M' से किस प्रकार संबंधित है?

24. जनवरी, 12, 1980 शनिवार था, तो जनवरी 12, 1979 क्या था?

A. शनिवार B. शुक्रवार
C. रविवार D. वृहस्पतिवार

25. यदि किसी विशेष वर्ष में किसी महीने का अंतिम दिन बुधवार होता है, तो उस महीने में कितने सोमवार होंगे?

A. 5 B. 4
C. 3 D. उपरोक्त में कोई नहीं

26. नीचे लिखे चार कथनों में दो को चुनिए जो **सही** नहीं हो सकते पर **गलत** हो सकते हैं, सही युग्म चुनिएः

(*i*) सभी मनुष्य मरणशील हैं।
(*ii*) कुछ मनुष्य मरणशील हैं।
(*iii*) कोई भी मनुष्य मरणशील नहीं है।
(*iv*) कुछ मनुष्य मरणशील नहीं हैं।

A. (*i*) और (*ii*) B. (*iii*) और (*iv*)
C. (*i*) और (*iii*) D. (*ii*) और (*iv*)

27. न्यायवाक्य में अनिवार्य हैः

A. तीन पद B. चार पद
C. छः पद D. पाँच पद

28. योजक (Copula) प्रतिज्ञप्ति का वह भाग है जो निम्नलिखित के बीच के संबंध को दर्शाता हैः

A. उद्देश्य और विधेय के बीच
B. ज्ञात और अज्ञात के बीच
C. मुख्य आधारवाक्य और लघु आधारवाक्य के बीच
D. कर्ता और कर्म के बीच

29. 'E' दर्शाता हैः

A. सार्वभौम नकारात्मक प्रतिज्ञप्ति
B. विशेष सकारात्मक प्रतिज्ञप्ति
C. सार्वभौम सकारात्मक प्रतिज्ञप्ति
D. विशेष नकारात्मक प्रतिज्ञप्ति

30. 'A', 'C' के पिता हैं। 'D', 'B' के पुत्र हैं। 'E', 'A' के भाई हैं। अगर 'C', 'D' की बहन हैं, तो 'B' और 'E' का क्या सम्बन्ध हैः

A. पुत्री B. पति
C. साली D. जीजा

31. शहरों में जनसंख्या के घनत्व को दिखाने के लिए कोरोप्लेथ नक्शा (Choropleth Map) हेतु निम्नलिखित में से कौन सी विधि चुनेंगे?

A. क्वार्टाइल्स B. क्विंटिलेस
C. मीन और एस.डी. D. ब्रेक-प्वाइंट

32. निम्नलिखित विधियों में से फसलों के प्रकार को नक्शे पर प्रदर्शित करने के लिये कौन-सी विधि सबसे उपयुक्त है?

A. कोरोप्लेथ B. कोरोक्रोमेटिक
C. कोरोस्कीमेटिक D. आइसोप्लेथ

33. अनुपात निम्नलिखित में संबंध दर्शाता हैः

A. अंश और अंश का B. अंश और पूर्ण का
C. पूर्ण और पूर्ण का D. उपरोक्त सभी का

34. चार संख्याओं में से पहली तीन संख्याओं का औसत चौथी संख्या का तिगुना है। अगर चार संख्याओं का औसत 5 है, तो चौथी संख्या कम होगी?

A. 4.5 B. 5
C. 2 D. 4

35. ''वृत्त ग्राफ'' का उपयोग निम्नलिखित में से किसको प्रदर्शित करने के लिए किया जाता है?

A. विभिन्न खण्ड किस प्रकार पूर्ण का भाग बनते हैं?

B. विभिन्न भाग पूर्ण से किस प्रकार संबंधित हैं?

C. एक पूर्ण (Whole) दूसरे पूर्णों (Wholes) से किस प्रकार संबंधित है?

D. किस प्रकार एक भाग (Part) दूसरे भागों से संबंध रखता है?

36. प्रत्येक कंप्यूटर के 'की-बोर्ड' के प्रत्येक 'करैक्टर' की ''ASCII'' होती है, जिसका पूर्णरूप है:

A. अमेरिकन स्टॉक कोड फॉर इन्फार्मेशन इन्टरचेंज

B. अमेरिकन स्टैंडर्ड कोड फॉर इन्फार्मेशन इन्टरचेंज

C. अफ्रीकन स्टैंडर्ड कोड फॉर इन्फार्मेशन इन्टरचेंज

D. अडाप्टेबल स्टैंडर्ड कोड फॉर इन्फार्मेशन इन्टरचेंज

37. सेन्ट्रल प्रोसेसिंग यूनिट (सी.पी.यू.) का कौन सा भाग आकलन करता है और निर्णय लेता है?

A. अरिथमेटिक लॉजिक यूनिट

B. अल्टरनेटिंग लॉजिक यूनिट

C. अल्टरनेट लोकल यूनिट

D. अमेरिकन लॉजिक यूनिट

38. ''डी.पी.आइ.'' (DPI) दर्शाता है:

A. डॉट पर इंच B. डिजिट्स पर यूनिट

C. डॉट्स पिक्सेल इंच D. डाइग्राम्स पर इंच

39. एक प्रलेख का पाठ (text) चित्र, शीर्षक और फोटोग्राफ आदि निम्नलिखित में से किसमें अन्तर्निहित होते हैं?

A. डेक टॉप पब्लिशिंग

B. डेस्क टॉप प्रिंटिंग

C. डेस्क टॉप पब्लिशिंग

D. डेक टॉप प्रिंटिंग

40. एक अनुप्रयोग से दूसरे अनुप्रयोग में सामग्री का अंतरण कहलाता है:

A. डायनेमिक डिस्क एक्सचेंज

B. डॉजी डेटा एक्सचेंज

C. डॉगमेटिक डेटा एक्सचेंज

D. डायनेमिक डेटा एक्सचेंज

41. सुनामी (Tsunami) का प्रकोप के कारण हैं:

A. महासागरों में हल्कें भूकंप और भूस्खलन

B. महासागरों में भारी भूकंप और भूस्खलन

C. पहाड़ों पर भारी भूकंप और भूस्खलन

D. रेगिस्तानों में भारी भूकंप और भूस्खलन

42. भारतवासियों पर प्रतिवर्ष कौन सी प्राकृतिक आपदाओं का बहुत प्रभाव पड़ता है?

A. चक्रवात B. बाढ़

C. भूकंप D. भूस्खलन

43. तुलनात्मक पर्यावरण प्रभाव मूल्यांकन (EIA) का अध्ययन होता है:

A. संपूर्ण वर्ष में

B. मानसून को छोड़कर तीनों ऋतुओं में

C. कोई भी तीन मौसम में

D. सबसे खराब मौसम में

44. समुद्र का स्तर मुख्य रूप से किससे बढ़ता है?

A. भारी वर्षा के कारण

B. ग्लेशियरों के पिघलने के कारण

C. समुद्र के अंदर ज्वालामुखी के कारण

D. समुद्रतल के विस्तार के कारण

45. ''कोयले से चलने वाली पावर प्लांट'' में धुयें का उठना निर्भर करता है:

(i) ब्वायन्सी

(ii) वातावरणीय स्थायित्व

(iii) इक्जॉस्ट गैसों का वेग

सही कोड पहचानिए:

A. केवल (i) और (ii) B. केवल (ii) और (iii)

C. केवल (i) और (iii) D. केवल (i), (ii) और (iii)

46. मूल्यांकित शिक्षा (Value education) छात्र को क्या बनाती है?

A. अच्छा नागरिक B. सफल व्यापारी

C. लोकप्रिय अध्यापक D. कुशल प्रबंधक

47. इलेक्ट्रॉनिक मीडिया के द्वारा पुस्तकालयों का जोड़ा जाना कहलाता है:

A. इन्फ्लिबनेट B. लिबिफिनेट

C. इन्टरनेट D. एच.टी.एम.एल.

48. जो विश्वविद्यालय अपने निजी चैनल द्वारा शैक्षिक कार्यक्रम टेलीकास्ट करता है, वह है:

A. बी.आर. अम्बेडकर ओपन यूनिवर्सिटी, हैदराबाद

B. इग्नू

C. यूनिवर्सिटी ऑफ पुणे

D. अन्नामलई यूनिवर्सिटी

49. सरकार ने संसद के नियम द्वारा विश्वविद्यालय अनुदान आयोग (UGC) की स्थापना किस वर्ष में की है?

A. 1980 B. 1948

C. 1950 D. 1956

50. जिन विश्वविद्यालयों में शिक्षा प्रदान करने के लिये केन्द्रीय परिसर होता है, उन्हें कहा जाता है:

A. केन्द्रीय विश्वविद्यालय

B. डीम्ड यूनिवर्सिटी

C. आवासीय विश्वविद्यालय

D. ओपन यूनिवर्सिटी

उत्तरमाला

1	2	3	4	5	6	7	8	9	10
D	A	A	B	A	C	D	B	B	B
11	**12**	**13**	**14**	**15**	**16**	**17**	**18**	**19**	**20**
B	A	C	A	C	D	C	C	D	A
21	**22**	**23**	**24**	**25**	**26**	**27**	**28**	**29**	**30**
C	B	C	B	D	B	A	B	A	D
31	**32**	**33**	**34**	**35**	**36**	**37**	**38**	**39**	**40**
B	C	B	C	A	A	A	A	C	D
41	**42**	**43**	**44**	**45**	**46**	**47**	**48**	**49**	**50**
B	B	A	B	D	A	A	B	D	B

कुछ चुने हुए प्रश्नों के व्याख्यात्मक उत्तर

22. 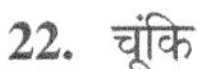

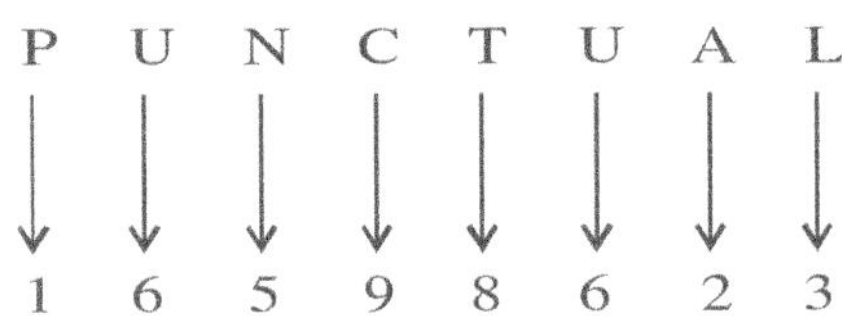

इसलिए

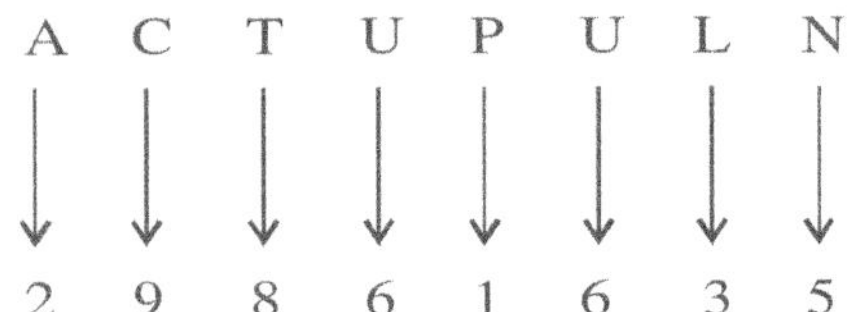

30. संकेत E ⟶ A ⟶ C

C ↙ D

D ⟶ B

उपरोक्त चित्र से स्पष्ट है कि E, B का जीजा है।

34. माना कि चौथी संख्या $3x$ है।

$\therefore$ पहली तीन संख्याओं का औसत $3x$ है तथा सभी चारों संख्याओं का औसत 5 है।

प्रश्न से,

$$5 \times 4 = 3 \times 3x + x$$

$$\Rightarrow \quad 20 = 9x + x$$

$$\Rightarrow \quad x = 2$$

■■■■■■■

पिछले प्रश्न-पत्र (हल सहित)

यू.जी.सी. NET (JRF) परीक्षा

प्रश्न-पत्र-I, दिसम्बर, 2006

1. निम्न में से कौनसी अनुदेशन सामग्री नहीं है?
A. ओवर हेड प्रोजेक्टर B. आडियो केसेट
C. छपी सामग्री D. ट्रान्सपरेन्सी

2. निम्न में से कौन सा कथन सही नहीं है?
A. तर्क शक्ति का विकास व्याख्यान विधि द्वारा हो सकता है।
B. ज्ञान का विकास व्याख्यान विधि द्वारा हो सकता है।
C. व्याख्यान विधि एक तरफा प्रक्रिया है।
D. व्याख्यान विधि के दौरान छात्र निष्क्रिय होते हैं।

3. उच्च शिक्षा के स्तर पर शिक्षण का मुख्य उद्देश्य है:
A. छात्रों को परीक्षा पास करने के लिए तैयार करना।
B. निर्णय लेने की क्षमता का विकास करना।
C. नई जानकारी देना
D. व्याख्यान के दौरान प्रश्न पूछने के लिए छात्रों को प्रेरित करना।

4. निम्न में से कौन सा कथन सही है?
A. विश्वसनीयता, वैधता को सुनिश्चित करती है।
B. वैधता, विश्वसनीयता को सुनिश्चित करती है।
C. विश्वसनीयता और वैधता एक दूसरे से स्वतंत्र हैं।
D. विश्वसनीयता, वस्तुनिष्ठता पर निर्भर नहीं करती।

5. निम्नलिखित में से कौन सा मूल्यांकन को इंगित करता है?
A. राम को 200 में से 45 अंक प्राप्त हुये।
B. मोहन को अंग्रेजी में 38 प्रतिशत अंक प्राप्त हुये।
C. श्याम अंतिम परीक्षा में प्रथम श्रेणी में पास हुये।
D. उपरोक्त सभी।

6. शोध वह व्यक्ति कर सकता है :
A. जिसने शोध विधि पढ़ी हो।
B. जिसके पास स्नातकोत्तर उपाधि है।
C. जिसमें सोचने की और तर्क की क्षमता है।
D. जो परिश्रमी हो।

7. निम्नलिखित में से कौन सा कथन सही है?
A. शोध के उद्देश्यों को शोध ग्रंथ के प्रथम अध्याय में लिखते हैं।
B. शोधकर्ता में विश्लेषणात्मक योग्यता होनी चाहिये।
C. विचलन समस्या का स्रोत है।
D. उपरोक्त सभी

8. निम्नलिखित में से कौनसी शोध विधि नहीं है?
A. अवलोकन B. ऐतिहासिक
C. सर्वेक्षण D. दार्शनिक

9. शोध को वर्गीकृत कर सकते हैं:
A. मूल, प्रायोगिक और क्रिया शोध
B. संख्यात्मक और गुणात्मक शोध
C. दार्शनिक, ऐतिहासिक, सर्वेक्षण और प्रायोगिक शोध
D. उपरोक्त सभी

10. शोध का प्रथम सोपान है:
A. समस्या का चयन
B. समस्या को ढूँढना
C. समस्या का पता लगाना
D. समस्या की पहचान

निम्नलिखित अनुच्छेद को पढ़िये तथा 11 से 15 तक के प्रश्नों के उत्तर दीजिए:

करीब तीन दशकों तक हीरोइनों के चपटे पेट की आभूषण जड़ित नाभियों के इर्दगिर्द सिमटे रहने के बाद मुंबइया फिल्म उद्योग भारतीय मूल की जोशीली गुरिंदर चड्ढा की बल्ले-बल्ले के साथ भारत और खुद अपनी तलाश में जुट गया है। चार प्रमुख निर्देशकों की 30-30 करोड़ रु. से अधिक के बजट वाली और शीघ्र ही रिलीज होने वाली चार फिल्मों में यह जानने की कोशिश तो की ही गई है कि हम कौन हैं, दूसरों

को भी पुनः परिभाषित किया गया है। यह बुनियादी प्रश्न है जिसका उत्तर ढूंढ़ने से शोशेबाज लोग कतराते हैं। यह ऐसा सवाल भी है जो रोशनी मद्धिम होने और प्रोजेक्टर चलने के साथ ही दर्शकों को बांध देता है। एक राष्ट्र-राज्य के रूप में हम हैं कौन? एक कौम के रूप में हम कहाँ जा रहे हैं?

जर्मनों ने इसके लिए एक शब्द ईजाद किया था-जाइटगीस्ट। यश चोपड़ा शायद इसका उच्चारण भी न कर सकें। किन्तु, 72 वर्षीय चोपड़ा ही ऐसे व्यक्ति हैं जो इसे बखूबी दर्शा सकते हैं। भारतीय मूल के लोगों को परदे पर (1991 के लम्हे में) दिखाने वाले पहले फिल्मकार का दर्जा हासिल करने के बाद वे नई फिल्म वीर जारा में अपनी जड़ों की ओर लौट आए हैं। यह फिल्म 1986 के दौर पर आधारित है जिसमें पाकिस्तान को, जो कि पारम्परिक रूप से पराया है, वह हिस्सा जो अलग हो गया–प्रेमी और उद्धारकर्ता के रूप में दिखाया गया है। 1947 के दौर पर आधारित सुभाष घई की 'किसना' में पराये के रूप में एक अंग्रेज महिला को दिखाया गया है। वह कोई मेमसाहब नहीं बल्कि महबूबा है। केतन मेहता की 'द राइजिंग' में ईस्ट इंडिया कम्पनी का अंग्रेज असंख्य लोगों को सताने वाला दुष्ट नहीं, जो 'जुएल इन द क्राउन' से लेकर 'कर्मा' तक फैला हुआ है, बल्कि इज्जतदार दोस्त है।

वस्तुतः मनोज कुमार की देश की धरती एक अलग फिल्म है : उसमें संस्कृति है, विवादास्पद राजनीति नहीं, बल्ले-बल्ले है, बॉम्ब नहीं : दूरियाँ नहीं नजदीकियाँ हैं।

ये चारों फिल्में हीरो और हीरोइन का एक नया चेहरा प्रस्तुत कर रही हैं। इस नए हीरो में कमजोरियां हैं, वह संवेदनशील है, अपने धर्म के प्रति निष्ठावान है लेकिन असफलता से डरता नहीं है–वह युवक कम, पुरुष ज्यादा है। उसका नाम भी परिपक्वता का प्रतीक है; 'वीर जारा' में वीर प्रतापसिंह और 'स्वदेश' में मोहन भार्गव। नई हीरोइन कोई कमसिन शोख हसीना नहीं है बल्कि पारंपरिक पंजाबी लिबास में ठेठ भारतीय काया वाली बेबे है, जैसी कि गुरिंदर चड्ढा की 'ब्राइड एण्ड प्रेज्युडिस' में दिखती हैं।

11. यश चोपड़ा किस शब्द को बोलने में समर्थ नहीं हो सकेंगे?
A. ब्लिंग + ब्लिंग B. जाइटगीस्ट
C. मोंटाज D. दूरियाँ

12. 1991 में लम्हें किसने बनाई थी?
A. सुभाष घई B. यश चोपड़ा
C. आदित्य चोपड़ा D. शक्ति सामंत

13. मनोज कुमार से कौनसी फिल्म संबंधित है?
A. ज्यूल इन द क्राउन B. किसना
C. जारा D. देश की धरती

14. यश चोपड़ा की नवीनतम फिल्म कौनसी है?
A. दीवार
B. कभी-कभी
C. दिलवाले दुल्हनियाँ ले जायेंगे
D. वीर जारा

15. वीर जारा में हीरोइन की ड्रेस क्या है।?
A. परम्परागत गुजराती कपड़े
B. परम्परागत बंगाली कपड़े
C. परम्परागत पंजाबी कपड़े
D. परम्परागत मद्रासी कपड़े

16. निम्नलिखित में से किसको मौखिक संचार कहा जा सकता है?
A. प्रोफेसर शर्मा ने कक्षा में लेक्चर दिया।
B. चौराहे पर बत्ती हरे से नारंगी रंग की हो गई।
C. शिशु अपनी माता का ध्यान अपनी और आकर्षित करने के लिए चिल्ला रहा था।
D. दीपक ने अवकाश प्राप्ति हेतु एक पत्र लिखा।

17. भारत में 24 घण्टे चलने वाला व्यवसायिक समाचार चैनेल कौनसा है?
A. जी न्यूज B. एनडीटीवी 24 × 7
C. सीएनबीसी D. इण्डिया न्यूज

18. संचार में संबंधित निम्नलिखित कथनों पर विचार कीजिए:
(*i*) हेमा मालिनी चिल्ड्रेन फिल्म सोसायटी, इण्डिया की अध्यक्षा हैं।
(*ii*) यश चोपड़ा भारत के सेंट्रल बोर्ड ऑफ फिल्म सर्टिफिकेशन के अध्यक्ष हैं।
(*iii*) शर्मिला टैगोर नेशनल फिल्म डेवलपमेंट कारपोरेशन की अध्यक्षा हैं।
(*iv*) दिलीप कुमार, राज कपूर और प्रीती जिंटा को दादा साहेब फाल्के पुरस्कार मिला है।

उपरोक्त में से कौन सा/से कथन सही है/हैं?

A. (i) और (iii) B. (ii) और (iii)
C. केवल (iv) D. केवल (iii)

19. निम्नलिखित में से कौन-सा युग्म सुमेलित नहीं है?

A. एन. राम : द हिन्दू
B. बरखा दत्त : जी न्यूज
C. प्रणय राय : एनडीटीवी 24 × 7
D. प्रभु चावला : आज तक

20. ''क्योंकि जानकारी आपका अधिकार है'' इस सूक्ति का प्रयोग किया जाता है:

A. द टाइम्स ऑफ इण्डिया द्वारा
B. द हिन्दू द्वारा
C. इण्डियन एक्सप्रेस द्वारा
D. हिन्दुस्तान टाइम्स द्वारा

21. 8, 24, 12, X, 18, 54 अंक शृंखला में, लुप्त अंक X है:

A. 26 B. 24
C. 36 D. 32

22. यदि A का मूल्य 5 है, B का मूल्य 6 है, C का मूल्य 7 है, तो निम्नलिखित संख्याओं का मूल्य है—17, 19, 20, 9 और 8:

A. PLANE B. MOPED
C. MOTOR D. TONGA

23. पहले समुच्चय के अक्षरों में एक विशिष्ट संबंध है। इस संबंध के आधार पर दूसरे समुच्चय के लिए सही विकल्प कौनसा है?

AST : BRU : : NQV : ?

A. ORW B. MPU
C. MRW D. OPW

24. किसी कूट में PAN को 31 के रूप में लिखा जाता है और PAR को 35 के रूप में लिखा जाता है। इस कूट में PAT के लिए लिखा जाएगा:

A. 30 B. 37
C. 38 D. 39

25. एक त्रिभुज की भुजाओं का अनुपात $\frac{1}{2}:\frac{1}{3}:\frac{1}{4}$ है। यदि उसकी परिधि 52 सेंटी मीटर है, तो उसकी सबसे छोटी भुजा की लम्बाई है:

A. 9 सें.मी. B. 10 सें.मी.
C. 11 सें.मी. D. 12 सें.मी.

26. निम्नलिखित में से कौनसा एक कथन पूर्णतः निरर्थक है?

A. वह कुँवारा था, किन्तु उसने हाल ही में विवाह किया है।
B. वह कुँवारा है, किन्तु उसने हाल ही में विवाह किया है।
C. जब उसने विवाह किया था, तब वह कुँवारा नहीं था।
D. जब वह कुँवारा था, तब वह विवाहित नहीं था।

27. निम्नलिखित में से कौनसे कथन परस्पर व्याघाती हैं?

(*i*) सभी फूल सुवासित नहीं होते हैं।
(*ii*) अधिकतर फूल सुवासित नहीं होते हैं।
(*iii*) कोई भी फूल सुवासित नहीं होता।
(*iv*) अधिकतर फूल सुवासित होते हैं।

निम्नलिखित कूट से सही उत्तर चुनिए:

A. (*i*) और (*ii*) B. (*i*) और (*iii*)
C. (*ii*) और (*iii*) D. (*iii*) और (*iv*)

28. निम्नलिखित में से कौनसे कथन एक ही बात कहते हैं?

(*i*) ''मैं एक अध्यापक हूँ'' (अरविन्द द्वारा कहा गया)
(*ii*) ''मैं एक अध्यापक हूँ'' (बिनोद द्वारा कहा गया)
(*iii*) ''मेरा पुत्र एक अध्यापक है'' (बिनोद के पिता द्वारा कहा गया)
(*iv*) ''मेरा भाई एक अध्यापक है'' (बिनोद की बहन द्वारा कहा गया)
(*v*) ''मेरा भाई एक अध्यापक है'' (बिनोद की इकलौती बहन द्वारा कहा गया)
(*vi*) ''मेरा इकलौता शत्रु एक अध्यापक है'' (बिनोद के इकलौते शत्रु द्वारा कहा गया)

निम्नलिखित कूट से सही उत्तर चुनिए:

कूट:

A. (*i*) और (*ii*) B. (*ii*), (*iii*), (*iv*) और (*v*)
C. (*ii*) और (*vi*) D. (*v*) और (*vi*)

29. निम्नलिखित में से कौनसे तर्क के ढंग सही हैं?

(*i*) दूसरी पत्नी के बिना दूसरा पति नहीं हो सकता।

(*ii*) अनिल बॉब का मित्र है, बॉब राज का मित्र है, अतः अनिल राज का मित्र है।

(*iii*) A, B के समान है, B, C के समान है, अतः A, C के समान है।

(*iv*) यदि सभी असत्यवादी हैं, तो हम इसे कभी सिद्ध नहीं कर सकते।

निम्नलिखित कूट से सही उत्तर चुनिएः

कूटः

A. (*iii*) और (*iv*) B. (*i*), (*iii*) और (*iv*)

C. (*ii*), (*iii*) और (*iv*) D. (*i*), (*ii*), (*iii*) और (*iv*)

30. निम्नलिखित में से कौन सा/से कथन सदैव असत्य होते हैं?

(*i*) किसी दिन सूर्य पूर्व से उदित नहीं होगा।

(*ii*) लकड़ी का मेज, मेज नहीं होता।

(*iii*) दिल्ली शहर पानी में डूब जाएगा।

(*iv*) कारों में पानी ईंधन के रूप में प्रयुक्त होगा।

निम्नलिखित कूट से सही उत्तर चुनिएः

कूटः

A. (*i*), (*iii*) और (*iv*) B. केवल (*iii*)

C. (*i*), (*ii*) और (*iii*) D. केवल (*ii*)

निम्न आरेख का अध्ययन कीजिए एवं प्रश्न संख्या 31 से 33 तक के उत्तर दीजिएः

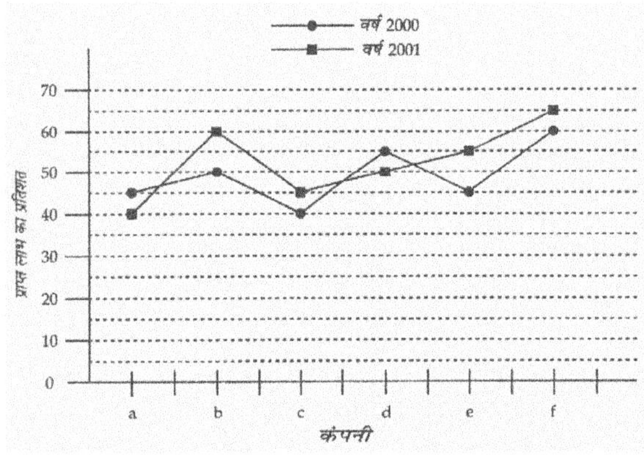

31. वर्ष 2000 में, निम्न में से किस कम्पनी ने सर्वाधिक प्रतिशत लाभ प्राप्त किया?

A. a B. b

C. d D. f

32. वर्ष 2001 में, निम्न में से किस कम्पनी ने न्यूनतम प्रतिशत लाभ प्राप्त किया?

A. a B. c

C. d D. e

33. वर्ष 2000 एवं 2001 में, निम्न में से किस कम्पनी ने सर्वाधिक औसत प्रतिशत लाभ प्राप्त किया?

A. f B. e

C. d D. b

34. विश्व स्तर पर प्रत्येक वर्ष ह्यूमन डेवलपमेंड रिपोर्ट का प्रकाशन किया जाता हैः

A. यू.एन.डी.पी. द्वारा B. डब्ल्यू.टी.ओ.द्वारा

C. आई.एम.एफ.द्वारा D. विश्व बैंक द्वारा

35. A, B, C और D कक्षाओं में विद्यार्थियों की संख्या और उनकी कक्षा द्वारा प्राप्त औसत अंकों को दिया गया हैः

	कक्षा A	कक्षा B	कक्षा C	कक्षा D
विद्यार्थियों की संख्या	10	40	30	20
अंकगणितीय औसत	20	30	50	15

इन चारों कक्षाओं के अंकों की संयुक्त औसत होगीः

A. 32 B. 50

C. 20 D. 15

36. एल.ए.एन (LAN) सम्बोधित करता हैः

A. लोकल एण्ड नेशनल B. लोकल एरिया नेटवर्क

C. लार्ज एरिया नेटवर्क D. लाइव एरिया नेटवर्क

37. निम्नलिखित में से कौन सा कथन सही है?

A. मोडेम एक सोफ्टवेयर है।

B. मोडेम, वोल्टेज को स्थिरीकरण करने में सहायता करता है।

C. मोडेम एक आपरेटिंग सिस्टम है।

D. मोडेम, अनालाग सिग्नल को डिजिटल सिग्नल में और इसके विपरीत बदलता है।

38. निम्न में से कम्प्यूटर की उपयुक्त परिभाषा कौन सी है?

A. कम्प्यूटर एक मशीन है जो सूचना को संधारित कर सकता है।

B. कम्प्यूटर एक इलेक्ट्रानिक डिवाइस है जो गुणात्मक और संख्यात्मक जानकारी को संग्रहीत, पुनः प्राप्त और तीव्र गति से सही-सही संधारित कर सकता है।

C. कम्प्यूटर एक इलेक्ट्रानिक डिवाइस है जो संख्यात्मक जानकारी को संग्रहीत, पुनः प्राप्त और तीव्रगति से संधारित कर सकता है।

D. कम्प्यूटर एक मशीन है जो गुणात्मक जानकारी को संग्रहीत, पुनः प्राप्त और तीव्र गति से सही-सही संधारित कर सकता है।

39. सूचना एवं संचार प्रौद्यौगिकी में सम्मिलित हैं:

A. ऑन लाइन (On line) सीखना

B. EDUSAT के माध्यम से सीखना

C. वेब बेस्ड (Web Based) सीखना

D. उपरोक्त सभी

40. निम्न में से ई-मेल के यू.आर.एल. (URL) का कौन सा प्रारूप उपयुक्त है?

A. www_mail.com

B. www@mail.com

C. WWW@mail.com

D. www.mail.com

41. ज्वालामुखी उद्गार के सर्वाधिक महत्वपूर्ण प्रभाव की अनुभूति हुई है:

A. मौसम परिवर्तन के रूप में

B. द्वीपों के धँसने से

C. वनस्पति का क्षय होने से

D. पशुओं का विलोप होने से

42. महासागरीय जल में CO_2 के सामान्य वांछित स्तर से अधिक अवशोषण तथा विघटन होने के साथः

A. तापमान में कमी होगी

B. खारेपन में बढ़ोतरी होगी

C. पादप प्लैंकटन में वृद्धि होगी

D. सामुद्रिक स्तर में उत्थान होगा

43. कालम-II को कालम-I से सुमेलित करने के लिए समुचित अनुक्रम में व्यवस्थित कीजिए तथा नीचे दिए गए कूट से सही उत्तर चुनिएः

कालम-**I** जल की गुणवत्ता	कालम-**II** ***pH*** मूल्य
(*a*) न्यूट्रल	(*i*) 5
(*b*) मामूली आम्ल	(*ii*) 7
(*c*) क्षार	(*iii*) 4
(*d*) हानिकारक	(*iv*) 8

कूटः

	(*a*)	(*b*)	(*c*)	(*d*)
A.	(*ii*)	(*iii*)	(*i*)	(*iv*)
B.	(*i*)	(*iii*)	(*ii*)	(*iv*)
C.	(*ii*)	(*i*)	(*iv*)	(*iii*)
D.	(*iv*)	(*ii*)	(*iii*)	(*i*)

44. भारत में ईंधन स्रोतों से प्रदूषकों का सर्वाधिक उत्सर्जन होता है:

A. कोयले द्वारा

B. जलावन द्वारा

C. कचड़ा जलाने से

D. वनस्पति अपशिष्ट उत्पाद द्वारा

45. नगरीकरण प्रक्रिया के कारण रात्रि में नगरों में वायु:

A. ग्रामीण क्षेत्रों की अपेक्षा तीव्रतर रहती है।

B. ग्रामीण क्षेत्रों की अपेक्षा धीमी रहती है।

C. ग्रामीण क्षेत्रों जैसी ही रहती है।

D. ग्रामीण क्षेत्रों की अपेक्षा ठंडी रहती है।

46. विश्वविद्यालय अनुदान आयोग का गठन निम्न में से किस आयोग की सिफारिश पर किया गया था?

A. डा. सर्वपल्ली राधाकृष्णन आयोग

B. मुदालियर आयोग

C. सार्जेन्ट आयोग

D. कोठारी आयोग

47. निम्नलिखित में से भारतीय संविधान का कौनसा एक अनुच्छेद अल्पसंख्यकों को अपनी रुचि की शिक्षण संस्थाओं को स्थापित एवं संचालित करने के अधिकार को संरक्षण प्रदान करता है?

A. अनुच्छेद 19 B. अनुच्छेद 29

C. अनुच्छेद 30 D. अनुच्छेद 31

48. सूची-I (संस्थाएं) को सूची II (कार्यों) से सुमेलित करते हुए नीचे दिये गये कूट का प्रयोग कर सही उत्तर दें:

सूची-**I** (संस्थाएं)	सूची-**II** (कार्य)
(*a*) संसद	(*i*) बजट का निरूपण
(*b*) सी. एण्ड ए. जी.	(*ii*) बजट का अधिनियमन
(*c*) वित्त मंत्रालय	(*iii*) बजट का निष्पादन
(*d*) व्ययकारी विभाग	(*iv*) व्यय की वैधता
	(*v*) आय का औचित्य

कूट:

	(*a*)	(*b*)	(*c*)	(*d*)
A.	(*iii*)	(*iv*)	(*ii*)	(*i*)
B.	(*ii*)	(*iv*)	(*i*)	(*iii*)
C.	(*v*)	(*iii*)	(*iv*)	(*ii*)
D.	(*iv*)	(*ii*)	(*iii*)	(*v*)

49. नये चयनित आई.ए.एस्. (प्रोबेशनर्स) को आधारभूत प्रशिक्षण दिया जाता है:

A. इण्डियन इंस्टीटयूट आफ पब्लिक एडमिनिस्ट्रेशन द्वारा

B. एडमिनिस्ट्रेटिव स्टाफ कॉलेज आफ इण्डिया द्वारा

C. एल.बी.एस. नेशनल एकेडेमी आफ एडमिनिस्ट्रेशन द्वारा

D. सेन्टर फार एडवान्स्ड स्टडडीज द्वारा

50. राष्ट्रपति और उपराष्ट्रपति के चुनावों से सम्बन्धित विवादों का निपटारा किया जाता है:

A. भारत के निर्वाचन आयोग द्वारा

B. संसद के संयुक्त समिति द्वारा

C. भारत के उच्चतम न्यायालय द्वारा

D. केन्द्रीय चुनाव अधिकरण द्वारा

उत्तरमाला

1	**2**	**3**	**4**	**5**	**6**	**7**	**8**	**9**	**10**
D	A	B	B	D	C	D	B	D	D
11	**12**	**13**	**14**	**15**	**16**	**17**	**18**	**19**	**20**
B	B	D	D	C	C	C	D	B	D
21	**22**	**23**	**24**	**25**	**26**	**27**	**28**	**29**	**30**
C	B	D	B	D	B	B	B	A	D
31	**32**	**33**	**34**	**35**	**36**	**37**	**38**	**39**	**40**
D	A	A	A	A	B	D	B	D	B
41	**42**	**43**	**44**	**45**	**46**	**47**	**48**	**49**	**50**
A	C	C	C	B	A	C	B	C	C

कुछ चुने हुए प्रश्नों के व्याख्यात्मक उत्तर

21.

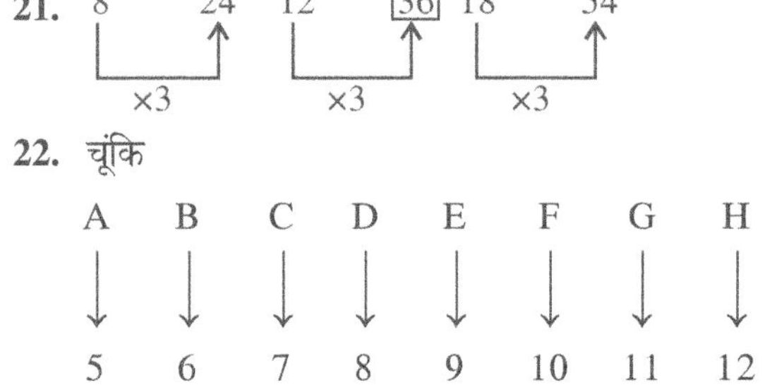

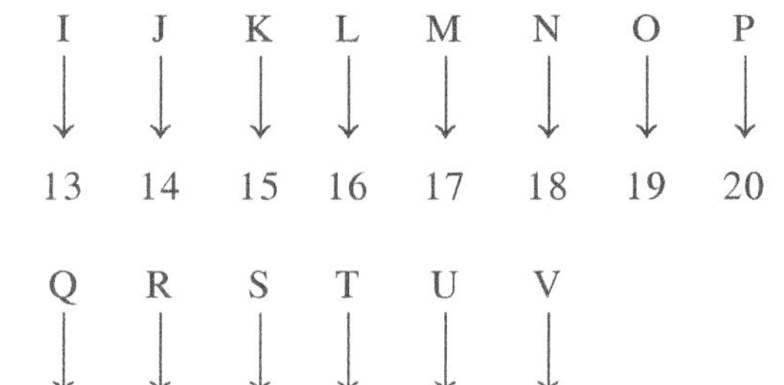

इसलिए

17	19	20	9	8
↓	↓	↓	↓	↓
M	O	P	E	D

23. चूंकि

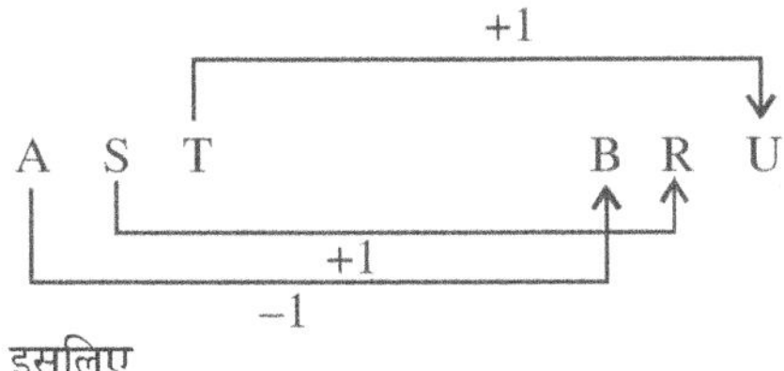

इसलिए

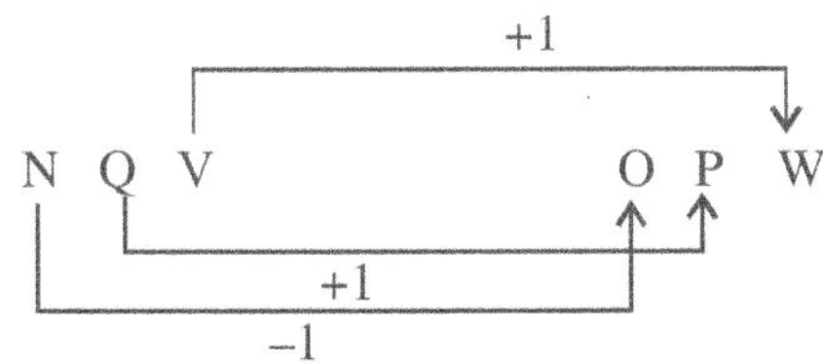

24. चूंकि

P A N $\Rightarrow 16 + 1 + 14$ (अंग्रेजी वर्णमाला में वर्णों की स्थिति का योग)

$\Rightarrow 31$

और

P A R $\Rightarrow 16 + 1 + 18$

$\Rightarrow 35$

इसलिए

P A T $\Rightarrow 16 + 1 + 20$

$\Rightarrow 37$

25. माना कि त्रिभुज की भुजाएं $\frac{1}{2}x, \frac{1}{3}x$ और $\frac{1}{4}x$ हैं।

$$\therefore\ 52 = \frac{1}{2}x + \frac{1}{3}x + \frac{1}{4}x$$

$$= x\left[\frac{1}{2} + \frac{1}{3} = \frac{1}{4}\right]$$

$$= \frac{13x}{12}$$

$$\Rightarrow 52 = \frac{13x}{12} \Rightarrow x = 48$$

$\therefore$ त्रिभूज की पहली भुजा $= 48 \times \frac{1}{2} = 24$

त्रिभुज की दूसरी भुजा $= 48 \times \frac{1}{3} = 16$

त्रिभुज की तीसरी भुजा $= 48 \times \frac{1}{4} = 12$

(सबसे छोटी भुजा)

पिछले प्रश्न-पत्र (हल सहित)

यू.जी.सी. NET (JRF) परीक्षा

प्रश्न-पत्र-I, जून, 2006

1. अधोलिखित में से अध्यापन कौशल किसमें हैं?

A. श्याम-पट लेखन B. प्रश्न करना

C. समझाना D. उपरोक्त सभी

2. अधोलिखित वक्तव्यों में कौन सबसे अधिक तर्कसंगत है?

A. शिक्षक अध्यापन कर सकते हैं।

B. शिक्षक शिक्षार्थियों में ज्ञान प्राप्त करने की आकांक्षा उत्पन्न कर सकते हैं।

C. चिन्तन-प्रक्रिया के विकास के लिये व्याख्यान प्रणाली का उपयोग किया जा सकता है।

D. शिक्षक पैदा होते हैं।

3. प्राचीन भारत के प्रथम भारतीय इतिहासकार थे:

A. मेगास्थेनीज B. फाययान

C. हुआन त्सांग D. कलहन

4. निम्नलिखित वक्तव्यों में से कौन सही है?

A. पाठ्यक्रम पाठ्यविवरण का अंग है।

B. पाठ्यक्रम पाठ्यविवरण का संलग्नक अंग है।

C. पाठ्यविवरण उन सभी शिक्षण संस्थाओं का जो किसी विश्वविद्यालय विशेष से सम्बद्ध हैं, एक समान होता है।

D. पाठ्यक्रम किसी विश्वविद्यालय विशेष से सम्बद्ध महाविद्यालयों में एक समान नहीं होते हैं।

5. निम्नलिखित दो विकल्पों में "समझ के स्तर" के अनुरूप कौन है?

(I) संज्ञा की व्याख्या

(II) अपने शब्दों में संज्ञा की व्याख्या

A. मात्र I

B. मात्र II

C. I एवं II दोनों

D. I एवं II में से कोई भी नहीं।

6. अधोलिखित में से वर्तमान समाज में शोध का मुख्य कार्य क्या है:

(I) ज्ञान वृद्धि की प्रक्रिया में सहभागिता।

(II) नई वस्तुओं/तथ्यों का अन्वेषण।

(III) पूर्व लिखी गयी रचनाओं की समीक्षा।

(IV) शोधों/स्रोतों की सुसम्बद्ध परीक्षा तथा उनका विषयनिष्ठ समालोचनात्मक विश्लेषण।

A. IV, II एवं I B. I, II एवं III

C. I एवं III D. II, III एवं IV

7. सूची-**I** (साक्षात्कार) का मिलान सूची-**II** (अर्थ) से करें तथा नीचे दिए गए कूट से सही उत्तर चुनें:

सूची-**I** (साक्षात्कार)	सूची-**II** (अर्थ)
(*a*) ढाँचाबद्ध साक्षात्कार	(*i*) अधिक नमनीय उपागम
(*b*) ढाँचाविहीन साक्षात्कार	(*ii*) जिन प्रश्नों का उत्तर देना है उन पर ध्यान
(*c*) केंद्रित साक्षात्कार	(*iii*) निजी जीवन का अनुभव
(*d*) नैदानिक साक्षात्कार	(*iv*) पूर्व-निर्धारित प्रश्न
	(*v*) अन-निदेशात्मक

कूट:

	(*a*)	(*b*)	(*c*)	(*d*)
A.	(*iv*)	(*i*)	(*ii*)	(*iii*)
B.	(*ii*)	(*iv*)	(*i*)	(*iii*)
C.	(*v*)	(*ii*)	(*iv*)	(*i*)
D.	(*i*)	(*iii*)	(*v*)	(*iv*)

8. अन्तर्शास्त्रीय शोध के सन्दर्भ में आपकी क्या धारणा है?

A. शोध का समग्रात्मक विश्लेषण

B. शोध क्षेत्र में विषय विशेष की निर्भरता को कम करना

C. शोध विषय को आवश्यकता से अधिक सरल बनाना

D. शोध प्रविधि में नई प्रवृत्ति का सृजन

9. अनुसंधान में वैज्ञानिक पद्धति का एक मुख्य उद्देश्य है:
A. आकड़ों के विश्लेषण में सुधार
B. अवैध एवं त्रुटिपूर्ण संबंधों का निवारण
C. बहुआयामी आलोचना और परीक्षा को सुनिश्चित करना
D. नये मापदण्डों का प्रयोग

10. शोध की गहराई निम्नलिखित किस एक में निहित है?
A. शोध का शीर्षक
B. शोध द्वारा अर्जित तथ्य
C. शोध पर खर्च की गई राशि
D. शोध में व्यतित समय

अधोलिखित उद्धरण को पढ़े और प्रश्न संख्या 11 से 15 का उत्तर दें:

देश के राष्ट्रपति और उपराष्ट्रपति, संसद और विधान सभाओं का चुनाव कराने के लिये मतदाता सूचियां तैयार करने तथा निर्देशन/नियंत्रण करने के अधिकार निर्वाचन आयोग को दिये गये हैं। निर्वाचन आयोग एक स्वतन्त्र संवैधानिक प्राधिकरण है।

संविधान के अनुच्छेद 324(5) के तहत विशेष प्रावधानों के जरिए निर्वाचन आयोग की स्वतन्त्रता तथा कार्यपालिका के हस्तक्षेप से उसकी रक्षा सुनिश्चित की गई है। इन प्रावधानों के तहत मुख्य निर्वाचन आयुक्त को उनके पद से केवल उन्हीं परिस्थितियों में हटाया जा सकता है, जिन परिस्थितियों में उच्चतम न्यायालय के न्यायाधीश हटाए जा सकते हैं तथा उसकी नियुक्ति के पश्चात मुख्य निर्वाचन आयुक्त की सेवा-शर्तें उसके कार्य के रास्ते में बाधक नहीं होगी।

सिविल रिट पिटीशन न. 4912/1998 (खुशरा भारत बनाम यूनियम ऑफ इंडिया एवं अन्य) में दिल्ली उच्च न्यायालय ने निर्देश दिया कि उम्मीदवारों पर बाकी सरकारी राशि विद्युत, जल, टेलीफोन और ट्रांसपोर्ट की बकाया राशि का भुगतान उम्मीदवार द्वारा किया जाना चाहिए और इस से संबंधित सूचना आयोग के अधीन निर्वाचन अधिकारियों द्वारा प्रकाशित की जानी चाहिए।

11. इस उद्धरण का पाठ कुछ प्रश्नों को प्रतिबिंबित करता है या उठाता है:
A. निर्वाचन आयोग की सत्ता को चुनौती नहीं दी जा सकती
B. इससे भारतीय राजनीति के अपराधीकरण को रोकने में सहायता मिलेगी
C. इससे चुनाव में भाग लेने वाले उम्मीदवारों की संख्या में कमी होगी
D. यह निष्पक्ष एवं निर्बाध चुनाव को सुनिश्चित करेगा

12. इस उद्धरण के अनुसार संविधान के अनुच्छेद संख्या .... के अंतर्गत निर्वाचन आयोग एक स्वतंत्र सावैधानिक प्राधिकार है।
A. 324 B. 356
C. 246 D. 161

13. निर्वाचन आयोग की स्वतंत्रता का अर्थ है:
A. सावैधानिक दर्जा होना
B. विधायी शक्तियाँ धारण करना
C. न्यायिक शक्तियाँ धारण करना
D. राजनीतिक शक्तियाँ धारण करना

14. निष्पक्ष एवं निर्बाध चुनाव का अर्थ है:
A. पारदर्शिता
B. कानून एवं व्यवस्था कायम रखना
C. क्षेत्रीय बातों पर ध्यान देना
D. दबाव-समूहों के लिए भूमिका

15. अनुच्छेद .... के अंतर्गत मुख्य चुनाव आयुक्त को उसके पद से हटाया जा सकता है।
A. 125 B. 352
C. 226 D. 324

16. सार्वजनिक प्रसार का ध्येय सूचना की उपलब्धि, विधि, घटना क्रम और समस्याओं के सामाजिक विकास के संदर्भ में करना है। इस प्रक्रिया को कहा जाता है:
A. समग्र भौतिक प्रसार
B. प्रक्रिया की चौकसी
C. व्यक्तिगत उपलब्धि
D. पारस्परिक संदर्भ की सृष्टि

17. मनुष्यों, पशुओं और मशीनों में सूचना उपलब्धि की प्रक्रिया के अध्ययन के विज्ञान को जाना जाता है:
A. साइबरमेटिक्स (cybernetics)
B. सूचना का उलट क्रम
C. नियोजित एवं संकलित अध्ययन
D. पारस्परिक उद्घोष का विश्लेषण

18. नेटवर्क प्रसार प्रक्रिया संरचना निम्नलिखित संदर्भ में संभव है:

A. सामाजिक परिवेश B. आर्थिक परिस्थिति
C. राजनैतिक गलियारों D. तकनीकी पर्यावरण

19. डिजिटल वातावरण में कम्प्यूटिंग, दूर-भाषीय प्रसार एवं मीडिया के सन्दर्भ में होते हैं:

A. ऑनलाइन पद्धति से सम्प्रेषण
B. एकीकृत प्रसार माध्यम
C. डिजीडल संकलन
D. केन्द्रीयकरण

20. मानव और कम्प्यूटर के बीच में हो रही संवाद के विभिन्न रूप होते हैं:

A. मानव-मशीन वार्तालाप
B. द्वि-कोणीय संवाद
C. डिजीटल बातचीत
D. अन्तर सक्रियता

21. अनुपलब्ध संख्या को अन्तर-स्थापित करें:

$\frac{16}{32}, \frac{15}{33}, \frac{17}{31}, \frac{14}{34}, ?$

A. $\frac{19}{35}$ B. $\frac{19}{30}$
C. $\frac{18}{35}$ D. $\frac{18}{30}$

22. 20 मार्च, 1995 को सोमवार था। 3 नवम्बर, 1994 को कौन सा दिन था?

A. वृहस्पतिवार B. रविवार
C. मंगलवार D. शनिवार

23. चार क्रमिक सम संख्याओं का औसत 27 है। इनमें से सबसे बड़ी संख्या को इंगित करें:

A. 36 B. 32
C. 30 D. 28

24. एक संहिता विशेष में FHQK का अर्थ GIRL है। उसी संहिता में WOMEN किस प्रकार लिखा जायेगा?

A. VNLDM B. FHQKN
C. XPNFO D. VLNDM

25. 4 और 5 बजे के किसी घड़ी की सुइयां कितने बजे विपरीत दिशाओं में अवस्थित होंगी?

A. 4 बजकर 45 मिनट पर
B. 4 बजकर 40 मिनट पर
C. 4 बजकर $50\frac{4}{11}$ मिनट पर
D. 4 बजकर $54\frac{6}{11}$ मिनट पर

26. निम्नलिखित उक्ति पर आधारित नीचे उद्धृत निष्कर्षों में कौन विधि मान्य और वैध है?

कथन: अधिकांश शिक्षक परिश्रमी होते हैं।
निष्कर्ष: (I) कुछ शिक्षक परिश्रमी होते हैं।
(II) कुछ शिक्षक परिश्रमी नहीं होते हैं।

A. मात्र (I) युक्ति संगत है।
B. मात्र (II) युक्ति संगत है।
C. (I) एवं (II) दोनों युक्ति संगत है।
D. (I) एवं (II) दोनों युक्ति संगत नहीं है।

27. भारतीय संसद में किसे अपना विचार रखने की अनुमति दी जा सकती है?

A. कोई भी विधायक
B. थल सेना प्रमुख
C. भारत के महाधिवक्ता (सोलिसिटर जनरल ऑफ इंडिया)
D. दिल्ली के महापौर

28. निम्नलिखित कथन पर आधारित कौन से निष्कर्ष विधि-विहित वैध हैं?

कथन: अधिकांश भारतीय रियासतें स्वतन्त्रता पूर्व भी अवस्थित थी।
निष्कर्ष: (I) कुछ भारतीय रियासतों का अस्तित्व स्वतन्त्रता पूर्व भी था।
(II) सभी भारतीय रियासतें स्वतन्त्रता पूर्व अस्तित्व में नहीं थी।

A. केवल (I) युक्ति संगत है।
B. केवल (II) युक्ति संगत है।
C. (I) और (II) युक्ति संगत हैं।
D. (I) और (II) दोनों युक्ति संगत नहीं हैं।

29. भूस्खलन में जल की भूमिका अनविार्य है। इसका कारण है:
A. जल भूतल की कठोरता को शिथिल करता है।
B. भूतल पर दबाव में वृद्धि करता है।
C. रसायनिक प्रक्रिया को उत्तेजित करता है।
D. जल एक सर्वभौमिक तरलता प्रदान करने का माध्यम है।

30. इस प्रश्न के लिए दिशा निर्देश:

दो कथन (a), (b) और दो निष्कर्ष (i), (ii) निम्नांकित हैं। कथनों की सत्यता को स्वीकारते हुए वैध निष्कर्षो को चिहि्नत करें, यह भी निश्चित करें कि निम्नलिखित चार विकल्पों में से कौन सा विकल्प वक्तव्य में वर्णित तथ्य पर आधारित है। किसी एक विकल्प का चयन करें।

कथनः (a) सभी व्यवसायी धनाढ्य हैं।
(b) सभी धनाढ्य व्यक्ति परिश्रमी हैं।
निष्कर्षः (i) सभी व्यवसायी परिश्रम नहीं हैं।
(ii) सभी परिश्रमी व्यक्ति धनाढ्य नहीं हैं।
A. मात्र (i) सही है
B. मात्र (ii) सही है
C. मात्र (i) और (ii) सही हैं
D. (i) या (ii) में से कोई सही नहीं है

31. अपनी समस्याओं को बेवसाइट द्वारा प्रसारित करने की प्रक्रिया को कहते हैं:
A. साइबरवेंटिंग B. साइबर रेंटिंग
C. वेब हेट D. वेब प्ली

32. वेब द्वारा अधिक संख्या में ऐसी दस्तावेजों की प्राप्ति जिनमें संबंधित सूचना का अभाव हो, उसे कहा जाता है:
A. क्षीण स्मरण प्रक्रिया (पूअर रिकाल)
B. वेब सरकना (वेब क्रोल)
C. प्रमित विधि की दुर्बलता (पूअर प्रीसिशन रेट)
D. दुर्बल वेब प्रत्युत्तर (पूअर वेब रेसपोंस)

33. सूक्ष्म बौद्धिक क्षमता की अवधारणा कहां से ले गयी है?
A. मूलभूत यथार्थ
B. भ्रांतिमूलक तर्क
C. ब्लूय टूथ तकनीक (ब्लूटूथ टेक्नोलौजी)
D. मूल्य जनित नेटवर्क (वेल्यू एडेड नेटवर्क)

34. सामान्य दूरभाष का व्यवहार एक इंटरनेट उपादेय के प्रकार को कहते हैं:
A. वॉइस नेट B. वॉइस टेलीफोन
C. वॉइस लेन D. वॉइस पोर्टल

35. इन्टरनेट पर वीडियो प्रसारण जो विलम्बित प्रत्यक्ष प्रसार का रूप धारण करता है उसे कहते हैं:
A. वास्तविक वीडियो (वरच्यूल वीडियो)
B. प्रत्यक्ष प्रसारण
C. वीडियो स्थानान्तरण
D. समय मूलक वीडियो

36. भारत में सबसे छोटा उत्तर-पूर्वी राज्य कौन है:
A. त्रिपुरा B. मेघालय
C. मिजोरम D. मणिपुर

37. तमिलनाडु के तटीय क्षेत्र में पेयजल की कमी के कारण निम्नांकित हैं:
A. अधिक मात्रा में जल का वाष्प में परिवर्तन होना
B. सुनामी के कारण सामुद्रिक जल का प्रवेश
C. टयूबवेल द्वारा भूमिगत जलस्तर का नीचे जाना
D. समुद्री तट पर खारे पानी का रिसना

38. जहां प्रायद्वीपीय भारत की अधिकांश नदियों का समन्जन बंगाल की खाड़ी में होता है, वहीं नर्मदा और ताप्ती नदियां अरब सागर में समाहित होती हैं क्योंकि वे:
A. घाटी के ढलान के अनुरूप बढ़ती हैं।
B. प्रायद्वीपीय भारत का ढलान सामान्यतः पूर्व से पश्चिम की ओर है।
C. सतपुरा पर्वतमाला के उत्तर में स्थित भारतीय प्रायद्वीपी पश्चिम की ओर अधिक नीचा है।
D. सतपुरा पर्वतमाला के दक्षिण में स्थित भारतीय प्रायद्वीप का अंश पूर्व की ओर झुकता है।

39. महानदी डेल्टा की भूमि की उर्वरता गोदावरी डेल्टा से कम होने के कारण हैं:
A. जलप्लावन के कारण सतही भूमि का कटाव
B. समुद्री पानी का भूसतह पर आप्लावन
C. परम्परागत कृषि शैली
D. उर्वरक भूमि का लाल मिट्टी द्वारा शोषण

40. शिक्षा के क्षेत्र में निम्नलिखित में से किस संस्थान की स्थापना भारत सरकार के मानव संसाधन विकास मंत्रालय द्वारा की गई है:
   A. इंडियन कौंसिल ऑफ वर्ल्ड अफेयर, नई दिल्ली
   B. मिथिक सोसाइटी, बंगलोर
   C. नेशनल बाल भवन, नई दिल्ली
   D. इंडिया इंटरनेशनल सेंटर, नई दिल्ली

41. अभिकथन **(A):** वातावरण में तैरते कणों में जलवायु को परिवर्तित करने की शक्ति निहीत है।
कारण **(R):** प्रत्येक कण लघु लहरों एवं इन्फ्रा रेड किरणों की अन्तर प्रक्रिया में भागीदार होती है।
   A. (A) और (R) दोनों सत्य हैं और (R), (A) की सही व्याख्या है।
   B. (A) और (R) दोनों सत्य हैं परन्तु (R), (A) का उचित विश्लेषण नहीं है।
   C. (A) सत्य है परन्तु (R) असत्य है।
   D. (A) असत्य है परन्तु (R) सत्य है।

42. 'SITE' का अर्थ है:
   A. सिस्टम फॉर इंटरनैशनल टेक्नोलॉजी एंड इंजीनियरिंग (System for International technology and Engineering)
   B. सैटलाईट इन्स्ट्रक्शनल टेलीविजन एक्सपरीमेंट (Satellite Instructional Television Experiment)
   C. साऊथ इंडीयन ट्रेड इस्टेट (South Indian Trade Estate)
   D. स्टेट इन्स्टीटयुट ऑफ टेक्नोलॉजी एंड इंजीनिअरिंग (State Institute of Technology and Engineering)

43. भारत सरकार द्वारा अन्टार्कटिक पर शोध हेतु स्थापित शोध कार्यशाला का नाम क्या है?
   A. दक्षिण गंगोत्री   B. यमुनोत्री
   C. उत्तरी गंगोत्री   D. इनमें से कोई नहीं

44. मानव संसाधन विकास मंत्रालय में निम्नांकित निकाय सम्मिलित हैं:
   A. प्राथमिक शिक्षा एवं साक्षरता विभाग
   B. माध्यमिक एवं उच्च माध्यमिक शिक्षा विभाग
   C. महिला एवं शिशु विकास विभाग
   D. ऊपर लिखित सभी

45. राज्य सूची में शामिल विषयों पर संसद विधेयक पारित कर सकती है:
   A. राष्ट्रपति की पूर्व अनुमति पर
   B. अपेक्षित संवैधानिक संशोधन के पश्चात
   C. राज्य विधानसभाओं में सहमति के अभाव में
   D. दो अथवा दो से अधिक राज्यों के अनुरोध पर

प्रश्न 46 से 50 तक दृष्टि-विकलांग अभ्यर्थियों के लिए नहीं है।

निम्नांकित रेखाचित्र किसी देश के विभिन्न खेलों पर वार्षिक व्यय का प्रस्तुतीकरण करता है। रेखा चित्र का अवलोकरन कर प्रश्न संख्या 46 से 50 का उत्तर दें।

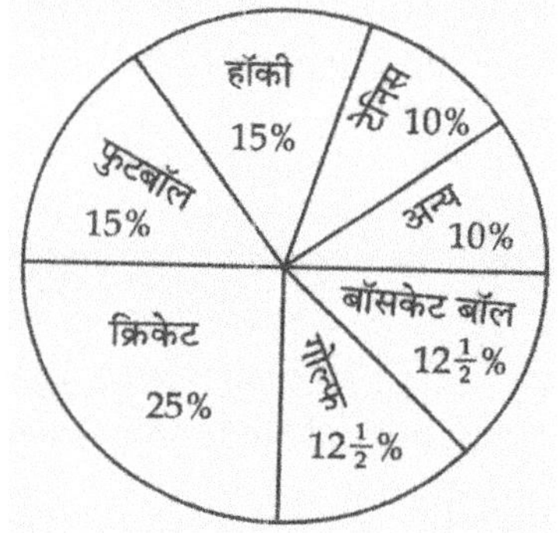

46. फुटबॉल पर हॉकी के अनुपात में कितना व्यय हुआ:
   A. 1 : 15   B. 1 : 1
   C. 15 : 1   D. 3 : 20

47. यदि खेल-कूद में एकवर्ष में कुल व्यय 1,20,000,00 रुपये है तो बास्केटबॉल पर कितनी राशि खर्च की गई:
   A. 9,50,000 रुपये   B. 10,00,000 रुपये
   C. 12,00,000 रुपये   D. 15,00,000 रुपये

48. रेखा चित्र इंगित करता है कि देश का सर्वाधिक लोकप्रिय खेल है:
   A. हॉकी   B. फुटबॉल
   C. क्रिकेट   D. टेनिस

49. निम्नलिखित खेलों में राष्ट्र-व्यय समान है:
   A. हॉकी एवं टेनिस   B. गोल्फ एवं बास्केटबॉल
   C. क्रिकेट एवं फुटबॉल D. हॉकी एवं गोल्फ

50. यदि एक वर्ष में खेल-कूद कुल व्यय 1,50,00,000 रुपये है तो क्रिकेट एवं हॉकी पर सम्मिलित व्यय निम्न प्रकार हैं:
   A. 60,00,000 रुपये   B. 50,00,000 रुपये
   C. 37,50,000 रुपये   D. 25,00,000 रुपये

उत्तरमाला

1	2	3	4	5	6	7	8	9	10
D	B	D	A	B	A	A	A	B	B
11	**12**	**13**	**14**	**15**	**16**	**17**	**18**	**19**	**20**
D	A	A	B	D	A	A	D	D	D
21	**22**	**23**	**24**	**25**	**26**	**27**	**28**	**29**	**30**
D	A	C	C	D	C	C	B	B	A
31	**32**	**33**	**34**	**35**	**36**	**37**	**38**	**39**	**40**
A	A	D	C	D	C	D	A	A	C
41	**42**	**43**	**44**	**45**	**46**	**47**	**48**	**49**	**50**
A	B	A	D	D	B	A	C	B	A

कुछ चुने हुए प्रश्नों के व्याख्यात्मक उत्तर

23. चार क्रमिक संख्याएँ–
$= x, x + 2, x + 4, x + 6$
प्रश्नानुसार,

$$\frac{x+x+2+x+4+x+6}{4} = 27$$

$$= \frac{4x+12}{4} = 27 = 4x = 108 - 12 \Rightarrow 96$$

$$x = \frac{96}{4} = 24$$

अतः सबसे बड़ी संख्या $= x + 4$
$= 24 + 6 = 30$

24.

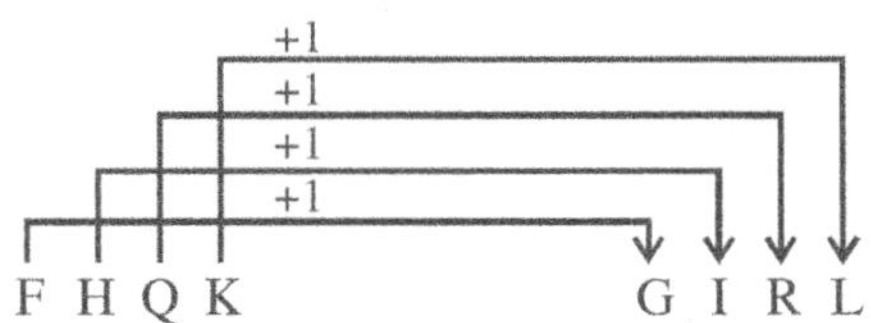

इसी प्रकार,

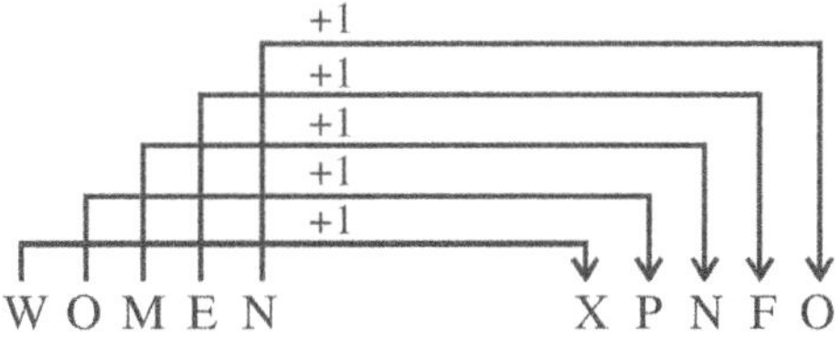

36. निम्नलिखित राज्यों का क्षेत्रफल–

त्रिपुरा	–	10,491,69
मेघालय	–	22,429
मणिपुर	–	22,327
मिजोरम	–	21,087

पिछले प्रश्न-पत्र (हल सहित)

यू.जी.सी. NET (JRF) परीक्षा

प्रश्न-पत्र-I, दिसम्बर, 2005

1. टीम अध्यापन में क्षमता है:
- A. प्रतियोगिता के भावना के विकास की
- B. सहयोग-विकास की
- C. एक दूसरे के अध्यापन के पूरक के रूप में आदत के विकास की
- D. एक दूसरे के अध्यापन में हुए अन्तराल को रेखांकित करने की

2. अधोलिखित महत्वपूर्ण विशेषताओं में से खुली किताब परीक्षा पद्धति की विशेषता क्या है?
- A. छात्र गम्भीर रहते हैं।
- B. इसके कारण कक्षा में उपस्थिति बढ़ जाती है।
- C. यह छात्रों की परीक्षा सम्बन्धी चिन्ता को कम करती है।
- D. यह छात्रों को चिन्तन के लिये बाध्य करती है।

3. अध्यापन की कौन-सी विधि अधिकतम ज्ञान के प्रयोग को प्रोत्साहित करती है?
- A. समस्या-समाधान विधि
- B. प्रयोगशाला विधि
- C. स्वाध्ययन विधि
- D. टीम- अध्यापन विधि

4. अधोलिखित में से कौन वक्तव्य सही है?
- A. संप्रेषक को सूक्ष्म ज्ञान होना चाहिये।
- B. संप्रेषक में सहन-शक्ति होनी चाहिये।
- C. संप्रेषक को मृदुभाषी होना चाहिये।
- D. संप्रेषक का व्यक्तित्व सुन्दर होना चाहिये।

5. प्रभावी अध्यापक वह है
- A. जो कक्षा पर नियन्त्रण रख सकता है
- B. जो कम समय में अधिक सूचना दे सकता है
- C. छात्रों को सीखने के लिये प्रेरित करता है
- D. आबंटित कार्यों ('एसाइनमेंन्टस') का ध्यानपूर्वक संशोधन करता है

6. अधोलिखित में से कौन-सी विशेषता शोध छात्र की नहीं है?
- A. अन्वेषणीय विषय के प्रति एकबद्धता
- B. उसका चित्त सजग होना चाहिये
- C. जिज्ञासा की लालसा
- D. प्रमाण से आगे बढ़ने की दृढ़ता

7. एक संतोषपूर्ण परिमाणात्मक सांख्यिकी विधि में अधोलिखित गुणों में से एक गुण नहीं होना चाहिये:
- A. औचित्य
- B. मापनीयता
- C. तुलनीयता
- D. लचीलापन

8. पुस्तकें और दस्तावेज प्रमुख स्रोत हैं:
- A. ऐतिहासिक अनुसन्धान के आंकड़ों के लिये
- B. प्रतिभागात्मक अनुसन्धान के आंकड़ों के लिये
- C. चिकित्सीय अनुसन्धान के आंकड़ों के लिये
- D. प्रयोगशाला में होने वाले अनुसन्धान के आंकड़ों के लिये

9. अधोलिखित में कौन वक्तव्य सही है?
- A. उद्देश्यों को सटीक होना चाहिये
- B. उद्देश्य वचन रूप में या प्रश्न रूप में लिखे जा सकते हैं
- C. समस्या के लिये दूसरा शब्द चर है
- D. उपर्युक्त सभी

10. विज्ञानों, सामाजिक विज्ञानों तथा मानविकी के शोध छात्र की पूर्वापेक्षायें हैं:
- A. प्रयोगशाला की कुशलता, अभिलेख, पर्यवेक्षक, विषय
- B. पर्यवेक्षक, विषय, आलोचनात्मक विश्लेषण, धैर्य
- C. पुरातत्व, पर्यवेक्षक, विषय तथा चिन्तन में लचीलापन
- D. विषय, पर्यवेक्षक, अच्छा स्वभाव, प्राक्कथित अवधारणा

अधोलिखित अनुच्छेद को पढ़ें और प्रश्न संख्या 11 से 15 तक का उत्तर दें:

अनेक उदाहरणों में ज्ञान का सृजन रचनात्मकता तथा विचारों की उद्भावना में यह विशेष महत्व रखता है। कुछ लोगों का यह मत है कि, व्यक्तिविशेष की रचनात्मक क्षमता का उद्भव वैयक्तिक गुणों—यथा आविष्कारी प्रवृत्ति, स्वातंत्र्य, वैयक्तिकता, उत्साह और नमनीयता से होता है। परन्तु अनेक अध्ययनों से यह पता चला है कि, रचनात्मकता, जिसे पहले व्यक्तिविशेष के गुणों का कृत्य माना गया था, वह गुणों का उतना परिणाम नहीं है और वैयक्तिक रचनात्मकता सीखी जा सकती है और उसका सुधार भी हो सकता है। इस विचार ने आविष्कारी कम्पनियों को यह आभास कराया है कि विचारसृजक कार्य-वातावरण का विकास रचनात्मकता के संवर्धन की कुंजी है। परिणामतः व्यक्तियों अथवा समूहों के द्वारा प्रयोज्य विधियों तथा तकनीकों का विकास किया जा रहा है। विचार-सृजन के समर्थन के लिये मानवीय विधियाँ—यथा विचारों का आदान-प्रदान कुछ परिस्थितियों में अत्यंत सफल हो सकती हैं; परन्तु अन्य परिस्थितियों में यह प्रस्ताव न आर्थिक दृष्टि से साध्य है और न सम्भव है। उदाहरण के लिये मानवीय विधियाँ सामूहिक रचनात्मकता के क्षणों में नहीं कार्य कर सकेंगी या प्रभावी नहीं होगी, जब (1) उचित विचार सृजन सत्र को संचालित करने के समय का अभाव हो (2) सुविधा देने वाला अक्षम हो (या सुविधा देने वाला कोई भी न हो), (3) विचार-सृजन का सत्र संचालन अत्यंत व्यसाध्य हो (4) आमने-सामने के सत्र के लिये विषय-वस्तु अत्यंत संवेदनशील हो, अथवा (5) पर्याप्त प्रतिभागी न हों, प्रतिभागियों का समिश्रण इष्टतम न हो या विचार-सृजन का वातावरण न हो। ऐसी परिस्थितियों में, कम्प्यूटर के द्वारा विचार-सृजन की विधियों का प्रयोग किया गया है, इसमें पर्याप्त सफलता भी मिली है।

विचार-सृजन का सॉफ्टवेयर एक व्यक्ति के या समूह के लिये किया गया है, जो व्यक्ति या समूह को नये विचारों, विकल्पों और (विचारों के) चयन के लिये प्रेरित करता है। प्रयोक्ता सारा कार्य करता है, पर सॉफ्टवेयर, एक प्रशिक्षक के समान उसे प्रेरित और प्रोत्साहित करता है। यद्यपि विचार-सृजन का सॉफ्टवेयर अपेक्षाकृत अभी नया है, फिर भी बाजार में इसके अनेक 'पैकेज' उपलब्ध हैं। विचार-सृजन सॉफ्टवेयर के प्रयोक्ता के द्वारा विचारों के प्रवाह की अभिवृद्धि के लिये विविध विधाओं का प्रयोग किया जा रहा है। उदाहरणार्थ, अंग्रेजी भाषा के सह-शब्दकोष—आइडियाफिशर में, ऐसे प्रतिसंदर्भ, शब्द और वाक्य हैं। इन सम्बन्धपरक कड़ियों ने प्रयोक्ता को विषय-विशेष से सम्बन्धित शब्दों का 'फीड' (भरण) आसान बना दिया है। कुछ 'सॉफ्टवेयर पैकेज' ऐसे प्रश्नों का प्रयोग करते हैं, जो प्रयोक्ता को नये अनन्तिष्ट विचार सरणियों के 'प्रयोग के प्रति प्रेरित करते' हैं। यह प्रयोक्ताओं को चक्रिक चिन्तन की परिपाटी से मुक्त करने में, उनके मानसिक अवरोधों पर विजय पाने तथा उनकी दीर्घसूत्रता के दौर को दूर करने में सहायक होता है।

11. उपयुक्त उद्धरण में लेखक ने अपना ध्यान केन्द्रित किया है—

A. ज्ञान-सृजन पर
B. विचारों की उद्भावना पर
C. रचनात्मकता पर
D. वैयक्तिक गुणों पर

12. रचनात्मकता के संवर्धन के वातावरण के लिये अपेक्षित है—

A. निर्णय-समर्थन पद्धति
B. विचार-संवर्धन
C. निर्णय-समर्थक समाधान
D. वैकल्पिक वैयक्तिक कारण

13. विचार की उद्भावना के लिये मानवीय तरीके, कुछ परिस्थितियों में—

A. विकल्पतः प्रभावी हैं
B. कम व्यय साध्य हैं
C. सुविधाप्रदायक की अपेक्षा नहीं रखते हैं
D. इष्टतम प्रतिभागियों का समिश्रण अपेक्षित है

14. विचारों की उद्भावना का सॉफ्टवेयर कार्य करता है:

A. प्रेरणाप्रदाता के रूप में
B. ज्ञान के 'पैकेज' के रूप में
C. प्रयोक्ता के मित्र प्रशिक्षक के रूप में
D. वातावरण-सृजक के रूप में

15. मानसिक अवरोध, दीर्घसूत्रता के दौर तथा चाक्रिक चिन्तन की परिपाटी पर तभी विजय पाया जा सकता है, जब

A. आविष्कारी कम्पनियाँ 'इलेक्ट्रानिक' चिन्तन-विधियों को अपनायें।

B. विचारों की उद्‌भावना के सॉफ्टवेयर प्रश्नों को प्रेरित करे।

C. मानवीय विधियाँ समाप्त हों।

D. व्यक्ति सॉफ्टवयेर के प्रति स्वाभाविक रूझान रखे।

16. 'सी'-स्तर संचार की प्रभावशीलता की परिभाषा है—

A. चैनल शोर B. अर्थगत शोर

C. मनोवैज्ञानिक शोर D. स्रोत शोर

17. 'वी सी आर' पर टेलीविजन प्रोग्राम 'रिकार्ड' करना उदाहरण है—

A. समयान्तरण का B. विषय सन्दर्भ का

C. मशीनी स्पष्टता का D. संचार समकालीनता का

18. अच्छा संप्रेषक वह है, जो अपने श्रोता को—

A. पर्याप्त सूचना देता है

B. जो पर्याप्त सांख्यिकी प्रदान करता है

C. संक्षिप्त प्रमाण देता है

D. तथ्यों की पुनरावृत्ति करता है

19. सबसे अधिक समाचार पत्र प्रकाशित होते हैं:

A. केरल प्रांत से

B. महाराष्ट्र प्रांत से

C. पश्चिम बंगाल प्रांत से

D. उत्तरप्रदेश प्रांत से

20. छुटी हुई संख्या लिखिये।

8 24 12 ? 18 54

A. 26 B. 24

C. 36 D. 32

21. यदि 1 (एक) जनवरी 1995 को रविवार था तो 1 (एक) जनवरी 1996 को सप्ताह का कौन सा दिन होगा?

A. रविवार B. सोमवार

C. शनिवार D. उपर्युक्त में कोई नहीं

22. एक धनात्मक संख्या और उसकी प्रतिलोम संख्या का योग उनके अन्तर का दुगुना है। वह संख्या है:

A. $\sqrt{2}$ B. $\frac{1}{\sqrt{2}}$

C. $\sqrt{3}$ D. $\frac{1}{\sqrt{3}}$

23. एक 'कोड' में ROUND को RONUDS लिखा गया है। इस 'कोड' में PLEASE कैसे लिखा जाएगा?

A. LPAESE B. PLAESE

C. LPAEES D. PLASEE

24. 5.30 तथा 6.00 के बीच किस समय एक घड़ी की सुई समकोण बनायेगी?

A. 5 बजकर $43\frac{5}{11}$ मिनट पर

B. 5 बजकर $43\frac{7}{11}$ मिनट पर

C. 5 बजकर 40, मिनट पर

D. 5 बजकर 45, मिनट पर

25. कथनः I. सभी छात्र महत्वाकांक्षी हैं।

II. सभी महत्वाकांक्षी व्यक्ति परिश्रमी होते हैं।

निष्कर्षः (*i*) सभी छात्र परिश्रमी हैं।

(*ii*) परिश्रम न करने वाले सभी व्यक्ति महत्वकांक्षी नहीं होते हैं।

निम्न में कौन सही है?

A. केवल (*i*) सही है।

B. केवल (*ii*) सही है।

C. (*i*) और (*ii*) दोनों सही हैं।

D. न (*i*) सही है और न (*ii*) सही है।

26. कथनः अधिकांश छात्र बुद्धिमान हैं।

निष्कर्षः (*i*) कुछ छात्र बुद्धिमान हैं।

(*ii*) सभी छात्र बुद्धिमान नहीं हैं।

अधोलिखित में कौन अभिप्रेत है?

A. केवल (*i*) अभिप्रेत है।

B. केवल (*ii*) अभिप्रेत है।

C. (*i*) और (*ii*) दोनों अभिप्रेत हैं।

D. न (*i*) अभिप्रेत है और न (*ii*) अभिप्रेत है।

27. कथनः अधिकांश श्रमिक गरीब हैं।
निष्कर्षः (*i*) कुछ श्रमिक गरीब हैं।
(*ii*) सभी श्रमिक गरीब नहीं हैं।
अधोलिखित में कौन अभिप्रेत है?
A. केवल (*i*) अभिप्रेत है।
B. केवल (*ii*) अभिप्रेत है।
C. (*i*) और (*ii*) दोनों अभिप्रेत हैं।
D. न (*i*) अभिप्रेत है और न (*ii*) अभिप्रेत है।

28. रेखा-मार्ग (लाइन-एक्सेस) और टकराव का परिहार मुख्य कार्य हैः
A. CPU के B. मॉनिटर के
C. नेटवर्क प्रोटोकाल के D. विस्तृत क्षेत्र नेटवर्क के

29. 'हाइपरमीडिया डाटाबेस' में सूचना 'बिट्स' संग्रहीत होती हैंः
A. सिगनल्स के रूप में B. क्यूबस के रूप में
C. नोड्स के रूप में D. सिम्बलस के रूप में

30. संचार पट्टिका विस्तार '(कम्युनिकेशन्स बैण्डविड्थ)' जिसमें सर्वाधिक क्षमता है तथा जो 'माइक्रोवेव' 'केबल' तथा 'फाइबर ऑप्टिक्स लाइन्स' के रूप में प्रयुक्त होता है उसेः
A. 'हाइपर-लिंक' कहा जाता है।
B. 'ब्राडबैण्ड' कहा जाता है।
C. 'बस विड्थ' कहा जाता है।
D. 'कैरियर वेव' कहा जाता है।

31. एक इलेक्ट्रानिक 'बिलबोर्ड' जिसमें संक्षिप्त पाठ या आलेखी (ग्रैफिकल) विज्ञापन संदेश होता है, उसेः
A. 'बुलेटिन' कहा गया है
B. 'स्ट्रैप' कहा गया है।
C. 'ब्रिज-लाइन' कहा गया है
D. 'बैनर' कहा गया है।

32. अधोलिखित में कौन कम्प्यूटर का लक्षण नहीं है?
A. कम्प्यूटर 'इलेक्ट्रिक मशीन' है।
B. कम्प्यूटर स्वयं नहीं सोच सकता है।
C. कम्प्यूटर त्रुटिमुक्त सूचनायें तैयार करता है।
D. कम्प्यूटर किसी भी काल तक आंकड़ों को सुरक्षित रखता है।

33. 'बिटूमेन' प्राप्त किया जाता हैः
A. जंगलों तथा पौधों से
B. मिट्टी के तेल से
C. अशोधित तेल से
D. भूमिगत खानों से

34. मलेरिया होता हैः
A. बैक्ट्रियल संक्रमण से
B. वायरल संक्रमण से
C. पैरासिटिक संक्रमण से
D. फंगल संक्रमण से

35. जाड़े के दिनों में बादलों वाली रातें बिना बादलों वाली रातों की तुलना में गरम होती है। इसका कारण हैः
A. बादल पृथ्वी की ओर गर्मी का विकिरण करते हैं।
B. बादल आकाश से शीतलहर को पृथ्वी पर उतरने से रोकते हैं।
C. बादल पृथ्वी से गरमी के विकिरण को रोकते है।
D. पृथ्वी से बहुत ऊँचाई पर होने के कारण बादल सूर्य से गरमी ग्रहण कर लेते हैं और उसे पृथ्वी की ओर भेज देते हैं।

36. भारत के सबसे बड़े मिट्टी का वर्ग हैः
A. लाल मिट्टी B. काली मिट्टी
C. बलुही मिट्टी D. पहाड़ी मिट्टी

37. भारतीय समुद्री तटीय जल के प्रदूषण का प्रमुख कारण हैः
A. तेल का फैल जाना
B. नगरपालिका द्वारा कूड़ा विसर्जन
C. औद्योगिक बहिःस्राव
D. वायुविलय

38. अधोलिखित आवृत्ति दायरे में मानव कान अत्यधिक संवेदनशील होता हैः
A. 1-2 KHz B. 100-500 Hz
C. 10-12 KHz D. इनमें से कोई नहीं

39. क्रोमियम की कौन प्रजाति पानी में विषैली हो जाती है?
A. Cr + 2
B. Cr + 3
C. Cr + 6
D. क्रोमियम विषाक्त तत्व नहीं है।

40. अधोलिखित में सूची-I (बांध) को सूची-II (नदी) से मिलायें और कूट से सही उत्तर का चयन करें।

सूची-**I** (बांध)	सूची-**II** (नदी)
(*a*) भाकड़ा	(*i*) कृष्णा
(*b*) नागार्जुन सागर	(*ii*) दामोदर
(*c*) पंचेत	(*iii*) सतलज
(*d*) हीराकुड	(*iv*) भागीरथी
(*e*) टिहरी	(*v*) महानदी

कूटः

	(*a*)	(*b*)	(*c*)	(*d*)	(*e*)
A.	(*v*)	(*iii*)	(*iv*)	(*ii*)	(*i*)
B.	(*iii*)	(*i*)	(*ii*)	(*v*)	(*iv*)
C.	(*i*)	(*ii*)	(*iv*)	(*iii*)	(*v*)
D.	(*ii*)	(*iii*)	(*iv*)	(*i*)	(*v*)

41. माध्यस्थ संचार के प्रति नकारात्मक प्रतिक्रिया हैः

A. फ्लैक B. विखण्डित प्रतिसूचना
C. निष्क्रिय अनुक्रिया D. अननुरूपता

42. दूरस्थ शिक्षा की समृद्धि एवं विकास के लिये 'इग्नु' (IGNOU) ने 26 जनवरी 2003 को तकनीकी शिक्षा के लिये जिस 'सैटीलाइट चैनल' का आरम्भ किया है, उसका नाम हैः

A. एकलव्य चैनल B. ज्ञानदर्शन चैनल
C. राज-ऋषि चैनल D. उपर्युक्त कोई नहीं

43. सूची-I को सूची-II से मिलाते हुये सही उत्तर का चयन नीचे दिए गए कूट से कीजिए।

सूची-**I** (संस्थायें)	सूची-**II** (संस्थायें)
(*a*) दी इण्डियन कौंसिल ऑफ हिस्टारिकल रिसर्च (ICHR)	(*i*) शिमला
(*b*) दी इण्डियन इंस्टीटयूट ऑफ एडवान्सड स्टडीज् (IIAS)	(*ii*) नई दिल्ली
(*c*) दी इण्डियन कौंसिल ऑफ फिलासाफिकल रिसर्च (ICPR)	(*iii*) बंगलुरु
(*d*) दी सेंट्रल इंस्टीटयूट ऑफ कोस्टल इंजीनियरिंग फॉर फिशरीज	(*iv*) लखनऊ

कूटः

	(*a*)	(*b*)	(*c*)	(*d*)
A.	(*ii*)	(*i*)	(*iv*)	(*iii*)
B.	(*i*)	(*ii*)	(*iii*)	(*iv*)
C.	(*ii*)	(*iv*)	(*i*)	(*iii*)
D.	(*iv*)	(*iii*)	(*ii*)	(*i*)

44. निम्नांकित में से कौन सा मौलिक अधिकार नहीं है?

A. समानता का अधिकार
B. शोषण से रक्षा का अधिकार
C. विचारों की अभिव्यक्ति का अधिकार
D. 14 वर्ष तक के बच्चों के लिए निःशुल्क अनिवार्य शिक्षा का अधिकार

45. सामान्यतः पाँच साल की समाप्ति के पहले लोक सभा को निम्नलिखित में से किसके द्वारा विघटित किया जा सकता है?

A. प्रधानमंत्री
B. लोकसभा का अध्यक्ष
C. प्रधानमंत्री की संस्तुति से राष्ट्रपति
D. उपर्युक्त में कोई नहीं

नीचे दिए गए ग्राफ का सावधानी पूर्वक अध्ययन करें और निम्नलिखित प्रश्नों (क्रमांक 46-50 तक) के उत्तर दें।

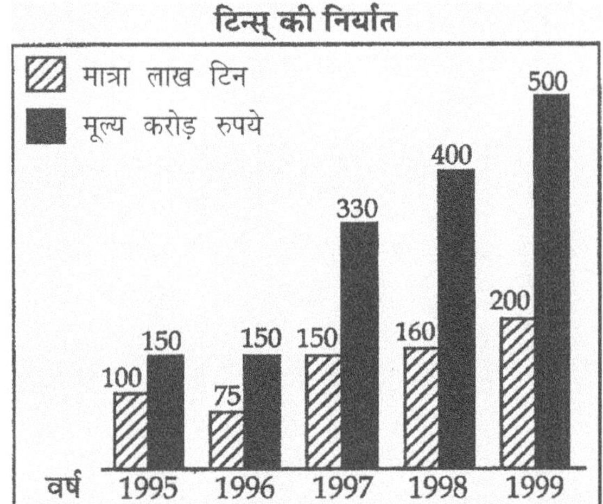

46. कौन से वर्ष में प्रति टिन मूल्य न्यूनतम था?

A. 1995 B. 1996
C. 1998 D. 1999

47. 1997 एवं 1998 में टिनों के निर्यात में क्या अन्तर था?

A. 10 B. 1000
C. 100000 D. 1000000

48. 1995 से 1999 में निर्यात मूल्य में लगभग कितनी प्रतिशत वृद्धि हुई?

A. 350 B. 330.3
C. 433.3 D. इनमें से कोई नहीं

49. 1995 से 1996 के मध्य निर्यात की मात्रा में कितनी प्रतिशत कमी हुई?

A. 75 B. 50
C. 25 D. इनमें से कोई नहीं

50. यदि 1998 में निर्यातित प्रतिटिन का मूल्य 1997 में निर्यातित टिन के समान था तो 1998 में निर्यात मूल्य (करोड़ों रुपये में) क्या होगा?

A. 400 B. 375
C. 352 D. 330

उत्तरमाला

1	2	3	4	5	6	7	8	9	10
C	D	B	A	C	D	D	A	A	B
11	**12**	**13**	**14**	**15**	**16**	**17**	**18**	**19**	**20**
A	B	A	A	B	A	D	A	D	C
21	**22**	**23**	**24**	**25**	**26**	**27**	**28**	**29**	**30**
B	D	B	B	C	B	B	C	A	B
31	**32**	**33**	**34**	**35**	**36**	**37**	**38**	**39**	**40**
B	A	D	C	C	A	C	D	C	B
41	**42**	**43**	**44**	**45**	**46**	**47**	**48**	**49**	**50**
C	A	A	D	C	A	A	D	C	C

कुछ चुने हुए प्रश्नों के व्यारव्यात्मक उत्तर

20.

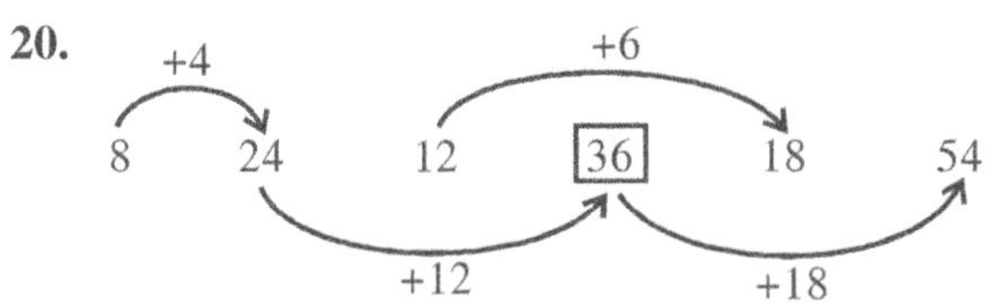

अभीष्ट लुप्त संख्या = 24 + 12 = 36

21. ∵ जनवरी 1995 → रविवार

∴ 31 दिसम्बर 1995 को भी रविवार होगा।

(∵ 1995 लिप ईयर नहीं था)

∴ 1 जनवरी 1996 को सोमवार होगा।

22. $x + \frac{1}{x} = 2\left(x - \frac{1}{x}\right)$

$\Rightarrow \frac{x^2+1}{x} = 2\left(\frac{x^2-1}{x}\right)$

$\Rightarrow x^2 + 1 = 2x^2 - 2$

$\Rightarrow x^2 = 3$

$\therefore x = \sqrt{3}$

23. चूँकि

1 2 3 4 5 6 → 1 2 4 3 5 6
R O U N D S → R O N U D S

उसी प्रकार

1 2 3 4 5 6 → 1 2 4 3 5 6
P L E A S E → P L A E S E

पिछले प्रश्न-पत्र (हल सहित)

यू.जी.सी. NET (JRF) परीक्षा

प्रश्न-पत्र-I, दिसम्बर, 2004

नोटः इस प्रश्नपत्र में पचास (50) बहु-विकल्पीय प्रश्न हैं। प्रत्येक प्रश्न के दो (2) अंक हैं। सभी प्रश्नों के उत्तर दीजिए।

1. विचार-विमर्श विधि का उपयोग किया जा सकता है जबकिः

A. प्रकरण बहुत कठिन हो।

B. प्रकरण सरल हो।

C. प्रकरण कठिन हो।

D. उपरोक्त सभी।

2. निम्न में से कौनसी शिक्षक-सहायक सामग्री है?

A. हवा मिल का कार्यकारी प्रतिमान

B. टेप रिकार्डर

C. 16 एम एम फिल्म प्रोजेक्टर

D. उपरोक्त सभी

3. शिक्षण का मुख्य उद्देश्य हैः

A. केवल तर्क शक्ति का विकास

B. केवल चिन्तन का विकास

C. (A) और (B) दोनों

D. सूचना देना

4. शिक्षण की गुणवत्ता प्रदर्शित होती हैः

A. कक्षा में छात्रों की उपस्थिति से

B. छात्रों की उत्तीर्ण प्रतिशत से

C. छात्रों के द्वारा पूछे गये प्रश्नों की गुणवत्ता से

D. कक्षा में शान्ति बनाये रखने की अवधि से

5. वर्तमान वार्षिक परीक्षा प्रणालीः

A. रटंत विद्या को प्रोत्साहित करता है

B. अच्छे पढ़ने की आदत को प्रोत्साहित नहीं करता है।

C. छात्रों को कक्षा में नियमित आने के लिए प्रोत्साहित नहीं करता

D. उपरोक्त सभी

6. एक महाविद्यालय अपने शोधार्थियों को सामाजिक विज्ञानों के लिए सांख्यकीय पैकेज की प्रयोग-विधि में प्रशिक्षित करना चाहता है। इसके लिए उसे आयोजित करना चाहिएः

A. सम्मेलन　　B. संगोष्ठी

C. कार्यशाला　　D. लेक्चर

7. निम्नलिखित में से कौनसा शोध का गुण नहीं है?

A. शोध व्यवस्थित होती है।

B. शोध प्रक्रिया नहीं है।

C. शोध समस्या परक होती है।

D. शोध निष्क्रिय होती।

8. निम्नलिखित में से कौन सा कथन सही है?

A. आविष्कार अनुसंधान होते हैं।

B. अनुसंधान आविष्कार मुखी होते हैं।

C. आविष्कार और अनुसंधान संबंधित होते हैं।

D. उपरोक्त में से कोई नहीं।

9. निम्नलिखित में से कौनसा कथन सही है?

A. शोध में उद्देश्यों को प्रश्नाकार में कहा जाता है।

B. शोध में उद्देश्यों को कथनाकार में कहा जाता है।

C. उद्देश्यों को शोधग्रन्थ के प्रथम अध्याय में कहा जाता है।

D. उपरोक्त सभी।

10. सूची-I को सूची-II से सुमेलित कीजिए और नीचे दिए गए कूट से सही उत्तर चुनिएः

सूची-**A**	सूची-**B**
(*a*) ऐतिहासिक विधि	(*i*) पूर्व घटित घटनाएँ
(*b*) सर्वेक्षण विधि	(*ii*) दूरदृष्टि
(*c*) दार्शनिक विधि	(*iii*) वर्तमान घटनाएँ
(*d*) प्रयोग विधि	(*iv*) असाधारण स्थितियाँ
	(*v*) भविष्य की कार्यवाही

कूटः

	(a)	(b)	(c)	(d)
A.	(i)	(iii)	(ii)	(v)
B.	(i)	(ii)	(iv)	(v)
C.	(i)	(iv)	(ii)	(v)
D.	(i)	(ii)	(iii)	(iv)

निम्नलिखित अनुच्छेद को पढ़िए तथा 11 से 15 तक के प्रश्नों का उत्तर दीजिएः

हर रोज शांति निकेतन स्कूल की दिनचर्या सरस्वती वन्दना के साथ शुरू होती है। जब स्कूल में चित्रकारी की प्रतियोगिता आयोजित की जाती है तो सबसे ज्यादा हिंदू देवी देवताओं के ही चित्र बनाए जाते हैं। कई छात्रों का पसंदीदा विषय संस्कृत है, तो इसमें खास बात क्या है? कोई खास बात नहीं है सिवा इसके कि हिन्दुओं द्वारा चलाए जा रहे इस स्कूल के कोई 1,200 विद्यार्थी मुसलमान हैं।

जब 1983 में रणछोड़भाई किरी ने गुजरात में अहमदाबाद के मुस्लिम बहुल जुहापुरा इलाके में शांति निकेतन शुरु किया था तब उसमें केवल 20 फीसदी छात्र ही मुसलमान थे। लेकिन जुहापुरा और करीब के जीवराजपार्क–वेजलपुर के हिन्दुओं के बीच दंगे होने के बाद वहां से हिन्दुओं का पलायन शुरु हो गया। आज स्कूल के सारे छात्र मुसलमान हैं और यह सौहार्द की अनूठी मिसाल बन गया है। 2002 के दंगो में कुछ नाराज मुसलमान इसे बंद कराना चाहते थे, लेकिन छात्रों के अभिभावक उनके खिलाफ दीवार बनकर खड़े हो गये। शांति निकेतन के प्रधानाचार्य कहते हैं, ''हमने स्थानीय मुसलमानों के प्यार और स्नेह के चलते स्कूल को कभी भी इस इलाके से बाहर ले जाने के बारे में नहीं सोचा। हकीकत तो यह है कि वे शिक्षा के उस स्तर को सराहते हैं जो हमने तय किया है'। इस स्कूल की छवि इतनी अच्छी है कि साम्प्रदायिक दंगों में अभियुक्त कुछ स्थानीय दबंग मुसलमान भी दंगों के दौरान उसे बचाने में जुटे हुए थे।

शांति निकेतन के विद्यार्थियों के अभिभावकों का कहना है कि स्तरीय शिक्षा के मामले में यह स्कूल इलाके में सबसे बढ़िया है। शांति निकेतन के बहुत सारे बच्चों ने स्नातक और स्नातकोत्तर की शिक्षा अर्जित की है। मजेदार बात यह है कि 40 सदस्यीय शिक्षक दल में केवल एक ही मुसलमान हैं–हुसेना मंसूरी, जो संस्कृत पढ़ाती हैं। मंसूरी इस स्कूल से इस कदर संतुष्ट हैं कि उन्होंने हाल में मुसलमानों द्वारा चलाए जा रहे एक स्कूल की प्रधानाचार्य बनने का प्रस्ताव ठुकरा दिया। हाल में स्कूल में पेंटिंग की प्रतियोगिता में बनाई गई कुछ छात्रों की पेंटिंग वाकई विभोर करने वाली हैं। एक ने मन्दिर और मस्जिद के साथ भारत माता की तस्वीर बनाई, तो दूसरे ने एक मुसलमान लड़के को अपनी हिंदू बहन से राखी बंधवाते हुए दिखाया। शांति निकेतन आशा की ऐसी किरण है कि दोनों समुदायों के सारे उकसावे के बावजूद हिंदू-मुसलमान परस्पर सम्मान के साथ एक दूसरे के साथ रह सकते हैं।

11. शांति निकेतन स्कूल दिन की शुरुआत कैसे करता है?
A. राष्ट्रगान से B. प्रार्थना से
C. सरस्वती वन्दना से D. पूजा से

12. उस विषय का नाम बताइये, जिसे अधिकतर विद्यार्थी पसंद करते हैं:
A. हिन्दी B. अंग्रेजी
C. संस्कृत D. गुजराती

13. दंगों के समय स्कूल को किसने बचाया?
A. स्थानीय मुसलमानों ने
B. हिन्दुओं ने
C. राजनीतिज्ञों ने
D. ईसाइयों ने

14. संस्कृत का अध्यापक कौन है?
A. रणछोड़भाई किरी B. मनीषा वकील
C. हुसेना मंसूरी D. हुसेना खातून

15. साम्प्रदायिक दंगों के बावजूद आशा की किरण क्या है?
A. हिन्दू और मुसलमान साथ-साथ नहीं रह सकते
B. हिन्दू और मुसलमान साथ-साथ रह सकते हैं
C. केवल हिन्दू रह सकते हैं
D. केवल मुसलमान रह सकते हैं

16. सूची-I (विशिष्ट महिलाएँ) को सूची-II (कार्यक्षेत्र) से सुमेलित कीजिए और नीचे दिए गए कूट से सही उत्तर चुनिएः

सूची-**I** (विशिष्ट महिलाऐं)	सूची-**II** (कार्य क्षेत्र)
(a) झुंपा लाहिरी	(i) पत्रकार
(b) बरखा दत्त	(ii) उपन्यासकार
(c) अपर्णा सेन	(iii) सिनेमा कलाकार
(d) स्मिता पाटिल	(iv) सिनेमा निर्देशक

कूटः

	(a)	(b)	(c)	(d)
A.	(iv)	(iii)	(ii)	(i)
B.	(ii)	(i)	(iv)	(iii)
C.	(iv)	(i)	(iii)	(ii)
D.	(ii)	(iii)	(iv)	(i)

17. निम्नलिखित में से कौन सा युग्म सुमेलित नहीं है?
A. आजतक-24 घंटे चलने वाला समाचार चैनल
B. एफ.एम. स्टेशन-रेडियो
C. नेशनल जियोग्राफिक चैनल–टेलिविजन
D. वीर सिंघवी–इण्डिया टुडे

18. भारत में टेलीविजन का सबसे पुराना सोप ओपेरा कौनसा है?
A. कहानी घर घर की B. बुनियाद
C. हम लोग D. सास भी कभी बहू थी

19. कौनसा सेटलाइट चैनेल इस प्रचार-वाक्य का प्रयोग करता है, "जानना ही सब कुछ है"?
A. बी. बी. सी. वर्ल्ड B. स्टार
C. सोनी D. जी

20. टेलीविजन पर "सर्वप्रथम भारत में बनाया गया" बच्चों का चैनेल कौनसा है?
A. कार्टून नेटवर्क
B. वाल्ट डिजनी
C. युनाइटेड होम एण्टरटेनमेंट का हंगामा टीवी
D. निक जूनियर

21. पहले समुच्चय के अक्षरों में एक विशिष्ट संबंध है। इस संबंध के आधार पर दूसरे समुच्चय के लिए सही विकल्प कौन सा है?
BF : GK :: LP : ?
A. JK B. QU
C. VW D. RQ

22. यदि BLOOD का कूट है 24113, और BRUST का कूट है 20678, तो ROBUST का कूट है:
A. 620781 B. 012678
C. 678102 D. 610732

23. एक थैली में एक रुपये, 50 पैसे और 25 पैसे के सिक्कों की संख्या बराबर है। यदि थैली में कुल 35 रुपये हैं तो प्रत्येक प्रकार के सिक्कों की संख्या क्या है?
A. 15 B. 18
C. 20 D. 25

24. $\frac{2}{3}, \frac{4}{7}, X, \frac{11}{21}, \frac{16}{31}$
अंक श्रृंखला में लुप्त अंक X है
A. $\frac{8}{10}$ B. $\frac{6}{10}$
C. $\frac{5}{10}$ D. $\frac{7}{13}$

25. यदि A का मूल्य 5 है, B का मूल्य 6 है, C का मूल्य 7 है, D का मूल्य 8 है, इत्यादि तो निम्नलिखित अंको 22, 25, 8, 22 और 5 का मूल्य है:
A. PRIYA B. NEEMA
C. MEENA D. RUDRA

26. निम्नलिखित में से कौन से कथन सदैव सत्य होते हैं?
(a) लकड़ी का मेज एक मेज होता है।
(b) इस समय या तो वर्षा हो रही है या वर्षा नहीं हो रही।
(c) सूर्य सदैव पूर्व दिशा से उदित होता है।
(d) चूजा मुर्गी के अण्डे से निकलता है।
निम्नलिखित कूट से सही उत्तर चुनिएः
कूटः
A. (a) और (c) B. (a), (c) और (d)
C. (a) और (b) D. (b) और (c)

27. निम्नलिखित में से कौनसे कथन परस्पर विरोधी हैं?
(a) कुछ कवि अहंकारी होते हैं।
(b) कुछ कवि विनम्र होते हैं।
(c) अधिकतर कवि अहंकारी होते हैं।
(d) कुछ कवि विनम्र नहीं होते हैं।
निम्नलिखित कूट से सही उत्तर चुनिएः
कूटः
A. (a) और (d) B. (b) और (c)
C. (a) और (c) D. (c) और (d)

28. निम्नलिखित में से कौन सा/से कथन पूर्णतः असंभव हैं?

(*a*) किसी स्त्री द्वारा अपने पोते को जन्म देना।

(*b*) किसी मनुष्य द्वारा अपनी अन्त्येष्टि में उपस्थित होना।

(*c*) किसी दिन सूर्य का पूर्व से उदित न होना।

(*d*) कारों का ईंधन के बिना चलना।

निम्नलिखित कूट से सही उत्तर चुनिएः

कूटः

A. (a) और (b) B. (c) और (d)

C. (b) D. (a)

29. निम्नलिखित में से कौनसे तर्क के गलत ढंग हैं?

(*a*) यदि घोड़े गाएँ हैं, और यदि गाएँ भेड़ें हैं, तो सभी घोड़े भेड़ें हैं।

(*b*) यदि उच्चतम अभिनेता प्रसिद्ध हैं, और शाहरुख खान प्रसिद्ध है, तो शाहरुख खान उच्चतम अभिनेता है।

(*c*) लता राजू की दूसरी बहन है, अतः राजू लता का दूसरा भाई है।

(*d*) A, B के समान नहीं है, किन्तु B, C के समान है, अतः A, C के समान है।

निम्नलिखित कूट से सही उत्तर चुनिएः

कूटः

A. (a), (b) और (c) B. (a), (c) और (d)

C. (b), (c) और (d) D. (a), (b) और (d)

30. निम्नलिखित में से कौनसे कथन एक ही बात कहते हैं?

(*a*) "मैं चतुर हूँ" (राम द्वारा कहा गया)।

(*b*) "मैं चतुर हूँ" (राजू द्वारा कहा गया)।

(*c*) "मेरा बेटा चतुर है" (राम के पिता द्वारा कहा गया)

(*d*) "मेरा भाई चतुर है" (राम की बहन द्वारा कहा गया)

(*e*) "मेरा भाई चतुर है" (राम की इकलौती बहन द्वारा कहा गया)

(*f*) "मेरा इकलौता शत्रु चतुर है" (राम के इकलौते शत्रु द्वारा कहा गया)

निम्नलिखित कूट से सही उत्तर चुनिएः

कूटः

A. (a), (c), (d), (e) और (f)

B. (a) और (b)

C. (d) और (e)

D. (a) और (f)

निम्न आरेख का अध्ययन कीजिए एवं प्रश्न संख्या **31** से **33** तक के उत्तर दीजिएः

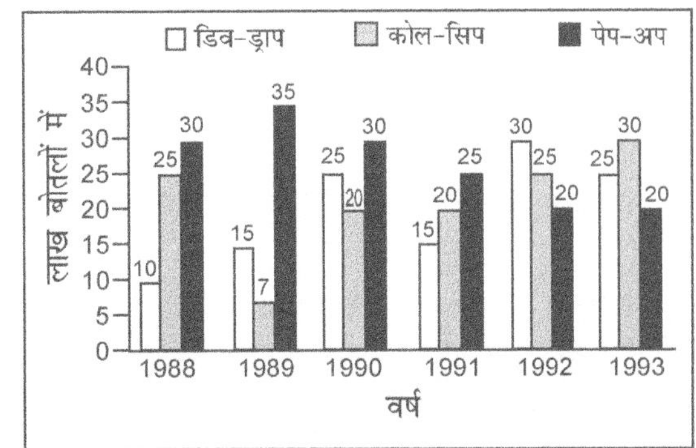

31. किस वर्ष में 'पेप-अप' की विक्री सर्वाधिक थी?

A. 1990 B. 1992

C. 1993 D. उपरोक्त कोई नहीं

32. दी गयी अवधि (1988-1993) में किस सॉफ्ट ड्रिंक की औसत वार्षिक विक्री सर्वाधिक थी?

A. केवल पेप-अप

B. केवल कोल-सिप

C. कोल-सिप एवं डिव-ड्राप

D. पेप-अप एवं डिव-ड्राप

33. 1989 की तुलना में 1990 की पेप-अप की विक्री में लगभग कितने प्रतिशत की गिरावट आई?

A. 5 B. 12

C. 14 D. 20

34. भारत के प्रत्येक वित्तीय-वर्ष में "रिपोर्ट ऑनू करेन्सी फाईनेंस" प्रकाशित करता हैः

A. रिजर्व बैंक ऑफ इण्डिया

B. वित्त मंत्रालय

C. योजना आयोग

D. सेंट्रल स्टेटिस्टीकल ऑर्गनाईजेशन

35. निम्नलिखित सारिणी में दो कक्षाओं A और B के विद्यार्थियों की संख्या और प्रत्येक कक्षा द्वारा अर्जित अंक दिए गए हैं:

	कक्षा **A**	कक्षा **B**
छात्रों की संख्या	20	10
अंकगणितीय औसत	10	20

दोनों कक्षाओं के अंको की संयुक्त औसत है:

A. 18 B. 15
C. 10 D. 20

36. आई. सी. टी. सम्बोधित करता है:

A. इन्टरनेशनल कम्युनिकेशन टेक्नोलोजी
B. इन्टरा कॉमन टरमीनोलोजी
C. इन्फरमेशन एण्ड कम्युनिकेशन टेक्नोलोजी
D. इन्टर कनेकटेड टरमिनल्स

37. निम्न में से कौन सा कथन सही नहीं है?

A. कम्प्यूटर डीजिटल सिगनल को संधारित करने में समर्थ है।
B. कम्प्यूटर संख्यात्मक एवं गुणात्मक जानकारी का विश्लेषण करने में समर्थ है।
C. जानकारी को संधारित करने के लिए उपयुक्त सोफ्टवेयर की जरूरत है।
D. कम्प्यूटर डीजिटल एवं अनालॉग सिगनल को संधारित करने में समर्थ है।

38. निम्नलिखित में से सूचना प्रौद्योगिकी की उपयुक्त परिभाषा कौन सी है?

A. सूचना को संधारित करने के लिए उपयोग में लाए गये हार्डवेयर और साफ्टवेयर को सूचना प्रौद्योगिकी कहते हैं।
B. लाभकारी सूचना के वितरण के लिए उपयोग में लाए गये हार्डवेयर और साफ्टवयेर को सूचना प्रौद्योगिकी कहते हैं।
C. भिन्न प्रकार की सूचना का संग्रहण, पुनः प्राप्ति, संधारित और वितरण के लिए उपयोग में लाए गये हार्डवेयर और साफ्टवेयर को सूचना प्रौद्योगिकी कहते हैं।
D. भिन्न प्रकार की सूचना को संधारित करने के लिए भौतिक विज्ञान एवं सामाजिक विज्ञान के सिद्धान्तों के उपयोग को सूचना प्रौद्योगिकी कहते हैं।

39. निम्न में से कौन सा कथन सही है?

A. वाइरस कम्प्यूटर के द्वारा सूचना के संधारण की गति को बढ़ा देता है।
B. इन्टरनेट वाइरस को फैलने नहीं देता है।
C. वाइरस साफ्टवेयर का हिस्सा है।
D. वाइरस एक आपरेटिंग सिस्टम है।

40. निम्न में से कौन सा कथन सही है?

A. एक विषय को सीखने में विद्यार्थी की कठिनाई का निदान कम्प्यूटर की सहायता से किया जा सकता है।
B. अगर सोफ्टवेयर उपलब्ध है तो मनोवैज्ञानिक परीक्षण कम्प्यूटर की सहायता से किया जा सकता है।
C. सूचनाओं के समुच्चय को प्रोग्राम कहते हैं।
D. उपरोक्त सभी

41. भू-मण्डलीय तापन (Global Warming) शीतकाल में और अधिक हो जाती है:

A. विषुवत रेखा पर B. ध्रुवों पर
C. कर्क रेखा पर D. मकर रेखा पर

42. मानव-पर्यावरण अन्तर्प्रक्रिया के अध्ययन में मिस सेम्पुल का कथन कि "मानव पूर्णतः अपने पर्यावरण का उत्पाद है" एक:

A. मत है B. पूर्वाग्रह है
C. तथ्य है D. बहु स्वीकृत संवृत्ति है

43. मानव-पर्यावरण सम्बंध की व्याख्या में व्यावहारिक संभववाद (Pragmatic Possibilism) का निहितार्थ है कि:

A. पृथ्वी के संसाधनों के दोहन में मानव के लिए कोई सीमा नहीं है
B. पृथ्वी के संसाधनों के अन्वेषण में मानव के लिए सीमित संभावनायें हैं
C. मानव को परिस्थिति का निरीक्षण एवं उसका मूल्यांकन कर संसाधन उपयोग करना चाहिए
D. मानव को संसाधन पूर्ण की अन्तःशक्ति को उपयोग में लाने की योजना बनाते समय केवल आधारभूत आवश्यकताओं को ध्यान में रखना चाहिए

44. कालम II को कालम I से सुमेलित करने के लिए समुचित अनुक्रम में व्यवस्थित कीजिए तथा नीचे दिए गए कूट से सही उत्तर चुनिए।

कालम-**I** (कार्य)	कालम-**II** (ध्वनि स्तर)
(*a*) श्रवण	(*i*) 30 dB
(*b*) फुसफुसाहट	(*ii*) 1 dB
(*c*) शयन में बाधा	(*iii*) 60 dB
(*d*) सामान्य बात	(*iv*) 30 - 50 dB

कूटः

	(*a*)	(*b*)	(*c*)	(*d*)
A.	(*i*)	(*ii*)	(*iii*)	(*iv*)
B.	(*ii*)	(*i*)	(*iv*)	(*iii*)
C.	(*iv*)	(*ii*)	(*iii*)	(*i*)
D.	(*iii*)	(*i*)	(*ii*)	(*iv*)

45. भारत में वन भूमि का सर्वाधिक ह्रास हुआ हैः
A. नदी घाटी योजनाओं द्वारा
B. उद्योगों द्वारा
C. परिवहन के साधनों द्वारा
D. कृषि द्वारा

46. विश्वविद्यालय अनुदान आयोग की स्थापना किस वर्ष में की गई थी?
A. 1948 में B. 1944 में
C. 1956 में D. 1960 में

47. बुनियादी शिक्षा या नई तालीम का दूसरा नाम हैः
A. अनिवार्य शिक्षा
B. नई शिक्षा नीति
C. वर्धा शिक्षा योजना
D. सर्व शिक्षा अभियान

48. भारत में लोकतांत्रिक विकेन्द्रीकरण का विचार लोकप्रिय बनाया गयाः
A. ए. डी. गोरवाला समिति, 1951 द्वारा
B. पॉल एच. एपलबी समिति, 1953 द्वारा
C. बी. आर. मेहता समिति, 1957 द्वारा
D. राज्य विधान मण्डल के परामर्श के संघीय संसद द्वारा

49. भारत में किसी राजनैतिक दल को राष्ट्रीय या क्षेत्रीय दल के रूप में मान्यता देता हैः
A. भारत का राष्ट्रपति
B. भारत का निर्वाचन आयोग
C. भारत के विधि आयोग के परामर्श से विधि मंत्रालय
D. राज्य विधान मण्डल के परामर्श से संघीय संसद

50. विकासशील देशों में सरकार की बढ़ती हुई भूमिका के लिए निम्न में से कौन से/सा कारण उत्तरदायी है?
(a) आर्थिक नियोजन
(b) लोगों की बढ़ती हुई आकांक्षाएँ
(c) निजीकरण
(d) लोककल्याणकारी अवधारणा का उदय

कूटः
A. (a) और (d) B. (a), (b) और (d)
C. केवल (c) D. केवल (d)

उत्तरमाला

1	2	3	4	5	6	7	8	9	10
A	D	C	C	D	C	B	B	D	A
11	**12**	**13**	**14**	**15**	**16**	**17**	**18**	**19**	**20**
C	C	A	C	B	B	D	C	A	C
21	**22**	**23**	**24**	**25**	**26**	**27**	**28**	**29**	**30**
B	B	C	D	D	B	A	C	C	A
31	**32**	**33**	**34**	**35**	**36**	**37**	**38**	**39**	**40**
D	A	C	A	A	C	D	C	C	D
41	**42**	**43**	**44**	**45**	**46**	**47**	**48**	**49**	**50**
B	A	C	A	D	C	C	C	B	B

कुछ चुने हुए प्रश्नों के व्याख्यात्मक उत्तर

22. चूँकि

D	B	L	O	R	U	S	T
↓	↓	↓	↓	↓	↓	↓	↓
3	2	4	1	0	6	7	8

इसलिए

R	O	B	U	S	T
↓	↓	↓	↓	↓	↓
0	1	2	6	7	8

23. माना कि प्रत्येक प्रकार के सिक्कों की कुल संख्या x है।

$\therefore$ प्रश्न से

$$100x + 50x + 25x = 3500$$

$$\Rightarrow \quad 175x = 3500$$

$$\Rightarrow \quad x = \frac{3500}{175} = 20$$

www.ingramcontent.com/pod-product-compliance
Ingram Content Group UK Ltd.
Pitfield, Milton Keynes, MK11 3LW, UK
UKHW061701190726
13853UKWH00008B/2341

9 789387 604681